洪堡兄弟：
时代的双星

Die Brüder HUMBOLDT

【德】曼弗雷德·盖耶尔 著
Manfred Geier / 赵蕾莲 译

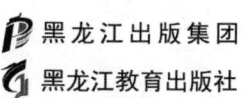

版权登记号：08-2016-039

图书在版编目（CIP）数据

洪堡兄弟：时代的双星 /（德）盖耶尔（Geier, M.）著；赵蕾莲译. -- 哈尔滨：黑龙江教育出版社，2016.4
ISBN 978-7-5316-8701-6

Ⅰ.①洪… Ⅱ.①盖… ②赵… Ⅲ.①洪堡，W.(1767～1835)—传记 ②洪堡，Y.(1769～1859)—传记. Ⅳ.①K835.165.5 ②K835.168.9

中国版本图书馆CIP数据核字(2016)第081292号

Author: Manfred Geier
Title: Die Brüder Humboldt
© 2009 by Rowohlt Verlag GmbH, Reinbek bei Hamburg, Germany
Chinese language edition arranged through HERCULES Business & Culture GmbH, Germany.
Simplified Chinese edition copyright © 2016 by Heilongjiang Educational Publishing House
All rights reserved

洪堡兄弟：时代的双星
HONGBAO XIONGDI：SHIDAI DE SHUANGXING

丛书策划	宋舒白
作　　者	〔德〕曼弗雷德·盖耶尔（Manfred Geier）著
译　　者	赵蕾莲 译
责任编辑	宋舒白
装帧设计	冯军辉
责任校对	张颐武

出版发行	黑龙江教育出版社（哈尔滨市南岗区花园街158号）
印　　刷	山东临沂新华印刷物流集团有限公司
新浪微博	http://weibo.com/longjiaoshe
公众微信	heilongjiangjiaoyu
天 猫 店	https://hljjycbsts.tmall.com
E－mail	heilongjiangjiaoyu@126.com
电　　话	010—64187564

开　　本	700×1000　1/16
印　　张	25.25
字　　数	291千
版　　次	2016年6月第1版　2016年6月第1次印刷
书　　号	ISBN 978-7-5316-8701-6
定　　价	58.00元

最特别的是,我们其实
在数千件事情上相同。
对于第三者而言,
肯定再也没有比
用对照的方式嘲笑两个人更有趣的事了。

——威廉·冯·洪堡1814年3月16日致信他的妻子卡洛琳娜

目录
Contents

第一章　悲哀的少年时代 / 001
如此热爱自然的两个孩子，为什么总是感到备受折磨？

第二章　要有勇气驾驭你自己的理性 / 028
这两个年轻人如何进入柏林启蒙思想家的圈子？他们向这些启蒙思想家学习到了什么？

第三章　迈入世界的第一步 / 049
这两个大学生如何构成其精神？最初的交友如何？

第四章　关于对象本身 / 087
亚历山大和威廉在莱茵河畔旅行中观察和了解到了什么？

第五章　奇怪的事实的目击证人 / 112
洪堡兄弟如何经历法国大革命并寻求摆脱危机的出路？

第六章　每个人都必须为整体发挥作用 / 143
为什么威廉把注意力放在自己身上，而亚历山大追踪生命的足迹？

第七章　耶拿的各种社会状况 / 186
洪堡兄弟如何与歌德和席勒交友，并且发展关于整体的古典思想？

第八章　怎样的一种享受啊！ / 223
亚历山大如何最终到达美洲？他在美洲向他的哥哥威廉报道了什么？

第九章　人们必须在世人面前尊重祖国 / 264
为什么威廉·冯·洪堡从政于德国，而亚历山大变得越来越法国化？

第十章　我对所做的事并不后悔 / 318
洪堡兄弟如何能够在老年时享受幸福，共同生活在一个地方，并且撰写他们的毕生著作？

译者后记 / 361

附录 / 366
  简写书名 / 366
  人名索引 / 367
  参考文献 / 385

第一章
悲哀的少年时代

如此热爱自然的两个孩子,为什么总是感到备受折磨?①

1823年夏天,当来自柏林的科尔劳什(Kohlrausch)枢密顾问夫人和霍恩索伦②封侯夫人在波西米亚的玛丽亚温泉镇③结识约翰·沃尔夫冈·冯·歌德时,她们感到非常惊讶。这位74岁的老人看上去比老年肖像画上更英俊,更年轻。这一点也不奇怪,因为歌德此时正焕发青春,他对19岁少女乌尔里克·冯·莱维佐夫(Ulrike von Levetzow)产生了爱慕之情。这个姑娘正和她母亲在玛丽亚温泉镇逗留。当科尔劳什枢密顾问夫人和霍恩索伦封侯夫人想同歌德这位著名的诗人进行谈话时,她们对歌德人生的最后一次恋爱一无所知。歌德少言寡语,他大多时候仅是提醒她们注意,尽量使用变换的语调和充满魅力的语言,诸如:"够奇怪的!"等等。他们还谈及科尔劳什枢密顾问夫人的故乡。可是,当他们谈论共同的熟

---

* 切口处的方括号数字为原书页码,下同,不再标注。——编者注
① 原书作者在每一章的副标题后面都没有加任何标点符号,译者从汉语表达习惯出发都加了问号。——译者注
② 霍恩索伦(Hohenzollern),德国封建王侯家族名称,1061年在施瓦本得到官方证实。——译者注
③ 玛丽亚温泉镇(Marienbad),西波西米亚的城市,1818年被宣布为疗养地,1865年获得城市权利,当时的欧洲王室成员和社会各界名流如歌德、瓦格纳等都喜欢到这里疗养。——译者注

人威廉·冯·洪堡时，歌德突然想起来什么："哦，是的，我们曾经一起度过愉快的一天。"这时的威廉·冯·洪堡已经于1820年离开国家公职岗位，退隐到柏林附近其家族的特格尔①宫殿的寂寞中。歌德淡定地评价自己的回忆："您看，我有时会说漏嘴。"② 然后，他变得严肃起来，中断了谈话。她们发觉，他不愿意被她们提醒，去回忆他平生唯一的一次在柏林的逗留。抑或歌德在为自己的健忘感到恼火？

[10] 　　歌德并没有意识到，他曾经做了什么。他在日记中记录了这件事。那是1778年5月的事。歌德自1776年起担任枢密公使馆参赞（Geheimer Legationsrat），他被卷入了魏玛宫廷的政治交易中。一次外交使命使他和当时尚年轻的萨克森-魏玛③的卡尔·奥古斯特④公爵一起来到普鲁士的首都。这位公爵化名阿勒菲尔德（Ahlefeld）先生，由他青年时期的朋友、侍从官冯·维德尔（von Wedel）和歌德陪同，前往柏林和波茨坦旅行。他们不得不与普鲁士国王弗里德里希二世⑤即"老弗里茨"就萨克森-魏玛在巴伐利亚王位继承战争中的政治和军事地位进行谈判，这场战争在普鲁士和奥地利之间一触即发。5月15日，歌德一行人到达了波茨坦。在接下来的一周，柏林没有给歌德

---

① 特格尔（Tegel），指洪堡家族位于柏林西北部特格尔湖（Tegeler See）北岸的乡间别墅和庄园。著名的建筑设计师申克尔（Schinkel）将特格尔宫殿改建成具有古典主义风格的建筑。——译者注

② 卡尔·奥古斯特·凡恩哈根·冯·恩泽（Karl August Varnhagen von Ense）：《对彼得·艾克曼与歌德谈话录的评价与补充》（Kommentar und Ergänzungen zu Johann Peter Eckermanns Gespräch mit Goethe），载《作品选集》（Ausgewählte Schriften），第十八卷，莱比锡（Leipzig），1875年，第三版，第344页。

③ 萨克森-魏玛（Sachsen-Weimar）公国，即萨克森-魏玛-埃森纳赫（Sachsen-Weimar-Eisenach），是德国图林根的几个小国，经1603年、1672年、1680年的划分和1826年的重新划分，萨克森-魏玛-埃森纳赫公国自1877年起名称改为萨克森大公国，占地3610平方公里。——译者注

④ 卡尔·奥古斯特（Carl August,1758—1815），萨克森-魏玛-埃森纳赫公爵，截止到1775年，他受母亲监护，1772年起师从维兰德。——译者注

⑤ 弗里德里希二世（Friedrich II.,1712—1786），普鲁士国王，在位时间为1740—1786年。——译者注

留下什么好印象。熙熙攘攘的人群、马匹、车辆和火炮组成的嘈杂喧闹使他感到不安。他坐在战争的源头，在"这源头面临溢出来的危险时刻"①。

1778年5月20日的小规模日游活动得以稍微地放松，歌德写下这样的记录："从柏林出发，10点钟经雪恩豪森②到特格尔宫殿。经夏洛特堡③到蔡伦多夫④。夜里到达波茨坦。"⑤歌德确实到过特格尔，而几十年后，对威廉·冯·洪堡这个名字的提及才使他想起在这里度过的愉快一天。这是那段小故事的诱因，这段小故事经常被传播，也在无数关于洪堡兄弟的传记中找到固定的位置：说歌德1778年在特格尔拜访过威廉，"然而，威廉还是个血气方刚的年轻人，尚不属于贵族阶层。"⑥尤琉斯·略文贝格（Julius Löwenberg）在其1872年出版的关于亚历山大·冯·洪堡的三卷本学术著作中进行了更详细的描述："歌德也于1778年5月在柏林逗留期间作为客人拜访过特格尔。优秀的天才引领歌德徒步走出在勃兰登堡省的雅典⑦的不爽，经雪恩豪森和特格尔前往波茨坦。在特格尔宫殿中，歌德进行午间休憩，他好像被这场所的精神魔力吸引，在这里，威廉和亚历山大当时不过是与他有亲缘关系的男孩儿，分别是11岁和9岁。他们还在歌德的脚 [11]

---

① 歌德1778年5月24日致信夏洛特·冯·施泰因（Charlotte von Stein）夫人，转引自爱尔娜·阿恩霍尔特（Erna Arnhold）：《歌德的柏林关系》（Goethes Berliner Beziehungen），哥塔（Gotha），1925年，第3页。
② 雪恩豪森（Schönhausen），现在是德国萨克森—安哈尔特州哈维尔贝格（Havelberg）县的一个小镇，位于易北河东岸。——译者注
③ 夏洛特堡（Charlottenburg），柏林市的一个行政区。——译者注
④ 蔡伦多夫（Zehlendorf），柏林西南部的一个行政区。——译者注
⑤《歌德日复一日的人生，罗伯特·施泰格尔的一份纪实性编年史》（Goethes Leben von Tag zu Tag. Eine dokumentarische Chronik von Robert Steiger），第三卷：1776—1788年，苏黎世和慕尼黑，1983年，第163页。
⑥ 卡尔·奥古斯特·凡恩哈根·冯·恩泽：《对彼得·艾克曼与歌德谈话录的评价与补充》，载《作品选集》第十八卷，莱比锡，1875年，第三版，第344页。
⑦ 勃兰登堡省的雅典（märkisches Athen），在此比喻"柏林"。——译者注

第一章
悲哀的少年时代

下玩耍。"①人们可以看到，历史学家们偶尔也会"说漏嘴"并且任其想象天马行空地纵横驰骋。

老年歌德在其玛丽亚温泉镇的简短谈话中提起他前往柏林和特格尔的旅行时提到了洪堡这个名字，这并不足为奇。因为洪堡兄弟毕生扮演了重要的角色，自从他们1794年在耶拿开始的那些相遇和谈话以来。歌德用神话的方式暗指洪堡兄弟像不朽的双胞胎卡斯托耳和波卢克斯②，在歌德看来，洪堡兄弟作为"永不离散的一对朋友在我的人生道路上熠熠生辉"。③亚历山大的自然研究范围广泛，这些研究也经常推动歌德的自然科学研究著述的诞生，威廉进行美学和文学领域的反思，也对他有启迪。

然而，1778年5月没有任何关于歌德与洪堡兄弟愉快会面属实的报道，也没有令人信服的迹象存在。歌德本人让此事成为不确定：即他在对话里说的"我们"是指谁。他曾和魏玛公爵到过特格尔吗？而且，他为什么在5月23日进行了前往特格尔的郊游？对此人们并不知晓。或许歌德读过弗里德里希·尼考莱④的通俗的读物《对皇家官邸城市柏林和波茨坦的描述》，从而得知，小村子特格尔也属于周边地

---

① 尤琉斯·略文贝格（Julius Löwenberg），见：卡尔·布鲁恩斯（Karl Bruhens）：《亚历山大·冯·洪堡，一部科学传记》（*Alexander von Humboldt. Eine wissenschaftliche Biographie*），第一卷，莱比锡，1872年；库尔特-莱因哈特·比尔曼（Kurt-Reinhard Biermann）：《亚历山大·冯·洪堡》（*Alexander von Humboldt*），莱比锡，1983年；汉诺·贝克（Hanno Beck）：《亚历山大·冯·洪堡》（*Alexander von Humboldt*），第一卷，威斯巴登（Wiesbaden），1959年。

② 双胞胎卡斯托耳（Castor）和波卢克斯（Pollux，希腊神话中称为波吕丢刻斯），古希腊神话和罗马神话中同母（丽达）异父（宙斯与斯巴达国王）兄弟，他们构成狄俄斯枯里（Dioscuri），兄弟二人非常友爱，有解救海伦、参加阿尔戈英雄取金羊毛的远征、同阿法柔斯之子战斗三大奇功。——译者注

③ 约翰·沃尔夫冈·冯·歌德：《形态学著作》（*Morphologische Schriften*），载《关于自然科学的著作》（列奥伯尔蒂娜版）（*Die Schriften zur Naturwissenschaft, Leopoldina-Ausgabe*），第九卷，魏玛，1954年，第179页。

④ 弗里德里希·尼考莱（Friedrich Nicolai,1733—1811），德国作家和出版商，其尼考莱书店成为柏林启蒙运动的核心与组织者。——译者注

区的名胜古迹。在一个狭长而不是很宽的哈维尔河（Havel）支流的水系旁，这个小地方归雪恩豪森管辖，在这水系旁就有一座小宫殿，带一个"漂亮的花园和葡萄山，其地理位置是很诱人的。在森林覆盖的连绵起伏的山坡旁，人们可以散步，在许多地方掠过特格尔湖眺望施潘陶①和相邻的地方"。②特格尔森林以树木著称，在该森林中，林木顾问弗里德里希·奥古斯特·冯·布尔格斯多尔夫（Friedrich August von Burgsdorf）不仅设计规划了本地植被的树木，还尝试在勃兰登堡边境的沙地上培育主要来自北美的树木。对于歌德而言，这些可能是很有诱惑力的，歌德自从春天以来一直在忙于重新规划魏玛风景花园"施特恩"（Stern）和提夫尔特公园（Tiefurter Park），或许在处于激昂和动荡中的城门外。在特格尔这个弹丸之地还真有些可看的地方，有某种歌德可以利用的东西。但是，歌德也可能是看了尼考莱的书后被吸引到特格尔，人们可以在一家名为"新罐"的好酒馆美美地享受美酒佳肴，"因此，经常有人从柏林乘坐马车前往此处。餐食必须事先预订。"③

[12]

歌德断言："中午吃饭。"他没有提及"洪堡"这个姓。他是上午10点钟动身的，不久就把奥拉尼堡④城门甩在后面，然后行驶在西北方向很难走的、深深的沙质的路上，这条路使人和牲畜只能缓慢前

---

① 施潘陶（Spandao），德国柏林西部的一个行政区，位于施普雷河流入哈维尔河的入口处。——译者注
② 弗里德里希·尼考莱（Friedrich Nicolai）的《对皇家官邸城市柏林和波茨坦的描述》（*Beschreibung der königlichen Residenzstädte Berlin und Potsdam*），转引自保尔·奥尔特温·拉沃（Paul Ortwin Rave）：《威廉·冯·洪堡和在特格尔附近的宫殿》（*Wilhelm von Humboldt und das Schloß zu Tegel*），柏林，1956年，第二版，第6页。
③ 同上，第5页。
④ 奥拉尼堡（Oranienburg），德国勃兰登堡内的县城，位于哈维尔和奥德河与哈维尔河运河旁。——译者注

第一章
悲哀的少年时代

行。柏林周围的沙子造成尘土飞扬。他自称跨过了庞口小溪①，然后穿过广阔的冷杉树和松树相间的森林，当时人们还称这种森林为"荒原"，穿越永福尔（Jungfer）荒原，海灵塞（Heilingsee）和施潘陶的城市荒原。哈维尔河长而宽的出口就像一片未开垦的处女地在他面前延伸开来。哈维尔河有许多岛，还有一片草地，一条小溪穿越这片草地蜿蜒流淌，这条小溪驱动一个风车，一个当磨合锯使用的风车。小特格尔就位于这条小溪的一侧，在小溪的另一侧，人们可以看到森林边缘处有一个小牌子，上面写着："小宫殿"。

对特格尔小宫殿的文字描述和绘画给我们展现出一幅画面，洪堡兄弟在这个地方度过了童年和青春时代的大多时光。一个通往旧建筑群布满荫翳的通道从小溪处惬意地延伸过来，处于中心位置的是一座坚固的塔状建筑，一座长方形的二层住房以及一个当厨房和仓库等使用的侧楼与这个塔状建筑连接。属于这座建筑的还有一个农用的庭院。一个用吊桶打水的汲水井满足了用水需求，仓库存放着圈养牲畜的饲料，葡萄种植人员用的房子位于旁边，他们负责打理附近围栏山丘上种植的葡萄。这里的土壤是沙质的，但人们还是可以享受品尝特格尔葡萄酒的乐趣，尽管这种葡萄酒据说应该是一种"有些粗糙，并不绵润的餐桌饮品"②。

自从1776年以来，这个庄园和宫殿属于洪堡家族。洪堡一家在夏日里尤其喜欢在这个风景优美的地方逗留，而在冬季，他们偏爱在柏林居住。因为当时11岁的威廉和比他小两岁的亚历山大不太可能于1778年5月20日在歌德的脚旁玩耍，所以，可以肯定的是，他们

---

① 庞口（Panko）小溪，又称庞克（Panke）河，是柏林施普雷河的支流，随着柏林的扩大，越来越成为排污渠道。——译者注
② 弗里德里希·尼考莱：《对皇家官邸城市柏林和波茨坦的描述》，第15页。

喜欢逗留的主要原因是特格尔的自然环境。

威廉·冯·洪堡向未婚妻卡洛琳娜·冯·达赫略敦（Caroline von Dacheröden）描绘了特格尔的优美风景，向她介绍当地一幅伴随他成长的画面，同时也向她揭示了此地好山好水对他性格塑造的深刻影响，对于他的成长而言，自然从一开始就起重要作用。1790年5月8日，他在柏林给他亲爱的未婚妻"丽"①写信说，"特格尔非常优美"，"这个地区实际上有些浪漫特色，这里是如此宁静。我自幼就生活在这里，每当看到这美景，我就被无数回忆打动。我经常站在葡萄山上俯瞰田野、草坪、湖泊及其零星分布的岛屿"。(Br.I,144)小山丘当时在他看来就像高山，那个湖就像大海一样。他被吸引到这个地区，这里的魔力深深地打动他。几天之后，他从特格尔给恋人写信，向她描绘，这种奇妙的、难以言说的情感如何征服了他。他看到了"山坡、峡谷，在我童年时，就向我奉献了如此美妙的快乐。在青春萌动的时光，我是多么依恋这湖泊，掠过原野和森林，想象着越来越远的地方。这风景成为我内心永恒的景致，是我成就一番事业的勇气和兴致的动力之源泉"。(Br.I,460)

[14]

在威廉·冯·洪堡稍后的几年里，人们很少再能感受到这种与最早的童年回忆相联系的青年时代的乐趣。他对干一番大事业的热切盼望和对远方的遐想被多愁善感的寂寞的倾向所取代。然而，与其青年时代的愿望相反的是，他在从1820年到1835年的人生最后15年内退隐到特格尔，特格尔成为他喜爱的地方，喜爱程度胜过一切。就好像他想要重新找到青春时代的自然之美以及由此产生的快乐一样。他和妻子返回了乡间，他在30年前就优雅地向她勾勒了这

---

① "丽"（Li）是威廉对其未婚妻卡洛琳娜的昵称。——译者注

幅画面。

  他把一大堆信札放到老年时期的女友眼前。1822年7月10日，他致信夏洛特·狄德（Charlotte Diede）时说："我非常爱特格尔"①。此时他正请卡尔·弗里德里希·申克尔②把那座带四角厚重塔的、简约的旧房子改建成古典主义的、线条清晰的楼房，这座楼房魅力仍在。这样一来，不仅使得希腊的精神被注入这边境省份的风景中，而且房子的主人最终也找到了安适的归宿——他童年时代对自然的喜爱、幸福地生活过的地方。他致信朋友时赞美这个地方是柏林周围最美的地区。广阔森林覆盖的寂静的山丘，站在山丘上可以眺望许多小岛的湖泊，还有这座房子，房子周围绿树掩映，高大的树木苍劲挺拔，"我在童年时看到的这些高大树木，现在仍然伴随我成长。"③这一切使他快乐得像一个孩子似的，他仿佛返老还童了。那些树木还让他如此痴迷。树木在房子的周围形成宽大的树荫，环绕着这座房子，组成一个彩色的扇形，这是他1824年秋天致信夏洛特·狄德时写下的句子。在花园和葡萄山上有果树。花园是个茂密而阴暗的灌木丛，湖泊被森林环绕。"我对树木怀有一种特殊的爱，不愿意让人拿走一棵，甚至都不允许人们把任何一棵树移到别处。……在这些树木中蕴藏着一种让人难以置信的、令人仰慕的精神气质，它们的根部被局限在土地上，但却如此坚定挺拔，蓬勃舒展的枝叶伸向无限的空间。我所了解的大自然中，几乎没有如此这般让人敬仰且有象征意义的植物了。"④

---

  ①《威廉·冯·洪堡致信一位女友》（*Wilhelm von Humboldts Briefe an eine Freundin*）第一卷，阿尔贝尔特·莱茨曼（Albert Leitzmann）主编，莱比锡，1910年，第46页。
  ②卡尔·弗里德里希·申克尔（Karl Friedrich Schinkel, 1781—1841），德国柏林著名的古典主义建筑设计大师。——译者注
  ③《威廉·冯·洪堡致信一位女友》，第46页。
  ④同上，第145页。

在威廉的弟弟亚历山大的思想和情感中，特格尔迷人的风景也留下持久的印记。威廉在童年期间与他弟弟从未分开过。就像威廉向他的新娘描绘的那样，亚历山大·冯·洪堡也津津乐道地向他青年时的朋友卡尔·弗莱耶斯雷本（Carl Freiesleben）描绘这里的自然风光。他向朋友勾勒出一幅童年的画面，同时让朋友了解他的性格特征。亚历山大想象着，自己与卡尔的共同生活一定是未来回忆的最大乐趣。1792年6月5日，亚历山大向卡尔讲述自己周末在特格尔拜访母亲的事。他从柏林出发，经过遥远的路途来到这座小宫殿。"沙子路面很可怕，但穿越一片茂密的森林"，他来到那座绵延很长的湖，湖泊被一座座植被茂盛的美丽小岛切断。"山丘上长满葡萄藤，我们称山丘为大山，有国外品种笔直高大的树木、房子周围的绿草地，还可以眺望风景如画的湖岸那赏心悦目的景色，这一切使得这个地方成为该地区最有魅力的地方。"（Jbr.,192）与他哥哥一样，亚历山大·冯·洪堡也没有忘记提及，大自然不仅向他提供了极度的快乐，而且大自然还有助于其精神的发展，大自然启发了他的思想，使他把认知兴趣转移到对大自然的研究上。

　　洪堡兄弟几乎用同样的话语回忆了迷人的、妩媚的、有魔力的、浪漫的、美丽的大自然给他们带来的享受。他们不仅彼此分享了这种感受，而且两人都同样经历了接下来令人称奇的转折。因为兄弟两人都充满戏剧性地颠覆了自然的田园风光给予他们的厚爱，反而将它视为早年岁月的灾难。亚历山大·冯·洪堡向他的朋友弗莱耶斯雷本描绘风景如画的特格尔时，使得朋友非常惊讶：恰恰是这个地方，只要他来这里，就触景生情，内心油然而生一种忧伤和悲哀："在特格尔，我度过悲哀的人生的绝大部分，在那些爱我、希望我过得好的人中间，我与这些人在情感上从来没有相遇过，我的身

[16]

心一直处在沉重的强制和寂寞中，在被迫经常扭曲和表现出自我牺牲精神的状况中。而现在，我自由而不受干扰地生活在这里，我要全身心地投入到这迷人的、妩媚的大自然的享受中，现在，那些令我反感的印象、那些儿时的记忆，几乎每件没有生命的事物都会使我的回忆变得生动鲜活起来。"(Jbr.192)

寂寞、扭曲和强制：威廉·冯·洪堡用类似的话描述了那种悲哀的情绪，他童年时忍受了悲哀的情绪带来的痛苦。他向亲爱的卡洛琳娜勾勒出一幅共同的、幸福的未来画面，他告诉她，他的童年"荒芜而没有快乐"(Br.I,39)地凋谢而去。他向未婚妻描绘了充满快乐的属于他们的天空。他把青年时代描绘得越黑暗，就把他们未来共同的天空想象得越熠熠生辉："我曾有过如此悲哀的少年时代。人们折磨我；我身边没有任何对我有意义的人，但是，当我想象这样一个人的时候，我也无法与这个人交往。"(Br.I,134)对自然的喜爱，自然让他的目光徜徉在旷野和远方；他忍受着生活方式的苦楚，这种生活方式限制了他，并且把他驱赶进备受折磨的寂寞中。为了能够理解这种反差，我们现在必须把注意力放在那些人身上：他们在洪堡兄弟的童年和青年时代扮演了主要角色。

父亲。洪堡兄弟的父亲亚历山大·格奥尔格·冯·洪堡（Alexander Georg von Humboldt）1720年出生于波莫瑞省①的萨门茨（Zamenz）。他16岁时参军，作为轻骑兵军官参加了三场西里西亚战争②。在持续7年的最后一场战争中，他没有能够战斗到最后。由于伤势很重，这位皇

---

① 波莫瑞省（Pommern），普鲁士波罗的海沿岸的省份。——译者注
② 西里西亚战争（Schlesische Kriege），指普鲁士国王弗里德里希二世大帝与奥地利为争夺西里西亚进行的三次战争。分别发生在1740—1742年，1744—1745年和1756—1763年。这是奥地利联合绝大多数欧洲国家对抗普鲁士进行的战争，旨在夺回西里西亚，同时也指英法之间的海上与殖民地战争。——译者注

家普鲁士上校不得不于1761年离开战事。但是因为他在7年战争中赢得了国王弗里德里希二世的信任，他3年后被任命为不伦瑞克-沃尔芬比特尔公国的伊丽莎白公主（Elisabeth von Braunschweig-Wolfenbüttel）①的侍卫长，她是普鲁士王位继承人即后来的国王弗里德里希·威廉二世②的夫人。他在侍卫长这个位置上没有做太久。1769年春，他被调离波茨坦的王储宫廷中侍卫长这个位置，这是在王子和公主的婚姻失败之后。在这次婚姻灾难之后，冯·洪堡上校没有了任何公职，彻底退隐，全身心地投入到关心家庭、打理可观的财产的个人生活中。1766年，已经46岁的他娶了比他年轻21岁的妻子，她把特格尔宫和其他重要的地产作为嫁妆带到婚姻中。

在介绍威廉·冯·洪堡和亚历山大·冯·洪堡的母亲之前，我们再简短地、从家庭谱系的角度指明他们的父亲的家族史，重构这段家族史，为人们提供了这段历史的可信度。它一直追溯到16世纪③。值得注意的是，洪堡（Humboldt，也写成Humpolt或者Homboldt）家族不仅最初源自德国东部的波莫瑞，在一个延伸很广的亲缘网中与法国和瑞典的家庭成员联系在一起。对于该家族的社会地位来说很重要的是：他们不属于普鲁士古老的容克贵族阶层。他们是市民，作为手工业者、贴身保镖、市长、公职书记员、宫廷顾问和公使馆参赞兢兢业业并获得成功。虽然有些洪堡家族成员作为军官为勃兰登堡选帝侯效力，但是，汉斯·保尔·洪堡（Hans

---

① 不伦瑞克-沃尔芬比特尔公国（Braunschweig-Wolfenbüttel），现在位于德国的下萨克森州，在德国分裂成300个封建邦国时，沃尔芬比特尔侯国（Fürstentum）发展成不伦瑞克-沃尔芬比特尔公国（Herzogtum）。——译者注

② 弗里德里希·威廉二世（Friedrich Wilhelm II.,1744—1797），普鲁士国王，弗里德里希二世大帝的侄子，在位时间为1786—1797年。——译者注

③ 《威廉和亚历山大·冯·洪堡兄弟的家谱》(Ahnentafel der Brüder Wilhelm und Alexander von Humboldt)，由海因里希·冯·玛森巴赫男爵（Heinrich Freiherr von Massenbach）整理，莱比锡，1942年。

Paul Humboldt)于1738年才请求并获得"极其尊贵的、强大的国王和最仁慈的主子"①弗里德里希·威廉一世②赏赐的世袭贵族称号,汉斯·保尔·洪堡当时作为普鲁士皇家上尉效力,是波莫瑞蔡伯林庄园(Gut Zeblin)的主人。他就是亚历山大·格奥尔格·冯·洪堡上校的父亲,他现在虽然享有贵族"冯"的特权,但并不受普鲁士古老的国家贵族等级这一传统统治束缚。

亚历山大·格奥尔格享有朝廷的信任。即便在他不再为宫廷效力之后,他仍然属于后来的国王弗里德里希·威廉二世的亲密圈子。人们说,假如他经历了王位的更迭,他会在国王手下任大臣的。他并不是一个头脑狭隘、目光短浅的廷臣,而是对许多领域感兴趣的人物,他坦诚地接受启蒙的新思想。在留存下来的、罕见的一幅他的肖像画中,他以明亮而警觉的双眼盯着看画者,嘴角也露出轻松而愉快的微笑。人们称赞他是一位有理智和品位的人。"地位高的人和地位低的人在交往中都了解到,他是这样一种人,因此非常尊重他。他还是一个很喜欢交友的人,非常和蔼可亲、平易近人、乐善好施。因此每个人对他的死亡都很惋惜,他于1779年1月6日去世,享年59岁。"③他把小特格尔宫周围修葺成一个充满魅力的景致,来特格尔宫拜访他的人都赞扬他轻松活跃的闲聊、可亲的个性、开明的自由意识及其作为人的乐天性格,这一切的赞美构成了

---

① 卡尔·布鲁恩:《亚历山大·冯·洪堡,一部科学传记》第一卷,第11页,其他详细信息同P.4脚注①。

② 弗里德里希·威廉一世(Friedrich Wilhelm I.,1688—1740)是普鲁士国王,在位时间为1713—1740年,他为普鲁士上升为欧洲强国创造了前提。——译者注

③ 安东·弗里德里希·比兴(Anton Friedrich Büsching):"对1779年从柏林经特格尔到基里茨一次七天旅行的报道"(Bericht einer siebentätigen Reise im Jahr 1779 von Berlin über Tegel nach Kyritz)。转引自鲁道夫·弗雷泽(Rudolf Freese):《威廉·冯·洪堡,其生平及影响,在信札、日记及其时代的纪实中描述》(Wilhelm von Humboldt. Sein Leben und Wirken, dargestellt in Briefen, Tagebüchern und Dokumenten seiner Zeit),柏林,1955年,第29页。

"他与安静而有节制的妻子形成的完美反差"。①

母亲。洪堡兄弟的母亲玛丽·伊丽莎白·考洛姆普（Marie Elisabety Colomb）虽然1741年出生于柏林，然而，主要是法国人、苏格兰人和荷兰人为她的家族史做出了贡献。考洛姆普家族在家谱系上可以追溯到祖先让·考洛姆普（Jean Colomb），他是法国南部小城布洛萨克（Blausac）的房地产商。他的儿子亨利作为胡格诺派信徒不得不在1695年南特诏书②取消后逃离法国。他首先逃往哥本哈根，在那里娶了玛德蕾娜·德·莫尔（Madeleine de Moor），她是另一位逃亡者的女儿，她父亲出身于荷兰盖尔德恩（Geldern）家族，是巴黎最重要的镜子生产商。其家族主要通过他的经营获得了丰厚可观的财产，这笔财产最终通过考洛姆普这条线传到了玛丽·伊丽莎白·考洛姆普手里，在此过程中，更高的普鲁士官员和国库总监威廉·杜尔哈姆（Wilhelm Durham）一方的苏格兰血统也起到重要作用。在洪堡兄弟的母亲多民族的祖先名字的背后隐藏着多种多样的和变幻莫测的命运。

[19]

玛丽·伊丽莎白·考洛姆普的人生并没有在平静的轨道上运行。她出生于具有胡格诺派信徒传统的市民家庭，拥有一大笔可观的财产，属于这笔财产的还有柏林御林广场③旁耶格尔大街（Jägerstraße）22号的"考洛姆普宫"。她刚满18岁，就被她的父母嫁给普鲁士上校、富裕的地产主弗里德里希·恩斯特·冯·霍尔韦德男爵（Friedrich Ernst Baron von Holwede），这使他们的婚姻增添了特格尔祖传租佃的

---

① 卡洛琳娜·威廉米娜·冯·布里斯特（Karoline Wilhemine von Briest）1785年1月致信她的妹妹，转引自Br.I，第54页。

② 南特诏书（Edikt von Nantes），指法王亨利四世于1598年在南特签署的诏书，保证新教徒享有宗教和公民自由权。——译者注

③ 御林广场（Gendarmenmarkt），柏林繁华的标志性建筑之一，建于1688年，该广场最初被规划为市场，"御林广场"这个名字始于1799年。——译者注

农庄和灵根瓦尔德（Ringenwalde）的地产。他们婚后不久就有一个儿子出生，这时似乎没有任何事情成为一种舒适惬意生活的阻碍。可惜，结婚两年之后，冯·霍尔韦德男爵就出人意料地亡故了。1765年，玛丽·伊丽莎白·霍尔韦德就成了年轻的寡妇，身边有个年幼的孩子。为了保存她的社会地位，为了使她那个没有父亲的儿子能够享有一种符合阶层地位的教育，她又能做什么呢？

她选择了已经46岁但还未婚的侍从官和上校亚历山大·格奥尔格·冯·洪堡为自己的第二任丈夫，于1766年嫁给了他。这应该是一场"互相倾慕的婚姻"[①]，尽管在婚姻中经济上的优势和对等级观念的考虑也起了一定作用。人们谈及他们的婚姻时这样说："他的妻子更多的是在他的身旁生活而不是和他一起生活。"[②]但这仅仅是猜测而已，因为人们找不到任何可信的同时代的信息。多次得到确定的仅仅是夫妻二人不同的性格特征和行为方式。玛丽·伊丽莎白的第二任丈夫乐于交往，他活跃、乐天，与之形成鲜明对比的是洪堡夫人内向平静的性格和沉着镇定的冷静气质。她的言谈举止中规中矩，不失端庄，却呆板而严肃，不苟言笑。她以严苛的节俭关注着自己的财产，总是担心会变得贫穷。她也经常是"隐忍的"，很多时候都是自己承受痛苦，对痛苦的原因缄默不语，保持沉默。她"似乎属于那种天性的人，既不允许给自己又不允许给别人一种情感表达，几乎不允许任何一种轻松愉悦的情感表达"。[③]这种描写可能有些夸张，因为关于她内在的情感世界，我们既没有她自己也没有她

[①] 比艾特·诺伊保尔（Beate Neubauer）：《美貌、优雅和精神：伊丽莎白、卡洛琳娜、加布里尔和康斯坦泽，洪堡家族的女人们》(*Schönheit, Grazie und Geist. Elisabeth, Caroline, Gabriele und Constanze. Die Frauen der Familie von Humboldt*)，柏林，2007年，第20页。

[②] 汉诺·贝克：《亚历山大·冯·洪堡》第一卷，参见P.4脚注①，第3页。

[③] 安娜·冯·西多（Anna von Sydow）：导言，见Br.I, X.。

的熟人说明的资料。在这个问题上我们不得不满足于冯·布里斯特夫人拜访洪堡家后向她妹妹通报的情况:洪堡夫人,"我向你保证,她今天看上去和昨天的样子以及明天的样子一模一样。她的头部装饰就像十年前甚至更久时间之前那样,总是直发、束发而且简朴!再加上苍白而细腻的脸颊,在那张脸上看不到一丝情绪变化;她声音温柔,但问候冰冷而直截了当,还有,她在其所有的联系中都表现出毫不动摇的忠诚。"(Br.I,54f.)

她履行她的义务,掩饰自己的情感。在结婚的第一年,她就于1767年6月22日在波茨坦生下了威廉,她的丈夫还在朝廷任侍从官。两年后的1769年9月14日,亚历山大在耶格尔大街22号出生。她以坚定不移的忠诚照料家人的生活和财产。但是,她对丈夫有什么感受呢?她爱她的孩子们吗?她冷静的言谈举止对他们的性格形成产生什么样的影响呢?这些不仅是传记方面值得关注的问题,她的两个儿子也提出过这些问题。他们被母亲搞得没有安全感,她并非没有真正感受他们的内心,但却总是爱挑毛病,对他们横加指责,说他们这也不对,那也不是。

后来,亚历山大以极其有距离感的生疏语气谈到她,就好像想清除他的回忆一样。在一份自传性质的草稿中,我们只能发现两个简短的、客观冷静的说明:他的母亲出身法国血统,而且她做出了"牺牲"[①],为了能够给孩子们提供周到细致的、科学的教育。威廉更详细地描述了母亲的性格特征。这不仅因为他自幼就培养了仔细观察人的特殊天赋,这天赋还使他成为一位描写人物性格特征以及观相术的大师,还使他感受到了自己与母亲之间的相似;而亚历山

[21]

---

① 亚历山大·冯·洪堡(Alexander von Humboldt):《我的人生》(Aus meinem Leben),慕尼黑,1989年,第50页。

大更像父亲，不仅在其真诚坦率的乐天性格方面，而且还在体貌特征上酷似父亲。

当父亲那边的一个远房亲戚来做客时，威廉·冯·洪堡断言，这个人"说起话来很像亚历山大。他根本就不像我，但我也更像母亲而不像父亲，所以，我对此也并不感到奇怪"。（Br.III, 384）他像母亲一样身材矮小，掩饰自己的情感，大多时候表现得很严肃，也表现出母亲身上那种典型的、不可更改的坚定不移。进一步了解他的人惊奇地断定，他没有年龄特征。"洪堡并不因为16岁而年轻，也并不因为60岁而年迈；不同的时间段在他的身上没有体现，而仅仅是他在时间段上的体现，作为男孩儿的洪堡和作为耄耋老人的洪堡都是一样的，他首先是洪堡，他的内心中有这种根本性的特点，岁月流逝，经年不变，毫无更改地牢不可破。"①

威廉1814年在致信卡洛琳娜时的语气表明，他强烈地意识到自己与母亲的相似性："我像已故的母亲那样，双臂交叉放在胸前走来走去，牙关紧闭。"（Br.IV,35）在胸前交叉的双臂不仅能抵御严寒，而且也表达了防御的意识吧，尝试以此抵御世界，封闭自己。当威廉把他结婚的意图告诉他妈妈时，他被母亲"封锁的"态度震撼了，她很沉默，对他的结婚意图不予理睬，她儿子的爱似乎没有引起她的兴趣。她唯独考虑这桩婚姻在经济上的挑战，她只关心结婚花多少钱。于她而言，爱似乎是一个外来语。她的嘴里从来没有说出过"爱"这个词语。从这方面看，威廉尤其感到震惊，当他去特格尔拜访母亲，为了和她谈婚礼打算和未来规划时。1790年10月28日，星期四："我今天在特格尔看见了母亲一张漂亮的桌子上的一个墨水污

---

① 卡尔·奥古斯特·凡恩哈根·冯·恩泽：《威廉·冯·洪堡》（Wilhelm von Huoboldt），载《作品选集》第十八卷，莱比锡，1875年，第213页。

点。我问这是怎么回事。她对我说,'是你爸爸弄的''我已经洗过多次了,但就是洗不掉'。有一次,到了为我父亲庆贺生日的日子。我提醒母亲给父亲过生日,但她已经把父亲的生日忘得一干二净了。我大概是一个期待人们有某种不同表现的人;可这件事的可怕简直令我毛骨悚然。"(Br.I,258)几个月后,当他在举办婚礼前不久再次回到特格尔的时候,他向亲爱的"丽"讲述了他与母亲度过的那几个下午:"你很容易想象,气氛是多么空虚寂寥。"(Br.I,479)

家庭教师。威廉·冯·洪堡和亚历山大·冯·洪堡从未上过学。他们没有结识过可以与之一起玩耍并分享孩子欢乐与痛苦的同班同学。他们哥俩始终生活在成人的监督下,这些成人虽然想要给他们最好的东西,但是,他们却不能设身处地地理解洪堡兄弟的感受。正如在当时高贵的和殷实的家庭中司空见惯的那样,他们的教育和培养掌握在几位家庭教师的手里。这些家庭教师大多是出身市民家庭的青年学者,作为"家庭教师"挣其最初的职业收入。威廉和亚历山大从未大声地抱怨过这种教育方式。他们赞美夏天在特格尔庄园和冬天在柏林的城里住宅中享受的这种细心的教育。

然而,第一位私人教师不是为他们而是为同母异父的哥哥聘用的。这位私人教师就是后来以教育家、图书出版商和儿童与青年图书作者著称的尤阿希姆·海因里希·卡姆普[①]。他是一位年轻的神学家,1769年离开萨勒(Saale)河畔黑暗的哈勒[②]来到柏林,在柏林,正像他所希望的那样,启蒙精神得到国王弗里德里希大帝的推

[①] 尤阿希姆·海因里希·卡姆普(Joachim Heinrich Campe,1746—1818),德国教育学家、语言学家和出版商。1792年他成为法国大革命的荣誉公民。他秉承启蒙精神在宗教界和教育界发挥作用。根据《20卷德国袖珍词典》,他的第一个名字是尤阿希姆,本书作者盖耶尔笔误写成约翰(Johann),因此,译者在此更正。——译者注

[②] 哈勒(Halle),现在是德国北莱茵−威斯特法伦州的一座城市。——译者注

第一章
悲哀的少年时代

[23] 崇。卡姆普对博爱或者"新教育者"的教育学观点有了些许了解，这些新教育家不想调教臣民，而是尝试培养成熟的市民，教导他们不应该在宗教所指的来世期待幸福，而是在凡俗的现世就能够实现幸福。每个人都应该善于发现自己的力量和能力，成为使自己尽可能幸福、于他人尽可能有用的人。卡姆普在洪堡家里开始第一次教育活动，他为老上校的继子讲授四年的课程。威廉和洪堡当时还太小，无法注意力集中地听课。但是，卡姆普向他们传授了一些基础知识。尤其威廉在自己人生的最后岁月里，还乐于回忆这位"对人友善的"家庭教师，以及他在特格尔公园种植的、已经长大成材的一些树："我跟他学习写字、认字、看书，按照当时的方式学习一点儿历史和地理：各国的首都，所谓的世界七大奇迹等等。他很有才华，那几乎是天生的，他用自己的才华很有活力地启发着儿童的心智。"①

1773年，卡姆普辞去了洪堡家家庭教师的职位，成为王储弗里德里希·威廉统治下的战地布道者。继卡姆普之后，同样在哈勒大学学习神学的约翰·考普朗克（Johann Koblanck）成为家庭教师，他还教亚历山大看书和写字。不久之后，他就像卡姆普一样到了部队，也成为一个皇家步兵部队的战地布道者。在他之后，约翰·格吕泽纳（Johann Glüsener）被聘为家庭教师。在70年代中期，卡姆普再次到洪堡家里短期授课。

然后又来了坤特（Kunth）。1777年，他作为教师进入洪堡家族的家庭圈子里。当时他20岁，与其他家庭教师一样。他是福音新教的一个僧侣的儿子。然而，他在哈勒的教育学中心和莱比锡大学更多

---

① 《威廉·冯·洪堡致信一位女友》第二卷，参见P.8脚注①，第264页。关于卡姆普的信息可以参考雅各布·安东·莱泽尔（Jakob Anton Leyser）：《尤阿希姆·海因里希·卡姆普：一幅来自启蒙时期的人生画卷》（*Joachim Heinrich Campe. Ein Lebensbild aus dem Zeitalter der Aufklärung*）两卷本，不伦瑞克（Braunschweig），1896年。

钻研学习希腊语和拉丁文这些古老的语言以及法语和意大利语这些现代新语言，而不是神学专业的学习。他力争在普鲁士的国家事务中谋求政治地位。当洪堡上校在柏林一个社交场合遇见他时，决定聘请这位能正直地思考问题且认真的年轻人，当10岁的威廉和8岁的亚历山大的家庭教师。

[24]

高特洛普·约翰·克里斯蒂安·坤特（Gottlob Johann Christian Kunth）给这两个小男孩当家庭教师长达12年之久，直到他们开始在哥廷根上大学。坤特也得以富有成效地关心自己的政治生涯。在此过程中，坤特高度评价他所承担的任务。他的两个学生也毕生感激在坤特的指导监督下获得的教育，1852年，83岁高龄的亚历山大·冯·洪堡写下这样一句话："我和哥哥威廉一起在母亲的家里，在一个才华横溢的年轻人（后来的政府枢密院成员坤特先生）的引导下获得了一种非常细致入微的、科学的教育。"① 1826年，威廉在致信歌德时以相似的口吻赞扬了他年迈的老师即他"最老的朋友"："我和弟弟亚历山大尤其珍视他，因为唯独他主导了10岁的我和8岁的弟弟的教育，直到我们上大学为止，在他看来，我们仅仅还缺少方向，我们在后来的人生中选择了各自的方向。"②

坤特不仅对兄弟俩的教育而言是最重要的主导人物，对他们的性格塑造似乎也很重要。1789年5月1日，亚历山大从大学城哥廷根致信他的第一位老师卡姆普，向老师诉说他的精神痛苦就说明了这

---

① 亚历山大·冯·洪堡：《我的人生》，慕尼黑，1989年，第85页。关于坤特参见阿尔贝尔特·莱茨曼（Albert Leitzmann）：《威廉·冯·洪堡及其教育者》（*Wilhelm von Humboldt und sein Erzieher*），柏林，1940年；弗里德里希·高尔特施密特与保尔·高尔特施密特（Friedrich und Paul Goldschmidt）：《一位枢密院成员坤特的人生》（*Das Leben eines Staatsraths Kunth*），柏林，1888年，第二版。

② 《歌德与威廉和亚历山大·冯·洪堡的书信往来》（*Goethes Briefwechsel mit Wilhelm und Alexander von Humboldt*），路德维希·盖格尔（Ludwig Geiger）主编，柏林，1909年，第263页。

一点。在哥廷根，亚历山大平生第一次没有威廉和坤特在身边，处于"非常孤独的境地"："我不应该跟您说，与我的导师分离对我们内心而言是多么沉重，这位导师以其12年最高贵的奉献承受了教育的所有艰辛，我的一切，我的头脑和我的心灵的教育都归功于他。"（Jbr.51）亚历山大向他所尊敬的朋友卡姆普敞开心扉说出这番话，

[25] 在三周以后的1789年5月22日，威廉在致信卡洛琳娜·冯·达赫略敦时也以同样强调的口吻写出这几句话："丽娜，这些天来你看到一个人在家里，他肯定兴致勃勃地让你回忆起我。我是指坤特。哦！丽娜，你无法相信，这个名字在我的心中引起怎样的波澜啊，只要我听到有人说出这个名字！这个名字就会使我想起整个童年时代。我能成长为今天的样子，是因为过去我不仅通过他，而且还在他身边，在他的引导下。"（Br.I,38）

在仔细观察下，人们可以把上述乍看一眼后的赞美和谢意的感觉，视为一种防御。因为，如果了解到由坤特塑造理智和情感这段经历，人们肯定会为这两个孩子感到惋惜并且为这两个孩子还活着而谢天谢地。威廉先是在几行文字中表达了对坤特的永久怀念，然后他继续说，"我的童年就是在这样荒芜而毫无乐趣的环境里消逝了"。只有在爱情中和与共同的朋友接近时，他才看到一束希望之光，这光芒能够把童年的黑暗从他的意识中驱走。"在一个幸福的家庭范围内幸福一下。"（Br.I,39）这种心愿充满渴望，而其强烈程度也只能用"充满痛苦的感受"来解释，这些感受，使威廉每时每刻都面对要用力克服的困境，当他通过"坤特"这个名字回忆起童年一幕幕情景的时候。在几个星期之后的1789年8月16日，亚历山大以同样的感情基调在哥廷根给一个朋友写信说："我在柏林生活的每一种思绪都与忧愁密不可分。不幸的家庭纽带关系、一种令人反感的

局面，使我不得不生那些人的气，而我出于别的理由还要高度评价这些人——所有这一切都会干扰我未来家庭的平静。在你的身边让我感到很舒服惬意！你让我感受到了幸福，使我知道了在世界的所有财富中，有一个朋友是最值得高度评价的，也是最难以忘怀的。"（Jbr.,67）

　　亚历山大和威廉向后来的朋友和亲人讲述了所有那些荒芜、压抑、反感和没有快乐的生活，为的是向人们介绍他们的性格特征及其愿望的根源。那么，他们童年时到底发生了什么事情呢？他们没有朋友，并且感觉没有真正地被大人爱过，没有人与他们和谐相处，家庭教师来了又走。他们是有能力的教育工作者，掌握渊博丰富的知识，然而，在职业上似乎仅仅对学生的精神发展感兴趣，没有考虑学生的感情。坤特虽然在他们哥俩的精神发展方面做了重要工作，哥俩出色的法语知识归功于他，他还和他们一起读拉丁语文本，让学生把这些拉丁文课文翻译成语法正确的德语。但他在教授这一切时仿佛都在用抬高的食指不停地纠正着，控制着，几乎强制做作地站在他的学生们身后监督着，不给他们留下自己的符合儿童天性的活动空间。在这个过程中，从这位迂腐的、常常令人生气恼火的人身上散发出来的并不是折磨人的惩罚。"从他那里散发出来的并非命令，并非真正的要求，而仅仅是一种受到伤害的感受，或者颐指气使。"（Br.I,115）他经常对事情说三道四，指责一番。因此，这种情况也就不足为奇了：两个孩子在不断的监督下学会压制性格中的任何自由的表达，并且在经年的耳濡目染中形成了一系列巧妙的掩饰。

　　倘若没有影响他们命运的那一年，坤特也可能不会对塑造洪堡兄弟的理智与情感起这么重要的作用。威廉·冯·洪堡仅仅暗示了影响他们命运的那一年。1787年，他在给青年时期的女友亨丽艾特·黑尔茨（Henriette Herz）的信中说："截止到12岁，我都是自然纯朴的，与所有其他孩子一样。与一般的孩子相比，我只是更调皮，更被娇惯。"① 1825年，他才告诉他的老年朋友夏洛特·狄德，在他12岁这一年发生了什么："我很早就失去了我的父亲，在我12岁那年，他死于一场突如其来的疾病，因为根据他的健康状况，他本应该活得更长。"②

1779年1月6日，亚历山大·格奥尔格·冯·洪堡去世。所有了解这位开朗和风趣的朋友的人都为他的死感到惋惜。随着他的死去，洪堡家里唯一充满生机活力和具有启发性的元素消失了。玛丽·伊丽莎白·冯·洪堡曾经是霍尔韦德的遗孀，现在，她第二次失去了丈夫。她变得越来越体弱多病，因为她痛苦的身体状况而导致情绪低落，越来越不适合充满生机活力的闲聊。她脱离社交活动，退缩到自己的内心中，"最后把她愿望和努力集中到一点上：把她的两个儿子塑造成能够企及人类精神和道德完美的楷模。"③ 坤特在他的自传中这样描述，在描述中也在强调他自己为达到这个宏伟目标作出的贡献。因为坤特现在不仅担当财产管理者和这位遗孀在所有生活事务中的实际出谋划策的顾问，她还把教育她的两个幼子的全部责任转交给他。坤特很乐意看到自己"作为实现她的最高愿望的工具"，他叫洪堡夫人"妈妈"，她允许他这样称呼；而他承担了两个孤儿的替代父亲的角色。

人们对他的教育能力应该不存在任何怀疑。亚历山大和威

[27]

---

① 《亨丽艾特·黑尔茨在回忆、书信与证明中》(Henriette Herz in Erinnerungen, Briefen und Zeugnissen)，莱纳·施密茨（Rainer Schmitz）主编，美因河畔法兰克福，1984年，第208页。
② 《威廉·冯·洪堡致信一位女友》，参见P.8脚注①，第166页。
③ 弗里德里希·高尔特施密特与保尔·高尔特施密特：《一位枢密院成员坤特的人生》，柏林，1888年，第二版，第17页。参见鲁道夫·伯尔希（Rudolf Borch）：《亚历山大·冯·洪堡》(Alexander von Humboldt)，柏林，1948年，第16页。

廉·冯·洪堡为他们的老师出具了很好的证明。他很好地传授了德语语法和修辞方面的知识,使哥俩印象深刻;他和他们一起读恺撒、萨卢斯特①、西塞罗和贺拉斯的拉丁语文本;还向他们传授基础的历史和地理知识;他们还谈论基督教,但是,并非在一种神学的教义学意义上,一种有保障的、"实证的"宗教信仰确定的意义上,而是本着对可能的、幸福的生活的开明意图展开。他们还一起阅读并讨论了约翰·萨姆艾尔·狄特里希(Johann Samuel Diterich)的《根据耶稣学说对幸福的指导》(*Unterweisung zur Glückseligkeit nach der Lehre Jesu*)②,在学习过程中,洪堡兄弟表现出明显的差别,这种差别在他们的人生历史上越来越显著。具体而言,亚历山大对宗教观念没有任何偏好;而威廉却发展了宗教特有的虔诚,后来,他通过伊曼努尔·康德的著作《纯然理性界限内部的宗教》(*Die Religion innerhalb der Grenzen der bloßen Vernunft*)来论述:"我弟弟和我很早就上过宗教课。这门宗教课其实对他从未产生过任何影响。他什么都不信,也没有考虑过任何事情。而对于我,自从我12岁以后,情况变得与以往不同。我在内心中很抵触实证宗教,但是在相当长的时间内我一度很虔诚,只要我觉得实证宗教是自然的、通过纯然理性是可以理解的。"(Br.V,315)

[28]

然而,为了使两个孩子的精神与道德能力达到完美程度所付出的努力,却无法弥补自1779年以来他们所承受的痛苦。他们越感觉面临母亲的冷漠和家庭教师的控制,心灵的伤口感受的痛苦就越

---

① 萨卢斯特(Sallust,约公元前8—约公元前35或前34),罗马历史学家和伟大的拉丁语文学专家。——译者注

② 狄特里希在福音新教内部代表一种"旧词新用的"改革运动,这种改革运动试图把神学说法与启蒙哲学结合起来。参见克里斯蒂娜·M.绍特尔(Christiane M.Sauter):《威廉·冯·洪堡与德国的启蒙运动》(*Wilhelm von Humboldt und die deutsche Aufklärung*),柏林,1948年,第16页。

深，因为父亲出乎意料的、"完全偶然的"死去而感受的那种心灵的伤口。这一点可以从他们的行为方式和情绪上看出来，他们在接下来的几年里以不同的方式对这次令人震惊的、家庭的灾难性变故做出反应。

如果说，威廉觉得自己截止到12岁和其他孩子们一样"自然"，那么，他现在断言："自然给予我的很少。命运很早就摧毁了我从自然那里得到的。"（Br.I,52）那种自然的、孩童的生活乐趣，无疑是因为父亲的典范作用而促使兄弟俩的天性自由发展。而父亲的去世，所有的生活乐趣就被那吓人的冷漠取代了，"我因这种冷漠而生病"。（Br.I,52）威廉跌进了深深的多愁善感中。在身边的人看来，他显得冷酷无情，淡漠麻木，对人怀有敌意，性格非常内向。1790年，他在回顾青年时代时，告诉他的"丽"："我内心中有一种置人于死地的无所谓态度"，"这样纯粹的折磨和永恒的学习，从来没有带给我任何快乐，使我对前途没有期待，也失去了努力的方向，因为在我看来，绝大多数的人和事，只有在我能主动学习时才觉得可爱。"（Br.I,258）不断地研读、不停地学习和强化阅读，应该填满威廉1779年的生活，使他的精神跌入了无边的空虚。这乍听起来仿佛是非常积极的、偏正面的，正如他1787年在特格尔致信亨丽艾特·黑尔茨时表达的那样："在我12岁时，通过阅读关于古代历史的书籍，我突然拥有了对文学和科学的鉴赏力。我几乎总是伏案看书，学习非常勤勉，孜孜不倦。"[1] 他自称，坤特和他母亲非常高兴。

威廉提及"12岁"年龄的学习生活，也让人们知道在这种勤奋的阅读和研究中，遁入书海中对他有利的一面。书籍为他提供了生活

---

[1]《亨丽艾特·黑尔茨在回忆、书信与证明中》，莱纳·施密茨主编，美因河畔法兰克福，1984年，第208页。

中缺乏的东西。他并没有对卡洛琳娜隐瞒这一点。在那段悲哀的时期，他感觉自己备受折磨，没有任何他可以与之亲密交往的人。也就在这时，他内心中产生了"对书的这样一种真正的爱，我将这样的感受注入枯燥的学习研读中，这种依恋源自对人们的反感，也经常伴随着眼泪"。（Br.I,134）威廉潜入梦幻世界，为了能够承受他的世界之痛。尤其那些具有英雄气概的和崇高的人物形象的希腊和罗马历史与神话挤满了他的精神世界。这些神话和历史，使他得到了现实生活不能给予他的内涵，现实生活中只有一个内向的母亲和一个闷闷不乐的、替代父亲的家庭教师。威廉用古希腊罗马的画面丰富了内心世界，其兴趣脱离了外部世界。他变成一个内向的人，他"以斯多亚的严苛"（Br.I,360）防御任何对社交乐趣的偏好。只有这样他才能够战胜痛苦，从那个特殊的年份之后就忍受的痛苦，1816年他还在《自我传记的残篇》（*Bruchstück einer Selbstbiographie*）中强调："我自从12岁时起，就完全出于内在的驱动力开始自我控制，直到现在我还没有学会轻视这种自我控制。而这种自我控制没有别的，只有自己。"（G.S.XV,455）他以绝对的自我控制，为自己寻求一个"世界之外"的点，帮助自己克服挥之不去的寂寞和陌生感。

[30]

　　亚历山大·冯·洪堡小时候想当兵。当时他父亲还健在。但他从来都没有说出过，有这种倾向的理由是什么，他只是抱怨道，他的父母不同意他当兵。父母对他有更好的人生规划。他应该为王室效力，他的父母与王室有密切的联系。但是，小亚历山大对此毫无兴趣。他为什么不能像他父亲一样，成为一名在战斗中经受考验、在遥远的国家历险的、勇敢的士兵呢？他无法实现自己的愿望，父亲的死最终也摧毁了他全部的希望。他不得不做母亲和家庭教师所期待的孩子们能做的事：不停地看书和学习，尤其是语言、历史和文学,为了在精神和道德方面使自己达到完美。威廉从12岁时起遨游书海,为了逃离现实世界;而10岁的亚历山大"很少有兴趣研究科学"。①他觉得很难跟上与哥哥一起上的课,这些课程的主题和授课过程是为他哥哥设定的。他不能集中注意力,还经常头疼。他好像逃向了身体的羸弱中,为了以此表达他精神上的痛苦。

与如饥似渴学习的威廉相比,亚历山大缺乏天赋吗?老师们都这样认为,亚历山大后来这样评价自己:"我的自我发展要比我哥哥威廉晚很多……威廉自幼就通过希腊语知识和全部古代文学知识比如通过对诗歌的鉴赏力——一开始他就以出类拔萃的各门专业——引起人们的惊讶。"② 我们很难反驳他如此严肃、真诚地说出的自我评价,但是,他的自我评价只说出一半真实情况。因为亚历山大虽然晚些时候才熟练掌握他哥哥一开始就有针对性地学习的那些专业领域知识,但是,他在其他领域把威廉远远甩在后面,遥遥领先。威廉在其自传性草稿中指出,他在童年时"是一个反应迟钝、很少受到自然惠顾的人,尤其与弟弟亚历山大相比",(G.S.XV,459)这番自我评价大概不仅是一种兄弟之间的奉承话。

[31]

这里谁说得对呢?大概他们哥俩说得都对,假如我们考虑评价的不同角度。因为,自从他们的父亲去世后,威廉就回到自己的内心世界。诗歌、古老的语言和文学对他产生了极大的吸引力;而亚历山大一直外向,他及时调整钻研方向,以自然为主打,因为自然给他提供了一条出路,使他得以摆脱备受煎熬的所有强制、扭曲和不断的牺牲。他希望得到自然的恩宠。而自然很少惠及威廉的头脑。亚历山大没有把自己塑造成内向的人,他经常到户外去,户外

---

① 亚历山大·冯·洪堡:《我的人生》,慕尼黑,1989年,第50页。
② 同上。

活动使他很有感觉，能够找到自己的天性。而这种天性在没有父亲的家里则遭到"虐待"和"强制"①。他在迷人的、妩媚的特格尔风景中度过业余时间，在这儿采集石头、贝壳、植物、甲壳虫和蝴蝶，按照自然课知识研究这些采集的东西，把它们分门别类地放到无数小盒子里。下面这件事虽然很可能仅仅是一则逸闻趣事：11岁的采集者亚历山大，曾经被贵族出身、高傲的婶娘问道，他是不是想当药剂师，这种问讯充满了贬低的味道。亚历山大却大胆而自信地回答："宁愿当药剂师也不当侍从官！"② 我们不难听出，不久前父亲亡故给他带来的内心愤懑和失望是如此强烈。

　　没有人比威廉·冯·洪堡更准确地认识和描述他们兄弟俩的根本区别，他们在自幼接受完全同样教育的情况下，表现出的气质禀性、性格、偏好和科学兴趣却迥然不同。威廉在伦敦与弟弟见面后于1818年10月9日致信妻子卡洛琳娜："我弟弟把注意力集中在外部事物上，倘若我也这样，我永远都不会有所成就。我天生就更具有内向的性格。我的外在意识在不很顺利的情况下得到了教育……我们的教育其实就是为促进这一点而开设的。亚历山大完全相反的天性脱离了这种教育，而且，他突破了人为设立的界限。我以我的方式接受了这样的教育，并且这样的教育还得到了强化。"（Br.Ⅵ,336f.）

[32]

---

① 亚历山大·冯·洪堡：《我的人生》，慕尼黑，1989年，第38页。
② 赫尔伯尔特·斯库尔拉（Herbert Scurla）：《亚历山大·冯·洪堡：他的生平和影响》(Alexander von Humboldt. Sein Leben und Wirken)，柏林，1985年，第11版，第26页。

第二章
要有勇气驾驭你自己的理性

这两个年轻人如何进入柏林启蒙思想家的圈子？他们向这些启蒙思想家学习到了什么？

[33] 当玛丽·伊丽莎白·冯·洪堡第二次婚姻的两个孩子成人时，她决定给予他们更大的社交空间。亚历山大和威廉无论冬夏都留在柏林。只有到星期日，他们才能骑马到特格尔拜访母亲，在那儿享受勃兰登堡边区的风景，而每周的工作日期间，他们只能在城里度过。虽然他们在家庭教师的指点下有许多书要看，但坤特也介绍他们参与社交圈子的接触联系，这些社交圈子对他们的继续发展具有指明方向的作用。1785年，16岁的亚历山大和18岁的威廉进入"柏林启蒙运动"的教育环境中。他们结识了大约20位至关重要的核心人物，构成了具有横向联系的文化网，他们确定讨论的主题重点，培养谈话风格，这种特殊的谈话风格对于普鲁士的启蒙运动而言是独特的：独立思考的人们尝试通过论证来发现，什么是理智的。相互的对话应该是批评性的、尊敬的和坦诚的，在这样的对话中，相互启蒙的力量可以发展。

如果说，洪堡兄弟在童年感到的是寂寞，不被理解，受到束缚，那么，此刻在他们看来，新的柏林生活和谈话形式就像一种鲜明对[34] 照：充满享受的社交活动替代了强制的痛苦，坦率真诚替代了强制的扭曲，他们的生活是自由而和谐的。这种变化的结果对于洪堡兄弟的心智发展和性格塑造是不可忽视的。1785年，到洪堡兄弟在柏林市的家里串门的人高兴地断言，威廉尽管学识渊博，酷爱读书，但他并非迂腐之人和自我封闭的离群索居者。"相反，**他总是喜欢开玩笑**①，天生风趣，喜欢调侃；另一方面，**亚历山大更是一个小调皮**，他现在正处于向女士献殷勤的成熟时期。他戴上两条闪闪发光的怀表链跳舞，在他母亲的小房间里聊天，简言之，人们看到，他开始扮演一个角色。他在很大程度上使人们不由得想起他的父亲。"（Br.I,55）

他们进入当时人口超过11万的柏林这座城市的公共生活，这种进入首先把这两位普鲁士贵族引入犹太夫妇马尔库斯（Marcus）·黑尔茨和亨丽艾特·黑尔茨的家里。把他们联系在一起的是一个技术问题。在特格尔宫的塔楼上应该安一个避雷针。可是，应该怎么做呢？避雷针这种新的、时尚的发明是否像反对者声称的那样，是一种非常有风险的手段，即它的尖端部位会吸引雷电，因此扩大了火灾的危险呢？这种顾虑不是完全没有道理的。人们回忆起1783年暴风雨天气掠过英国与荷兰上空时发生的无数火灾，有些物理学家把暴风雨天气的摧毁性影响归咎于在那里堆放的避雷针。坤特决定请教医生、物理学家和哲学家马尔库斯·黑尔茨，让他出主意，黑尔茨以思路清晰和乐于实验的研究者著称。坤特多次拜访这位科学家兼哲学家，不久他还带上他的两个学生②。

这样一来，他们就向柏林启蒙家的圈子迈出了第一步。他们因此而赢得了什么，这个问题是有争议的。因为启蒙运动的自我阐释是 [35]

---

① 这是法语。用黑体表示，下同，不再注释。——编者注
② 参见《亨丽艾特·黑尔茨在回忆、书信与证明中》，莱纳·施密茨主编，美因河畔法兰克福，1984年，第28页。

开明而自由的，其人物也都是具有理性的意识的，这种理性很富有战斗意义，是反对愚昧的观念和封闭的社团的；而理性在其批评者眼里是乏味而肤浅的哲学思潮，主要以清晰的理智训练为特征。弗里德里希·尼采就理由充分地谈论《德国人对启蒙思想的敌意》（*Feindschaft der Deutschen gegen die Aufklärung*）①。在法国，哲学家们，尤其伏尔泰、孟德斯鸠或者进行启蒙的百科全书编纂者狄德罗和达朗伯②作为自我判断的自由与勇敢的楷模，始终享有威望；而在德国，人们把启蒙思想认为是"德国的丑闻"，从而反对启蒙思想，认为启蒙思想把事情简单化了：用浪漫化的方法召唤人生的深度及其阴暗面。如此看来，启蒙哲学对洪堡兄弟的影响力在下降也就不足为奇了：威廉·冯·洪堡不久就脱离了启蒙哲学，而他的弟弟几乎不了解启蒙哲学。"启蒙运动的普遍错误是给出已经完成的结论，而不是启发人们进行思想的发展，这种错误使得为洪堡兄弟上的那一课毫无收获。"③爱德华·施普朗尔④这样评价，主要应该是威廉·冯·洪堡1788年对康德哲学的研究，为他脱离启蒙哲学起到了推波助澜的作用。

让我们更仔细地看看，尤其看看伊曼努尔·康德的批判哲学。康德的批判哲学对调整柏林启蒙运动领袖的思想有什么贡献？洪堡兄弟如何熟悉康德的批判哲学？为了回答这些问题，我们首先把注意力转移到医学博士马尔库斯·黑尔茨身上。他不仅是一名出色的全科医生，而且还是一位热情的康德追随者，他多年来就尝试在柏

---

① 弗里德里希·尼采：《朝霞》（*Morgenröte*）第197段，载《尼采作品》第二卷，卡尔·施莱希塔（Karl Schlechta）主编，美因河畔法兰克福-柏林-维也纳，1979年，第144、145页。——译者注
② 达朗伯（d'Alembert, 1717—1783），又译达兰贝尔，是法国数学家、自然科学家、哲学家和作家、《百科全书》的编纂者，法国启蒙运动的领袖人物之一。——译者注
③ 爱德华·施普朗尔（Eduard Spranger）：《威廉·冯·洪堡与人性思想》（*Wilhelm von Humboldt und die Humanitätsidee*），柏林，1909年，第115、116页。
④ 爱德华·施普朗尔（Eduard Spranger, 1882—1963），德国哲学家、心理学家和教育学家。——译者注

林普及推广老师的理论哲学。

　　黑尔茨早在1766年就结识了康德,当时他在柯尼斯堡大学攻读医学博士学位,试图通过哲学反思拓宽并引导他的医学学习。他尤其对人类自身对感性世界的认知与理性世界之间的关系问题感兴趣,这一点已经解释了他在1770年8月21日参与教授们就康德著作《论感性世界与理性世界的形式及其原因》(*Von der Form der Sinnen- und Verstandeswelt und ihren Gründen*)进行的辩论中作为参与辩论者发挥的作用。在接下来的10年中,康德不断重新思考、在概念上整理感性①与理性之间的矛盾关系,并且于1781年在其《纯粹理性批判》中提供了解决二者矛盾问题的方案,面对黑尔茨、康德强调这种解决是"在人类认知这个如此真挚亲密地规划的部分中,思维方式的一种完全彻底的改变"。② 康德在10年中没有中断与这位学生的联系,黑尔茨在获得医学博士学位后开始在柏林的犹太医院当全科医生。

　　康德和黑尔茨彼此通信,他们在写信时并不隐瞒他们相识的实际益处。这位哲学家可以在医生这里得到医疗指导建议,当他患便秘并且要开些"泻肚的"药治疗便秘时,必须想办法对付"我脑力劳动的中断"以及"迷迷糊糊的大脑"的不清晰,康德是指他患的肠胃胀气和便秘。面对这种令康德郁闷的身体和精神疾病,没有人能够比重要的朋友马尔库斯·黑尔茨更好地给他提供帮助了。黑尔茨不但具有实验哲学家的研究欲望,同时还具有"人类之友"的认真态度而从事"医疗工作",他不仅将工作看成单纯的"赚钱工作"③,而是

[36]

---

①这是拉丁语,用仿宋体表示,下同,不再注释。——编者注
②康德1781年5月11日之后致信马尔库斯·黑尔茨,载《伊曼努尔·康德通信》,奥托·雪恩多伊弗尔(Otto Schöndörffer)选编并加注释,汉堡,1986年,第三版,第195页。
③康德1777年8月20日致信马尔库斯·黑尔茨,载《伊曼努尔·康德通信》,奥托·雪恩多伊弗尔选编并加注释,汉堡,1986年,第三版,第155、156页。

同时当作对精神的保养来实践。

自70年代末以来，黑尔茨家就成了柏林启蒙运动的精神核心。在这个被隔开的房间里，混合交友的那种独一无二的形式得到了发展，在混合的交友活动中，贵族与市民、男人和女人、基督徒与犹太教信徒、神学家与自由思想家、国家官员与艺术家、科学家与哲学家都不受约束地聚集在一起，为了作为公众共同塑造自我并进行启蒙。重要的启发来自康德。1778年11月，黑尔茨不无自豪地写信告诉他的老师："今年冬天我享受到一种幸福，我从来没有敢想象过这种幸福。我今天已经第20次公开宣布您的学说，全场掌声雷动，超过我的预料。我的听众数量每天都在增加，已经增加到30多个，全是贵族阶层和专业学者、医学教授、布道者、枢密顾问等等，在他们当中，我们尊贵的大臣是首领，他总是第一个到我房间，而且是最后一个离开的人。"①

普鲁士王室宗教与课程事务大臣卡尔·亚伯拉罕·冯·蔡德里茨（Karl Abraham Freiherr von Zedlitz）男爵不仅是黑尔茨的听众中求知欲强的首领，而且他还是启蒙运动时期文化政策的领军人物，主要负责制定宽容的教会政策和弗里德里希二世统治下的普鲁士中小学和大学改革工作。重要的是在这两个领域中，能够自由地"说多余的话"，这种表达并不是指发牢骚，而是指以理智为标准的思想，当然也不是依据国家的或者教会的权威。

1779年，蔡德里茨成功地召集约翰·雅各布·恩格尔（Johann Jakob Engel）参加改革普鲁士课堂教学的中小学大会。约翰·雅各布·恩

---

① 马尔库斯·黑尔茨1778年11月24日致信康德，载《伊曼努尔·康德通信》，奥托·雪恩多伊弗尔选编并加注释，汉堡，1986年，第三版，第182页。

格尔这位"胸怀世界的哲学家"①,自从1776年以来在柏林尤阿希姆斯塔勒高级文理中学工作,那是一所慈善的教育学典范式的项目研究所,蔡德里茨请恩格尔起草一项符合王室观念的哲学课程计划:"谁能够最好地说多余的话,谁就能走得最远,好于那种只得出错误结论的人"②,一年之后,恩格尔的哲学教育著作完成,他把该著作献给蔡德里茨:《发展柏拉图对话录中理性学说的一种方法论的尝试》(*Versuch einer Methodik die Vernunftlehre aus Platonischen Dialogen zu entwickeln*)。这不仅是对体系哲学的拒绝以及向生动的、共同的哲学思考的"苏格拉底主义"的回归,而且这也符合这位开明的文化大臣作为康德追随者的期待。这并非在于遵从已经印刷的指令、法律和规章细则,更关键的是,学习用对话的方式进行哲学思考。几年之后,恩格尔会用他的两个最有才华的学生进行实验:亚历山大和威廉·冯·洪堡。

[38]

他们在80年代中期第一次相遇。洪堡兄弟因为避雷针的事已经结识了马尔库斯·黑尔茨先生及其夫人亨丽艾特。在此之后,他们于1786年初被引荐到"阅读协会",在该协会中,约翰·雅各布·恩格尔尽力引导各种谈话。这是私人聚会之一,聚会中有修养的会员一起阅读,然后就所读的内容进行讨论。参与者除了坤特和黑尔茨夫人之外,还有玛丽亚教堂的布道者和副主祭约翰·弗里德里希·策伊尔纳(Johann Friedrich Zöllner),他精通哲学、医学、植物学、化学和物理。几年之后,亚历山大·冯·洪堡上了一门"技术

---

① 1775年、1777年和1800年出版了三个J.J.恩格尔汇编的大众哲学文本集《胸怀世界的哲学家》(*Der Philosoph für die Welt*)。书名被转化到恩格尔自己。参见克里斯多夫·波伊尔:《胸怀世界的哲学:康德时代德国晚期启蒙运动的通俗哲学》(*Philosophie der Welt. Die Popularphilosophie der deutschen Spätaufklärung im Zeitalter Kants*.),斯图加特–巴特·坎施塔特(Stuttgart–Bad Cannstadt),2003年;《约翰·雅各布·恩格尔》(*Johann Jakob Engel*,1741—1802),亚历山大·科泽尼纳(Alexander Kosenina)主编,汉诺威–拉岑(Hannover–Laatzen),2005年。

② 弗里德里希二世,转引自《约翰·雅各布·恩格尔》,亚历山大·科泽尼纳主编,第194页。

课程"（Jbr.43），威廉·冯·洪堡在策伊尔纳创办的《所有阶层的阅读书》（*Lesebuch für alle Stände*）中发表了自己第一篇论文。1781年出版了这本书，对促进一些基本原则、真正的鉴赏力和有益的知识的形成，起了很大作用。参加阅读协会的还有皇家最高法院顾问恩斯特·费尔迪南德·克莱因（Ernst Ferdinand Klein），他几年来一直忙着起草"普鲁士全国通用法律"。此外还有外交部的枢密顾问克里斯蒂安·威廉·冯·多姆（Christian Wilhelm von Dohm）、新教教会监理会成员威廉·亚伯拉罕·泰勒（Wilhelm Abraham Teller）、柏林灰色修道院旁的柏林高级文理中学老师卡尔·菲利普·莫里茨，① 因为其《关于人生哲学的论文》（*Beiträge zur Philosophie des Lebens*）变得广为人知，闻名遐迩，还有刚写完的发展小说《安东·莱泽尔》（*Anton Reiser*）。

上述人士的

[39]

家庭的女性会员也属于这个阅读协会。除此之外，16岁的亚历山大和18岁的威廉兄弟俩也是该协会的成员，他们当时就已经具有精细的礼节，言谈举止符合社会规范，他们活跃、机智，简言之，他们非常可亲，而且掌握广博的知识。他们当时就被介绍到我家来，这样，因为他们对所有美的事物感兴趣，而这种兴趣也夹杂着某种对我们读书协会中美女的兴趣，所以不可或缺的是，他们俩也属于我们的读书协会。

---

① 卡尔·菲利普·莫里茨（Karl Philipp Moritz,1756—1793），德国作家，1789年在柏林任古代学教授，其小说《安东·莱泽尔》受虔敬主义影响很大，表现了影响其人生的怀疑、破碎和不满。——译者注

正如亨丽艾特·黑尔茨在其回忆录中写的那样，聚会在枢密官鲍尔家里举行，他是皇家宫殿的看门人，而且冬天在宫殿里，夏天在一个花园里，即鲍尔在柯尼希城门（Königstor）前拥有的花园。"在这个阅读协会上，恩格尔在某种程度上主持会议。他把迷惑者们带到正确的道路上，冬天他始终坐在壁炉后面的一个位置上，当他不朗读时，他就坐在这里。"①

在我们转向洪堡兄弟的情爱兴趣之前，我们先追寻他们的精神发展：该发展由于他们参与阅读协会，尤其由于他们同恩格尔、克莱因和多姆的密切关系，而得到重要的、影响其毕生的推动。他们当时学习什么呢？他们共同讨论什么呢？亨丽艾特·黑尔茨报道说："每次读篇幅大小不一的文本，有抒情诗形式的、叙事形式的和戏剧形式的等文学作品，男士和女士都朗读。"② 更多的情况我们并不了解。然而至少在文本方面，我们可以根据一些迹象阐明这种情况的理由：他们主要朗读在《柏林月刊》（Berlinische Monatsschrift）中发表的文本，而且围绕"什么是启蒙"这个问题。

首先，这个阅读协会的参与者名单就说明了这一点。因为恩格尔、策伊尔纳、克莱因、多姆和泰勒的名字并非偶然地出现在1783年成立的"周三协会"的会员名单上。"周三协会"是秘密的"启蒙之友协会"，他们定期轮流在私人住宅中碰头，"为了通过友好的思想交流互相解释启蒙精神并且自己阐明某些方面的概念。"③ 这个关系网的

---

① 《亨丽艾特·黑尔茨在回忆、书信与证明中》，莱纳·施密茨主编，美因河畔法兰克福，1984年，第48、49页。
② 同上，第49页。
③ 弗里德里希·尼考莱（Friedrich Nicolai）：《关于我的博学的教育》（Ueber meine gelehrte Bildung），柏林–塞丁（Berlin–Settin），1799年（重印本，布鲁塞尔，1968年），第65页。关于"周三协会"参见《什么是启蒙？》（Was ist Aufklärung?），诺尔贝尔特·兴斯克（Norbert Hinske）主编，达姆施塔特（Darmstadt），1990年，第四版，第XXIX—XXXI页。

[40] 秘书是约翰·艾里希·比斯特（Johann Erich Biester），他是图书馆馆员、法学工作者和普鲁士文化大臣蔡德里茨男爵的私人秘书。正如在章程中确定下来的那样，该协会并不涉及实现一个事先确定的、人们就此达成一致的目的。人们对一种对话风格和论证风格感兴趣，对于这种风格而言，外在的权势地位和内在的信仰明确性都不应该起作用。人们在这里实现平等的策略，反对等级礼仪，即便存在权威，那也仅仅是论证的权威。这样，那些以前没有被视为问题的或者被批评的领域被当成问题讨论：国家和教会。

亚历山大和威廉·冯·洪堡作为最年轻的参与者，在共同读书、共同讨论的读书协会被编织到具有启蒙思想的法学家、神学家、医生、政治家、教育家和哲学家组成的范围广大的网络中。他们在读书和讨论的过程中，也熟悉了那些表达启蒙时代纲领的文章，即摩泽斯·门德尔松①和伊曼努尔·康德针对"什么是启蒙"这个问题做出的回答，这两篇文章1784年刊发在比斯特1783年创建的刊物《柏林月刊》上。策伊尔纳和比斯特之间一次小的争执成为他们提出"什么是启蒙"这个问题的具体诱因。因为法学家比斯特主张，婚姻应该在两个成年人之间缔结，在没有宗教和僧侣阶层介入的情况下；而神学家策伊尔纳不愿意放弃这种特殊关系的宗教仪式。后者认为，道德精神的衰败已经够让人抱怨的了。因为这样做是不负责任的："贬低宗教的价值，并且在启蒙的名义下搅乱人们的头脑。"而"在人们开始启蒙之前，人们大概首先要回答与'什么是启蒙'同样重要的'什么是真理'的问题！然而我没有在任何地方找到对这个

---

① 摩泽斯·门德尔松（Moses Mendelssohn，1728—1786），德国克里斯蒂安·沃尔夫学派最重要的通俗哲学家之一，他尤其代表启蒙运动的宽容思想，他是第一个用同时代的哲学概念阐释犹太教的犹太哲学家，他是莱辛的好友，莱辛的思想剧《智者纳坦》的主人公在某种程度上以他为原型。——译者注

问题的回答"。①

这首先让摩泽斯·门德尔松坐不住了,他本身不仅把自己理解为犹太教的Haskala②(希伯来语为le-haskil,意思是"借助理智阐释")传统的学者,而且还与德国启蒙运动的顶尖人物保持最密切的关系。他首先尝试通过概念回答策伊尔纳的论战性的问题。"启蒙、文化、教育在我们的语言中还是新词。它们眼下仅仅属于书面语言。"③ 为了能够在日常语言使用中应用这些词语,必须解释并且直观地说明其生活实践的含义,门德尔松把这些含义理解为"对合群生活的界定"。"教育"构成种概念,以便描述一个民族合群的状态和对人的确定之间应该致力追求的和谐;而"文化"和"启蒙"是不同的属概念:"文化"更多涉及手工业、艺术和合群风俗的实践特征;相反,"'启蒙'似乎更多涉及理论特征,涉及理性的认知(客观的)和根据其重要性及其对人的确定之影响这个标准对人生事物进行理智思考的熟巧能力(主观的)。"④

[41]

摩泽斯·门德尔松对洪堡兄弟的教育产生了什么影响?把注意力集中在洪堡兄弟与犹太教的关系的那些历史学家对此争论不休。

---

① 约翰·弗里德里希·策伊尔纳(Johann Friedrich Zöllner):《不再通过宗教结成婚姻联盟是值得推荐的吗?》(*Ist es rathsam, das Ehebündniß nicht ferner durch Religion zu sanciren?*),载诺尔贝尔特·兴斯克主编:《什么是启蒙?》,达姆施塔特,1990年,第115页。
② 参见施姆艾尔·菲纳尔(Shmuel Feiner):《Haskala借助理智阐释——犹太教的启蒙》(*Haskala——Jüdische Aufklärung*),希尔德斯海姆(Hildesheim),2007年。
③ 摩泽斯·门德尔松:《论什么是启蒙?这个问题》(*Über die Frage: was heißt aufklären?*),载艾尔哈特·巴尔(Ehrhard Bahr)主编的《什么是启蒙?》(*Was ist Aufklärung?*),斯图加特,1996年,第3页。
④ 同上,第4页。参见《我以理智行事:摩泽斯·门德尔松与欧洲的启蒙运动》(*Ich handle mit Vernunft. Moses Mendelssohn und die europäische Aufklärung*),诺尔贝尔特·兴斯克(Norbert Hinske)主编,汉堡(Hamburg),1981年;彼得·霍尼希曼(Peter Honigmann):《摩泽斯·门德尔松对洪堡兄弟教育的影响》(*Der Einfluß von Moses Mendelssohn auf die Erziehung der Brüder Humboldt*),载《门德尔松研究》(*Mendelssohns Studien.*),第七卷,柏林,1991年,第36—76页。

人们确知，亚历山大·冯·洪堡参加了1786年1月4日去世的著名的、受到高度评价的哲学家门德尔松的葬礼。史料还记载，耄耋之年的亚历山大·冯·洪堡于1853年致信意大利曼图阿①的犹太教总法师说："我们一位最伟大的和年纪最大的作家、莱辛的朋友摩泽斯·门德尔松，对我和我哥哥在大洪水到来前的时代中的教育产生了影响。"② 但这可能仅仅是他在相当笼统的意义上说的话。

[42] 当康德考虑回答策伊尔纳提出的问题时，他对1784年9月在《柏林月刊》上发表的门德尔松写的那篇文章毫不知晓。假如他了解并及时收到门德尔松的文章，康德会收回他在12月发表的对这个问题的回答，或者修改润色这篇文章的。这样，康德只能邀请读者来考量，"偶然在多大程度上能实现思绪的一致性"。③ 虽然我们不能确定康德和门德尔松这两篇文章直接的一致。康德在门德尔松留下一个松散的结局的地方拾起思路。因为，门德尔松虽然把"对人的确定"作为所有启蒙努力和争取的尺度和目标投入使用，但是，他没有进一步阐明，对于人而言什么应该是最根本的。康德的论文却涉及这个问题。康德对"什么是启蒙"这个问题的回答针对人的本性。人是什么？人是一种成熟的生命体，至少凭借这种可能性是如此：人能够摆脱成为其第二天性的不成熟。启蒙的过程不存在于任何事物中。

康德那篇著名的文章这样开头："启蒙就是人走出他咎由自取的

---

① 曼图阿（Mantua），意大利波河平原上的一座城市。——译者注
② 首先转引自阿道尔夫·考胡特（Adolph Kohut）:《亚历山大·冯·洪堡与犹太教》（Alexander von Humboldt und das Judentum），莱比锡，1971年，第65页。
③ 伊曼努尔·康德（Immanuel Kant）:《回答这个问题：什么是启蒙？》（Beantwortung der Frage:Was ist Aufklärung? In:Werke in sechs Bänden.），载六卷本《康德著作》，威廉·魏塞德尔（Wilhelm Weischedel）主编，第六卷，美因河畔法兰克福，1964年，第61页。关于康德论启蒙的文章参见曼弗雷德·盖耶尔（Manfred Geier）:《康德的世界》（Kants Welt），莱因贝克（Reinbek），2003年，第179—222页。

受监护状态。受监护状态就是没有他人的指导就不能使用自己的理智的状态。如果这种受监护的状态的原因不在于缺乏理智，而在于缺乏无须他人指导而使用自己的理智的决心的勇气，则它就是咎由自取的。因此，要敢于认识！要有勇气使用你自己的理智！这就是启蒙的格言。"① 康德并没有说，人们确实是成熟的，不需要监护的。监护和受监护似乎是正常的状态。相反，康德在公开的论坛上树立起单个的自我思考者。只有当成熟的人能够自由地思考和公开发表其思想，人走出其咎由自取的、既非天赋的亦非不可消除的受监护状态时，才能获得成功。"对其理性的公开运用必须在任何时候都是自由的，而且唯有这种使用能够在人们中间实现启蒙……但是，我把对其理性的公开运用理解为某人作为学者在读者世界的全体公众面前所做的运用。"②

康德的纲领性文章不仅把那些在枢密官鲍尔家参加阅读协会者的观念和思想带到正确的位置，他们首先在周三私下讨论，然后在《柏林月刊》上发表他们的想法，而且，康德的这篇文章在年轻的洪堡兄弟头脑中宛如一道闪电。因为，这向他们敞开了通往世界的通道，在这个世界中，他们敢于迈出步伐，并且形成了自己的理智。对于他们而言，寂寞孤独、扭曲和强制的阶段过去了，且一去不复返了。他们眼前出现了一种最充分地享受自由的学者生活，对此他们并不缺乏决心和勇气。当然他们还不能完全摆脱管束和控制。他们还要在有能力的教师的监护下学习很多知识，为了能够在不用他人引导的情况下运用自己的理智。坤特在他的熟人中发现了三位真

---

① 伊曼努尔·康德：《回答这个问题：什么是启蒙？》同上页注③，第53页。引文参考康德著，李秋零译，载《康德全集》第八卷，北京：中国人民大学出版社，2008年，第40页。有个别改动。——译者注
② 译文参考同上，第41页。——译者注

正的独立思考者，请他们引导亚历山大和威廉·冯·洪堡，这一点充分体现了坤特的远见卓识。这三位的名字我们早已经耳熟能详了：多姆、克莱因和恩格尔。

克里斯蒂安·威廉·冯·多姆1779年作为国家枢密档案馆馆员来到柏林，1783年以来作为对外事务部门的战争枢密官工作。尤其他在政治、地理即按照精确的、统计科学的方法研究国家的学问方面掌握的知识，使他具备了担任这个高职位的专业资格。本来他应该从1785年秋到1786年6月为年轻的冯·阿尔尼姆[①]伯爵讲授国民经济学课程。但是，很熟悉多姆的坤特也让洪堡兄弟去听这次私人授课。这门课程包括范围很广的主题。贸易的全球拓展以及金钱作为不同商品价值的通用等价物作用构成了课堂一个特殊的重点。多姆主张，广泛地把贸易交给市场自身的法则。"一个国家为了接受贸易而必须做的最后一件事就是促进贸易的自由。"（G.S.VII,b,513）国家仅仅需要关心安全，目的是使人们能够自由地、理智地做想要做的事情。这种想法是很激进超前的。然而，多姆并非革命的思想家。根据他的观点，对自由的促进应该按照进化的方式进行。关键并非使纯粹思辨的作品脱离大脑而进入真正的世界中。取而代之的是，人们必须连接现存的、不完美的形式、风俗和观点，为了逐渐改革它们。多姆在这方面进行努力，作为门德尔松的亲密朋友和黑尔茨家的常客，他也赞同犹太人在法律上的平等地位。早在1781年，他就撰写了《论犹太人的市民改善》，在书中，他以此为出发点：犹太人"从自然那里获得同样的能力，成为更幸福的、更好的人和社会更有

[①] 应该不是德国浪漫派作家阿希姆·冯·阿尔尼姆（Achim von Arnim, 1781—1831），因为1786年作家阿尔尼姆刚5岁，还听不懂国民经济学这种课程。——译者注

用的组成部分"。①

为了给洪堡兄弟上关于自然法权的私人入门课程,坤特在恩格尔的介绍下认识了柏林高等法院顾问恩斯特·费尔迪南德·克莱因。他也是"秘密的周三协会"会员,并且在《柏林月刊》1784年4月份那一期上刊登了对思想自由和出版自由热情洋溢的赞同文章。他勾画出"勇敢的倾吐者"的画像,属于这种人的天性是超越一切的"大声地思考自由"②,尤其用以反对暴君般的僧侣阶层,他们在虔诚的名义下"把愚蠢树立为尊重"。只有威廉·冯·洪堡参与了关于自然法权的讲座,该讲座1785年3月开始,1786年2月结束。据他说,这门讲座为他的法学家生涯做好了准备,而他的弟弟对呆板的司法毫无兴趣。克莱因课上值得注意的不仅是非常强调广泛的国家自由的、受私人法调整的社会领域,而且在该社会领域中,一个人的自由并不限制另一个人的自由;尤其令人愉快的还有学生的能力:在课上能够独立思考并且独立地书面整理所听到的内容。1785年4月7日,克莱因致信威廉·冯·洪堡说:"我非常高兴,在阁下作为出身高贵者的作文中,您不仅证明了您对所听内容进行了通盘认真思考,而且还可以找到文中自己的、不受引导的思考的许多痕迹。"(G.S.VII,b,481f.)这尤其涉及他对婚姻的思考,18岁的威廉就写过关于婚姻的文章,这在后来的日子里一再启发他不断进行更广泛的研究和思考:"婚姻是两个性别的人之间的联系。进入这种联系的人

[45]

---

① 克里斯蒂安·威廉·冯·多姆(Christian Wilhelm Dohm):《论犹太人的市民改善》(Über die bürgerliche Verbesserung der Juden),两卷本,柏林-塞丁,1781—1783年,第一卷,第130页。参见伊尔泽格雷特·达姆巴赫(Ilsegret Dambacher):《克里斯蒂安·威廉·冯·多姆》(Christian Wilhelm Dohm),伯尔尼-美因河畔法兰克福(Bern-Frankfurt am Main),1974年。

② 恩斯特·费尔迪南德·克莱因(Ernst Ferdinand Klein):《论思想自由和出版自由:致王侯、大臣和作家》(Über Denk- und Druckfreiheit. An Fürsten, Minister, und Schriftsteller.),载N.兴斯克(N.Hinske)主编的《什么是启蒙?》,第403、404页。

彼此一起并且通过彼此享受其天性的设置及其特殊处境允许他们相守的所有快乐,所有益处。"(G.S.VII,b,476)克莱因在边注上赞扬了这段话:"您不仅论述了婚姻,而且还以一种温暖和一种高贵特征谈论,在此,我提前祝愿您未来的妻子幸福。"

五年之后,通过亨丽艾特·黑尔茨的介绍,威廉·冯·洪堡结识并爱上他毕生努力与之享受所有身体、精神和心灵的快乐的女性。他于1790年11月12日给卡洛琳娜·冯·达赫略敦写了一封长信,在信中,他大胆地向他的未婚妻揭示他最内在的本质和"我的情感类型的每个褶皱"。在他看来,他1785年到1786年上的两个学期的哲学课"永远是奇怪的":"我第一次更好的教育是通过恩格尔获得的。他是一个非常细腻的和阳光幸福的人,或许没有那么深刻,却理解和描绘得很快,在这方面,我所经历的人中无人能出其右,这仅仅在理性问题上是不言而喻的。在他那里,我只和少数其他人听了哲学课,然后他又给我弟弟上课。他赢得我极大的好感,我对他有一种依恋,一种尊重——这样,在这个词被感觉的意义上——一种爱,这种爱过渡到最高的热情。"(Br.I,280)

我们只能推测,年轻的威廉·冯·洪堡在对时年45岁的约翰·雅各布·恩格尔的爱中找到了自从他父亲意外死亡以来一直缺失的父爱。而我们可以确定的是,洪堡兄弟在恩格尔那里学到了什么。威廉·冯·洪堡的书面记录中流传下来课堂教材,配有老师的边注和修改。威廉在写给卡洛琳娜的信中虽然指出,哲学教育"几乎始终是逻辑的"教育,并在他的身上形成了"经院哲学的吹毛求疵"中的优势,以至于几乎没有第二个人"比我知道得更多"。(Br.I,280)但是,他的书面整理表明,哲学课上"不仅"涉及逻辑推理阐述,也不仅涉及理性问题。他们还谈论了情感、"心灵"和幸福,谈论了喜

[46]

好、欲望和激情。在这位"阳光幸福的"人那里上的课尤其以恩格尔1780年根据柏拉图对话录发展起来的苏格拉底主义为特征。因为恩格尔不想以其方法传授书本上的渊博知识，培养书呆子式的博学后生，不仅教授哲学，他还想教学生学会哲学的思考。对于他而言，哲学并非学说，而是一种活动。

苏格拉底的教学方法也需要主题上的诱因，为了收到良好的课堂效果。所以，恩格尔在第一个逻辑部分中也援引汉堡启蒙思想家赫尔曼·萨姆艾尔·莱玛鲁斯①的理性学说作为《一种在真理认知中正确地应用理性的指导》(*Eine Anweisung zum richtigen Gebrauche der Vernunft in der Erkenntnis der Wahrheit*)（汉堡和基尔，1756年），恩格尔在第一个逻辑部分中讲授关于概念、判断和结论的学说，但他也提出追问理性的"力量"和概念构成的"情感"基础的问题。在莱玛鲁斯的这篇文章中主要有两段话供人们思考："莱玛鲁斯说：理性是根据协调的规则和矛盾的规则反思被考虑到的事物的力量。"反思的意思是："对比事物，也就是说，使得事物彼此相持，努力认识到，它们有什么相似的事物或者它们在什么地方相互区别。反思是到达真理知识的唯一手段。"（G.S.VII b,365f.）

他在第二部分中涉及形而上学，恩格尔参阅了哥廷根哲学教授约翰·格奥尔格·海因里希·菲德尔（Johann Georg Heinrich Feder）的通俗哲学手册《逻辑学与形而上学，连同哲学史概览》(*Logik und Metaphysik nebst der philosophischen Geschichte im Grundrisse*)（哥廷根，1769年，第6版1786年）。成问题的是，除了对存在进行普遍的

［47］

---

① 赫尔曼·萨姆艾尔·莱玛鲁斯（Hermann Samuel Reimarus,1694—1768），德国哲学家和神学家。他代表一种自然的启蒙理性，对《圣经》进行尖锐批评。他反对天启说，仅视自然创造为奇迹。莱辛在他去世后出版了其部分作品《沃尔芬比特尔残篇》(1774—1778)。——译者注

和本体论的确定以外，尤其假设，还有"非感性的事物"作为实体存在。因为我们能够通过几何图案从身体获得一种清晰的和明确的概念，而心灵事件似乎在逃避这样认知。虽然并不怀疑它们的存在。"我们认识，借助我们的内在情感、我们的心灵的帮助。我们意识到我们在思考，在产生愿望，我们意识到，我们的决定在我们的身体中产生不同的活动；我们感觉到，并非我们的身体，而是我们身体的某种东西是迥然不同的，什么在思考，在渴求，什么向身体通告活动——身体自身已经死亡，而且没有能力进行自己的活动——。"（G.S.VII b,435）可是，心灵怎么能做到这一点呢？存在一种能够孕育这些或者那些作用的特殊的心灵力量吗？

逻辑的理性学说的哲学问题和形而上学惊人的谜都毕生向洪堡兄弟提出挑战。亚历山大以全部的心思把注意力集中在自然的力量上，并且尝试在具体事物的多种多样的丰盈中、在空气和水中，在石头、植物和动物中感受到自然的力量。与之相反，威廉更关注内心世界，关注思想、精神力量、情感和感受的取之不尽的财富。在此过程中，他比弟弟更强烈地在内心尝试培养和提高恩格尔课堂第三部分"实践哲学"讲述的那些力量。理论的世界智慧提供思想的启发和理由阐明，除了理性的力量之外，"在我们的心灵中还有大量的喜好、欲望和激情。"（G.S.VII b,464）他们兄弟俩共同的是对"幸福"的实际追求，对快乐和享受的实际追求，在追求过程中，18岁的威廉很有把握，应该在哪里找到这种幸福："从普遍的意义上来说，对异性的好感倾慕是一种好感；这种好感与我们当下状态所缺乏的感受联系在一起，与改变这种状态的愿望相联系，我们结婚是一种欲望；这种欲望最终针对一位单个的女性，就是激情。"（G.S.VII b,464）

恩格尔不仅讲授哲学，而且还教他们学会哲学思考，这个意图是用对话的方式达到的。因此，在他的课堂上，柏拉图对话录的文本起很大作用。该文本应该使学生们习惯于"跟随古代的哲学家思考并且对他们进行思考"，① 为了与此同时扩展他们的语言知识并且学习正确地运用语言知识。这正好迎合了威廉对希腊语言和文学的喜爱；所以，据他说，翻译和评价色诺芬②的《回忆苏格拉底》（*Denkwürdigkeiten des Sokrates*）与柏拉图的《法篇》（*Gesetze*）给他带来很多乐趣。伴随这个文本发生的事情就不那么令他高兴了。因为两年后，就在他动身前往奥德河畔的法兰克福（他和弟弟开始在那里上大学）之前，"坤特，真的不是我，建议策伊纳尔找人翻印这个文本；这时我就不得不在已经有很多烦恼、不安和闷闷不乐的最后日子里夜以继日地坐着修改并且写前言。"③ 这样，1787年末，威廉·冯·洪堡在策伊纳尔的《给所有阶层的阅读书》中发表了他的第一篇公开出版物：《苏格拉底和柏拉图论神、预言和不朽》（*Sokrates und Platon über die Gottheit, über die Vorsehung und Unsterblichkeit*）这篇文章值得关注，不仅因为它"出自一个20岁彬彬有礼者之笔，两年前就自己对文本进行了翻译"，(G.S.I,注释1)正如策伊纳尔在前言中强调的那样，而且因为，在哲学方面尤其重要的是，洪堡对同时代启蒙运动的原则的认明，他用独创的方法把启蒙运动的原则同希腊哲学联系起来。因为他断定，"这两个时期在真理和理性反对怀疑癖和狂热的不断斗争中有一种引人注目的相似性"。康德的影响是

---

① 约翰·雅各布·恩格尔（Johann Jakob Engel）："根据柏拉图对话录发展理性学说的一种方法的尝试"（Versuch einer Methode die Vernunftlehre aus Platonischen Dialogen zu entwickeln）（1780年），载《约翰·雅各布·恩格尔文集》（*J.J.Engel's Schriften*）第九卷《哲学卷》（*Philosophische Schriften*），柏林，1805年（重印本美因河畔法兰克福，1971年），第190页。
② 色诺芬（Xenophon，约公元前430—前354），古希腊的历史学家和作家，雅典人，苏格拉底的弟子，著有《万人远征记》《希腊史》和《回忆苏格拉底》。——译者注
③《亨丽艾特·黑尔茨在回忆、书信与证明中》，莱纳·施密茨主编，美因河畔法兰克福，1984年，第226、227页。

[49] 不可忽略的。威廉·冯·洪堡就像这位批判哲学家一样，敢于"同各种阻碍进行更勇敢的斗争"，(G.S.I,2)即对理性的启蒙遇到的阻碍：一方面是一种极端的怀疑，怀疑一切，并且在基础问题上动摇人类认知的把握；另一方面是一种激情洋溢的狂热，它超越人类理性的界限，并非反映人，而是仅仅信仰，并非清晰地思考，而是仅仅让人模糊地感受。

在他的哲学老师的监督下，威廉向比他小两岁的弟弟介绍他在恩格尔课堂上自学到了什么，在恩格尔那里学到了什么。还不到19岁的亚历山大·冯·洪堡在一段文字中尝试用哲学方法解决一个颇有争议的神学问题，这足以表明，这门课开设得有多成功。虽然亚历山大这段文字并没有发表，让更多的读者看到。这是他写给在奥德河畔法兰克福的神学专业大学生威廉·加布里尔·魏盖纳尔（Wilhelm Gabriel Wegener）的一封私人信件，亚历山大于1788年2月13日与魏盖纳尔结下了神圣的"友谊联盟"，作为兄弟之爱的标志，"怀着这种爱，我直到每天的深夜都想起你，我真诚的、最温暖的亲密朋友"。(Jbr.,8)然而，这封信并不亚于一份哲学杰作，亚历山大在其中敏锐而广泛受教育地探究魏盖纳尔的证明：并不存在宗教的奇迹。

魏盖纳尔选择了圣徒故事的圣灵降临节第二章作为实验案例，并且想要以此展示，"圣徒用以说话的外语并非神奇地被通告的、事先拥有的天赋"。(Jbr.,18，注释12)他是为聪明的朋友提供哲学批评的证明吗？亚历山大没有等朋友请求两次，就于1788年6月15日在特格尔宫寄走一份"对奇迹和奇迹信仰的广泛评论"（weitläufiges Raisonnement über Wunder und Wunderglauben）。(Jbr.,17)他用一种戏谑的、打折扣的报道作为序言，在该报道中，康德提供关键词的台词，而恩格尔作为哲学关键人物出场："我的哲学就像一个孩子，这孩子还必须用襻带牵引。我大概学会了向他人屈服，假如我的有经验的引领者每遇到一个障碍都向我伸出臂膀，但是引导我自己去告诉别人，他是否不在任何歧路上行走，这样一来，这看上去还是很棘手困难的。然而，去他的什么无聊的譬喻吧。在一个朋友面前为他的弱点感到羞耻，这与在自己面前掩饰他的弱点同样是愚蠢和有害的。"（Jbr.,II）[50]

我们在此不能复述并评价亚历山大关于奇迹的哲学论文，在文中，柏拉图、泰伦提乌斯①、拉克坦修斯②、斯宾诺莎、赫尔德③、卡姆普、门德尔松和恩格尔都发表意见。指明亚历山大·冯·洪堡用以搭建其思考和论点的基本信念肯定就已经足够了。虽然他用苏格拉底的表情姿态承认，他的思维大厦还建在"单纯的沙子上"。"但是，一座像我的这样轻松的房子很容易论证。"（Jbr.,10）而其毕生的著作还在于扩建他的房子，使得房子的地基更坚固，更安全。因为，通过对哲学基本概念的选择，他很早就断定，应该如何完成这项工作："我们称世界为一切有限事物或者被创造事物的总称，如果在内在联系上观察。所有被创造的事物是真实的，所有真实的事物有一种力量。因此，如果换一种定义方法，世界就指一切有限力量的总称。世界作为一种有限的事物始终屈从于不断的变化。我们用影响来证明任何变化。"（Jbr.,11）

亚历山大·冯·洪堡18岁时就勾画出一个内在固有的和完整的

---

① 泰伦提乌斯（Terenz，拉丁名字Terentius,公元前195—前159?），罗马伟大的喜剧作家，其喜剧构成现代风尚喜剧的基础。——译者注
② 拉克坦修斯（Lactantius），古罗马的基督教作家。——译者注
③ 约翰·高特弗里特·赫尔德（Johann Gottfried Herder,1744—1803），德国作家、神学家和哲学家。——译者注

世界的画面，世界的各种力量在原因和结果的共同作用下表达自我，发展自我。所以，他可以针对是否有神迹这个问题变成对这个问题的表达：是否有影响可以没有"有限力量"地实现或者被划归一个"无限的事物"？宗教的普遍意识和没有接受启蒙思想的人的理智会回答"是的"。在自己和别人面前并不掩饰其弱点的理性哲学家会回答"不"。因为，对他而言，在面对"没有原因的影响"时并不涉及超验的证明手段，而是仅仅涉及一种有欠缺的知识，在有限的世界所有广泛的错综复杂性中。然后，亚历山大·冯·洪堡在启蒙哲学的引领者的指导下，并非在普遍的意义上而是具体地反驳"用四重外语演讲的"特殊的、圣徒的奇迹。我们在此不想再继续追寻他的思路，而是更想讲述，洪堡兄弟的大学生生活和爱情生活是如何继续发展的。

[51]

第三章
迈入世界的第一步

这两个大学生如何构成其精神？最初的交友如何？

尽管洪堡兄弟并未与摩泽斯·门德尔松谋面，但门德尔松却影响了对他们的教育。因为摩泽斯·门德尔松让柏林许多犹太家庭努力追求这样一种教育（Bildung）：在这种教育中，生活形式的实际文化教养（Kultivierung）与理智的理论启蒙（Aufklärung）联系起来。这说明，在到1806年普鲁士失败的25年内，柏林犹太人举办的沙龙具有怎样的社会意义。这些文化沙龙为了文化的发展而提供了一种亲密的、私人的自由空间，这种空间既反对宫廷礼仪的形式强制，又试图消除缺乏市民公众的局面。为了门德尔松意义上的启蒙，这种启蒙"使人作为人感兴趣，普遍地没有等级差异"①，这些沙龙是一个论坛，人们在这里可以运用自己的理智。最初一批沙龙中的一个沙龙由门德尔松的女儿多洛苔阿（Dorothea，也叫布伦德尔Brendel），即后来的魏特（Veit）夫人举办。人们每周都在布伦德尔·魏特（Brendel Veit）的家里碰头，他们来这里的目的是，朗读点儿什么，然后对此进行讨论，发

---

① 摩泽斯·门德尔松：《论什么是启蒙这个问题》，见《什么是启蒙？》，艾尔哈德·巴尔主编，斯图加特，2000年，第6页。

表见解。门德尔松本人就曾经是一位勤奋的和专注的听众。"然而我们蹑手蹑脚地围着他转,为了能听到高谈阔论中的哪怕一句话!这种谈话甚至是博得热烈掌声的谈话,我们是多么幸运啊!"① 在80年代初举办过自己的沙龙的亨丽艾特·黑尔茨这样回忆说。从1785年起,她可以把年轻的洪堡兄弟算作她的客人。

[53] 当亚历山大和威廉·冯·洪堡由他们的家庭教师坤特介绍到亨丽艾特家时,她21岁,已经结婚六年了。她和丈夫马尔库斯·黑尔茨住在新弗里德里希大街22号。对面是舞场,舞者踏地和快乐的叫喊声从舞场传来。据说亨丽艾特对她的丈夫说:"精英教育有什么用处?为了快乐的理由我们永远都不需要精英教育。"而马尔库斯回答说:"相反,那些人也需要一本好书保障的平静享受,需要传达为了人类的福祉在自然力量的领域进行的发现。"② 这位一家之主在他的客厅里谈论这些自然力量。他通过物理实验向求知若渴的客人们展示这些自然力量,他尝试,作为康德的追随者,用哲学的方法回答我们用自然科学的方法肯定能回答的问题。

他的妻子亨丽艾特在其《**沙龙的精神**》中确定了另外一个重点。她自信地知道,"对于精细的合群性而言,只有女性是真正可以进行教育的"。③ 亨丽艾特比她博学的丈夫小17岁,他个头矮小而且其貌不扬,但是,他脸上透着机智。亨丽艾特把洪堡兄弟这两位更年轻的一代人召集到自己身边,为了不仅进行有趣的和实质性的谈话,

---

① 《亨丽艾特·黑尔茨在回忆、书信与证明中》,莱纳·施密茨主编,美因河畔法兰克福,1984年,第48页。
② 约翰·高特弗里特·沙多(Johann Gottfried Schadow),转引自《与拉黑尔会面:在拉黑尔·莱文家的沙龙》(*Begegnungen mit Rahel. Der Salon der Rahel Levin*),赫尔贝尔特·斯库尔拉(Herber Scurla)著,柏林,1966年,第4版,第96页。
③ 《亨丽艾特·黑尔茨在回忆、书信与证明中》,莱纳·施密茨主编,美因河畔法兰克福,1984年,第153页。

而且还以戏剧和诗歌作品、愉快的游戏和舞蹈自我娱乐。亨丽艾特作为美女被钦佩和簇拥追捧。她优雅妩媚而情感丰富地与她丈夫进行哲学反思的科学性形成一个平衡，他有时也拿她对诗歌的兴趣取乐。于是，她围着他跳舞，搂着他的脖子，而他想以轻微的嘲讽提醒她要理智。

但这并非两个彼此毫无关联的世界。在此并不涉及人们一再兜售的如下偏见：有限的理性启蒙和一种敏感的情绪激昂之间的对立。黑尔茨夫妇更代表门德尔松意义上的教育的两个方面，这种教育区分为启蒙和文化教养。1786年创建的阅读协会显示了，启蒙和文化教养有多么密切的内在联系。阅读协会每周二在廷臣即皇家宫殿的看门人鲍尔家里碰头。属于该阅读协会的有年纪稍长的一代人如策伊尔纳、恩格尔、多姆、克莱因和黑尔茨，他们的夫人和亨丽艾特具有**美之精神**的犹太女友们，当然不能忘记，还有洪堡兄弟。虽然在阅读协会中每天都阅读："但是，冬天，我们年轻人在吃过简单的晚餐后跳舞，我记得，亚历山大·冯·洪堡有一天晚上教我当时很新的**王后小步舞曲**，夏天，我们在户外玩各种各样愉快的游戏，年纪稍长的人也参与这些游戏，如打球等，这样，我们就以非常愉快的方式共同度过一年，对所有人都具有精神益处。"①

[54]

人生快乐和求知欲。从1786年初到1787年秋，洪堡兄弟参加了这些愉快的聚会，在这些聚会上，就像亨丽艾特·黑尔茨取乐地断言的那样，他们不仅细化了他们对所有美和机智事物的兴趣，而且"大概还附加了某种对我们协会中的美女的兴趣"。②我们已经引用过她的这

---

① 《亨丽艾特·黑尔茨在回忆、书信与证明中》，莱纳·施密茨主编，美因河畔法兰克福，1984年，第49页。
② 同上。

番话。尤其是20岁的威廉为那些年轻而自信的女士的魅力着魔。他此刻现实地经历了他在约翰·雅各布·恩格尔的私人课堂上作为"实践哲学"的一部分学习到的东西。威廉在追求"幸福":他充满感性意识地对异性有好感;他渴求现在还没有的东西,他先是充满激情地爱上两个姑娘,他很信任地与亨丽艾特谈论她们,为了刺激他的欲望的真正对象。因为,正如他在1786年秋天的一个星期日从特格尔给亨丽艾特寄来的信中所说的那样,他已经与他的两个初恋女友分手了,为了在她的身边找到幸福。他每周只能一到两次见到亨丽艾特,这给他带来某些忧郁的时光。每当这时,他就会骑马到他父母的小宫殿附近可爱的、布满森林的峡谷,能够把她的名字刻在一棵非常漂亮的桦树上,对缓解他的忧愁很有帮助。他不用缰绳,他的马自己就能找到通向那棵桦树的路,在那里,他度过了"这个夏日最甜美的时光"。他呼唤亨丽艾特,把她当作"我所拥有的唯一的女友"。他尝试以戏剧的方式引诱她进入诱惑的游戏中,这位年轻的骑士知道遵循游戏的规则。然而,他不得不满足于口头上的爱的宣言。

威廉没有得到他所期盼的性享受。取而代之的是,被他所爱的亨丽艾特于1787年末向他提供了加入"美德联盟"(Tugendbund)的机会,这个联盟是她和女友即门德尔松的长女布伦德尔·魏特以及年轻的、非常英俊的卡尔·拉洛什(Karl Laroche)共同创建的。而卡尔·拉洛什是歌德的女友、克里斯多夫·马丁·维兰德[①]年轻时的恋人索菲·拉洛什[②]的儿子。他其实是该联盟真正的灵魂,他是该联盟

[①] 克里斯多夫·马丁·维兰德(Christoph Martin Wieland,1733—1813),德国著名作家,小说《阿伽通的故事》是德国第一部教育小说,他出版的杂志《德意志通讯》非常成功。——译者注
[②] 索菲·拉洛什(Sophie Laroche,1731—1807),德国女作家,其中影响最大的是书信体小说《冯·斯特恩海姆小姐的故事》。——译者注

规则和仪式的创建者,是其道德化目标最勤勉热心的代表。该联盟的目的是"相互的道德精神的与精神的培养以及在进行的爱中的历练。这是一个以各种形式出现的联盟,因为我们有规章,我们甚至有自己的图标"。①

起初威廉害怕,他不敢加入这个使人高贵完美的联盟。"他感觉不配加入我们的圈子。"② 他向亨丽艾特说明这一点。或许他感觉到,这个秘密的联盟涉及一个高度矫揉造作的、道德的实验,在这样的联合中,他不能找到追求的情爱与性爱的幸福。但他最后还是答应了,接受了这个入会机会,在此,他把其渴望上升到表面之爱的一种特殊的形式:"哦,亨丽艾特,现在你完全是我的!你允许我像称呼姐姐一样亲密地和你以'你'相称,你用这种方式尊重我,抬举我,这是你的爱和你的信任的最强有力的证明。"③(幸运的是,在卡尔·拉洛什的建议下,一年之后,卡洛琳娜·冯·达赫略敦加入了这个由四个人组成的联盟,对于威廉·冯·洪堡而言,她不仅是"妹妹",而且将成为他的真正的恋人和妻子。)

那么,亚历山大又怎么样呢?他都在场,跟着一起玩儿。他参与阅读协会,并且教亨丽艾特最新的法国舞蹈。他好奇地拜访黑尔茨的家,兴奋地关注马尔库斯·黑尔茨做的实验物理的演示,听他上的哲学讲座课,他高度评价黑尔茨这位老师和父亲般的朋友。他很乐于成为布伦德尔·魏特、拉黑尔·莱文④和亨丽艾特·黑尔茨这几位

[56]

---

① 《亨丽艾特·黑尔茨在回忆、书信与证明中》,莱纳·施密茨主编,美因河畔法兰克福,1984年,第82页。
② 同上,第83页。
③ 同上,第227页。
④ 拉黑尔·莱文(Rahel Levin,1771—1833),德国犹太商人的女儿,1814年皈依基督教。她的沙龙长期构成柏林文学界的核心,是浪漫派作家和青年德意志的追随者聚会场所。——译者注

女士举办的沙龙中的座上宾,他感觉被吸引。他在柏林给朋友们写信,请他们问候"亲爱的廷臣及出色的夫人"。(Jbr.5)亨丽艾特·黑尔茨!"她是最美的、最聪明的女人,不!我不得不说,她是女性中最智慧的女人。"(Jbr,7)如果他举止不妥,那么,他希望,"她并不因此而有些生气,而是稍微高兴些。"(Jbr.5)他与这些聪明的犹太女人一起经历的事无论如何都比他在特格尔的家庭宫殿里遇到的事要激动人心得多,他在致信亨丽艾特时大多称之为"无聊宫"。

亚历山大也非常仔细地观察到,他哥哥在做什么,当他和亨丽艾特、布伦德尔和卡尔加入美德联盟的时候。他自己并没有加入这个美德联盟,但是他建议,为会员敞开这个圈子,并且为加盟者杜撰了一份特殊的秘密文稿,以便没有人发现,特别是监管一切的坤特和亨丽艾特的丈夫马尔库斯不能看到他们彼此信任地写什么。最终,他们会被讽刺嘲笑成发疯似的狂热者,其他人在吐露心扉中看到"其或许完全被隐藏的意图"[1]。但是,威廉也有顾虑,担心即便跟他关系很亲近的人都不会明白,他们这是想干什么,"就连坤特都不明白,尽管我弟弟很善良,但完全不能想到他了"。[2]

亚历山大不理解什么呢?他可是这个"联盟"秘密的知情人。他属于这些年轻人的圈子,年轻人的快乐精神也把他从家庭的无聊中解脱出来,他和哥哥忍受这种无聊的痛苦。他没有加入四人联盟,没有参与美德联盟的情爱游戏和信任的相恋,那么,他是怎么回事呢?首先,他感觉缺乏那种神圣的严肃性,即别人用以庆贺其"爱情"的神圣的严肃性。他保持距离地观察他们,如果他感觉太狂热

---

[1]《亨丽艾特·黑尔茨在回忆、书信与证明中》,莱纳·施密茨主编,美因河畔法兰克福,1984年,第228、229页。
[2] 同上,第225页。

了，就会嘲笑捉弄他们。然后他"进行污蔑"，也就是稍微中伤一下，嘲笑他的朋友们，正如他1788年9月在那个为亨丽艾特·黑尔茨量身定制的小型舞台剧中所写的那样：

> 内廷参事夫人黑尔茨和魏特夫人在聊天。他们在等待准备来访的亚历山大，但是，他没有来。
>
> 亨丽艾特·黑尔茨："洪堡，他明白笑的艺术。如果人们在消遣，他就跟他们一起笑；倘若他们是无聊的，他就嘲笑他们。道德并不那么糟糕。"
>
> 布伦德尔·魏特："即便道德是没有害处的，它至少总是舒服的。"
>
> 亨丽艾特："洪堡最令人忍受地进行诋毁。我想，假如他没有进行诋毁的素材，那么，他会诋毁他自己的。"
>
> 布伦德尔："噢，对此他需要太多的自尊自爱。男人们……"
>
> 亨丽艾特："自尊自爱？你还从未习惯于我的区分。爱，拥有爱，恋爱……这可是有天壤之别的事情。"
>
> 布伦德尔："现在，洪堡爱恋上了他自己。希普丽丝的①语法是这么说的吗？"
>
> 亨丽艾特："哎呀！亲爱的，这听起来也太言过其实了。在这个世上有太多的蠢事。我几乎认为，严肃的情况永远不会出现。"（Jbr.,25）

亚历山大自我嘲讽地让人们明白，在他看来，人们用以指爱神

---

① 希普丽丝（Cyprisch），是Cypris的形容词形式，如下文所说，指希腊神话中爱神阿弗洛狄忒。——译者注

阿弗洛狄忒的"希普丽丝"似乎在表达愚蠢的一种特殊形式,他知道逃避这种蠢事。他借亨丽艾特和布伦德尔之口说出对自己的性格特征描述,他同意这种描述吗?无论如何,19岁的亚历山大·冯·洪堡在这个简短的、关于爱的对话中取乐的"自尊自爱"仅仅是一种容易看透的现象。

[58]　　或许永远不会出现的愚蠢的爱之真正"严峻的情况"的戏谑是指一种更深的规模。尤其亚历山大·冯·洪堡几年后梦想的,而且他立刻就告诉了亨丽艾特·黑尔茨的"那种甜美的梦"证明了这一点。1796年4月4日,他给她写了一封内容翔实的信,(Jbr.,501f."请您马上听这个梦,然后请您,我亲爱的朋友,自己判断。我们的梦想以我们的思想联想为准,对此,我们的想法是一致的。很遗憾,我们的思想联想还很少被发现"。然后,他又向她讲述了这个梦:在梦中,首先是一位值得尊重的长者引领他穿过熙熙攘攘、人声鼎沸的人群,这些人"都身穿黑色大号大衣,而且蒙住脸,以至于我们无法区分性别"。他尤其指三个人,她们"在我的内心里引起了一种特殊而充满渴望的情感"。他蹑手蹑脚地走到这三个女人的身后并且仔细偷听她们的谈话,这次谈话"如此聪慧、有头脑,如此具有男人的帅气而且美好",以至于他把在前面走路的三个女人当成三个高贵的小伙子。不一会儿,他发觉了自己的判断错误,他嘲笑自己的错误判断。这是三个女人,不难看出,她们是亨丽艾特·黑尔茨、布伦德尔·魏特和拉黑尔·莱文。她们最后来到一个不幸的姑娘的家里,"强盗们虐待了这姑娘。她半裸身体,遍体鳞伤"。这三位女士脱下她们的大衣,以此为姑娘提供保护。现在,这三位女士中最高的那位一丝不挂地站在他面前,他不敢看她。他的老向导帮助他摆脱尴尬局面,并且向他解释:"'我以前也曾经是她们的亲密朋友,然而

不利的命运把我和她们分开了。如果你想认识那位把大衣递过去的女士的面庞，那么请你观察这幅画面。自然想要创造一个男人，但是它在御座上搞错了，却造出一个女人来'。——我凝神注视着这幅画，那么，我认出谁来了吗？不，您可不知道，我最好的朋友！我又抬起头来看！那位尊贵的长者变成了一个英俊的小伙子。"

亚历山大确信，亨丽艾特能够破解这个谜一样的梦幻文本；在1796年5月后续的文字中，他补充了这个关于梦的文本，并且指出："这是一种不成熟的果实，果酸不完整——请您捡起这片叶子，这片叶子或许在经历多年之后重新为我们创造一个有趣的瞬间。我并没有丢失这把钥匙，钥匙在这样一个地方：人们很遗憾地在这个地方也无法丢掉想摆脱的东西。"

[59]

亚历山大就像一位**尚未封号的**心理分析师一样，找到了打开自我分析的钥匙。他自己打开了通往无意识的思绪联想的隐秘通道，他曾向亨丽艾特及其女友们朗读他关于梦幻的文本，向她们暗示，他是如何为自己阐释她们的性别迷乱游戏这个谜的。她们没有感到惊讶。因为她们早就知道这个"严峻的问题"，即对异性的性爱激情是这位男性朋友感到陌生的，而对英俊的、机智的小伙子的友谊则使他快乐幸福。

亚历山大·冯·洪堡有同性恋的性取向。他对同性有好感。这不仅使人明白，他为什么会梦幻般地把女人变成男人。他也解释了，为什么对于威廉·冯·洪堡而言"根本无法想象"，他的弟弟会明白，他在对亨丽艾特的爱中，以及对他在柏林的青春岁月中美女们的爱中想要享受到什么。在威廉看来，亚历山大虽然是"地地道道正直诚实的小伙子，他终将促进许多益处"，威廉在给亨丽艾特的信中这样说，但是，他没有掩饰其憎恶同性恋态度做出的评价："我无法忍受你很好的男性熟人关系。我没有任何这种男性熟人关系。"①因此，他觉得亚历山大于1788年2月13日同神学专业学生即他所爱的第一个男友威廉·加布里尔·魏盖纳尔在奥德河畔法兰克福结成的神圣的"友谊联盟"是不合礼仪的出轨行为，而亚历山大以这个联盟来模仿威廉加入的柏林"美德联盟"："自从我结识你的三重幸福的那一天，自从2月13日（我注明这样的瞬间），在我们彼此承诺永恒的兄弟之爱的日子，自这些时光以来，我感觉到，在我结识的人当中，没有任何人能拥有你对于我的意义。"（Jbr.,31）

亚历山大·冯·洪堡是同性恋吗？就连描述其科学研究成就而且还详细描述其人生历史的传记作家都大多回避这个问题，并且对他的性问题缄口不语。虽然他们不能不提及这些事实：亚历山大显然终生缺乏女人之爱，终生未娶，而且也没有听从他哥哥的愚蠢建议（1790年2月12日）：让他和一位叫米歇尔丽丝的小姐结婚，她是一位宝石专家，年龄却已经"在50岁和60岁之间"。（Br.I,85）但是，他们不了了之。因为对于她而言，亚历山大似乎是一个中性人，他的本能欲望处于零点。

其他传记作者在回答这个问题时任凭对同性恋的抵御性的引导，这种抵御更多地说出了他们自己的性取向，而不是说出他们笔下人物的喜好。虽然汉诺·贝克（Hanno Beck）认为，不应该忽视，"亚历山大因为他的喜好而损害了天性为男人之间的友谊确定的情感界限"，②但是，他很快就以这种指明来自我安慰：无法证明"洪堡的同性相爱的变态，而且他的狂热的情感表达不过是当时占统治地位

---

① 转引自鲁道夫·弗雷泽：《威廉·冯·洪堡，人生和作品，用其时代的书信、日记和纪实描述》，柏林，1955年，第69页。
② 汉诺·贝克（Hanno Beck）：《亚历山大·冯·洪堡》（Alexnader von Humboldt），第一卷，威斯巴登，1959年，第68页，也参见第258页。

的友谊崇拜的语言证明"。对于民主德国科学院的亚历山大·冯·洪堡研究所的库尔特-莱因哈特·比尔曼（Kurt-Reinhard Biermann）来说，从一开始就清楚的是："传记作家证明他与特定女性的性关系，所有这些尝试都与其他作家指明他有同性恋倾向这一罪责这种错误的努力一样，不太具有论证力量。"① 沃尔夫冈-哈根·海因（Wolfgang-Hagen Hein）的表达更内敛。有些传记作者依据亚历山大与男人的密切关系得出他有同性恋偏爱的结论，他们的演绎是"纯粹的推测，因为没有任何资料来源允许人们做出这么明确的回答。今天的性学家会为此而感到遗憾的"。② 海因认为，一位科学著作的撰写者有异性取向还是同性取向，是毫无意义的。

[61]

然而，这个暗示隐晦的断言绕过了亚历山大·冯·洪堡自己寻求解决方案的问题。因为对于他而言，有何种性取向这个问题显然是很重要的，无论如何在他的青春时光是重要的，这时他尝试着搞清楚自己及其偏爱。他在追求什么？魏盖纳尔是亚历山大·冯·洪堡的第一个男朋友，面对他，洪堡回答了自己向自己提出的问题："真的，我的挚友，人被创造出来，不仅仅为了探究假设的深度。情感而非反思是享受。"（Jbr.,36）情感、享受、快乐：这是人生的真正目标，年轻的亚历山大·冯·洪堡在同有类似感受的男人的交往中试图实现这一人生目标。在他看来，与男朋友们信赖的真挚就像神圣的礼物一样。

魏盖纳尔并非亚历山大·冯·洪堡一生中唯一亲密的男友。在亚历山大·冯·洪堡写给与他共同生活和工作的男人们的很多

---

① 库尔特-莱因哈特·比尔曼：《亚历山大·冯·洪堡》，莱比锡，1983年，第三版，第88页。
② 沃尔夫冈-哈根·海因（Wolfgang-Hagen Hein）：《亚历山大·冯·洪堡：人生与作品》（Alexnader von Humboldt.Leben und Werk），美因河畔法兰克福，1985年，第41页。

信札中，我们可以找到升华的友谊的证明和爱的表白。植物学者卡尔·路德维希·维尔戴诺（Carl Ludwig Willdenow），他同亚历山大·冯·洪堡的本质"无限地和谐"，亚历山大1788年在柏林时就"喜欢上了他"；学习矿山开采的大学生约翰·卡尔·弗莱厄斯雷本（Johann Carl Freiesleben），亚历山大·冯·洪堡1791年在萨克森的弗莱贝克（Freiberg）矿山学院与他交友，并且想与他共同度过一生；军官莱因哈特·冯·海弗滕（Reinhard von Haeften）①，亚历山大·冯·洪堡于1794年初爱上他。上述三人在这方面起了最重要的作用。亚历山大·冯·洪堡觉得在这个世界上再也没有比与这些男人共同生活更幸福的了。尤其在寂寞的深夜里，他任自己的情感汪洋恣肆："我对你的爱不仅仅是友谊和兄弟之爱，这是恭敬、孩子般的感激，在你的意志上的屈从，把这种屈从作为我的最高法则。"这是亚历山大·冯·洪堡在1796年1月初一个深夜里写给莱因哈特·冯·海弗滕的字句。"在这些感受下，我们彼此为双方的幸福而努力。我在你身旁的过去这两年是我人生最快乐的时光，今天，我仍然感觉到我的幸福在与日俱增。倘若在这庄严的深夜里从我的羽毛笔管中流淌出一句不真实的话，那我宁愿去死。"（Jbr.,478）

在亚历山大·冯·洪堡向他的男友们表达的情感中如此频繁地出现"幸福"和"享受"的字眼，在其他内在关联下，从未如此频繁地出现过这些字眼。在情感表达中，情欲他当然并不陌生。因为他自己谈论过情欲，即便仅仅在一种如下的承诺中谈及的情欲：不让自己受身体上的情欲的控制。亚历山大·冯·洪堡在离开奥德河畔法

---

① 阿尔贝尔特·莱茨曼（Albert Leitzmann）：《亚历山大·冯·洪堡的一种青春友谊》（*Eine Jugendfreundschaft Alexander von Humboldts*），载《德国周报》（*Deutsche Rundschau*）第162期，1915年，第106—126页。亚历山大·冯·洪堡非常喜欢维尔戴诺，这一点参见亚历山大·冯·洪堡：《我的一生》，慕尼黑，1989年，第二版，第34页。

兰克福并准备在哥廷根大学学习时安慰魏盖纳尔说:"任何强烈的激情都不会让我着迷。""严肃的事,尤其对自然的研究能抑制我的情欲。亲爱的魏盖纳尔,在我所有的朋友中,你是最了解我的。你可以自己评价,你是否把我拴得足够牢,独自在人生又湿又滑的小径上徜徉。"(Jbr.,47)亚历山大·冯·洪堡显然知道情欲的诱惑,他不仅在自己身上感知这种情欲,而且还在他哥哥威廉身上经历过这种情欲。我们在进行这种预见性的插入之后再回到亚历山大·冯·洪堡第一次遇到魏盖纳尔的时光。

洪堡兄弟1787年9月29日与还在努力引导他们的家庭教师坤特一起来到奥德河畔的法兰克福。按照他们的母亲和家庭教师的计划,他们应该从10月1日开始在这所"维亚德里纳"(Viadrina)大学开始学习,为了日后在普鲁士国家事务方面成就一番事业而培养自己的专业技能。他们为威廉选择了法律专业;亚历山大不太具有理论研究潜质,相反,他对实践更感兴趣,因此,按照母亲和家庭教师的计划,他应该学习财政会计专业,即这个专制主义国家的金融、经济和管理学科,亚历山大后来这样评论这些学科:"我不符合事实地想象,我对人们在德国称之为财政学科的专业感兴趣,这是一门统治世界的艺术,当人们明白了一切的一切时才能理解这门艺术。"① 集中精力学习这门专业其实并不一定是他自己的愿望。他没有通过特殊的勤奋学习使自己出类拔萃,这也就不足为奇了。虽然并不懒惰,但是,他以"如此轻浮的思维方式"到处闲逛,"这种思维方式到处寻觅却很少找到乐趣"。无论如何,他的哥哥是这样描绘的,他哥

[63]

---

① 阿尔贝尔特·莱茨曼:《亚历山大·冯·洪堡的一种青春友谊》,载《德国周报》第162期,1915年,第106—126页。亚历山大·冯·洪堡非常喜欢维尔戴诺,这一点参见亚历山大·冯·洪堡:《我的一生》,慕尼黑,1989年,第二版,第33页。

哥经常给亨丽艾特·黑尔茨写信,报道他们在法兰克福的大学生活。"此外,我们俩还像以往那样一起生活。我们彼此很友好,但很少意见一致。因此,我们也很少一起交谈。我们的性格迥异。"①

亚历山大似乎日子过得相当不错。虽然他有时候感觉无聊,因为大学课堂无法满足他的需求。然而他并不抱怨,而是更喜欢嘲笑讽刺自己。稍微学一点儿实践哲学使他认识到,"人是为地球上的每一笔画也就是为奥得河结霜的河岸而生的。这位科学的女王(她在此当然没有圣殿)还能达到什么比让人们满意更高贵的目的呢?"(Jbr.,4)亚历山大·冯·洪堡1788年2月13日与魏盖纳尔结下神圣的"友谊联盟",或许在很大程度上是他的男朋友促使他两年后在信中说,他愿意回忆在法兰克福的生活:"我从来没有比在这个时期更幸福。"(Jbr.,81)

与之相反,威廉·冯·洪堡全身心地投入到学习中。魏盖纳尔觉得威廉"太冷淡,太勤奋,以至于从不寻求友谊"。②威廉每天早晨5点钟起床,看几个小时的书,然后去听关于教会历史和法律史的讲座,中午稍微散散步,为了下午能上三门法律讨论课和一门经济学课,直到晚上,上了这些课,威廉一天的课程定额还远没有完成。他通常学习到夜里11点,有时候更晚。他知道自己坐得时间太久,对其他事情不闻不问,对自己来讲,是在书本中寻觅他在人类身上没有找到的东西。他向亨丽艾特抱怨,但据他说,亨丽艾特并不因此而责备他。她知道,威廉自从12岁时起就酷爱研究和学习。因此他在信中说,他甚至在无聊的法兰克福彻底地形单影只,如此把自己局限于学习,这是可以原谅的。但他不想在法兰克福久留,

---

① 转引自鲁道夫·弗雷泽:《威廉·冯·洪堡,人生和作品,用其时代的书信、日记和纪实描述》,柏林,1955年,第40页。

② 引自威廉·加布里尔·魏盖纳尔的自传(Selbstbiographie von Wilhelm Gabriel Wegener),第43页。

在这里他还从未经历过真正轻松娱乐的时光。

不久，洪堡兄弟在奥德河畔法兰克福大学的学习生活就过去了，他们只在这所大学就读一个学期。1788年3月20日，亚历山大·冯·洪堡回到了柏林。母亲和坤特为他担忧，因为他们觉得，在法兰克福他也远远地落在哥哥的后面，没有表现他们所期待的勤奋。他还经常生病。所以，母亲和家庭教师允许他在柏林再待一段时间，以便他最终能够明确他的学习兴趣和职业倾向。相反，威廉和坤特前往哥廷根，为了在那儿独自继续其学业。兄弟俩平生第一次分开。他们一年后才重逢。

回到家乡的亚历山大感到非常寂寞。他思恋朋友魏盖纳尔。但他不久就找到了新的男友。对他的继续发展至关重要的经历是，他与长他4岁的药剂师、医生和植物学者卡尔·路德维希·维尔戴诺的相遇[1]。通过他，亚历山大·冯·洪堡对植物学的兴趣被唤醒，植物学使他毕生从事研究。虽然亚历山大·冯·洪堡几年前就研究过植物学，1781年7月30日，洪堡的家庭医生和植物学爱好者恩斯特·路德维希·海姆（Ernst Ludwig Heim）就曾经骑马前往特格尔，向兄弟俩解释了卡尔·冯·里内[2]的植物体系的24个科目。已经掌握希腊语的威廉轻而易举地就理解讲课内容；相反，亚历山大还在往纸上贴苔藓地衣，在这个过程中，他对植物学的所有兴趣丧失殆尽[3]。直到现在，孤身一人在柏林，他的好奇心才被重新唤醒。他自发主动地阅读维尔戴诺写的关于柏林植物的书《柏林植物信使》（柏林，1787

---

[1] 沃尔夫冈–哈根·海因：《年轻的亚历山大·冯·洪堡和科学的药剂学》，载沃尔夫冈–哈根·海因主编的《亚历山大·冯·洪堡：人生与作品》，美因河畔法兰克福，1985年，第154、155页。
[2] 卡尔·冯·里内（Carl von Linné，1707—1778），瑞典的自然科学家，医生、植物学和解剖学教授，他创立了植物学专业术语的基础。——译者注
[3] 亚历山大·冯·洪堡：《我的一生》，慕尼黑，1989年，第二版，第32页。

年出版），他尝试着在维尔戴诺的帮助下对植物进行分科分目，他还制作了一个植物标本。"因为母亲和老师现在允许我独自外出，我就下决心，不经人介绍地自己寻找维尔戴诺。这次拜访对我的余生产生怎样的后果啊！"

在1788年到1789年的冬天，亚历山大·冯·洪堡没有其他人引导地寻觅卡尔·路德维希·维尔戴诺，这时他19岁。维尔戴诺在他父亲开的"红鹰"药店里，这家药店位于柏林繁华的菩提树下大街。在他们之间很快就发展了一种密切的"男人之间的相识关系"。亚历山大感觉到，这位23岁的年轻人"与我的本质无限地和谐。我非常喜欢他"。①亚历山大频繁地拜访维尔戴诺，不仅从他那儿学到确定本地的植物，还主要被新的、外国的植物吸引，它们的异域魅力不仅使他得到感官享受而且还填满了他的想象，"那种更温暖的国家的植被肯定能保证的想象力"。②到这时为止，他的愿望局限于勃兰登堡边区具有沙质土壤的家乡，而此刻，面对他想象的遥远的热带国家的画面，家乡就显得黯然失色了。来自日本的一根水稻秆、柏林植物园（维尔戴诺的叔叔是这里的园长）的棕榈树、来自印度和加勒比海的植物与树皮："每当我看到它们，我就会产生拜访这些地区的念头。从此我就下决心离开欧洲。"③

亚历山大·冯·洪堡并不清楚，应该怎样完成考察旅行。10年之后他才知道如何去考察旅行。现在他只知道1789年2月25日给亲爱的、最好的哥哥魏盖纳尔写的内容，这时他刚刚完成穿过柏林动物

---

① 沃尔夫冈-哈根·海因：《年轻的亚历山大·冯·洪堡和科学的药剂学》，载沃尔夫冈-哈根·海因主编的《亚历山大·冯·洪堡：人生与作品》，美因河畔法兰克福，1985年，第34页。威廉·加布里尔·魏盖纳尔的自传（*Selbstbiographie von Wilhelm Gabriel Wegener*），第43页。
② 同上，第51页。
③ 同注①

园的一次寂寞的散步，心中仍然充满着面对植物的美和自然的多样性缠身的甜蜜的忧郁：

> 我的朋友维尔戴诺是唯一与我有同样感受的人。然而，他的工作和我的事阻止我们经常手牵手地走进大自然这个巨大的殿堂。在柏林145 000人当中几乎不到4个人理解自然学说的这个部分（植物学），而他们仅仅作为辅修课程，只是为了修养而学习这门专业，你能想象这种状况吗？与许多人一样，他们不应该以植物学为自己的职业，医生，尤其是忍受痛苦的财政专业的学生不应该学习植物学。人口数量增长越多，与之相应，食品的价格越贵，各国人民不得不感受到被增加的财政负担，人们就越多地考虑开辟新的食物资源，以应对从各个方面蔓延的缺乏。大自然中有许多被忽略的力量还没有被利用，对它们的培育会给数以万计的人以食物或者职业。(Jbr.,41)

[66]

正如他在这封信中第一次暗示的那样，他想就这些自然的力量写一本书，尽管他也意识到，由于为此必要的研究工作和植物学的知识，写这本书的愿望现在"还远远超出我的能力"。(Jbr.,41）但是，他想象着，10年之后能够成为一名"作者"，能著书立说。实际上，他不到10年就成功地成为一本书的作者。

威廉只身一人在哥廷根上大学，从1788年4月到1789年4月。虽然当时规定，禁止普鲁士的臣民到国外的大学学习。然而，普鲁士王室1749年颁布的这项法令并没有能够阻止威廉·冯·洪堡1788年4月23在哥廷根的"格奥尔吉亚-奥古斯塔"大学（Geogia-Augusta）注册，哥廷根在当时德国封建小邦林立的纷乱中属于汉诺威选帝侯公国,与英国有密切的联系。这所大学被誉为"德国的雅典",(Jbr.,8)这种杰出的声誉当时太有诱惑力了,威廉·冯·洪堡不能不慕名而来。威廉·冯·洪堡作为"法律系的大学生"注册。他很开朗快活,为上大学的良好机会而感到高兴。汇集在哥廷根大学的来自欧洲国家的绝大多数同学都以勤勉为突出特征,图书馆建得卓越,教授们是善于启发的谈话伙伴,他们属于本专业最优秀的教授。1788年5月10日,亚历山大在给魏盖纳尔的信中说:"我哥哥非常惬意,因为他找到了为他的精神提供的食粮,找到了更多友好的交往,这种交往多于他这个特殊的人需要的。"威廉·冯·洪堡"被恩格尔、黑尔茨、莱特迈斯特(Reitemeister)、多姆、策伊尔纳,上帝知道他还被谁推荐给海纳和菲德尔,他们特别关照他"。(Jbr.,8)亚历山大信中提及的这些名字表明,威廉·冯·洪堡并没有集中精力学习法律专业。柏林的启蒙思想家们使他很容易与哲学家菲德尔接触上,威廉·冯·洪堡在柏林时就在恩格尔的指导下学习过菲德尔的著作《逻辑学与形而上学》。而他结识的克里斯蒂安·高特洛普·海纳(Christian Gottlob Heyne)是分析和阐释古代语言与文学的领军人物,他把专门的语文学扩展成一门广泛的古代学学科。他还听过实验物理学教授格奥尔格·克里斯多夫·里希滕贝克①的讲座课。他师从法学家约翰·施苔凡·皮特(Johann Stephan Pütter)学习国家普通法,师从历史学家奥古斯特·路德维希·冯·施洛伊策尔(August Ludwig von Schlötzer)学习政治哲学。

威廉·冯·洪堡安慰黑尔茨家的柏林朋友说:"我在这里学习相当多的内容,我这样来分配时间,使得学习肯定不会影响我的健康。"

---

① 格奥尔格·克里斯多夫·里希滕贝克(Georg Christoph Lichtenberg,1742—1799),德国实验物理学家,其著作《自然学说的初始原因》成为该领域最广泛的和最机智的教材。——译者注

他同时在信中还强调他对伊曼努尔·康德批判哲学的特殊兴趣，他是师从马尔库斯·黑尔茨，从他那里第一次学习康德的批判哲学的。如果说，当时威廉·冯·洪堡学习的仅仅是篇幅短的《回答这个问题：什么是启蒙？》，那么他现在决定研究康德的《纯粹理性批判》(*Kritik der reinen Vernunft*)，他准备非常详细地研究这部著作。"我每次都把我读到的内容记录下来，或许半年之后我可以读完《纯粹理性批判》。我不得不承认，这部著作很难，但是，只要我读了，也会给我付出的努力很大的奖赏。"① 这是威廉·冯·洪堡1788年6月15日的计划。8个月之后，亚历山大·冯·洪堡给魏盖纳尔写信说："我哥哥要学死了。他现在已经读完康德的全部著作，在他的体系中活着并且活动着②。我想多向他学习。但是我现在没有时间想这种东西，因为我过度忙于个性化的对象，所以我必须放弃思辨。"（Jbr., 44）

亚历山大并没有解释，他为什么把他哥哥看成一个"特殊的人"。他用"死"和"活着"进行的文字游戏却暗示着，他用这种性格特征的描绘是指什么。因为他觉得，他哥哥的全部生命力好像集中在精神的思辨上，但他对同别人友好的共同生活很陌生。所以，亚历山大可能认为，在康德以极其严谨和精细建造的体系中"活着并且活动着"，这是有生命危险的。《纯粹理性批判》的第一版于1781年出版，该书的第二版出版于1787年。研究这部著作给威廉·冯·洪堡带来很高程度的精神乐趣。他还开始高强度地研究康德这位柯尼斯堡的世界智者的实践哲学，其《道德形而上学的基础》(*Grundlegung*

[68]

---

① 威廉·冯·洪堡1788年6月15日致信在哥廷根的艾弗莱姆·贝尔（Ephraim Beer），转引自鲁道夫·弗雷泽：《威廉·冯·洪堡，人生和作品，用其时代的书信、日记和纪实描述》，注释12，第47、48页。

② 德文原文"活着"（lebt）与"活动着"（webt，也有"编织"的含义）这两个词押韵，亚历山大以此戏谑地强调哥哥威廉极其投入地研究康德的批判哲学。——译者注

zur Metaphysik der Sitten）1785年出版，1788年，康德的《实践理性批判》（Kritik der praktischen Vernunft）又出版了。在这些著作中，不再涉及"纯粹的"理性，而是涉及"纯粹的、好的意志"，康德试图证明这种意志无条件的意义和绝对的权威。然而，这种好的意志只有在此情况下是"纯粹的"：如果人们使这种意志脱离所有前批判时期道德哲学家们作为情欲、激情、快乐和享受思量的东西。

对于康德的这种净化工作，威廉·冯·洪堡似乎根本就不快乐。他毕竟在恩格尔那里用实践的方法学习了就好感、欲望和激情进行哲学思考。在他看来，尤其与异性的乐趣是值得追求的财富。即便他的精神可能是冷漠的，但是，作为感性的人他想要享受，而在享受过程中，思维就会从他的头脑中消逝，这让他经常很急躁激动。正如他1789年3月15日在哥廷根致信弗里德里希·海因里希·雅各比①时暗示的那样，他不想放弃好感、欲望和激情："我这个冬季进行的研究大多是形而上学的。我又研究了很多康德的著作。然而，其理论部分更令我惬意舒服；只是我还不能忍受康德哲学的实践部分。但是，我认为，我可以不用前后一致，不要连贯性地接受第一部分，而摒弃另一部分，尽管他以某种方式把这两部分联系起来。我今天不能向您阐释我的理由。"②

威廉·冯·洪堡后来也没有告诉雅各比，他为什么"摒弃"了康德的道德哲学。一个根本的原因可能是康德排斥那种给威廉带来享

---

① 弗里德里希·海因里希·雅各比（Friedrich Heinrich Jacobi, 1743—1819），德国作家和哲学家，写过书信体小说，探究青年歌德对天才的崇拜，作为哲学家他捍卫引向浪漫派的情感哲学和信仰哲学。他把"虚无主义"这个概念纳入哲学术语中。他在德国引发著名的"泛神论之争"。——译者注

② 《威廉·冯·洪堡致信弗里德里希·海因里希·雅各比》（Briefe von Wilhelm von Humboldt an Friedrich Heinrich Jacobi），阿尔贝尔特·莱茨曼（Albert Leitzmann）主编，哈勒（Halle），1892年，第14页。

受的情欲。现在,康德虽然不是对肉体的快乐感到陌生的纯粹的思想家,但他也爱喝葡萄酒,喜欢开玩笑,因为他让我们大笑,并且造成了"一种横膈膜有益健康的运动",①这种运动产生身体上的舒适状态。康德的真正主题人类的认知也需要触及我们的感性的对象。康德的《纯粹理性批判》以这个断定开始:假如没有"感性印象的原始材料",②那么,任何知识都无从开始。然而康德所说的感性与情爱的易兴奋性和性享受没有任何关系。而在《实践理性批判》中,他甚至干脆再也没提及感性。这肯定令康德年轻的追随者威廉·冯·洪堡感到大失所望。尽管他在精神上也愿意退隐到独立思考者的寂寞中,可是,他还是要追求一种肉体上的欲望,1816年,他以自传的方式承认肉体上的欲望:"我毫无畏惧地让欲望放任自流,我在享受中,即便在许多人会无节制地称之为享受的享受中认识到一股巨大的,而且令人舒服的、丰硕的力量。"(G.S.XIV,456)

亨丽艾特·黑尔茨早就了解威廉的心思。她的年轻的崇拜者虽然经常以斯多葛派的超然淡泊、赞美明快的宁静为任何享受的基本条件。但是,他很乐意活动于"情欲的小径上"并且追求"享受之爱"③。然而,在柏林和特格尔的生活几乎没有向他提供任何机会。他当时受母亲和家庭教师的严格管束。可他现在一个人在哥廷根,他为每一个这样的机会而感到高兴:能不受约束地跟随他的好感、他的欲望和他的激情走。第一个机会出现在语文学家和古代学学者海

---

① 伊曼努尔·康德:《实用人类学》(*Anthropologie in pragmatischer Absicht*),载《康德著作》六卷本,威廉·威塞德尔(Wilhelm Weischedel)主编,第六卷,美因河畔法兰克福,1964年,第594页,关于康德的笑话参见曼弗雷德·盖耶尔(Manfred Geier):《聪明的人们嘲笑什么》(*Worüber kluge Menschen lachen*),莱因贝克(Reinbek),2006年,第110—148页。
② 译文采纳李秋零译本:《纯粹理性批判》,康德著,李秋零译,北京:中国人民大学出版社,2003年,第26页。
③ 《亨丽艾特·黑尔茨在回忆、书信与证明中》,莱纳·施密茨主编,美因河畔法兰克福,1984年,第75页。

纳的家里，在这里，威廉不仅被海纳引入荷马的文学作品中，而且还与海纳的女儿特蕾泽（Terese）交上了朋友。

他到这时为止还从未遇到过如此"出色的女人"。（G.S.XIV,43）特蕾泽以其思维的敏捷、活跃的想象力和情爱的卖俏而使他神魂颠倒。这个事实对威廉·冯·洪堡毫无妨碍：特蕾泽已经与自然科学家格奥尔格·福斯特①结婚三年，福斯特主要因为他与詹姆斯·库克②从1772年至1775年进行的环球旅行而享有威望，而且几乎变成传奇。他关于自然、艺术、宗教和政治的学术论文吸引人，也通过他果断地以经验事实为准而具有挑衅性，福斯特以其优美的文体风格和精致的诙谐反对所有可能的超感觉性和理想化。他不想用形而上学的方法对自然的本质或者神的想法进行思辨，而是精确地观察，全部的造物在充满激情的程度上而且在不断的活动中提供什么。他还尝试把具有情感、知识、思想和信仰形式的人纳入自然的整体中，从最小的沙粒到难以理解的巨大恢宏的宇宙。

福斯特赞美万有自然普遍的终极目标是"整体的美和完美"③，然而，福斯特自己在这万有自然中过得并不好，威廉·冯·洪堡并不是没有看到这一点。福斯特忍受着身体疾病的痛苦和多愁善感情绪的发作。他的职业状况也不稳定，而且他的婚姻处于危机中。因为特蕾泽很难做到忠贞不渝。她虽然选择了福斯特为她的丈夫，却爱上了逍遥自在、放荡不羁的图书馆馆员和教授弗里德里希·路德维希·威廉·迈耶尔（Friedrich Ludwig Wilhelm Meyer），福斯特准备

---

① 格奥尔格·福斯特（Georg Forster,1754—1794），德国自然科学家，其关于库克第二次环球旅行的报道成为一种新的文学形式，即以科学为基础的考察旅行报告的典范。——译者注
② 詹姆斯·库克（James Cook,1728—1779），英国航海家，进行了三次航海。——译者注
③ 格奥尔格·福斯特："洞见自然的整体：关于动物历史起初原因的导言（1779年）"（Ein Blick in das Ganze der Natur.Einleitung zu den Anfangsgründen der Thiergeschichte,1779），载《格奥尔格·福斯特作品》（Georg Forsters Werke）第八卷，柏林，1974年，第77—97页，此处第87页。

接受他为家庭的朋友,为了留住特蕾泽。他希望,一种自愿结成的"三人统一"的联盟应该控制住忌妒。

福斯特这种复杂的恋爱关系和婚姻关系并没有让威廉·冯·洪堡这位年轻的来访者感到惊讶或者迷惑,而是刺激了他。在他们的关系中有一个第三者,这使情况变得有趣。威廉寻求接近长他3岁的特蕾泽·福斯特,她无条件的恋爱需求使她很难和丈夫幸福。她很快就动摇了那种表面之爱的基础,威廉通过亨丽艾特·黑尔茨和布伦德尔·魏特已经习惯了这种表面上的爱。他嘲笑这种"矫揉造作的情感",当他读亨丽艾特的来信时,即她写给这位身处哥廷根的美德联盟会员的信。"它们就像缺少佐料的甜面包一样。"(G.S.XIV,69)

虽然特蕾泽·福斯特并非闭月羞花、倾国倾城的美人,但是她散发出一种充满激情的、爱的强大魅力,这种强大魅力征服了威廉并且让他发狂。当他听她说"爱存在于这种完全的听之任之,这种完全的付出"(G.S.XIV,45)时,他就想亲自享受这种爱。1788年秋,特蕾泽和她的丈夫一起移居到了美因茨①,他感到多么遗憾啊!然而,他不久就有机会在那儿拜访她,和她就友谊、爱情、婚姻幸福和不幸进行长时间交谈。

我们并不知道,威廉和福斯特夫妇见面多少次。1788年夏天,他经常进行短途旅行,他不在哥廷根。其中的一次短途旅行值得一提。这是一次为期三天的疗养度假,到威悉河山区美丽的疗养地皮尔蒙特(Pyrmont),这个地方离哥廷根不远,在夏季几个月里有来自世界各地的游客汇集在此疗养。这提供了一个经历新事物的舒适机会。威廉

---

① 美因茨(Mainz),现为德国西部莱茵兰-普法尔茨州的首府。——译者注

在他的日记中写下这样的话:"我现在喜欢新环境。人们必须经历各种各样的环境,这个原则在我的头脑中如此根深蒂固,以至于每个往昔未曾经历的环境都使我感到很舒服惬意。"(G.S.XIV,69)

让他特别高兴的是,他在疗养度假的第一天即1788年7月18日就遇到了年轻的夏洛特·希尔德布兰特(Charlotte Hildebrand),她和她的父亲,一位来自戴特莫尔特(Detmoldisch)地区的吕登豪森(Lüdenhausen)的牧师与威廉住在同一家客店里。这两个年轻人以具有启发性的交谈一起度过接下来的几天,他们谈论人生的意义、爱的价值,谈论诗歌和哲学,"从早到晚,作为皮尔蒙特林荫大道上和迷人的峡谷中形影不离的散步者。我们有这么多话说!有这么多观点和看法要交流!我们有说不完的话。"① 夏洛特·狄德,娘家姓希尔德布兰特,后来与她的朋友威廉一起回忆那三个"快乐的青春日子",他给她留下很深的、以前从未有过的印象,这种印象陪伴了她后来的人生。威廉在7月20日的信中也为离别的瞬间感到遗憾,告别时,他在宾客题词留念册上为很快赢得的这位女友写上一句话:"因为我不得不怀着不确定的重逢希望与您告别。"②

26年后,威廉·冯·洪堡正忙着在维也纳大会上进行艰难的谈判,这时他收到夏洛特·狄德从霍尔茨敏顿(Holzminden)写来的一封信,她在信中告诉他,他们在皮尔蒙特度过的快乐的青春时日让她感受第一次恋爱,这是命运赐予她的最美好的东西。她只是担心,她的形象在"阁下您"的记忆中已经淡忘消退了。对他年轻时女友的"怀念"使威廉·冯·洪堡感到很高兴。他马上给她回信。"我始终把我们

---

① 《夏洛特·狄德(Charlotte Dide)的准备性报告》,载《威廉·冯·洪堡致信一位女友》(Wilhelm von Humboldts Briefe an eine Freundin),首次根据原文由阿尔贝尔特·莱茨曼(Albert Leitzmann)主编出版,莱比锡,1910年,第一卷,第6页。

② 宾客题词留念册的真迹复制品,同上,第9页。

在皮尔蒙特的邂逅视为一种神奇的缘分，假如您以为，您就像匆匆的青春现象从我的身旁走过，那您就大错特错了。"①

《威廉·冯·洪堡致信一位女友》就以这封1814年11月3日在维也纳写的信开始，这些信札为我们提供了对威廉·冯·洪堡后来的人生哲学的直观洞见（威廉·冯·洪堡给夏洛特·狄德写的最后一封信于1835年3月写于特格尔，就在他去世前几个星期）。第二天，即1814年11月4日，威廉·冯·洪堡就向他的妻子卡洛琳娜讲述夏洛特的信，他把这封信寄给她，推荐她读读这封信，并且说明，这是一封"我1788年非常爱恋的人的一封信，从此后我就再也没有听到她一点儿消息，尽管我并不否认，我时常想起她。我肯定向你讲述过，我在皮尔蒙特仅仅三天，就结识了一个牧师的女儿，我当时非常喜欢她"。(Br.IV, 406)

威廉特别强调他"非常爱恋"夏洛特的那一年，这是婚姻坦诚的一个标志，还是威廉想以此惹他的妻子稍微生生气？因为这一年恰恰是"他们的"年份，在这一年里，他们相遇，并且彼此相爱！不管怎样，卡洛琳娜·冯·达赫略敦是这样认为的，他就是想惹她生气。通过爱上她的卡尔·拉洛什，她为柏林"美德联盟"的想法兴奋不已。她的男友卡尔·拉洛什也谈起过威廉·冯·洪堡。卡洛琳娜似乎马上就感受到了对那个比她小一岁的男人在精神和心灵上的亲近，这种亲近程度超过她对亨丽艾特·黑尔茨和布伦德尔·魏特的亲近。他很早就丧父，而她自幼丧母。她和父亲，普鲁士的侍卫长卡尔·弗里德里希·冯·达赫略敦（Carl Friedrich von Dachröden）一起生活，父亲几乎根本不了解她的情感。她夏天生活在埃尔富特，

---

① 《夏洛特·狄德的准备性报告》，载《威廉·冯·洪堡致信一位女友》，首次根据原文由阿尔贝尔特·莱茨曼主编出版，莱比锡，1910年，第一卷，第23页。

冬天生活在欧伊纳尔（Örner）城堡[欧伊纳尔城堡位于曼斯菲尔德（Mansfeld）的伯爵领地内]或者在奥雷本（Auleben）庄园上（位于埃尔富特和欧伊尔纳城堡之间的金色河谷低地）。在一个自私自利、愤世嫉俗的法国家庭女教师的控制下，她度过一个不幸的童年，在这不幸的童年中，她学会了掩饰自己。她在外在的空虚中感到寂寞，从而试图通过狂热的想象、感伤文学读物和加强精神教养来应对这种寂寞，拯救自己。卡尔·拉洛什轻而易举地唤醒了她对美德联盟者的热情，按照她梦想的方式生活。

1788年7月28日，她以高度的感伤给"亲爱的威廉"写了一封信，这封信由卡尔交给威廉，这时威廉刚结束愉快的疗养度假从皮尔蒙特回来。她在信中让他去拜访她。"我的弟弟，别让我徒劳地请求你。请你想想，我生活在一片荒漠中，在那里，我的心靠回忆止渴，以希望为食。请让卡尔告诉你，我是善良的，胸膛中揣着一颗温暖可亲的心，让他告诉你，我渴望与你的心结成神圣的纽带，我以纯洁的、姐姐般的爱汹涌澎湃地迎接你。"（Br.I,3）为了期盼已久的第一次约会，她突发奇想地想出一个小计谋。她说，威廉可以给她父亲写信，她父亲曾是他父亲的朋友，并且展示他对"蒸汽机（Feuermaschine）"（首批蒸汽机之一，用于欧伊纳尔附近的矿山开采）的兴趣。在已经安排好的拜访中，他们晚上可以悄悄地在一个小亭子里碰头，她在那儿等他："因为我首先必须单独见你。我无法忍受当着别人的面，体会暴露我自己的第一个瞬间的那种震撼。"（Br.I,4）

就这样，卡洛琳娜·冯·达赫略敦与威廉·冯·洪堡之间的恋爱史从给一个陌生人写的信开始，威廉首先以对卡洛琳娜的诗歌天分的精细感觉，用一首诗回复了这封信。他不想让这次情爱局面的新机会悄悄溜走。

> 你们这些慵懒的瞬间，
> 飞驰般匆匆溜过，
> 我充满爱意的意识
> 不久看到我的丽娜，
> 哎，她与我的心如此靠近，
> 我充满忧郁的眼睛从未看到她！
> 我亲密且兄弟般地依偎
> 在她怦怦直跳的心房，
> 甜蜜地忘掉每个悲伤，
> 每个忧愁都在微睡中摇晃，
> 并消沉在天堂般的狂热中
> 仅仅活在、活动在、存在于丽娜的心中！

威廉不仅仅"活在和活动在"康德的体系中，为了"学死"，就像他的弟弟亚历山大所担心的那样。他渴望这位丽娜①，召唤一种甜蜜得使人幸福的爱情之火，并且连接了无法被撕碎的、想象的"爱的纽带"，这条纽带应该把它带到无限的"群星的国度"中。

8月份，威廉就动身前往欧伊纳尔城堡，面对老达赫略敦，他假装对蒸汽机很好奇，悄悄地与他心中的丽娜幽会。卡洛琳娜与这次相遇的所有期待似乎都实现了。因为，她的比尔（Bill）刚刚离开，她就满眼噙着泪水给他写信，谈及她的心自从他不在身边，忍受的那种可怕的空虚、恐惧和寂寞之苦，期待着独一无二的、不可摧毁的

---

① 丽娜（Lina）和下文的比尔（Bill）是威廉和卡洛琳娜称呼对方的昵称。——译者注

爱情:"最最亲爱的人!人们可以像我们那样彼此相爱,这可是上苍最好的礼物,流淌的所有泪水、苦痛都是值得的。只有在这种爱情中才能感觉心灵的生动鲜活,并将超越命运的打击,接近永恒之爱的源泉!"(Br.I,7)

在值得纪念的1788年,在欧伊纳尔城堡的约会可不是威廉唯一的情爱经历。因为还有夏洛特,他向她保证过,不久到她的家乡拜访她。他还加深了与特蕾泽·福斯特的关系。她动身离开之后,威廉又试图引诱特蕾泽未婚的妹妹玛丽安娜(Marianne)。他捎给玛丽安娜的那封特蕾泽写的推荐信使他更容易与她接触。"那封信得让人能读到。我读了信,发现自己以下面的方式被推荐。你仁慈地接待他,我希望,与他结识会给你带来快乐。"(G.S.XIV,66)威廉不想让这种快乐从身边逃掉。在他的日记《哥廷根1788年》(Göttingen 1788)中,他虽然断言,玛丽安娜·海纳与她的姐姐特蕾泽相比不那么引人注目而且肤浅,但他还是赢得她的芳心,使他对自己感兴趣,和她谈论文学、情感,尽管没有太大成效。但一起听音乐会的约定告吹了。

他在音乐厅的入口处徒劳地等待。他该怎么办呢?"我感觉无聊,我就去了艾米丽家,我以前去过几次艾米丽家,并且在那儿遇到了其他姑娘。"(G.S.XIV,70f.)其实他觉得艾米丽是一个自负的、虚荣的和喋喋不休的女人,艾米丽·冯·贝尔莱普施(Emilien von Berlepsch)嫁给了在汉诺威担任宫廷法官的弗里德里希·路德维希·冯·贝尔莱普施(Friedrich Ludwig von Berlepsch)男爵。然而在性方面,这个31岁的男爵夫人刺激了威廉这个21岁的大学生。所以他去她家,为了尝试,"我在一个晚上能做到的事。我鼓起勇气;我谈论上千件事情,谈论小女人们,这些事情如何震撼心底。这个方法没有落空。……一阵又一阵的亲昵举动像一股洪流向我奔涌而来。"(G.S.XIV,70f.)她说,她的丈夫不理解她,爱上了邋遢的女佣,他却醋意十足。威廉假装感兴趣。尽管她的"伪装"本身使他感到不安,她却满足了他的愿望。他们手拉手,亲吻。在一个接下来的社交场合,艾米丽正和英国王子恩斯特·奥古斯特①一起坐在赌桌旁娱乐,她朝威廉耳语说:"请您明天早晨5点到我家来。"威廉很惊讶。"在赌桌旁说这种事是很冒险的。但是我装作若无其事的样子,旁人很难察觉到什么。"(G.S.XIV,74)

  第二天,威廉去了艾米丽家。另外一个来访者在此期间捣乱地来访。两个小时之后,他终于走了,可是又来了一位新的客人:在蔡勒(Celle)的最高申诉顾问弗里德里希·巴西琉斯·冯·拉姆多尔(Friedrich Basilius von Ramdohr)。这两位竞争对手都想和艾米丽独处。拉姆多尔恼火地发觉威廉的兴致:打算"坐等每个人离开",但他又不想引起威廉的怀疑,让威廉察觉他是艾米丽的情人。威廉这位年轻的引诱者像下文这样诙谐地描绘了这幕情景:"拉姆多尔站了起来,我也站起来。他在等待,我也是。他拿起帽子,我也是……拉姆多尔站在门口,打算让我先走,然后自己留下来。我没有这样做。他先走一步,可是他还没走出房门就又转身走进来,让我站在门外。我还从来没有这样被迷惑过。艾米丽的侍女,一个放荡的女仆,在楼梯上跟在我后面,跟我道晚安。她的表情强烈要求一种亲昵爱抚。可是我走了,没有回应她的问候。我看上去一定很愚蠢。10点钟,艾米丽打发人寄了一封信……"(G.S.XIV,75)拉姆多尔走了之后她叫威廉回来了

---

①恩斯特·奥古斯特(Ernst August,1771—1851),英国国王乔治三世的儿子,1837年成为汉诺威国王。——译者注

吗？威廉这位骑士缄默不语，点上一些省略号。

1788年12月，威廉又一次拜访了他的卡洛琳娜。约会成功了。1789年1月初，就在他们第二次见面的两个小时之前，他还快速地给她写了一封信，为了让她在情绪上有所准备。"我已经5个月没有见到你了，我没有看到你们当中的任何人。我处于某种忧伤的、压抑的境况中，仅仅享受少有的真正的快乐。"（Br.I,12）这次约会似乎很少谈到爱情。取而代之的是，卡洛琳娜给他一个任务，让他骑马到附近的鲁多尔施塔特①，为了在那里争取让她的女友卡洛琳娜·冯·鲍伊尔维茨，娘家姓冯·伦尔菲尔德（von Lengefeld）②，作为新会员加入到美德联盟中，这时的卡洛琳娜·冯·鲍伊尔维茨正和她的妹妹夏洛特争夺弗里德里希·席勒的爱③。"她应该成为我们联盟的装饰物，我们的骄傲，我们所喜爱的人。"（Br.I.11）威廉也想认识这位卡洛琳娜，人们已经向她详细地描绘过她的魅力。威廉对他的丽娜说："她肯定是一个很了不起的女人。"（Br.I.13）他们之间的关系变得越来越错综复杂了。他是否爱那位高度敏感的卡洛琳娜·冯·达赫略敦呢？她本来应该嫁给他的朋友卡尔·拉洛赫的，卡尔还一直全心全意地尊敬她。她真的想要他吗？尽管她知道他爱恋上了特蕾泽·福斯特，而且也没有向她隐瞒他甜蜜的失恋，这种失恋把威廉和亨丽艾特·黑尔茨，这位他无法企及的人联系在一起。除此之

---

① 鲁多尔施塔特（Rudolstadt），德国图林根的一个县城，在萨勒（Saale）河畔。——译者注
② 卡洛琳娜·冯·鲍伊尔维茨（Caroline von Beulwitz,1763—1847），女作家，是席勒妻子的姐姐，后来离异，1794年嫁给了她的表兄威廉·恩斯特·弗里德里希·冯·沃尔措根男爵成为男爵夫人。——译者注
③ 关于席勒与伦尔菲尔德姐妹卡洛琳娜·冯·鲍伊尔维茨与他要娶的夏洛特之间的恋爱故事参见吕迪格尔·萨弗兰斯基（Rüdiger Sanfranski）所著的《席勒或者德国理想主义的杜撰》（Schiller oder die Erfindung des Deutschen Idealismus），慕尼黑和维也纳（München und Wien），2004年，第293—300页。

外，卡洛琳娜还听到美德联盟的其他人责备过他们最亲爱的盟友威廉:"你只寻觅女人,和她们的关系被传播得太远,而且被广泛地传播。"(Br.I.17f.)正如威廉自己亲口戏谑地说得那样,他们对他的情欲非常不满。

　　幸运的是,这种交织缠绕的和带来负担的爱情史被中断了,当他的弟弟亚历山大去哥廷根的时候,在这段爱情史中,有一系列难以推测的情感向威廉袭来。现在,他在与亚历山大的共同学习中又可以呼吸空气了,而亚历山大可以和威廉继续进行他们在法兰克福进行的事情。母亲和坤特在柏林策划的促进亚历山大发展的私人授课那一年过去了。亚历山大从柏林前往哥廷根,怀着勇气:现在终于用上自己的理智,独立地闯荡人生。而且他几乎逐字逐句地引用康德1784年写的启蒙纲领,1789年3月27日,他向身在法兰克福的朋友报道:"我现在回到了先前的局面中。我的学术生涯重新开始。我准备向世界迈出第一步,不受人引导,并且成为一个自由的人。我为这种状态而感到非常高兴,尽管这种状态似乎如此糟糕。我早已经习惯了,就像一个孩子一样被襻带牵引,但我渴望着,按照自己的决断,将联结起来的力量付诸行动,听凭自己的命运安排,成为幸运与不幸的创造者。"(Jbr.47)

[78]

　　不仅走出约束使亚历山大快乐,而且,分别一年之后与哥哥重逢,也使他很高兴,兄弟俩精力充沛地把注意力集中在大学学习上,他们根据自己的愿望安排学习。

　　他们一起去听克里斯蒂安·高特里普·海纳的讲座,海纳是特蕾泽·福斯特的父亲,他也成功地唤起亚历山大对古希腊哲学的兴趣。他并不教授他们学习枯燥地翻译希腊语和拉丁语文本,而是把注意力集中在社会历史特征、神话传统脉络、历史人物和古希腊生命世界的文化氛围上。他想要把握理解时代天才,作为一种生动的时代精神①。在此,他同时关注所有人类活动与作品的历史性,他通过考古研究加强了对这种历史性的洞见。"我在图书馆大厅里听海纳讲考古学,这个大厅被古希腊罗马的铸件和铜制品包围着。"(Jbr.,55),亚历山大告诉最亲爱的哥们魏盖纳尔,并且向他描绘受到高度评价的老师的形象:"海纳毫无争议地是哥廷根这里头脑最聪明敏锐的人,而且在某些专业中他是最博学的人。他的讲述是跳跃性的,而且结结巴巴,但是极其具有哲学特征,并按照思想的顺序有内在关联地讲解。"(Jbr.,55)这道启蒙之光如此照耀亚历山大,以至于他独立地提出并起草整理了一份研究报告《论古希腊人和罗马人的织布机》(*Über den Webstuhl bei den Griechen und Römern*),充满对其如下发现的自豪:研究内容涉及"立经挂毯"的织布机,"是撒拉逊人带到法国的。这一点可以根据以下内容得到证明:源自赫库兰尼姆②的铜版雕刻、源自波卢克斯的专门词汇词源学、源自伊西斯③的赠品、源自维吉尔④的梵蒂冈手稿与源自荷马的作品等。这个证明很长。海纳对此非常高兴"。(Jbr.,70)

瞄准了自然科学的亚历山大被海纳带进古希腊罗马的文学与艺术中。他对自己进入这个领域也感到惊讶:"我在这里完全生活在语文学的氛围中。"与他相反,侧重文学和哲学方向被培养的威廉却发

---

① 参见克里斯蒂娜·M.绍特尔(Christian M.Sauter):《威廉·冯·洪堡与德国启蒙运动》(*Wilhelm von Humboldt und die deutsche Aufklärung*),柏林,1989年;克莱门斯·门策(Clemens Menze):《威廉·冯·洪堡与克里斯蒂安·高特洛普·海纳》(*Wilhelm von Humboldt und Christian Gottlob Heyne*),拉廷根(Ratingen),1966年。

② 赫库兰尼姆(Herculanum,又写作Herculaneum),意大利坎帕尼亚区古城,位于那不勒斯东南8公里处,曾有居民5 000人。——译者注

③ 伊西斯(Isis),古埃及的生命和健康之神、丰产和母性的保护神。在希腊-罗马世界,伊西斯被封为地神、天体的创造者、航海的保护神。——译者注

④ 维吉尔(Vergil,公元前70—前19),古罗马诗人。——译者注

展了对自然科学的强烈兴趣,当他和弟弟一起在实验物理学家格奥尔格·克里斯多夫·里希滕贝格那里听一门关于光、火与电的私人授课时。里希滕贝格对威廉·冯·洪堡做出这样的评价:他是"我所遇到的最聪明的人之一。你无法相信,在那张苍白的脸后面藏着怎样一种智慧"。①

讲座的书面记录表明,里希滕贝格关于火、热、水和冰的入门课向洪堡兄弟提出挑战,要求他们一同思考;尤其是里希滕贝格研究的逻辑方法给他们留下了深刻印象,他依据关于光的原因与本质的没有被解决的争论,直观地向他们展示了研究的逻辑。"颤动体系"从一种发光体的颤动的运动出发;"发散体系"接受物质颗粒的发射。那么,可以用哪个体系更好地解释发光现象呢?里希滕贝格认为,为了能够找到对这些对抗矛盾的问题的回答,关键并不在于找到方法,对两个体系之中的一个进行正面的证实。正如威廉对里希滕贝格授课内容记录的那样,人们应该尽可能强烈地对用假定方法勾勒的理论"提出异议"(G.S.VII, b,553)。里希滕贝格的著作《根据实验物理学的精神进行启蒙:里希滕贝格的虚拟式》②并非把重点放在一种直陈式"情况就是如此"的有把握的知识上。他的讲解更偏爱这种看法——"情况可能是这样的",在讲解过程中,进行假设的虚拟式成为他偏爱的语法形式。推测和反驳标志着认知进步。我们从我们的谬误中能学到最多的东西。"即便我们经常出现的谬误都会有这种益处:它们最后让我们习

[80]

---

① 格奥尔格·克里斯多夫·里希滕贝格(Georg Christoph Lichtenberg):《著作与通信》(Schriften und Briefe),第四卷,沃尔夫冈·普罗米斯(Wolfgang Promies)主编,慕尼黑,1967年,第740页。
② 阿尔布莱希特·雪纳(Albrecht Schöne):《根据实验物理学的精神进行启蒙:里希滕贝格的虚拟式》(Aufklärung aus dem Geist der Experimentalphysik. Lichtenbergs Konjunktive),慕尼黑,1982年,第65—73页。

惯于相信，一切都可能与我们的想象不同。"①

亚历山大·冯·洪堡终生感谢他这位哥廷根教授，感谢他向自己打开的科学理论前景。亚历山大于1790年9月3日给里希滕贝格教授寄去他的第一篇长篇论文《对莱茵河畔一些玄武岩的矿物学观察》（*Mineralogische Beobachtungen über einige Basalte am Rhein*），这时他在所附的信中写了下面几句话："倘若人们可以为友情和惬意而表达谢意，那么，我肯定要在很多方面感谢您。我不仅重视在您的讲座上获取的正面的知识总量，而且更注重我的思路在您的指导下获得的方向感。真理本身固然是珍贵的，但是，比真理更珍贵的是发现真理的方法。"（Jbr.,109）在科学的问题处境中②，相互矛盾的解释模式彼此相遇，而尤其在这种科学的问题处境中，里希滕贝格的这种洞见引导了亚历山大：思想的路途并不先验地（a priori）遵循一种逻辑，正如康德在其《纯粹理性批判》中高超地发展的那种逻辑。只有一种"对普遍的自然科学的批评"（Jbr.184）能够在认知进步的道路上前行，带着这种认可："在这里非常容易出错。"（Jbr.114）这种认知理论和科学理论的指明解释了，亚历山大·冯·洪堡为什么在其所有的自然科学著作中非常谨慎地对待理论架构。因为他知道，这些理论架构可能是错误的，所以面对那些他认为能够有把握地观察和用实验证明的事实，他就会排斥这些理论架构。然而在这个过程中，他也遵循通过里希滕

---

① 《格奥尔格·克里斯多夫·里希滕贝格的物理学和数学著作》（*Georg Christoph Lichtenberg's phzsikalische und mathematische Schriften*），格奥尔格·克里斯多夫·里希滕贝格与弗里德里希·克里斯（Friedrich Kries），第四卷，哥廷根，1806年，第131页。阿尔布莱希特·雪纳已经断定里希滕贝格的科学构想与他的批判理性主义之间存在方法论的接近，雪纳在其《研究的逻辑》和《推测与反驳》中发展了这种断定。参见曼弗雷德·盖耶尔（Manfred Geier）：《卡尔·波普尔》（*Karl Popper*），莱因贝克，1994年。

② 属于洪堡兄弟参与的那些相互矛盾对抗的问题处境尤其有海洋论派和火山论派之间的"玄武岩之争"；隐花植物（没有看得见的性别）的性；动物的电；非物质的生命力；燃素作为燃烧要素；以及有性孕育过程（胚胎的后成论即渐成论对抗预先形成）。

贝格关于自然学说的讲座获得方向。"也就是说，观察和尝试是人们获取自然知识的手段，以我们的推测距离自然知识太遥远，人们虽然能说很多有意义的内容，但人们要冒这种风险：写的不是一个真实的故事，只不过写一部长篇小说，一项实验就会揭示长篇小说的空洞无内容。"①亚历山大·冯·洪堡完全在里希滕贝格的意义上把自己理解为一位经验科学家，他非常重视精确的观察和受到控制的尝试。虽然他能够通过专注地学习科学理论接受启发，进行独立思考和调查研究，然而，具体经验的积累和搜集比抽象的理论构想更能引起他的兴趣，他宁愿通过事实反驳而非抽象地证实这些理论。只有这样才能接近我们还从未能够达到和发现的真理。

[81]

亚历山大·冯·洪堡在其1797年发表的论文《对受到刺激的肌肉纤维和神经纤维的研究》(*Versuchen über die gereizte Muskel-und Nervenfaser*)中最坚定地恪守这个纲领性的原则，他写这部著作受到了鲁伊吉·伽伐尼②关于动物组织带电性的理论启发：

> 我曾经努力，在我研究伽伐尼的观点时放弃所有理论，抑或更确切地说，我这样修改了这些研究，就好像恰恰必须证明迄今为止提出的金属敏感性法则的反面似的。在我进行实验期间，我觉得这种方法是进行发现的最富有成效的方法。……当然，对于人类的精神而言，在实验期间放弃所有的理论推测是

---

① 格奥尔格·克里斯多夫·里希滕贝格：《关于自然学说的讲座：关于实验物理学的笔记和材料》(*Vorlesungen zur Naturlehre.Notizen und Materialien zur Experimentalphysik*)第一部分，哥廷根科学院(Akademie der Wissenschaften zu Göttingen)主编(全集第三卷)，哥廷根(Göttingen)，2007年。

② 鲁伊吉·伽伐尼(Luigi Galvani,1737—1798)，意大利医生和物理学家。1789年，他通过青蛙腿实验发现了一些现象，他把这些现象归因于动物体内的放电。——译者注

不可能的：当然，思维本身就是一种理论思考。人们总是把看到一半的东西罗列在相似的现象旁，而且经常认为，在非本质的附加条件中找到了原因。那位实验者是有福气的：已经修改的研究把他从一个理论引向另一个理论，他的推测并没有达到使他对进一步观察望而却步的过去。①

在这种内在关联下，最后不能不提一下约翰·弗里德里希·布鲁姆巴赫对洪堡兄弟的研究兴趣、科学理解和人类典型形象的影响。布鲁姆巴赫是特蕾泽·福斯特的舅舅，也是里希滕贝格的挚友，他曾经被任命为哥廷根大学的医学教授，却讲授了涉及专业广泛的自然研究，这种自然研究从对大脑的分析、比较解剖学，最后到人类学。他主要通过对构成的本能欲望的假设而成为在科学历史上发挥过作用的人物。1781年，他采纳了这个概念，为了界定与肉体的机械力量有本质区别的鲜活的肉体的活动或者努力："在从人到蝇蛆、从雪松到霉菌的所有生命造物中，逐级向下存在一种特殊的、与生俱来的、终生有效的本能欲望：起初接受然后保留其固定的形态，一旦这种固定的形态遭到破坏，就会尽可能地重新建立它。"②

亚历山大·冯·洪堡曾多次强调，很多方面要归功于布鲁姆巴赫。布鲁姆巴赫不仅唤醒了亚历山大对"自然历史的研究之爱"，③尤其在动物肉体内的过程方面。倘若没有布鲁姆巴赫，他大概永远也不会受到鼓舞，对生命力进行生理学研究：在从最简单的植物到复杂的

---

① 亚历山大·冯·洪堡：《对受到刺激的肌肉纤维和神经纤维的研究》（*Versuchen über die gereizte Muskel-und Nervenfaser*）第一卷，柏林和波森（Posen），1797年，第5页。

② 约翰·弗里德里希·布鲁姆巴赫（Johann Friedrich Blumenbach）：《论构成的本能欲望和孕育活动》（*Über den Bildungstrieb und das Zeugungsgeschäft*, 1781），哥廷根，1791年，第三版，第12页。

③ 亚历山大·冯·洪堡：《我的人生》，慕尼黑，1989年，第二版，第16页。

人类器官的所有生命体中，他都看到这种生命力在发挥作用。他对考察旅行的兴趣通过布鲁姆巴赫得到决定性的推动，他考察旅行的目的是能够形成对矿物学和地理学状况的自己的观点。他受布鲁姆巴赫的鼓动，与医学专业的学生施苔凡·扬·凡·高伊温斯（Steven Jan van Geuns）一起进行了首次大型的自然历史的考察旅行。

他哥哥的偏好方向有些差别。威廉·冯·洪堡从一开始就对人更感兴趣，而对石头不感兴趣。尤其布鲁姆巴赫的这种尝试给他留下深刻印象："自然地"确定人这个类别的完整的本质，并且同时不忽视能够从经验主义确定的人类中自然的多样性，他于1775年在他的著作《论自然多样性中人类的孕育》中描绘了上述内容①。布鲁姆巴赫关于自然的"构成本能欲望"的理论也持久地启发了威廉·冯·洪堡进行自己的研究。他赞同布鲁姆巴赫对通俗的预先形成理论的批评，这种理论以此为出发点：在繁衍中，一个新的生命仅仅来自其预先形成的"与世隔绝状态"。与此理论相反，威廉觉得布鲁姆巴赫的"胚胎的渐成论即后成论"模型更有说服力、更加可信：由一种尚未形成的雌雄交配物质，始终在特殊的本能力量的引导下，形成新的器官，为了形成其个性的生命形态的形式②。

[83]

然而，布鲁姆巴赫用以开启其著作《论构成的本能欲望和孕育活动》提出的问题比这种渐成论的理论更强烈地影响了洪堡兄弟这两位年轻的大学生："在一个生命造物体的内部发生了什么，如果该生命

---

① 参见曼弗雷德·考赫（Manfred Koch）：《从比较解剖学到文化人类学》（*Von der vergleichenden Anatomie zur Kulturanthropologie*），载《日耳曼学杂志》（*Zeitschrift für Germanistik*）1993年第3/I期，第80—98页。
② 参见赫尔穆特·米勒-希维尔斯（Helmut Müller-Sievers）：《胚胎的渐成论即后成论：威廉·冯·洪堡的语言思维中的自然哲学》（*Epigenesis. Naturphilosophie im Sprachdenken Wilhelm von Humboldts*），帕德波恩（Paderborn）、慕尼黑、维也纳和苏黎世（Wien und Zürich），1993年。

体任凭所有活动中最甜蜜的活动，而且现在应该被第二个生命体受精而给予第三个生命体生命的时候？"[①] 然而，威廉·冯·洪堡可不想仅仅对这个问题进行哲学思考。不久他就将尝试，也从生活实际角度回答这个问题，并且从性欲的角度分享这种情感刺激的甜蜜。

[①] 约翰·弗里德里希·布鲁姆巴赫：《论构成的本能欲望和孕育活动》，哥廷根，1791年，第三版，第9页。

第四章
关于对象本身

亚历山大和威廉在莱茵河畔旅行中观察和了解到了什么？

洪堡兄弟作为普鲁士的臣民本来是不许在哥廷根上大学的。实 [84] 际上，在哥廷根大学的学习不仅拓宽了洪堡兄弟的精神视野，也让他们结识了福斯特、海纳、里希滕贝格和布鲁姆巴赫，而且还唤起了他们对旅游的兴趣，使他们了解未知的风景、不熟悉的生活方式和独特的人物。这种旅游与骑士旅行不一样，对青年贵族的教育通常用骑士旅行完成。亚历山大和威廉想要了解世界，了解他们迄今为止仅仅通过讲座和书籍被解释过的世界。他们从哥廷根出发进行的规模较大的旅行，同时也是启蒙的后果和原因①。

所以，洪堡兄弟利用一切机会，通过延伸到很远地方的游学来补充他们专业科目广泛的大学学习。这样一来，他们不仅了解其他大学城及其图书馆，还可以在图书馆里研究在哥廷根没有的图书；他们还建立了与其他学者的接触，能够向这些学者学到新的知识。推荐信为

---

① 拉尔夫-莱纳·武特瑙（Ralph-Rainer Wuthenow）：《被体验的世界：启蒙运动时期欧洲的旅记文学》（Die erfahrene Welt.Europäische Reiseliteratur im Zeitalter der Aufklärung），美因河畔法兰克福，1980年，尤其第389、390、391页；《科学之旅——旅游的科学家：对1650至1800之间旅游形式专业化的研究》（Wissenschaftliche Reisen-reisende Wissenschaftler. Studien zur Professionalisierung der Reiseformen zwischen 1650 und 1800），克里斯蒂安·冯·齐默尔曼（Christian von Zimmermann）主编，海德堡（Heidelberg），2003年。

[85] 他们打开了有趣的人和带来启发的研究人员家的大门,洪堡兄弟与上述人物建立了一个跨区域的人际关系网,从而建立了持续一生的通信联系。他们的游学和研究之旅的意义还在于,更多地在现实生活中活动游走,学会辨明方向。现在他们是二十岁左右风华正茂、血气方刚的年轻人,就已经迫切了解了知识领域中他们感兴趣的对象。

他们试图在游记、日记和书信中用文学的方式形成并细化他们的观察和研究。他们的游记、日记和书信记录了考察旅行,并服务于培养他们认识和观察的力量。尤其威廉很重视这一点,并且想通过此举使自己走入作家行列,从而崭露头角,显示才华。他们平生最初的著作就是对在旅行期间积累的经验的整理。亚历山大在其论文《对莱茵河畔一些玄武岩的矿物学观察》中描绘了,他在第一次自然历史的考察旅行中看到并研究了什么。与他相反,威廉在早期的国家理论和宗教哲学的书稿中继续发展并且从哲学的角度思考了他同学者谈话中讨论的内容。

虽然洪堡兄弟在莱茵河流域进行的人生的旅行与意义联系起来,但他们没有结伴同行。或许原因在于兴趣的差别。威廉·冯·洪堡更喜欢与杰出的政治家和哲学家进行机智的谈话;而亚历山大·冯·洪堡更多地把注意力集中在对自然的观察和自然科学的研究上。或许他们想作为独立的个体彼此划清界限,为了能够更好地形成自己的独立人格。然而值得注意的是,兄弟俩总是互相通报,在什么地方,在经历什么,而且亚历山大也总是计划好时间去追寻长他两岁的哥哥威廉的旅行足迹。

[86] 威廉·冯·洪堡1788年写了政治—哲学方面的《到王国旅行》(*Reise nach dem Reich*)。在大学的秋季假期,威廉·冯·洪堡带上很厚一摞推荐信开始动身旅行。他想了解人们,研究他们的性格,和他

们讨论有争议的问题，在近处观察他们的生活方式。这次旅行主要在莱茵河流域，但其实与这条河流并没有什么太大的关系。虽然他在日记中提及，尤其在美因茨前面，莱茵河"以其全部的庄严"在流淌，左右两岸有美丽的河岸，而且整体给人"一种无限的、迷人的景象"。(G.S.XIV,38f.)但是并非这种意图把他吸引到莱茵河，而是恰好在美因茨定居的福斯特夫妇吸引他来到这座城市。格奥尔格·福斯特在美因茨找到了新的职位：作为大选帝侯和大主教弗里德里希·卡尔·约瑟夫·冯·埃尔塔尔（Friedrich Karl Josef von Erthal）的图书馆馆员。

威廉在前往莱茵河的路上就获取了内容丰富的印象。9月19日，他从哥廷根出发，与他在柏林结识的伦敦医生亚历山大·克瑞驰同（Alexander Crichton）结伴同行。"我们非常开心。"(G.S.XIV,1)最有趣的是关于亨丽艾特·黑尔茨的谈话，她不仅赢得了威廉的心，而且还赢得了他旅行同伴的心。谈话的所有瞬间都围绕着她，内容是与之相联系的对女人性格和行为的评价。这两个男人简直在竞赛他们有趣的偏好。在阿罗尔森①，他们拜访那里的御医，从他那里得知，他有三个女儿。或许他们在那儿可以做点儿什么！可是大女儿显示一种"已经凋谢的美"，这种美虽然也有魅力，却无法引起两位来访者的情欲了；二女儿是"地地道道丑陋的"；最小的女儿很遗憾生病了。"所以，这次来访非常不成功。"(G.S.XIV,11)有成效的应该是与老施梯格里茨的见面，他是大学生约翰·施梯格里茨（Johann Stieglitz）的父亲，威廉·冯·洪堡在柏林和哥廷根与这位大学生结交成朋友。在他的家里，他们遇到一位年轻的姑娘，非常漂亮，具有清晰的理智，而且"经常不无诙谐"。但是，威廉·冯·洪堡在尝试和她接近时犯了一个小错误。"我坐　[87]

---

①阿罗尔森（Arolsen），德国黑森州的一个地方。——译者注

到她跟前，靠近窗户。可不幸的是，我刚离开我的座位一会儿，转眼间克瑞驰同就占领了它，现在我输了。"（G.S.XIV,11）

　　威廉·冯·洪堡很乐意而且不无诙谐地在日记中记录下这些情爱的经历。然而在他看来，他在到王国旅行期间进行的各种讨论更重要。几乎所有讨论都围绕威廉·冯·洪堡一再强调的核心主题：他所拜访的人如何看待1788年7月9日颁布的普鲁士宗教法令，他自己的回答是清晰而确定的。他毫不妥协地拒绝这项国家法令，涉及普鲁士各国的宗教宪法。该法令由约翰·克里斯多夫·冯·沃伊尔纳（Johann Christoff Wöllner）起草并贯彻实施，此人是一个宗教的能见鬼神者和狂热分子，弗里德里希二世死后，在具有开明思想和自由意识的大臣冯·蔡德里茨男爵被罢免之后，沃伊尔纳在新的、虔诚的国王弗里德里希·威廉二世的统治下被任命为国家枢密顾问、司法大臣和宗教神职事务负责人。他刚刚把官位坐稳，产生了一定影响，就尤其关心，将真正的基督教学说纳入普鲁士国家权力的控制之下，并且保护基督教学说免遭所有启蒙的"异端邪说"影响。在惩罚的威胁下，任何神职人员、牧师和中小学教师都不应该放肆地使其神学思想或者宗教信念以理性为标准，而不是以具有国家权威的教会学说的标准。① 对于威廉·冯·洪堡及其柏林启蒙运动的朋友们而言，很清楚的是：沃伊尔纳法令意味着普鲁士精神和文化的倒退，他们不愿意接受这种倒退。对这项法令的抗议成为统一联合具有启蒙思想的知识分子的纽带。

　　对于威廉·冯·洪堡而言，对这项宗教法令的评价同时也是能够确定其谈话伙伴启蒙的精神自由程度的重要标准。他一再把

---

① 关于针对沃伊尔纳宗教法令的争论，参见克里斯蒂娜·绍特尔：《威廉·冯·洪堡与德国的启蒙运动》，柏林，1989年，第184—192页。

讨论引向该项法令。瓦尔戴克①王侯对该法令的积极评价让威廉感到惊讶。他曾经视瓦尔戴克王侯为一个理智的人,具有主见和勇气。"不过从此就表明,他没有读正确的书,而是只读王侯的书。"(G.S.XIV,10)而威廉几乎无法理解拉恩河畔马尔堡(Marburg an der Lahn)的医学教授、黑森-卡塞尔侯爵的贴身医生恩斯特·戈特弗里德·巴尔丁尔(Ernst Gottfried Baldinger):"他整天抽烟,喝葡萄酒。他是我见过的人中最特殊的人……他的谈话几乎总是只有玩笑,而他的玩笑几乎总是嘲讽,以至于他的玩笑让善良的克瑞驰同感到无聊透顶。他认认真真地听了一刻钟,就觉得这玩笑太令人作呕。他的玩笑常常是狭隘而肤浅的,而且不停地重复。他甚至都没读过那项法令。"(G.S.XIV,23)

[88]

威廉在吉森②参观了监狱,他看到关押在那里的单身的、年轻的母亲,被惩罚并且遭到谩骂,那些母亲被骂成"妓女",(G.S.XIV,26)这很有损人的尊严,他对此很恼火。他在美因河畔法兰克福为人们的排犹主义和对犹太人的不宽容而生气,人们不准犹太人"进行公开的散步"。(G.S.XIV,28)威廉·冯·洪堡经吉森和美因河畔法兰克福来到此行最南部的旅行目的地达姆施塔特,③在那儿他拜访了哥廷根大学教授里希滕贝格的一个亲戚,里希滕贝格教授诙谐地推荐介绍了他和克瑞驰同:"我亲爱的堂弟,这里又来了一对儿很不错的信使,你会以善良接待他们,就像接待内廷参事(Hofrat)(因为我从昨天早晨开始成为内廷参事)里希滕贝格先生本

---

① 瓦尔戴克(Waldeck),德意志帝国原来的侯国名称,首府是阿罗尔森(Arolsen),1945年后该地属于德国黑森州。——译者注
② 吉森(Gießen),现为德国黑森州的一个地名。——译者注
③ 达姆施塔特(Darmstadt),现为德国黑森州的一座城市,在美因河畔法兰克福的南部。——译者注

人一样。"①

　　接下来，威廉又从达姆施塔特到美因茨进行了一次短途旅行。路面是沙质的，很不舒服。他经过一座大约600米长的桥，由42个浮桥船组成。这座1661年落成的"浮桥"②提供了远眺的可能性，人们可以远眺河流及有许多塔状建筑、浪漫的城市美因茨。威廉·冯·洪堡到了目的地。这时是1788年10月7日。"我马上就去了福斯特家。他和她都以极度的友情接待我。"（G.S.XIV,39）他在福斯特家住了4天，多次被他们邀请去吃饭，也结识了其他德高望重的绅士。他被介绍给解剖专家萨姆艾尔·托马斯·绍伊莫尔灵（Samuel Thomas Sömmering），他虽然是一个忧郁的、总是不满意的和少言寡语的人，但是，威廉·冯·洪堡很喜欢他，因为他不说恭维话，并且直率而坦诚地说出他的想法，当他发表见解的时候。"他理智地谈论那项法令，但只用了两句话。然而他对美因茨缺乏启蒙运动的抱怨似乎是不合理的。"（G.S.XIV,40）他们在景色迷人的风景地散步，谈论共同的熟人、职业前景和政治状况、共济会以及"人类各个种族"之间的差别，福斯特作为周游世界的人最了解人类各个种族，并且把自己的见解和观点于1786年写成了人类学的随笔。③

---

① 格奥尔格·克里斯多夫·里希滕贝格：《往来通信》（*Briefwechsel*），乌尔里希·尤思特（Ulricht Joost）与阿尔布莱希特·雪纳主编，第三卷，第1625封信，慕尼黑，1990年，第559页。
② 美因茨的"浮桥"（Schiffsbrücke），德国联结美因茨与莱茵河右岸的卡斯泰尔（Kastel）的一座桥。——译者注
③ 格奥尔格·福斯特：《再论一点儿人类各个种族》（*Noch etwas über die Menschenraßen*）（1786年7月20日致信比斯特尔），载《格奥尔格·福斯特作品》（*Georg Forsters Werke*），第八卷，柏林，1974年，第130—156页。关于格奥尔格·福斯特尤其参见克劳斯·哈尔普莱希特（Klaus Harpprecht）：《格奥尔格·福斯特以及对世界的爱》（*Goerg Forster und die Liebe zur Welt*），莱茵贝克（Reinbek），1978年；乌尔里希·恩岑斯贝尔格（Ulrich Enzensberger）：《格奥尔格·福斯特：处于碎片中的一生》（*Goerg Forster. Ein Leben in Scherben*），美因河畔法兰克福，1996年；阿尔洛阿斯·普林茨（Alois Prinz）：《格奥尔格·福斯特的生平》（*Die Lebensgeschichte des Goerg Forster*），美因河畔法兰克福和莱比锡，2008年。

对于年轻的客人威廉来说，他有很多机会与特蕾泽独处。爱又成为他们取之不尽的偏爱话题。虽然这些谈话给他带来"无限多的快乐"，(G.S.XIV,43)但是，他同在这四天期间结成亲密友谊的格奥尔格·福斯特的讨论确实是丰富多彩的、有趣的，在精神上也很具有挑战性。这位34岁的世界公民和周游世界的研究者的经验和观点强化了威廉自己的判断能力。普鲁士的宗教法令为他们的讨论提供了直接的诱因，福斯特以一个具体的争议情况为例，解释该法令反启蒙的意图和作用。1789年初，福斯特在其《关于席勒的〈希腊的众神〉致一位德国作家的一封信残篇》(*Fragment eines Briefes an einen deutschen Schriftsteller über Schillers Götter Griechenlands*)中尖锐而机智地抨击了这项法令。

文章争论的是弗里德里希·席勒的第一首哲理诗中非基督教的内容，这首诗于1788年3月发表在《德意志通讯》(*Teutsche Merkur*)上。席勒用批评文明的方法创作了他的挽歌《希腊的众神》，用以反对世界整体现代的祛除魔力和取消神明的做法。①席勒梦想着回到古希腊的神话世界中，在这里，众神还很像人；而人具有一种神的幸运。虽然席勒知道，在此仅仅涉及一种文化的想象：

当你们还统治着美丽的世界，
还在引领着一代更幸福的人，
你们用那快乐而轻便的襻带，
神话世界中美丽的天神！②

[90]

---

① 参见吕迪格·萨弗兰斯基(Rüdiger Safranski)：《席勒或者德国理想主义的杜撰》(*Schiller oder Die Erfindung des Deutschen Idealismus*)，慕尼黑–维也纳，2004年，第285、286、287页。
② 译文参考以下译本，但有个别改动：《希腊的群神》，席勒著，钱春绮译，见张玉书主编的六卷本《席勒文集》第一卷，北京：人民文学出版社，2005年，第38页。——译者注

第四章
关于对象本身

然而，根据席勒的想法，众神恰恰作为想象的形态使得一种可以在感性上经历的和在美学上给人带来幸福的内容赋予含义，在现代中，不再存在任何赋予含义的感觉。那么，这种想法的什么地方如此具有挑衅性，以至于这首诗会成为文化政策的丑闻呢？《希腊的众神》变成具有政治爆炸力的情况，因为席勒把其复古的多神教与自己时代的单神论对立起来，无论他此刻在基督教方面作为个人创造者进行思考，还是从自然神论的角度把它作为一个包含万有的原则来思考。在席勒的眼里，向单神论的转折才使"他的"同时代的神变得不可靠、无法被理解：

我的神以理智的名字出现吗？
是时代的乌云遮挡住了它吗？
我在思想的国度中费力地窥视，
在感官世界中毫无成果。①

这种指责并没有太持久：席勒在最糟糕的情况下被说成了一个罪恶的无神论者，在最好的情况下也被说成是异教徒，他希望，不久就把整个奥林匹亚山重新放置在其旧的权利中。弗里德里希·莱奥波德·施托尔贝格伯爵②首先提出这种指责③。格奥尔格·福斯特又使

---

① 这几句诗行（第一版第85—89行）由本书译者翻译，本诗有两稿，盖耶尔引用的是第一稿，而钱春绮翻译的是该诗1804年修改删减后的第二稿，因此，钱老的译文没有这几句诗行的译文。——译者注
② 弗里德里希·莱奥波德·施托尔贝格伯爵（Friedrich Leopold Graf zu Stolberg, 1750—1819），德国诗人。——译者注
③ 弗里德里希·莱奥波德·施托尔贝格伯爵：《关于席勒先生的诗歌〈希腊的众神〉的一些想法》（Gedanken über Herrn Schillers Gedicht: Die Götter Griechenlands），载《德意志博物馆》（Deutsches Museum）第二期，1788年，第97、98、99页。

他的信针对施托尔贝格伯爵，威廉·冯·洪堡在身边支持福斯特。

这首先涉及福斯特对席勒的捍卫，席勒是这样一位诗人，对于自由的想象力而言，文化历史尤其希腊的文化史可以允许成为一个永远都不枯竭的源泉，这使威廉·冯·洪堡回忆起他自己的第一个阅读历险。福斯特从启蒙思想的角度表达这种失望，"在所有可能的体系中，人们用以建构神的概念是从人那里得出的"。① 而且，仅仅表达使神人格化的观念，人们可以从文化地缘角度区分这些观念，还可以在文化历史角度改变这些观念。威廉·冯·洪堡赞同这些观点。因为福斯特的普遍精神态度和政治道德的基本信念给他留下最强烈的印象，他以这种基本信念极其尖锐地谴责"对思想自由和信仰自由的近期攻击"。② 他的"致一位德国作家的信"是写给施托尔贝格伯爵的。这封信针对普鲁士国家权力的自负：通过一项法令来把某些神学假设规定为是有约束性的，封锁成熟的市民对自己理智的运用，取消人们的道德自治。福斯特认为，其实国家完全用不着为其公民的"幸福"操心，而是应该负责保护公民的自由：

[91]

> 想要为了他人的幸福操心这种善良的意图，或者为这个面具服务的阴险的统治欲，这二者都甚至过于频繁地表现在强制手段中，为了把那种有利的形式提升为唯一的形式，为了消灭除了这种形式以外的所有其他形式，而且为了使得它，这种唯一的形式，保持永远不被改变。这种狂妄的非分要求仿佛建立在完全错误的前提基础上：一个国家的立法会影响国家的幸福和

---

① 格奥尔格·福斯特：《关于席勒的〈希腊的众神〉致一位德国作家的一封信残篇》，1789年5月，载《格奥尔格·福斯特作品》第七卷，柏林，1963年，第1—14页。
② 同上，第4页。

道德性。因为除了自决以外，没有任何事物被以更常胜的原因证明，或者换言之，道德的自由是人类美德唯一可能的源泉，而法律的所有功能以及它们是如何从自由中流淌出来的，也必须仅仅局限于对它们的保护。①

威廉·冯·洪堡与福斯特的相遇巩固了威廉早期的政治—哲学信念：国家不应该负责其公民的福祉，而是应该负责保障公民不受干扰的行为自由和思想自由。威廉从美因茨出发，沿着莱茵河溯流而下，他首先来到亚琛，②在那儿待了10天。他到福斯特的朋友克里斯蒂安·威廉·冯·多姆家做客，多姆曾在3年前给亚历山大和威廉·冯·洪堡讲授过政治经济学和国家法学说入门的私人课程。

[92] 自1786年7月起，多姆担任选帝侯领地科隆的普鲁士特使。当威廉·冯·洪堡拜访当年柏林启蒙运动的老师时，这位老师几乎不想再放他走，他把威廉·冯·洪堡拉入关于国家的目的和国家权力界限的长时间对话中。威廉·冯·洪堡对此非常感兴趣，这恰好向他提供了与这位资深的法学家详细探讨沃伊尔纳的宗教法令及其后果的机会，这位法学家正致力于编写《皇家自由的帝国城市亚琛一个完善的宪法草案》（*Entwurf einer verbesserten Constitution der Kaiserl. freyen Reichsstadt Aachen*）。威廉·冯·洪堡聆听多姆的主要思想：国家并非一个关心照料的机构而是一个纯粹的法制机构，它不许向公民要求道德观念或者宗教信仰。国家不应该关心人们的福祉，而应该仅仅关心在法律上清楚地调节国家权力与国家公民之间公开的关

---

① 格奥尔格·福斯特：《关于席勒的〈希腊的众神〉致一位德国作家的一封信残篇》，1789年5月，载《格奥尔格·福斯特作品》第七卷，柏林，1963年，第2页。
② 亚琛（Aachen），现为德国西部北莱茵—威斯特法伦州的一座城市，亚琛工大很有名。——译者注

系。一个"真正的自由国家"会让每个人的私人空间不受触犯。"在所有未被法律规定的行为中，亚琛的市民甚至是不受限制的，任何人都不需要解释。"①在多姆编写的亚琛草案中这样写着。

10月底，威廉·冯·洪堡从亚琛前往杜塞尔多夫附近一个很小的、具有田园风光的庄园佩姆佩尔福尔特（Pempelfort）。这个旅行目的地最初似乎并不在他的旅行计划中。他本来打算去拜访夏洛特的父母，他们就住在戴特莫尔特（Detmold）附近。他非常倾慕他在皮尔蒙特遇到的牧师的年轻的女儿。可是，福斯特使他对其朋友弗里德里希·海因里希·雅各比非常好奇，雅各比现在退隐到宁静的佩姆佩尔福尔特，在那里，他和两个同父异母的妹妹夏洛特和海伦娜生活在小庄园中。威廉·冯·洪堡不会因为听从福斯特的推荐而后悔。恰恰相反，他学会高度评价雅各比，称其为一位有魅力的思想家。正如威廉·冯·洪堡一样，雅各比也是在柏林启蒙思想家的圈子里长大的，但威廉并未结识雅各比。因为在佩姆佩尔福尔特与在柏林不一样，在柏林活跃着受启蒙思想影响的理智，为了能够通过敏锐的概念分析和系统的判断逻辑认识到，这世界上什么情况是符合法则的。雅各比这个人以其全部的情感、观点和感情经历存在。他感兴趣的并非绝对的认知和逻辑演绎推理。他想亲自体会或者揭示处于直接性、简单性和不可消融性中的存在。

[93]

10月31日晚上，威廉·冯·洪堡到了雅各比家。第二天就让他体会了，是什么使雅各比生动的哲学思考变成启蒙运动时期中独特的活动。"我还没起床呢，雅各比就走进我的房间。他的眼神、他

---

① 克里斯蒂安·威廉·冯·多姆（Christian Wilhelm von Dohm）：《皇家自由的帝国城市亚琛一个完善的宪法草案》，亚琛，1790年，第3页。参见威廉·冯·洪堡：《论亚琛的宪法改革》，载 GS VII b，第546—549页。

的步态、他拥抱我的极大热情，这一切都证实了我昨天的判断。他身上感受的能力很大，他充满了热情。"（G.S.XIV,57）1788年11月1日，威廉·冯·洪堡同雅各比第一次共同的散步是"对许多问题的持续探讨，但主要是形而上的对象"。两个人都如此深入到其哲学谈话中，以至于他们都几乎没有察觉，周围发生了什么事情。

威廉·冯·洪堡对雅各比用以表达事物的直接观点和人们的生存经历的激进特点非常感兴趣。威廉·冯·洪堡在恩格尔和菲德尔那里学习过，用逻辑方法进行思维，用概念进行分析。现在，他听一个亲切的、敏感的和机智的人对触动和打动他自己的现象进行哲学思考"感性生活"，人们可以在与直接存在的事物进行肉体交往中享受感性生活。按照雅各比的观点，关键在于，直接观察事物的存在，并且在对彼此最初的和最简单的感知中，在一个不可分的瞬间，同时体验内在的意识和外在的对象。1788年11月17日，威廉·冯·洪堡致信雅各比，回忆起在佩姆佩尔福尔特度过的那些幸福快乐而难忘的日子，他说："如果人们探讨对象本身，那么，人们在亲眼观察之前不会认为任何事物是真的。这样，尽管路途或许会更缓慢，但它也更安全、更有魅力，而思考的素材与自然中对象的数量同样，是取之不尽，用之不竭的。"①

然而，威廉·冯·洪堡并不准备跟随雅各比进入这位"信徒"被驱入的王国中。因为，虽然这可能是正确的：我们只能直接通过信仰行为确知事物的存在，只要我们把"信仰"理解并视为真实，这种信以为真并非源于理性的原因。威廉·冯·洪堡也并不反对，在认知理论方面把直接的、感性的明确理解为"信仰"。但是，他果断地反

---

① 《威廉·冯·洪堡致信弗里德里希·海因里希·雅各比》（*Briefe von Wilhelm von Humboldt an Friedrich Heinrich Jacobi*），哈勒（Halle），1892年，第24页。

驳雅各比，反对他把这个概念转变成超验的。雅各比这位极端虔诚的基督徒认为，这一点是确定无疑的：上帝也是直接的，并且上帝也能够被直观。他认为，超感性与其存在证明中的存在一样，是用同样的方法被证明的。恰恰因为超感性无法通过概念被领会，并且逃避一种清楚的、科学的认知——"所以，超自然不会通过别的方式被我们接受，而只能是被赋予我们的。即作为事实——这存在着（Es ist）！所有的舌头都称这种超自然、这种所有生命的本原为：上帝（Den Gott）。"① 在雅各比写给摩泽斯·门德尔松先生的信件中的一封《论斯宾诺莎的学说》（*Über die Lehre des Spinoza*）里，他用简明表达方式这样表述，在这些信件中，雅各比进行了反对任何形式无上帝的"泛神论"的形而上学的斗争，这种泛神论仅仅把自然变成神，并且并不接受任何超自然的宗教。

对于威廉·冯·洪堡而言，雅各比从被信仰的存在向存在的上帝的转折，只能是一个错误的结论，他当时和事后都不愿意理解这个错误。他恪守对"对象本身"的体验，只要它们是感性地被给予的。他并没有把这些对象升华到超验中，雅各比的"这存在着"的说法只能是一个狂热的错误，假如人们以为，可以把它们当成事实来

---

① 弗里德里希·海因里希·雅各比（Friedrich Heinrich Jacobi）：《论斯宾诺莎的学说，在致摩泽斯·门德尔松先生的信中》（*Über die Lehre des Spinoza, in Briefen an den Herrn Moses Mendelssohn*），载《弗里德里希·海因里希·雅各比著作》（*F.H.Jacobi: Werke*）第一卷，第1部分：《关于斯宾诺莎争论的著作》（*Schriften zum Spinozastreit*），阿尔贝尔特·莱茨曼（Albert Leitzmann）主编，斯图加特与巴德·坎施塔特（Bad Cannstatt），1998年，第261页。在这次泛神论之争中主要涉及这个问题：莱辛是否曾经是斯宾诺莎的追随者，在此过程中，对于雅各比而言，重要的是："斯宾诺莎主义就是无神论"，同上，第120页。主要是赫尔德、歌德、康德、哈曼（Hamann）、拉瓦特尔（Lavater）和门德尔松参与了这次争论。参见《雅各比和门德尔松之间关于泛神论之争的主要著作》（*Die Hauptschriften zum Pantheismusstreit zwischen Jacobi und Mendelssohn*），海因里希·绍尔茨（Heinrich Scholz）主编，柏林，1916年。关于雅各比参见克劳斯·哈姆马赫（Klaus Hammacher）：《弗里德里希·海因里希·雅各比的哲学》（*Die Philosophie Friedrich Heinrich Jacobis*），慕尼黑，1969年。

[95] 接受。在11月1日的对话中，雅各比就认明，他对此感到很陌生："宗教思想以及拥有宗教思想的灵魂的需求。""我说：这种怀疑从来都不会折磨我。真正的假设不了解任何需求，也就是说，不了解上帝的任何需求，而在我认为这些思想真正成为需求的瞬间，只有我的心是有趣的，我不需要任何假设。"（G.S.XIV,60）

威廉·冯·洪堡在这个问题上与格奥尔格·福斯特的情况是一样的。福斯特知道威廉·冯·洪堡在与雅各比的争论中是站在自己一边的，几个月后，福斯特充满感激地给威廉写信说："我非常高兴，您把这个情况说到雅各比的心里：人们根本无法想象超感性。他虽然太是一位哲学家了，以至于不愿意理解和解释超感性。可是，他认为，可以直观超感性。我愿意向您承认，我对此毫无想法，而且我担心，这很容易导致狂热。我已经在许多写给他的信件中关联到这件事，只不过迄今为止他只是承诺回答我。"①

威廉·冯·洪堡与信仰哲学家雅各比进行了生动的思想交流，他为此而感到高兴。然而，这位雅各比刚开始时却缄默不语。为了找到对一些迫切问题的答案，威廉·冯·洪堡开始看相关的书。他冲向伊曼努尔·康德的批判哲学，尤其是《纯粹理性批判》。他逐句抄写这部著作，并且在思路上加工整理。他将"往死里学"，就像他的弟弟亚历山大在致信神学专业大学生魏盖纳尔时所写的那样，（Jbr.,44）在康德的体系中"活着并且活动着"，为了搞清楚人类认知可能性的基础和边界。最吸引他的是，康德用以揭示和展开纯粹理性的二律背反矛盾的思维的敏锐，当纯粹理性超越可能的可体验性的领域时。"上帝"也不能逃脱（第四个）冲突，该冲突在两个思辨

---

① 致信福斯特，第187号，载《格奥尔格·福斯特作品》，第十八卷，柏林，1982年，第320页。

的思想之间活动:"有某种东西属于世界,或者作为其部分或者作为其原因,是一个绝对必然的存在者。""任何地方,无论是在世界之中,还是在世界之外,都没有作为世界的原因的绝对必然的存在者存在着。"① 在无法凭借经验"可以展示的"神学思想的辩证游戏中,人类的理性面临疯狂的威胁,然而,从哲学的角度来看,这不无魅力,因此要求威廉·冯·洪堡完全集中精力去学习。

[96]

亚历山大·冯·洪堡1789年撰写了《自然历史之旅》(*Naturhistorische Reise*)。亚历山大也利用秋季的学期假,通过一次到莱茵河的旅行,拓宽他的技术和自然常识的知识。特别是约翰·弗里德里希·布鲁门巴赫鼓动他这样做。布鲁门巴赫说,他最好别独自一人去旅行。布鲁门巴赫介绍他结识了长他两岁的哲学博士施苔凡·扬·凡·高伊温斯,他是刚在哥廷根大学注册的医学院学生和植物学者。他想和亚历山大·冯·洪堡结伴而行。他很愿意这样做,但还需要他父母的允许,允许他陪同亚历山大·冯·洪堡这位"年轻的柏林贵族",这位贵族"看上去是一位非常出色的年轻人,而且掌握很多植物学、矿物学、经济学和工厂事宜的知识"。② 莱茵河沿岸的地区在自然科学方面也是很有趣的,尤其由于那里经常出现的玄武岩和无数火山喷发的遗留物。高伊温斯的父母对这次旅行毫无异议,亚历山大·冯·洪堡也很高兴有大学同学成为他的旅行陪伴者,高伊温斯这时已经因为一篇从医学角度论本地的(荷兰的)植

---

① 伊曼努尔·康德:《纯粹理性批判》,载六卷本《伊曼努尔·康德作品》,W.魏施艾德尔(W.Weischedel)主编,第二卷,威斯巴登(Wiesbaden),1956年,第434、435页。
② 施苔凡·扬·凡·高伊温斯(Steven Jan van Geuns):《1789年与亚历山大·冯·洪堡穿越黑森、普法尔茨,沿着莱茵河、穿越威斯特法伦州的旅行日记》(*Tagebuch einer Reise mit Alexander von Humboldt durch Hessen, die Pfalz, längs des Rheins und durch Westfalen im Herbst 1789*),伯恩特·考伊尔伯尔(Bernd Kölbel)和露茜·苔尔肯(Lucie Terken)主编。柏林,2007年,第341页。

物利用的论文而成名。

　　1789年9月24日，他们在哥廷根动身。雅各比的儿子约翰·格奥尔格·阿尔诺尔德（Johann Georg Arnold）也在哥廷根大学学习，他陪着亚历山大·冯·洪堡和施苔凡·扬·凡·高伊温斯到美因河畔法兰克福。他是个不错的小伙子，但"却无论如何没有他父亲的理解力，"①亚历山大·冯·洪堡答应，到佩姆佩尔福尔特庄园去拜访他的父亲。他们俩都写日记，记录他们的经历和考察。然而很遗憾的是，保存下来的只有施苔凡·扬·凡·高伊温斯的《1789年与亚历山大·冯·洪堡穿越黑森、普法尔茨，沿着莱茵河、穿越威斯特法伦的旅行日记》，虽然这本日记很多年前就为人所知，但是，该日记2007年才被出版。高伊温斯记载了每一天，写下了每个重要的观察，提及每个值得注意的会面。我们在此只能勾勒出少数几点轮廓，可以建立与威廉的《到王国旅行》的一种关联。

　　在马车从哥廷根到卡塞尔②的行进期间，这几位考察旅行者的注意力就被一些高大的玄武岩山唤醒。亚历山大·冯·洪堡和施苔凡·扬·凡·高伊温斯不仅享受着风景的魅力，而且在研究思考，它们是不是火山喷发活动的残留物，虽然有些山有火山的、球体形状的形式。亚历山大·冯·洪堡和施苔凡·扬·凡·高伊温斯都知道，许多火山寻觅者，最重要的就是搞地质的让-安德烈·德·鲁克（Jean-André de Luc），在这里没有找到任何火山口的痕迹。但是，既然火山形成理论不能得到证实，那么，山又是怎么形成的

[97]

---

① 施苔凡·扬·凡·高伊温斯：《1789年与亚历山大·冯·洪堡穿越黑森、普法尔茨，沿着莱茵河、穿越威斯特法伦州的旅行日记》，伯恩特·考伊尔伯尔和露茜·苔尔肯主编。柏林，2007年，第362页。

② 卡塞尔（Kassel），现为德国黑森州北部的一座城市。——译者注

呢？弗莱堡①的地质研究者亚伯拉罕·高特洛普·维尔纳（Abraham Gottlob Werner）是"海洋论者"，他认为，可以通过水的浸软作用理论来解释玄武岩的产生。那么，"海洋论者"的理论正确吗？大概有许多理由再回到火山形成论者和海洋论者之间的白热化的玄武岩之争，尤其由于莱茵河畔有一些玄武岩，亚历山大·冯·洪堡和施苔凡·扬·凡·高伊温斯这两位研究者将会研究这些玄武岩。

在马尔堡，②他们还到特别的医学教授巴尔丁尔家拜访，这位教授经常讲笑话，喜欢酒瓶子，喜欢把他自己及其客人灌醉。"我们别无他法，只好与他一起喝酒，就连从未沾过酒的亚历山大·冯·洪堡此刻都不得不喝几杯，巴尔丁尔谩骂和诅咒卡姆普，说他给亚历山大·冯·洪堡这么糟糕的教育，甚至都不让他喝葡萄酒。"③

就像高伊温斯多次惊讶地确定的那样，德国人似乎非常喜欢喝烧酒和葡萄酒，尤其在法兰克福地区人们还用大杯子喝"苹果酒"，把它当作葡萄酒，如果人们喝不起用葡萄酿制的更贵的葡萄酒。在美因河畔的法兰克福有很多穷人，那儿的街道非常昏暗和肮脏，几乎就像在附近的萨克森豪森④一样"肮脏不堪"，⑤那是一个更加丑陋的鸟巢。最糟糕的是法兰克福的犹太人的境况，他们被挤到一个狭窄的、人口过于密集的、散发出可怕的恶臭的犹太人巷子里生活。"他们还不许在城里散步，如果他们在城里没有事情，不得超过两个

[98]

---

① 弗莱堡（Freiburg），现为德国巴登-符腾堡州西南部一座城市。——译者注
② 马尔堡（Marburg），现为德国黑森州的一座城市。——译者注
③ 施苔凡·扬·凡·高伊温斯：《1789年与亚历山大·冯·洪堡穿越黑森、普法尔茨，沿着莱茵河、穿越威斯特法伦州的旅行日记》，第83页。
④ 萨克森豪森（Sachsenhausen），德国美因河畔法兰克福的一个城区，位于美因河南岸。——译者注
⑤ 施苔凡·扬·凡·高伊温斯：《1789年与亚历山大·冯·洪堡穿越黑森、普法尔茨，沿着莱茵河、穿越威斯特法伦州的旅行日记》，第97页。

第四章
关于对象本身

人一起行走。"①

他们俩从法兰克福到达姆施塔特,在那儿,他们拜访了枢密档案管理员里希滕贝格。这次又要由他的堂兄即哥廷根大学教授和内廷参事格奥尔格·克里斯多夫·里希滕贝格写推荐信:"我在此以强烈的愿望打发两位先生到你那里,他们是来自柏林的冯·洪堡先生,是你已经认识的那位冯·洪堡先生的弟弟,还有一位是来自乌得勒支②的年轻的凡·高伊温斯先生。这两位先生的主修专业都是自然历史,前者特别选择了技术和机械。这两位都是头脑不简单、非同寻常的人,不久你就会发觉这一点。"③ 如果我们继续读这封推荐信,就可以看到,里希滕贝格告诉住在达姆施塔特的堂弟,不必请这两位旅行者吃饭,而是让他们看看王侯图书馆,在这座图书馆里可以看到无数历史书和法律书,然而,"自然历史和物理学方面的书几乎一本没有。"④

他们经山路前往海德堡、⑤施佩尔⑥和布鲁赫扎尔,⑦从那儿途经曼海姆,⑧曼海姆内容丰富的自然历史资源令他们感到惊讶,他们又前往美因茨,于10月15日到达美因茨。他们穿过美因茨的浮桥,站在这里,可以非常惬意地眺望城市、莱茵河以及莱茵河多树林且多水的地区。现在,亚历山大最终也结识了到遥远地方考察旅行的、接受广泛

---

① 施苔凡·扬·凡·高伊温斯:《1789年与亚历山大·冯·洪堡穿越黑森、普法尔茨,沿着莱茵河、穿越威斯特法伦州的旅行日记》,第99页。
② 乌得勒支(Utrecht),荷兰中南部一座城市。译名参照《最新实用世界地图册》。——译者注
③ 格奥尔格·克里斯多夫·里希滕贝格:《往来通信》(*Briefwechsel*),乌尔里希·尤思特与阿尔布莱希特·雪纳主编,第三卷,第1625封信,慕尼黑,1990年,第731页。
④ 施苔凡·扬·凡·高伊温斯:《1789年与亚历山大·冯·洪堡穿越黑森、普法尔茨,沿着莱茵河、穿越威斯特法伦州的旅行日记》,第115页。
⑤ 海德堡(Heidelberg),德国巴登-符腾堡州内卡河畔一座优美的城市。——译者注
⑥ 施佩尔(Speyer),现为德国莱茵兰-普法尔茨州的一个地名。——译者注
⑦ 布鲁赫扎尔(Bruchsal),现为德国巴登-符腾堡州的一个地方。——译者注
⑧ 曼海姆(Mannheim),现为德国巴登-符腾堡州西北部的一座城市。——译者注

教育而且一直从事研究的格奥尔格·福斯特本人，他的著作《环球旅行》让亚历山大很早就梦想着在遥远的热带国家进行大冒险。

> 我们在福斯特教授和王室图书馆馆员家里享受很多礼遇，福斯特教授是库克环球旅行时著名的陪同者，我们通过哥廷根的海纳教授得到福斯特的地址，他与海纳的女儿结了婚。我们总是中午和晚上在他家里吃饭，并且在那儿度过很多有趣的时光。我们看到了来自新西兰的植物标本和其他新奇的植物，还看到了一些来自塔希提和其他国家的珍稀植物。①

[99]

福斯特还把这两位来访者介绍给解剖学教授萨姆艾尔·托马斯·绍伊莫尔灵，他和福斯特是邻居，同住一栋房子。绍伊莫尔灵对解剖标本的精美收藏吸引了他们，其中还有很多人和动物的头盖骨。他的"主要偏好"比较解剖学唤起了大家的兴趣，此刻，在对解剖学感兴趣的亚历山大面前他是"一个非常聪明、乐天而友好的人，人们可以期待他还有很多好的品质"。②这位绍伊莫尔灵与一年前相比判若两人，当时他想把威廉绕进政治谈话中，在威廉看来，他是一个忧郁的、总是不满意的和少言寡语的人。

他们在美因茨待了3天，然后动身在莱茵河上乘船旅行，前往波恩。福斯特尤其推荐他们研究玄武岩山，这些玄武岩山尤其在林茨③和温克尔④附近提供一幅值得关注的画面。亚历山大·冯·洪堡和施

---

① 施苔凡·扬·凡·高伊温斯：《1789年与亚历山大·冯·洪堡穿越黑森、普法尔茨，沿着莱茵河、穿越威斯特法伦州的旅行日记》，第375页。
② 同上，第161页。
③ 林茨(Linz)，德国莱茵河畔的林茨，是莱茵兰-普法尔茨州新维德区(Neuwied)的自治城市。位于波恩东南方向25公里处。——译者注
④ 温克尔(Unkel)，德国莱茵河畔的美丽小镇，在林茨附近。——译者注

第四章
关于对象本身

苔凡·扬·凡·高伊温斯欣然接受了福斯特的建议。这是莱茵河一道奇特的、布满玄武岩的风景。他们起初只能从小船里向外张望，观察这里的风景。所以他们决定，在林茨下船，徒步走到波恩。他们以前还从未看到比这更漂亮的玄武岩柱子，这些柱子斜着直插云霄。他们爬上比较矮小的玄武岩山，观察它们在莱茵河岸的走势。让人摆渡，把他们送到莱茵河对岸，在那儿，在温克尔采石场，他们的口袋里装满了玄武岩碎石。不仅温克尔附近石洞壮观的自然景致给他们留下极为深刻的印象，让他们感到更惊讶的是：在一些构成规则的玄武岩棱柱的内部，还可以找到小石洞，里面灌满了水。这似乎告诉那些海洋构成论者，他们是对的，因为他们认为，水对玄武岩的构成起了决定性的作用。

[100]　　他们看过石头以后，又关注了文化。在科隆，接受了启蒙思想的新教教徒高伊温斯对绝大多数天主教居民的迷信、不宽容和懒惰感到奇怪。在教堂里，人们长时间下跪，不方便活动，他们伸出双手，"就好像他们想模仿被钉上十字架的耶稣一样"。①圣人的遗骨遗物被装饰得富丽堂皇，人们针对它们讲述令人难以置信的童话。用这些圣人遗骨举行愚蠢的仪式。圣乌尔苏拉教堂（St.-Ursula-Kirche）周围都悬挂着骷髅，这些骷髅据说来自8世纪11 000名被杀死的虔诚少女，人们可以清楚地看到大腿和肋骨，比较解剖学家"绍伊莫尔灵教授已经观察到了这些大腿和肋部的骨头，他在美因茨告诉我，许多骨头是羊和其他动物身上的！"

在经历了宗教的迷信之后，他们到佩姆佩尔福尔特庄园拜访弗

---

① 施苔凡·扬·凡·高伊温斯：《1789年与亚历山大·冯·洪堡穿越黑森、普法尔茨，沿着莱茵河、穿越威斯特法伦州的旅行日记》，第199页。

里德里希·海因里希·雅各比，这次来访为他们提供了愉快的、精神上的挑战。严格的启蒙思想家们，尤其柏林的启蒙思想家可能并不喜欢雅各比形而上的信仰。然而，根据亚历山大·冯·洪堡和施苔凡·扬·凡·高伊温斯的体会，他是一个感觉灵敏的哲学家与和蔼可亲的主人，在他的有教益的社交聚会中，他们度过了"非常惬意的几天"，①然后他们经明斯特②和帕德博恩③回到哥廷根。他们于10月31日到达哥廷根。

与威廉一年以前写的《到王国旅行》相比，亚历山大的《自然历史之旅》似乎是一种重复，带轻微的变化：同样的城市、类似的感知、同样的人物。然而，倘若我们认真地阅读他们完整的日记记载，就会得出完全不同的印象。他们关注的焦点并非他们旅行时穿越的城市，也不是与他们聊天的人们。亚历山大·冯·洪堡和施苔凡·扬·凡·高伊温斯想增加他们的自然历史知识。他们想确定"事实"，要么为了客观地证实和拓展他们的知识，要么为了澄清有争议的情况，"在这些情况中，自然不能完全按照现在的假设得到解释。"④所以，他们不让任何搜集新事实的机会逃掉，在此过程中，好奇往往超越专业界限。他们不知疲倦地参观矿石矿与盐矿、页岩采矿场和盐场，参观所有可能生产和加工金属、水银、瓷器、蜡、

[101]

---

① 施苔凡·扬·凡·高伊温斯：《1789年与亚历山大·冯·洪堡穿越黑森、普法尔茨，沿着莱茵河、穿越威斯特法伦州的旅行日记》，第207页。
② 明斯特（Münster），现为德国北莱茵-威斯特法伦州城市。——译者注
③ 帕德博恩（Paderborn），现为德国北莱茵-威斯特法伦州城市。——译者注
④ 亚历山大·冯·洪堡：《对莱茵河一些玄武岩的矿物学观察》，参见弗里茨·克拉夫特（Fritz Krafft）：《亚历山大·冯·洪堡的〈对莱茵河一些玄武岩的矿物学观察〉与围绕玄武岩构成史的海洋形成论和火山形成论的论战》（Alexander von Humboldts Mineralogische Beobachtungen über einige Basalte am Rhein und die Neptunismus-Vulkanismus-Kontroverse um die Basal-Genese），载《弗莱贝格的起源发展研究》（Studia Fribergenesis），柏林，1994年，第117—150页。

第四章
关于对象本身

纸张、布料、壁纸和鼻烟的工厂，参观植物园和天文台，参观解剖分析室和外科尸体解剖场所，参观自然历史的"小陈列室"、古董店和绘画展，拜访大学图书馆和自然历史方向的专业图书馆。

这次旅行的专业范围从地质学和矿物学到工业和技术，再到植物学和医学。处于核心的是他们对玄武岩的观察和研究，这些观察和研究第一次得到表述是在亚历山大·冯·洪堡于1789年12月20日在哥廷根私人物理协会做的学术报告中，这个"哥廷根私人物理协会"是由他和高伊温斯建立的。亚历山大·冯·洪堡请教格奥尔格·福斯特，了解他对玄武岩产生的猜测，并且用这种说明使这位刚刚结交的"亲爱的朋友"好奇："我列举的事实可能会向一位学者提供素材。"（Jbr.,73）主要是由他第一次进行的观察让他感到非常自豪：在最厚的玄武岩中间，人们可以发现最纯洁的水。福斯特很感兴趣，他请求亚历山大再从矿物学的角度描述一下温克尔的玄武岩，这可以投给他主办的杂志《短小精悍的论文集》（*Kleine Schriften*）。（Jbr.,80）

然而，要是能依据他的观察做一本完整的书，那岂不是更好！亚历山大·冯·洪堡想起了尤阿希姆·海因里希·卡姆普这位他儿时的老师，他这时正成功地领导不伦瑞克①出版社。1790年1月26日，亚历山大·冯·洪堡给卡姆普写了一封信，他在信中向昔日的老师承认，现在自己"已经变得如此胆大，以至于想以一份小论文出场，出现在人们面前。……您会以为您的亚历山大不谦逊？他以这种不谦逊向您展示一切！可是亲爱的老师，请您听我说，我的病情还在延续。我不愿意自费出版那个（不应该署我自己名字的）小

---

① 不伦瑞克（Braunschweig），现为德国下萨克森州的一个地方，又译"布伦瑞克"。——译者注

篇幅论文。所以，我可以问您一下吗，您是否愿意在出版社中把这 [102] 篇论文纳入中学书店呢？"(Jbr.,84) 卡姆普同意了，这篇文章印了300份。这对"我们喜欢玄武岩的祖国"(Jbr.,85)应该够了。亚历山大·冯·洪堡匿名出版了《对莱茵河畔一些玄武岩的观察：带有新老作家对玄武岩预先进行的和零散的评价，不伦瑞克中学书店，1790年》(*Mineralogische Beobachtungen über einige Basalte am Rhein. Mit vorangeschickten, zerstreuten Bemerkungen über den Basalt der ältern und neuern Schriftsteller, Braunschweig in der Schulbuchhandlung 1790*)，他在前言下面只写了缩写H-t，因为当时的规定不允许他这位年轻的普鲁士人在国界之外的地方上大学。

这篇文章补充的副标题暗示，本文并非涉及纯粹矿物学的研究。年纪稍长的作家们也纷纷表态。亚历山大·冯·洪堡通过文章展示了，他在海纳那里通过语文学和文本批评能力学习并掌握了什么。他仔细玩味着词汇历史并且仔细推敲斟酌，看看希罗多德、[1]泰奥弗拉斯托斯、[2]普里纽斯[3]和斯特拉伯[4]说起"玄武岩"时他们都在指什么。他们会说basaltes, basanites, szenites, lapis aethiopicus, lapis lydicus 或者lapis heraclius等等。亚历山大·冯·洪堡断言，希腊和罗马的自然科学家不能运用清晰的、系统的归类整理的概念性，并在其矿物学的命名中左右摇摆，而这又导致了无数误解。

---

[1] 希罗多德（Herodot，公元前490—前425或前420），古希腊最古老的历史学家，被誉为"历史之父"。——译者注

[2] 泰奥弗拉斯托斯（Theophrast，公元前371—前287），希腊哲学家和自然科学家，是亚里士多德最重要的学生。——译者注

[3] 普里纽斯（Plinius，23或24—79），拉丁语作家，在37卷自然历史著作中首次用百科全书的编写手法描绘自然丰富多样但有序的各种现象。——译者注

[4] 斯特拉伯（Strabo，约公元前63—26），希腊的地理学家和历史学家。其著作是我们关于古希腊罗马知识的主要来源。——译者注

亚历山大·冯·洪堡在发表《对莱茵河畔一些玄武岩的观察》之前练就了对语言错误的批评的本领，对语言错误的语文学批评为他在文章的主要部分展开陈述做好了文字表述的准备；也培养了他对"近现代作家"可能的错误和错误的声称的敏锐观察力，这些近现代作家就玄武岩的起源问题争论不休。玄武岩到底产生于烧尽的岩溶流还是产生于淤积的泥土？亚历山大·冯·洪堡并不要求提供一个真正的理论，以便结束这场火山形成论派和海水形成派之间的争论。他一直是批评者。因为他知道，他知道得太少，还不能为这个争执找到一个普遍被承认的解答。他认为，特别重要的是，揭示火山形成论爱好者和海水形成论爱好者犯的错。他要秉承老师里希滕贝格的精神去断定谬误，而不是宣称真理。然而，他只能通过确定他亲眼看到的事实才能成功地做到。"我在这篇论文中绝对不是要提出新的假定，我只是列举一个个的事实。只描写我所看到的内容或者更确切地说，只描写我认为自己看到的东西。"① 这句话听起来很谦虚。但这句话产生了广泛深远的影响。这不仅使他观察自然现象的眼光更加敏锐，而且还提出直观地描绘观察的挑战，亚历山大·冯·洪堡主要在温克尔采石场进行了观察。他还拥有很大的批评力量，可以针对任何科学的和哲学的权威，如果权威要求拥有真理，而又不了解事实。

亚历山大·冯·洪堡在莱茵河畔进行的自然历史之旅使他明白了：对自然力量的可视作用的仔细观察，不应该受具有理论和哲学特点的信念的鼓动，而唯一要通过能够亲眼观察世界的兴致，

---

① 亚历山大·冯·洪堡：《对莱茵河一些玄武岩的矿物学观察》，参见弗里茨·克拉夫特：《亚历山大·冯·洪堡的〈对莱茵河一些玄武岩的矿物学观察〉与围绕玄武岩构成史的海洋形成论和火山形成论的论战》，载《弗莱贝格的起源发展研究》，柏林，1994年，第V页。

而且，在观察过程中，顾及尽可能多的现象。如此看来，亚历山大·冯·洪堡的《对莱茵河畔一些玄武岩的观察》不仅是其首次大规模考察旅行的结果，而且同时也是一个早期纲领性的文章，在文中，20岁的亚历山大·冯·洪堡勾勒出了整个后半生前景的草图。

第五章
奇怪的事实的目击证人

洪堡兄弟如何经历法国大革命并寻求摆脱危机的出路?

[104] 亚历山大·冯·洪堡沿着莱茵河进行第一次大规模的、为期5个星期的旅行,一直到普法尔茨(Pfalz);与此同时,威廉·冯·洪堡也在旅行的路上。这次他又比弟弟先行一步。这不仅涉及持续5个月的旅行时间。旅行的目的地也更远,威廉枳累经验的内容也更丰富。因为他利用机会,能够"成为如此奇怪的事实的目击证人",(Jbr.81)那些就在莱茵河彼岸发生的奇怪的事件。他与第一任家庭教师卡姆普一起,从最近的距离观察人类历史上革命的时代转折,这个转折1789年在巴黎开始,在未来也一直被关注。

卡姆普70年代初在特格尔为洪堡兄弟授课,他从未忘记他们兄弟二人。80年代末,他尤其与威廉·冯·洪堡的接触更加频繁。他们接触的直接起因就是1788年7月9日颁布的沃伊尔纳起草的宗教法令。威廉·冯·洪堡在寻找支持者,来一起反对限制宗教事务上的思想自由,他继而求助于在不伦瑞克的卡姆普,他知道,卡姆普会站在自己的一边。卡姆普是著名的教育家和作家。他不仅作为通俗儿童文学作家和青年文学作家,而且还作为成功的出版人和以实际

[105] 为导向的教育改革家,试图为启蒙广泛的民众做贡献,而只有"当

一种在任何方面都自由的、不受阻碍的和没有危险的研究与阐明真理"①得到保障时，这种启蒙才能取得成功。

威廉·冯·洪堡完全接受卡姆普的这番话，并且于1788年8月11日请求卡姆普进行公开表态。"此刻，在哪儿能比在不伦瑞克更好地期待这样的声明呢？柏林人必须忍耐，必须沉默，尽管有些柏林人本来是有能力发表声明的。然而，亲爱的枢密顾问先生，您也觉得这件事不够重要，不足以去过问它吗？"②卡姆普答应了，并且发表了极其有批判性的对普鲁士宗教界状况的坦率的观察思考（*Freimütige Betrachtungen über den Zustand des Religionswesens in Preußen*）。这些是卡姆普政论文章的序曲，第二年，这些政论文章通过在法国的革命事件而获得广泛的传播。

当来自巴黎的最初消息到达不伦瑞克时——所有非贵族出身的第三等级组成国民大会，反对封建的、等级的秩序，而且该国民大会有威胁性的解散导致了民众公的暴动——卡姆普就想身临其境。他想到巴黎去，以便成为这个过程的见证人。在这个过程中，他所希望的一切都会实现，自从他作为青年教育者选择"自由"作为教育学口号以来。卡姆普一直喜欢旅行，而且多卷本的《给青年人的游记》（*Reisebeschreibungen für die Jugend*）属于他最成功的写书计划。可是现在，他的旅行兴趣与政治希望联系在一起：能够一同经历让人无法忍受的政治体制的覆灭。他充满热情地为自己鼓劲。"假如你有幸目睹人类对封建专制激动人心的胜利并且庆祝这种胜利，那么，

---

① 尤阿希姆·海因里希·卡姆普：《在法国大革命期间写的来自巴黎的书信》（*Briefe aus Paris, während der Französischen Revolution geschrieben*），赫尔穆特·科尼希（Helmut König）主编，柏林，1961年，第25页。

② 威廉·冯·洪堡致信约翰·海因里希·卡姆普，同上，第32、33页。

情况会怎样呢？出发！——至少对于你而言，在这个地球上再也没有什么地方可以看到某种有趣的事和升华灵魂的事。想到就干！"①最好带上一个同样好奇的陪伴者，卡姆普知道，他身边这个人应该是一位热爱自由的人。

[106] 这样一来，卡姆普就于1789年7月邀请比他小20岁的朋友威廉·冯·洪堡和他一起去巴黎。威廉·冯·洪堡觉得这个邀请非常出乎意料。但他还是答应了，不仅因为他自己也是一个人类自由权利的绝对捍卫者，还因为他越来越清楚地认识到，他作为一个可以发展、比较和整理思想的哲学家，同时还必须能够观察思想。巴黎应该向他提供两点：政治、社会和精神自由的思想以及能够实现这种自由的具体行动。

威廉·冯·洪堡在《1789年前往巴黎和瑞士的旅行日记》(*Tagebuch der Reise nach Paris und der Schweiz* 1789)中记录了他的经历和思想，这些记录经常是有感而发，但也仅仅是不完整的记录。卡姆普的《从不伦瑞克到巴黎旅行日记》(*Beschreibungen der Reise von Braunschweig nach Paris*)及其《来自巴黎的书信》就更详细，而且通篇贯穿自由的、启蒙的热情。《来自巴黎的书信》提供了关于1789年夏天巴黎社会处境和政治活动的直观画面。在此值得注意的是卡姆普和威廉·冯·洪堡这两个旅行者不同的感受。

对于卡姆普而言，不存在任何疑问。在他看来，他在巴黎经历的是其人生最珍贵的日子。这次的革命事件使他感到欢欣鼓舞，而且很高兴能够参与"封建专制的葬礼"。② 卡姆普这位民众的启蒙者

---

① 威廉·冯·洪堡致信尤阿希姆·海因里希·卡姆普：《在法国大革命期间写的来自巴黎的书信》，赫尔穆特·科尼希主编，柏林，1961年，第63页。
② 同上，第115页。

陶醉痴迷于"奇迹般的高贵化",法兰西民族通过其自我解放完成了这种高贵化。没有了封建专制的枷锁,法兰西民族"乘着自由的、理性的羽翼"升华,"达到完美和道德精神值得钦佩的高度"。①"启蒙思想的光芒"②比其他事物都更多地给人类带来福祉的提升,做出了贡献。

威廉·冯·洪堡的报道更有反思特征。他仔细地观察,并且更具有批判意识地评价。虽然1789年的思想也吸引他。自由、平等、博爱!对于快乐合群地生活的人们来说,还有什么比这更好的吗?几乎没有。8月7日,他致信在美因茨的热爱自由的朋友福斯特,与此同时,封建体制被颁布宪法的国民大会通过法令废除了:"现在使所有法国人充满生机活力的精神、市民岗哨、居民快乐而自豪的表情、民众中哪怕最卑微者的讲述,这一切都给我带来极大的快乐。其他民族什么时候才会开始一次,跟随这样的楷模。"③三天之后他就在日记中记录,"多么奇怪",就连最贫穷和接受教育最少的人都在谈论所有人的自由和平等。"如此看来,革命已经提升并且启蒙了人们:他们接下来要做的是什么呢?"(G.S.XIV,124)

然而,作为这些如此奇怪的事件细心的目击证人,威廉·冯·洪堡进行的观察与他赞扬地承认法国大革命思想的那些评价相矛盾,而且他强调启蒙运动自由的推动力。威廉·冯·洪堡的目光想要不掺杂

[107]

---

① 威廉·冯·洪堡致信尤阿希姆·海因里希·卡姆普:《在法国大革命期间写的来自巴黎的书信》,赫尔穆特·科尼希主编,柏林,1961年,第137页。
② 同上,第207页。
③ 威廉·冯·洪堡致信格奥尔格·福斯特,载《致信福斯特》(Briefe an Forster),《格奥尔格·福斯特作品集》,第十八卷,柏林,1982年,第341页。参见克莱门斯·门策(Clemens Menze):《威廉·冯·洪堡与法国大革命》(Wilhelm von Humboldt und die Französische Revolution),载《自由德国主教教堂议事会年鉴》(Jahrbuch des Freien Deutschen Hochstifts),1989年,第158—193页。

任何不切实际的幻想，他所目睹的许多事情让他高兴不起来。他看到了暴力行为，这种暴力没有受到任何"高贵的动机"驱使，而是完全被毫无节制的权力追求驱动着。他感受**主宫医院、监狱和孤儿院**中难以描述的人类的痛苦，在那些地方，他根本找不到自由、平等和博爱。普通法律的颁布和贯彻的肆无忌惮使他害怕，人们根本不注重应用的具体情况，所以，就连旨在废除封建体制的国民的决议"都根本没产生带来裨益的后果，而仅仅产生了带来害处的后果，因为通过它们，空想的平等思想得到了滋生"。（G.S.XIV,221）

[108]　巴黎发生的事件使威廉·冯·洪堡意识到，精神思想与其政治历史戏剧中感性的体验会形成裂痕。他不愿意像卡姆普那样因为狂热而忽视这道裂痕。威廉·冯·洪堡想清楚地观察，他在观察过程中也明白，他在巴黎积累的经验和思想不仅仅涉及思想和现实之间的政治和哲学的矛盾。这还涉及他自己。他感受并反思到，自己成了破碎的或者分裂的人，他认为，自己还没有成功地使感性体验与精神的思想和谐地联系起来。在这个问题上，我们要追寻他的旅行。（G.S.XIV,76-236）

一个具有思想的哲学家。1789年7月18日，威廉·冯·洪堡与卡姆普在霍尔茨明顿①汇合，卡姆普还带上第二个年轻的同行者。他们乘坐快速邮递马车穿越威斯特法伦，这次旅行虽然他们享受了舒适惬意的风景，但是，在崎岖不平的、铺设糟糕的石子路上的颠簸摇晃也让他们感到疲惫不堪，以至于威廉·冯·洪堡后来在信中幽默地抱怨这次旅行为"对处以车磔之刑的预先演练"。②但比这更糟

---

① 霍尔茨明顿（Holzminden），现为德国下萨克森州的一个地方。——译者注
② 转引自尤阿希姆·海因里希·卡姆普：《在法国大革命期间写的来自巴黎的书信》，赫尔穆特·柯尼希主编，柏林，1961年，第36页。

糕的似乎是，这次前往莱茵河（他们在杜伊斯堡①和克雷费尔德②之间乘渡船过莱茵河）的颠簸旅行是在相当沉默的氛围中进行的。威廉·冯·洪堡与卡姆普的那位年轻的熟人无话可说，"我经常觉得他很难接触"，(Br.I, 49) 他同他昔日的老师，这位平时很风趣、善良而温良的人，也没有谈论什么。威廉·冯·洪堡失望地断定，在他们之间根本就没有发生什么有趣的事。他们的思考方式截然不同。卡姆普总是想到事物直接的、实际的好处。威廉·冯·洪堡想在精神上、在思想王国中活动，然而，卡姆普并不具备任何适合这些思想的、善于思考的器官。

与卡姆普不同，对于威廉·冯·洪堡而言，只有当一件事与一种思想有内在联系的时候，它才会是有趣的。他毕生都用自传的方式强调他这种本质特征，一直到他写给女友夏洛特·狄德的最后几封信中都是如此。1833年3月8日，他致信夏洛特·狄德时谈及他的"思想"，"唯有思想是人内心中留存的，唯有思想值得人生去忙碌"。③ 威廉认为，所有局限于眼前利益和瞬间享受的事物面对这些思想都黯然失色：这些思想针对某种无限性，并且丰富在精神上有教养的人的心灵。就连舒适的行动，尽管行动值得赞美，都"使得人忙碌，他的人生建立在思想的基础上，其方式不过是他思考这些思想，而思想不再触及他"。④

四十多年后，威廉在信中表达了对思想的兴趣。而在威廉·冯·洪堡的早期旅行期间，这种对思想的兴趣就已经初露锋芒。我们

[109]

---

① 杜伊斯堡（Duisburg），现为德国北莱茵-威斯特法伦州的一个城市。——译者注
② 克雷费尔德（Krefeld），现为德国北莱茵-威斯特法伦州的一个地方。——译者注
③ 《威廉·冯·洪堡致信一位女友》，阿尔贝尔特·莱茨曼主编，莱比锡，1910年，第二卷，第274页。
④ 同上。

第五章
奇怪的事实的目击证人

可以从他描绘事物、情景和人的特征的方式与方法上看出这一点。他与卡姆普很少说话投机。与此相反，他在此次旅行路过亚琛时与他顺路拜访的国家司法人员克里斯蒂安·威廉·冯·多姆进行的谈话是极其有趣的。多姆的主要思想使威廉·冯·洪堡兴奋不已：只能宣告，安全是为了国家的目的，而且为了公民作为人的福祉，才给予他们无限的和不受干扰的自由。

离开亚琛后不久，这三位旅行者就听说了关于7月14日的巴黎事件的最初消息。暴动的公民攻占了巴士底狱，这座阴森恐怖的监狱，作为中世纪的堡垒有统治整个巴黎的威胁。很遗憾，这次事件他们没能够亲身经历！这时，他们想尽快地赶到巴黎，为了能够目睹和共同经历这次重大世界事件的第二次行动。

1789年8月3日，他们到达了巴黎，威廉·冯·洪堡将怀有好感地感受市民们的勇气，在他看来，这勇气似乎被"高贵的自由意识滋养"着。(G.S.XIV, 120) 然而，一天之后，他给亲爱的"美德联盟的盟友们"写信，特别给卡洛里娜·冯·鲍伊尔维茨写信，说他生活在"各种事件的旋涡中"，但"总是被两个在我看来冷漠的人包围着"。(Br.I,48f.) 他说，他感觉缺乏能够发展并探讨思想的人和处境。在动荡的、革命的巴黎情境中，威廉·冯·洪堡感觉被上千个新事物分散了注意力。他的思想仿佛被截断了，他的脑袋似乎没有了重大的思想。他说，他只能报道事件，8月17日，他给在佩姆佩尔福尔特庄园的弗里德里希·海因里希·雅各比写信说。但是，单纯地讲述是一件不尽如人意的、悲哀的事：

> 我对巴黎和法国感到相当厌倦。要不是政治的局势现在如此重要，要不是这种政治局势在民众中间的发酵和孕育这种局

势的精神到处都很明显,那么,我实际上就会感到很无聊。因为,我几乎完全没有熟人在此,举目无亲,我只能观察映入我眼帘的最初景象。我十天后回德国,先到美因茨,到我们的福斯特家里。在那里我和卡姆普分道扬镳。①

[110]

一切都按照计划进行。9月3日,威廉·冯·洪堡到了美因茨他的朋友福斯特的家里。他在福斯特家里待到9月20日,两个人几乎形影不离,后来他向福斯特表示感谢:这些日子,属于其迄今为止的人生中最幸福快乐的日子。这并非对友情蜻蜓点水式的赞美。威廉·冯·洪堡在美因茨不再是单纯的目击证人了,这让他感到如释重负。现在,他终于可以重新享受积极活跃的思想交流了。

他越高度评价格奥尔格·福斯特,就与福斯特的妻子越疏远。这个他爱恋过的女人对他的迷惑消失了。或许他已经厌倦了,这次在特蕾泽·福斯特的爱情游戏中又有第三个人在场。一年前在哥廷根,她爱上的是F.L.W.迈耶尔(Meyer)。现在,在美因茨,喜欢艺术的萨克森公使馆参赞路德维希·费尔迪南·胡伯(Ludwig Ferdinand Huber)攫住了她的心,后来成为她的第二任丈夫。这次又是福斯特忍受痛苦,看到自己被纠缠到三角关系中,为了不至于完全失去他的特蕾泽。在这种情感的迷惑中,威廉·冯·洪堡全身而退,不再惦记特蕾泽·福斯特。许多年以后,特蕾泽·胡伯给福斯特写信,因为她计划出版第一任丈夫的书信,格奥尔格·福斯特从罗马写来回信,坦率地告诉她:"因为我面对您只能说真心话":"1789年以来,

---

① 《威廉·冯·洪堡致信弗里德里希·海因里希·雅各比》(*Briefe von Wilhelm von Humboldt an Friedrich Heinrich Jacobi*),阿尔贝尔特·莱茨曼(Albert Leitzmann)主编,哈勒,1892年,第24页。

我不愿意再想到您。这并不意味着我生某个人的气。与所有人为善，和睦相处。——可情况也就是如此。"① 很明显，特蕾泽的爱情生活没有给威廉·冯·洪堡带来快乐，当他1789年9月拜访她的丈夫时。

[111] 相反，此刻使威廉·冯·洪堡更高兴的是，他得以与格奥尔格·福斯特一起发展的思想。尤其由于现实的争议状况向他们提供了批判性地进行哲学思考的契机。问题涉及启蒙运动的主要思想：为了不用他人的帮助来使用自己的理智，自由应该达到怎样的程度？对自由的尊重有多大，以便为自己要求平等的权利？关于这个问题，美因茨的福斯特同约翰·艾里希·比斯特陷入了争执中，后者是《柏林月刊》的主编和柏林启蒙思想家中举足轻重的人物。这次争论的起因就是比斯特论战性地攻击了选帝侯美因茨的王室法庭顾问本德尔（Bender），因为这位本德尔向一个信奉天主教的寡妇（她的信奉福音新教的丈夫去世了）推荐，不再按照路德教教义而是按照天主教教义来教育她的两个儿子。她自己负责的教育义务不再受婚姻契约的束缚，"按照宗教教义教育她的孩子，她只坚信宗教的唯一真实性"。② 比斯特本人是福音新教教徒，他认为，本德尔的这封推荐信是"竭力劝诱他人改变信仰的做法"的一个无耻卑鄙的例子。他在《柏林月刊》上发表了这封推荐信，为了使天主教的"请愿者"本德尔蒙羞。比斯特指责本德尔，阴险地误导一个软弱和忧郁的女人，把一种新的信仰强加给她的两个儿子。那么，这种指责是正确合理的

---

① 阿尔贝尔特·莱茨曼：《格奥尔格·福斯特和特蕾泽·福斯特与洪堡兄弟，证书与轮廓》（*Georg und Therese Forster und die Brüder Humboldt. Urkunden und Umrisse.*），波恩，1936年，第116页。

② 转引自格奥尔格·福斯特：《论竭力劝诱他人改变信仰的做法》（*Über Proselytenmacherei*），载《格奥尔格·福斯特作品集》，第八卷，柏林，1974年，第194—219页，阐释部分，第424页。

吗？劝说有其他宗教信仰的人相信自己的宗教，这种尝试原则上情况是怎样的？

对于比斯特而言，情况很清楚。他无论如何不能容忍天主教竭力劝诱他人改变信仰的做法。与此相反，福斯特鉴于此情况迫切产生另一种想法，而且是他和威廉·冯·洪堡深思熟虑的想法，并把该想法述之笔端。福斯特几乎每天都把他刚写完的内容读给威廉听，并且与他的客人进行强化的哲学讨论，他把讨论的结果作为一封公开信《论竭力劝诱他人改变信仰的做法》寄给了《柏林月刊》的主编，作为对他的反对。因为他也坚信激进的启蒙运动的思想：每个人都应该享有信仰问题上完全的"<u>信仰自由</u>"，[1]而且，每个人都可以自由选择他感觉得到最好承诺的宗教。而且福斯特和威廉认为，在本德尔写给寡妇的信中，没有任何会使本德尔"蒙羞"的卑鄙下流的内容。"他是一个天主教徒，他建议他的信仰同伴根据天主教教义教育她的孩子们，出于对他的宗教的义务，而且作为朋友。自何时这是按照其信仰行事的罪孽？"[2] 至少这不再是一种恶行了，自从启蒙运动把任何封建专制和宗教事务上的正统教义带到理性的法官席前面，并且批判性地展示这种情况以来：对假定的神学命题或者宗教信仰形式的证明只能是主观的。

[112]

一个有<u>粗俗情欲</u>的人。思想使威廉·冯·洪堡兴奋不已。与思想截然分开的是他的情欲方面的精力，通过这种精力可以产生本能欲望。威廉·冯·洪堡的朋友们，尤其是亨丽艾特·黑尔茨和卡洛琳娜·冯·达赫略敦周围的"美德联盟"的朋友们可能对此不满。

---

[1] 转引自格奥尔格·福斯特：《论竭力劝诱他人改变信仰的做法》，载《格奥尔格·福斯特作品集》，第八卷，柏林，1974年，第194—219页，阐释部分，第198页。

[2] 同上，第209页。

他自己却知道享受这一点。在前往巴黎的旅行中他也有很多机会。第一次机会出现在洪堡在杜伊斯堡和克雷费尔德之间横渡莱茵河的渡船上,然而,洪堡仅仅在想象中描绘出这种机会。因为他看到一个姑娘在工作,她虽然相当丑,却像一个男人一样强大。"令人费解的是,对于我而言,每当我看到底层女人强大的身体力量时,我就会觉得,这景象对我特别有吸引力。我几乎不可能把我的眼睛从她们身上移开,没有任何东西如此强烈地刺激我体内淫荡的欲望。"(G.S.XIV,79)威廉·冯·洪堡还是孩子时,当他的想象力开始对女性感兴趣时,他就发展了"对情欲、爱和女人友情"(G.S.XIV,80)的独特意识,在此过程中,主要是历史历险长篇小说中的女奴们迷住了他的想象。虽然他也记不得性的启蒙是如何在他体内产生的,在想象中,强度和力量与粗俗的性欲联系在一起。但他意识到,这种情欲还在控制他,并且给他的性格打上烙印。

[113] 几天之后,他们一行三人越过边境,前往属于奥匈帝国的荷兰。7月27日,他们到达了斯巴,①这是一个有四个富含矿物质的泉眼的小地方,这些泉眼为来客服务,治愈各种疾病。但是很遗憾,正如卡姆普忧心忡忡地抱怨的那样,这自然的恩赐伴随着伤风化的纵欲。"在这里,正如在所有其他有治愈作用的泉眼的地方一样,盛行赌博的不良风气,同时盛行着伤风败俗的放荡不羁,以至于我不免怀疑,是应该祝愿大自然恩赐的有疗效的泉眼这个礼物的地方好运,还是应该向此地致悼词。"②这种怀疑并没有折磨威廉·冯·洪堡,伤风败俗正好迎合了他的情欲。在其美德联盟的

---

① 斯巴(Spa),比利时列日省(Lüttich)的一个疗养地。——译者注
② 尤阿希姆·海因里希·卡姆普:《在法国大革命期间写的来自巴黎的书信》,赫尔穆特·科尼希主编,柏林,1961年,第99页。

文章中，他记载着他的花销："7月27日在斯巴给'一个妓女'一个金币。"①（G.S.XIV,235）在布鲁塞尔和巴黎，他也仔细地记录了为满足其强烈的情欲付出的价钱，他用两个关键词解释"肉体的欲望"（Fleischeslust）和"情欲"（Sinnenlust）。

所以，威廉·冯·洪堡这位追求精神的男人同时也是情欲的喜爱者。威廉·冯·洪堡自己都不知道，这二者是如何调和的。他告别了卡姆普和福斯特之后，独自一人去瑞士旅行。这次旅行向他解释了，在哲学上解决他面临的分裂问题。这次旅行结束时，他得出了个人的结论。

作为"美学的意识"高贵的传授者。威廉·冯·洪堡刚离开美因茨，就给9月20日与他分别的福斯特写信："分别！噢！亲爱的、尊贵的朋友，您知道这个词意味着什么？那是非常愉快的14天。"② 他此刻正在海德堡。宫殿、附近的山脉、蜿蜒流淌的内卡尔河，这种美的组合向他提供了赏心悦目的审美景象。然后，他又前往斯图加特，③在那里，又是形而上学的思想占据了主要地位。威廉·冯·洪堡拜访了哲学家雅各布·弗里德里希·阿贝尔，④他是席勒在卡尔中学的老师和朋友。他们的谈话涉及康德的道德哲学，这种道德哲学集中在一个睿智的主体之纯粹理性批判上，而人的激情和偏好仅仅能是一种"经验的心理学"的对象。然而，这两个领域彼此有什么关系呢？它们必须彼此严格地分开吗？还是它们之间存在着可以想象

[114]

---

① 金币（Krone），德国普用的金币，1871年至1924年分别等于10马克和20马克。——译者注
② 致信福斯特，第217号，威廉·冯·洪堡致信格奥尔格·福斯特，载《致信福斯特》，《格奥尔格·福斯特作品集》，第十八卷，柏林，1982年，第341页。
③ 斯图加特（Stuttgart），现为德国巴登-符腾堡州的首府。奔驰等大公司所在地，出版业发达。——译者注
④ 雅各布·弗里德里希·阿贝尔（Jakob Friedrich Abel,1751—1829），德国折中派哲学家，1790年起在图宾根任教授，是席勒在军事学校的老师。——译者注

的传授呢？

阿贝尔的哲学态度并不能让威廉·冯·洪堡满意。他过于远离我们的经验对象而展示各种不同的观点。可是，人们却不应该因为思想的抽象性而忽视或者鄙视所体会对象的经验主义的丰富多彩，人以各种不同的方面属于这些经验的对象！"除此之外，他似乎经常忘记，他在思想中分离的东西其实自身仅仅是一。这样他就分离了灵魂与肉体，分离了理智与心以及意志。"① 不容忽视的是，在这封1789年9月28日从图宾根②写给福斯特的信中，威廉·冯·洪堡也谈到了自己的问题。他自己想成为"一"，不想分裂成非情欲的精神和本性的好色。

一个月后，10月28日，他又给福斯特写了一封长信。他向福斯特详细报道了在苏黎世多次拜访约翰·卡斯帕尔·拉瓦特尔③的情况。拉瓦特尔曾经以牧师为业，假设过对永恒的前景，然后又作为相面术大师获得了特殊的知名度。为了促进人类知识和人类之爱，他写了《相面术残篇》(*Physiognomische Fragmente*)，并分四卷发表。根据他的观点，尤其对人脸部的分析可以判定人的道德特征与肉体特征之间的典型关系。

威廉·冯·洪堡想了解更多内容。雅各比的一封推荐信打开了他通向拉瓦特尔的通道，他在10月初多次拜访了拉瓦特尔。他的期待很高。他希望，在与拉瓦特尔的谈话中，获得大量新的、伟大的和丰富的思想。然而他了解到的内容很少，这使他非常失望，他向福斯特抱怨说："我简直都能数出来我在这足足14天中从他那里听到

---

① 致信福斯特，第220号，第354页。
② 图宾根（Tübingen），又译"蒂宾根"，是德国巴登-符腾堡州的一个大学城。——译者注
③ 约翰·卡斯帕尔·拉瓦特尔（Johann Kaspar Lavater, 1741—1801），瑞士长于哲学与神学的作家，其著作给予观相术重要启发。——译者注

的有趣的想法，我羞于把这14天同我在您或者在雅各比那儿度过的哪怕一天进行比较。"① 他想奉承讨好福斯特吗？没错，拉瓦特尔可能是个迂夫子，他把所有的信息都精细而井井有条地整理到罩子里；他是一个虚荣的人，总试图把自己放在中心；他是一个耽于幻想的人，热衷痴迷于毫无精神可言的内心情感，在此过程中，他却忽略了科学研究。但是，拉瓦特尔有时也向威廉·冯·洪堡提供有深度而且反应迅速的洞见，诸如，灵魂、性格特征与身体表达之间谜一样的关系。威廉·冯·洪堡并不隐瞒与拉瓦特尔就相面术进行的"最重要的谈话"，这些谈话暗示对一个使他不安的问题的解决：

> 这或许是一种狂热：把全部的情感世界仅仅看成一种显得非感性的方式，仅仅看成一种表达，一种我们必须揭开谜底的情感世界的代码；然而，思想却一直很有趣，假如人们正确地梦想，很好地怀有希望：越来越多地破解这种自然的语言之谜，方式是——因为自然的符号比习俗惯例的符号保证更多的快乐，眼神比语言保证更多的快乐——提高享受，使享受高贵而精细，消灭粗俗的情欲，因为情欲真正的特点是在情欲中仅仅发现情欲，要越来越多地培养审美意识，作为可死的眼神与不朽的原始思想之间真正的传授者。②

这说明，威廉·冯·洪堡与拉瓦特尔关于相面术的谈话不仅仅是令他失望的。因为这些谈话也使威廉·冯·洪堡形成一些思想，

---

① 致信福斯特，第227号，第362页。
② 同上，第227号，第363页。参见洪堡日记，载GS XIV,第158页。

这些思想一方面与他已经熟悉的和学到的内容相联系，另一方面也向他打开了新视角，尽管这种新视角最初仅仅显得是狂热、梦想和美好的希望。

[116] 因为威廉·冯·洪堡已经熟知了对非感性世界的形而上的想法。他在老师恩格尔的指导下研读过柏拉图的著作。关于拉瓦特尔的"原始思想"，他在日记中这样记载："我想，柏拉图的思维方式很接近这种原始思想。"（G.S.XIV, 158）非感性的世界似乎符合柏拉图哲学的思想宇宙。但是，我们必须注意它们之间的界限。柏拉图的思想只能通过纯粹精神的行为得以认知，这种精神的行为不允许通过任何情欲的干扰。谁要想用精神之眼观看这些思想，谁就肯定会离开世界昏暗的、令人迷惑的洞窟，从而达到思想那光芒万丈的阳光。威廉·冯·洪堡无法接受柏拉图对情欲的贬低。18世纪哲学在情欲方面被给予的现实的高度评价，禁止简单地重返柏拉图不朽的原始思想中。威廉·冯·洪堡与恩格尔和雅各比都在询问："感性世界与感性以外世界的协调一致是从哪儿来的？是在自然本质充满意图的设置中，还是在造物主充满意图的设置中？这也让我不满意。"（G.S.XIV, 157）

在这令人困惑的问题情境中，登门拜访拉瓦特尔向他提供了一些新的、有指望的关键词："表情""代码""破解代码""语言"和"符号"。起初，这仅仅是一种预想，并非一种哲学体系的清晰思想。只有在特定的瞬间内，这思想才变得明显，而不能通过理性阐明理由。

威廉·冯·洪堡谈论自己及其问题。可是，对这些问题的解决在特定的瞬间内更要求他的情感而不是他的理智，这种解决也就超越了他的个性。这种解决联系对审美的世界阐释的普遍倾向，这种审美的世界阐释在18世纪晚期越来越多地得到贯彻实施，为了在纯粹的经验主义和刚愎自用的理性主义之间提供调和。纯粹的经验主义认为,世界仅仅是感性的事实;而刚愎自用的理性主义试图根据理性思想引导一切。从历史角度来看,向美学转折是现实的,当威廉·冯·洪堡为自己发现第三条道路的时候。他首先在给美德联盟会员的信中,在寄给卡洛琳娜·冯·鲍伊尔维茨的信中描绘了这第三条道路。他指望他们理解,告诉他们他的哲学认知,作为个人的认明,正如他8月4日在巴黎写来的信中所说的那样:"我的心灵从每个高度美的景象提升到你们那里。所以,我乐意欣赏自然的魅力,欣赏漂亮的楼房、精美的绘画和雕塑的景象。感性世界与思想的著作又有什么区别呢?"(Br.I,49)

[117]

威廉·冯·洪堡与拉瓦特尔的谈话强化了他的这种洞见。一个基本的信念从反诘句中产生。相面术的研究以肉体表达和心理特征之间的相似性为出发点,相面术的研究是对普遍的世界理解的实例,威廉·冯·洪堡把"美学意识"进行调和的构想放置在普遍的世界理解的中心。这样一来,一方面,这个喜欢思想的人成功地把思想、精神或者非感性理解为"意识"(Sinn);但另一方面,这个充满"感性生活"(Sinnlichkeit)的人也没有失去享受,一种充满刺激的、肉体的本性能够向他提供的享受。

在第一部较大篇幅的著作中,威廉·冯·洪堡更详细地解释了,他在旅行日记和通信中记载的内容。这部著作1903年才由阿尔贝尔特·莱茨曼发表,他使用了《论宗教》(*Über Religion*)这个令人迷惑的书名。虽然他以简短的关于教会与国家、宗教与道德之间的关系(威廉·冯·洪堡认为,这种关系已经消解)的历史概述开始。在想挣脱神学束缚的启蒙运动与进步哲学的时期,立法者应该以自我教育的人们的自由为标准导向,而不是以对超脱凡尘的范畴或者普遍的神之权力的信仰为标准。威廉·冯·洪堡从自身阐明教育的理由，不用神和国家的引导，却总能够仅仅从外部发挥作用，然而，这种教育遵循什么人的理想呢？这就是人内心中"第三条路"（G.S.I,56）的理想，在这种理想中，他的在感性上享受的天性与其思想的创造力量和思想丰富性相互调和。

[118]　威廉·冯·洪堡不仅报道了在情欲与精神的思考力之间进行调和的第三方，而且还把自己当成主题。在他看来，哲学的解释仅仅用来自我净化。当他开始谈论"女人的爱和对待方式"（G.S.I,63）时，这一点就特别明显。威廉·冯·洪堡毫不掩饰，他很熟悉情欲的强烈，为了这种情欲，他还要求"快乐姑娘"①（Freudenmädchen）服侍过。虽然他没有开诚布公地说出这一点。但是，他为什么说本来应该参与1787年在《柏林月刊》中就妓女这个职业的称谓开始的"特别争论"呢？当时有人猛烈攻击"妓女、快乐姑娘"这种表达，例如，约翰·提莫陶伊斯·赫尔墨斯（Johann Timotheus Hermes）在指明其三卷本著作《为了高贵的家庭出身的女儿们》（*Für Töchter edler Herkunft*）的情况下建议用"娼妇"（Metze）、"情欲姑娘"（Lustmädchen）、"痛苦之女"（Tochter des Leides）或者"悲伤姑娘"（Jammermädchen）来替代"快乐姑娘"这种说法。②威廉·冯·洪堡根本就不赞同这种观点，他解释说，他今后也不会忽视与这些"高贵的女人"交往，他戏谑地有意与赫尔墨斯唱反调才称妓女为"高贵的女人"。③然而，他越擅长用美学方法把他的情欲精细化，粗俗的、动

---

①德语中，"快乐姑娘"即妓女。——译者注
②关于《柏林月刊》中围绕"妓女、快乐姑娘"进行的特别争论，参见五卷本《威廉·冯·洪堡作品》（*Wilhelm von Humboldts Werke*），第五卷评论与注释，第296页。
③关于威廉·冯·洪堡，尤其在1790—1791年冬天与"高贵女人"的交往，特别参见《威廉·冯·洪堡致信卡尔·古斯塔夫·冯·布林克曼》（*Wilhelm von Humboldts Briefe an Karl Gustav von Brinkmann*），阿尔贝尔特·莱茨曼主编，莱比锡，1939年，第12页、第15页。

物般的肉欲和情欲就越不能使他得到满足。

从单纯的情欲向情欲之美的过渡，终于使得心灵感觉单纯的情欲是没有品位的，并且准备了向道德精神之美的步骤。因此，我并不知道，也赋予粗俗的情欲以更有魅力的形态这种努力，是否应该不再赢得我们的谢意，作为我们的谴责。注意：这种思考是否应该给予围绕"快乐姑娘"这个表达进行的特别争论另外一种用法呢？（G.S.I,64）

威廉·冯·洪堡在前往巴黎的旅行期间以及在同福斯特、雅各比、阿贝尔和拉瓦特尔进行的对话中发展了他的思想，他给这些思想加上了许多问号。他的思想常常以问号出现。然而，他自己已经对此有把握了：对感性生活和感性生活以外的事物（无论它是精神、思想还是性格特征）的调和成为其人生的伟大任务，无论从生存意义上还是从哲学意义上看，这个伟大的任务都是值得去完成的。

威廉·冯·洪堡在苏黎世告别了拉瓦特尔之后，又进行了一次穿越瑞士的漫长而寂寞的漫游。在他看来，在这些条件恶劣的、蛮荒的山中的风景度过的日子是快乐的。当他站在低矮的峡谷处仰望最高的、还没有人攀登的山顶时，他从自己现在的人生处境出发想到了某种遥远的、未来的、伟大的、尚不确定的事情，他要在那里寻找幸福。在旅行回来的路上，12月初，他又到美因茨拜访福斯特。这是他们最后一次见面。然后，他终于踏上通往哥塔①的路，他和弟弟亚历山大约定在这里见面。他们已经半年多没有见面了。

---

① 哥塔（Gotha），又译"哥达"，现为德国图林根州的一个地方。——译者注

他们哥俩一起从哥塔前往埃尔富特,[①]于12月16日到达埃尔富特。就在当天晚上,他们在宫廷剧院经理冯·贝尔蒙特(von Belmont)家参加了舞会。卡洛琳娜·冯·达赫略敦也作为客人被邀请。此刻发生了特殊的**爱的冲动**,这不仅使亚历山大感到很迷惑,而且还使卡洛琳娜感到很惊讶。因为迄今为止,威廉和卡洛琳娜之间的关系仍然很独特地缠结着,他们是作为美德联盟的盟友相识的。虽然他们俩给对方写过狂热的信,也有少数几次小规模的爱的约会。但是两个人却变得没有把握了,不知道他们之间是否真爱。尤其威廉喜欢退隐到沉默中,当卡洛琳娜期待他明确答复时。怀疑摧毁了她被威廉爱的希望,卡尔·拉洛什被视为她未来的夫君。"我的头脑中有数百个想法产生,我不能坚持任何一个想法,我不想问,根据大量细微的情况让我思考,我的威廉爱谁?我的心告诉我,他爱的是福斯特夫人。"(Br.I.67)1789年12月16日,威廉在舞会上向卡洛琳娜承认了对她的爱,后来,卡洛琳娜很高兴而如释重负地给威廉写信说,所有的担忧、迷惑和失落的希望"现在都烟消云散了"。(Br.I.68)她毫不犹豫地和他订婚,带着爱他的自信情感。

[120]　　那么,威廉呢?他似乎要以这次完全出乎人意料之外的订婚,实现他在前往巴黎和瑞士的长途旅行中为他的人生勾勒的计划。他认为,他在卡洛琳娜身上找到了他在追求的东西:通过一个所爱的妻子在美学上将他粗俗的感性生活精细化,在这个所爱的妻子身上,感性之美与精神之美和谐地共同作用。这样,他无论如何都要向格奥尔格·福斯特描述这一点,他于1790年1月10日向福斯特表达了他的情感,尽管"他很不愿意与男人们谈论这种情感"。他在信中告

[①] 埃尔富特(Erfurt),德国图林根州首府。——译者注

诉福斯特,说他很早就为自己确立了理想,希望能够在他周围的人中间找到这些理想。其主要针对性格价值的审美意识让他寻觅美的心灵。"在这种情况下,我选择了丽娜。我在她身上找到如此多的内涵,如此多,以至于我还在怀疑,她身上的每一种美是否会在我身上找到某种相结合的东西。单单通过这一点我就可以希望,我毕生幸福。"①

虽然威廉·冯·洪堡很明确自己希望什么。可他同时也并不隐瞒这个怀疑:这种希望是否会实现。他毕竟还没有任何婚姻经验,而且他也知道,婚姻状况经常与恋爱中的人希望的不同。福斯特婚姻的暗示已经足够清楚了,在这桩婚姻中,特蕾泽并不能找到她曾经渴望的东西,因此她选择了第三者。威廉·冯·洪堡能一直避免他的朋友福斯特的这种婚姻体验吗?威廉·冯·洪堡这个刚刚订婚的人无法知道这一点,但是,他以特殊的承诺安慰自己,这个承诺也应该是对不幸的福斯特的建议。他有预见性地注意到,终生信守这个承诺:

> 假如我们双方有一个人再也不能在对方身上而是在第三者的身上找到他想全身心投入其中的东西,我们双方会有足够的愿望,看到彼此是幸福的,并且对这样美好的、伟大的、舒适的感情产生敬畏,而不是对爱的感情产生敬畏,无论这种感情被谁享受着,为了永远不因为最细微的不谨慎而亵渎对方的感受。②

威廉·冯·洪堡关于他的巴黎经历及其与卡洛琳娜的爱之联盟

---

① 致信福斯特,第247号,第381页。
② 同上,第247号,第382页。

[121] 的报道不仅使福斯特感到高兴，同时也使他痛苦地意识到自己不幸的婚姻状况。为了生计，福斯特不得不在一个政治上狭隘束缚、在精神上沉闷的氛围中从事繁重的图书馆馆员与翻译工作。与他妻子糟糕棘手的关系使他面临内心被撕碎的威胁。他毫无希望地看着未来。他时年35岁，感觉自己人生最好的一半似乎"徒劳无益地消逝过去了"。他向朋友雅各比抱怨说，他的头脑是空的，他再也没有什么独特的内容可以告诉世人。他必须从他的空虚和绝望中自拔！他要是能"去旅行就好了！因为到最后，一个人并不拥有多于通过瞳孔看到并且刺激大脑活动的东西！我们并没有与此不同地接受我们的世界及其本质。可怜的24个符号并不够；事物的现今与其直接的作用是完全不同的"。①

1790年初，福斯特的计划成熟了。他想到英国旅行。或许他能成功地得到英国政府一份荣誉报酬，供他参与库克的环球旅行，他在旅行日记中非常直观形象地描写了这次环球旅行，并且配上插图。他还计划写一部关于南太平洋植物的植物学著作，或许能在伦敦为这部著作找到出版商和赞助者。他或许能从英国顺道去一下法国，以便能够直接经历法国人民的革命行动。

福斯特申请了一次长达几个月的休假，美因茨选帝侯和大主教批准了他的申请。现在，他只需要一个旅行考察的陪同者，以预防独自一人的危险。他想到了威廉·冯·洪堡。但是，威廉·冯·洪堡订婚而且在哥廷根结束大学学业之后决定，在柏林开始在普鲁士国家事务中作为司法公务员的生涯，为了能够准备他的"家庭的幸福"。当福斯特的陪同这个机会自然而然地就留给了威廉的弟弟，他

[122]

---

① 福斯特1789年11月15日致信雅各比，转引自乌尔里希·恩岑斯贝格（Ulrich Enzensberg）：《格奥尔格·福斯特：处于碎片中的一生》，美因河畔法兰克福，1996年，第190、191页。

几个月前在自然历史的旅行期间拜访过福斯特，而且他还把自己对玄武岩的观察告诉了福斯特，他的这种观察也受到福斯特的启发。

在1789年至1790年冬季，亚历山大·冯·洪堡也陷入很深的危机中，在此危机中，他日复一日地自己都不理解自己。和凡·高伊温斯一起旅行回来之后，他在哥廷根感到被纠缠到"干扰和反感的一种组织中"。(Jbr.60)他想念他的哥哥。高强度的大学学习使他没有时间关心过问友谊。他也不爱惜自己，忍受着经常不断地学习的痛苦。几个月后，威廉以回顾的方式告诉他的丽娜："这个可怜的小伙子不开心。他对自己不满意，而这种情绪通过病态的忧郁加重，在哥廷根的生活以及太繁重的大学学习使他内心产生了病态的忧郁。他在给我的信中说，他已经丧失了一多半以往的乐观情绪。"(Br.I,116)这种失落感与威廉的订婚并非偶然地重叠在一起。亚历山大担心完全失去他的哥哥，他在其人生的最初20年中几乎与他的哥哥形影不离，从未分开过。1789年1月16日不仅是威廉人生中的重要日子，对于亚历山大而言，这一天也意味着一个时期的结束。他感到困惑，因此给他哥哥的未婚妻写了一封"愚蠢的信"，他在信中画了太阳、月亮、星星和一颗彗星，下面写上含混不清的话："这是最后的时代！"(Br.I,87)

1789年12月末，亚历山大·冯·洪堡从埃尔富特回到哥廷根后得了麻疹。他担心这种病会危及生命，但病很快就好了，"没有严重的后果，除了习惯性的视力弱以外。我今后三周不能看书，不能写字"。(Jbr.,81f.)他感到很虚弱，同时却要马不停蹄地工作。他身体刚刚有所好转，就在短时间内写出他对莱茵河畔玄武岩进行的矿物学的观察。在这种严峻的处境下，他收到了福斯特的建议：在前往英国和法国的旅行中陪同他。尽管这时身体还很虚弱，但他还是非常高兴地接

[123]

受了福斯特的建议。1790年2月,他迅速将写完的研究玄武岩的论文寄给不伦瑞克的卡姆普,他"以最真挚的友情和崇敬"把这篇论文献给福斯特。3月17日,他告诉出版商他的旅行计划:"我准备离开哥廷根,或许永远离开,这一点恰恰并不让我痛苦。明天我去美因茨拜访福斯特,为了跟他一起到伦敦旅行。我刚刚得到母亲的许可。我对这次旅行非常期待,希望能带给我许多快乐。……我非常开心,但是有些不知所措。"(Jbr.,88f.)一天之后,他前往美因茨,不久后,这次与福斯特进行的非常有教益的考察旅行就开始了。

1790年3月24日,这两位旅行者乘坐一艘大帆船离开美因茨,大帆船沿着莱茵河溯流而上,一直把他们带到杜塞尔多夫。①这提供了许多契机,去回忆亚历山大半年前与施苔凡·扬·凡·高伊温斯一起进行的旅行。这次航行又穿越山脉,在这些山脉中,他们试图读到地球历史变迁的痕迹。这些山脉是火或者水的产物吗?温克尔附近的大批玄武岩吸引了他们的注意力,并且吸引他们攀爬,越过斜着高耸的柱子。在科隆大教堂里,哥特式建筑风格的雄伟印象征服了他们。看到30多米高的唱诗班高台,亚历山大高兴痴迷得惊呆住了,他像石头一样纹丝不动。在佩姆佩尔福尔特,他们拜访了共同的朋友雅各比。他们还在亚琛的多姆家做短暂停留。

他们继续穿越有侯爵封号的主教领地列日,②在那儿,他们感受到了民众革命的愤慨。4月份,他们首先穿越奥地利统治下的荷兰,在那里,人们奋起反抗政治,并且屈服于"一种假神权政治的暴君统治"。(Jbr.,118)在布鲁塞尔,他们惊讶地听到街道上有人喊叫:**我们**

---

① 杜塞尔多夫(Düsseldorf),现为德国北莱茵-威斯特法伦州的首府。——译者注
② 列日(Lüttich),现为比利时的一个省。——译者注

不想要自由!①——我们不想要自由！然后，他们就到了荷兰联合共和国北部的鹿特丹、海牙、阿姆斯特丹和哈勒姆，②所到之处，"格奥尔格·福斯特"的鼎鼎大名就像一句咒语一样打开了所有房门。他们被邀请参加无数宴会，受到慷慨热情的款待。人们迫切地给予他们的礼遇几乎让他们觉得厌烦。

5月5日，他们乘坐一艘邮政汽艇横渡英吉利海峡，又乘坐一艘轮船越过海洋，这对于福斯特来说就像节日一样。5月份和6月份他们都在英国各地游走。福斯特情绪不佳，因为他的资金资助和出版愿望都没有实现。主要是伦敦皇家协会（Royal Society in London）很有影响力的约瑟夫·邦克斯（Joseph Banks）与他对立。他对年轻的亚历山大更加友好，他允许亚历山大在其内容丰富的、自然科学的小房间里研究学习，在这个小房间里有一个同时代最大的植物收藏室。亚历山大·冯·洪堡还为他同"邦恩提"（Bounty）号船长威廉·布莱③中尉进行的多次散步感到高兴，他很惊讶地听船长向他讲述自己"神奇的自救"（Jbr.97）的经历，这发生在舵手的助手弗莱彻尔·克里斯蒂安（Fletcher Christian）策动邦恩提号船上哗变之后。布莱还成功地回到6 000多公里以外的南太平洋上一个小现金储蓄所，并且找到了从斐济（Fidschi）群岛到帝汶岛（Timor）的路。④

---

① 乌尔里希·恩岑斯贝格：《格奥尔格·福斯特：处于碎片中的一生》，美因河畔法兰克福，1996年，第197页。

② 哈勒姆（Haarlem），荷兰一个地名，在阿姆斯特丹北部。——译者注

③ 威廉·布莱（Wiliam Bligh,1754—1817），英国海军上将，1789年穿过托雷斯海峡，到达巴达维亚（印尼首都雅加达的旧称）。——译者注

④ 参见卡洛琳娜·亚历山大（Caroline Alexander）：《邦恩提号船：在邦恩提号船上哗变的真实故事》（*Die Bounty. Die wahre Geschichte der Meuterei auf der Bounty*），柏林，2004年。亚历山大·冯·洪堡在1790年第二期的《植物学杂志》（*Magazin für Botanik*）上"简短地描述了""威廉·布莱（Wiliam Bligh）中尉的自救"，第186—188页。

[125] 6月29日，福斯特和亚历山大·冯·洪堡请人把他们从多佛尔①摆渡到法国的加来。②他们又从加来迅速赶往巴黎，在巴黎度过7月的第一个星期，准备度过法国的国庆日，纪念1789年7月14日攻占巴士底狱。各个阶层与各行各业的人们汇集在"战神广场"，③他们用手推车装运土，拿起铁锨，为了能够建造一个大的圆形剧场。法国大革命的自由思想使福斯特和亚历山大·冯·洪堡这两位旅行过客感到欢欣鼓舞。亚历山大·冯·洪堡目睹了，自由的思想不一定就一直是空洞的抽象概念。他一辈子都忘不了这幕情景。这位年轻的普鲁士贵族开始爱上了"机智的法国人"，他致信身在佩姆佩尔福尔特的雅各比时说："他们同样站在再熔宗教、执政形式和道德精神的重要的点上。"他把世界历史的事件与他自己的经历结合起来：

> 正如现在这段历史对于欧洲人类历史而言比任何时期的历史都更重要一样，我人生的这个短暂时期也越来越将成为最有教益的和最难忘的时期。巴黎人、巴黎人的国民大会、他们尚未完工的自由殿堂（我本人还为建造这座殿堂用手推车推过沙子），这一幕幕景象在我的脑海里浮现，就像一种梦幻浮现在我的心灵一样。亲爱的雅各比，请您想象一下，我们在盛大的节日前几天离开了巴黎。福斯特不愿再耽搁，他的休假马上到期了——我曾经向他的妻子保证过，永远不会和他分开，所以，我不得不和他一起回来。(Jbr.,118)

---

① 多佛尔（Dover），英国一个港口城市，与法国加来隔加来海峡相望。——译者注
② 加来（Calais），法国西北部一个港口城市，比邻加来海峡。——译者注
③ "战神广场"（Marsfeld），法语为champ de mars，是巴黎一个著名景点，位于巴黎第七区的带状大花园，介于西北方的埃菲尔铁塔和东南方向的巴黎军校之间。——译者注

7月6日，这两个人离开了法国首都，7月11日他们回到了美因茨。

这次穿越很多国家的旅行持续了3个多月，我们通过亚历山大·冯·洪堡的书信与福斯特的报道已经非常了解这次旅行的过程了。主要是福斯特的《莱茵河下游的景观》(*Ansichten vom Niederrhein*)提供了对这次历险第一阶段的直观形象的描述，而且他使用了这个词的双关语含义。因为他在这些景观中非常仔细准确地描述了他通过"瞳孔"看到的东西。他同时还提出了无数观察和思考，在这些观察和思考中，"大脑的活动"得到显示。观察和评论饶有趣味地交替进行，直接的感知和反思性的幻想富有鲜明对照地互相补充，相得益彰，在此过程中，他描述的范围从自然历史的事实到社会行为方式和政治行动再到美学现象与艺术作品。

我在此只想进一步勾勒这些作品中的一部作品，因为在我看来，这部著作似乎是亚历山大·冯·洪堡若干年后在席勒创办的杂志《时序女神》(*Horen*)中描绘的那种奇怪的、对古画内容与形式进行解释的想象画面的来源，他的描绘是为了象征生命力的思想。这部著作就是《罗德斯之神》(*Der rhodische Genius*)，这是一个神话故事，在这个故事中，性与死亡以独特的方式彼此联系。我会在下文中进一步详细讲述这部著作。在此我指明这个范例就足够了：这个范例成为亚历山大·冯·洪堡对性产生恐怖心理的基础。格奥尔格·福斯特详细地描绘了这个范例。

[126]

3月30日，亚历山大·冯·洪堡在杜塞尔多夫绘画馆待了3个小时，为了欣赏意大利大师出色而精美的绘画。然后，他们就进了鲁本斯画作展厅。想欣赏鲁本斯这位具有超凡想象力和表现力的弗拉芒族伟大画家。他们却只能带着恐惧心理把他们的目光投向鲁本斯的巨幅画作《最后的审判》(*Das Jüngste Gericht*)。他们情不自禁地感觉不快,被迫把眼睛从那"肉堆"移开,这些肉堆从天堂跌向地狱。遭到诅咒的人们淫荡地赤裸着身体,处于毫无规则的混乱迷惘中,他们交叉着,重叠着。他们的肢体朝各个方向交叉,在这两位参观者眼里,用可怕的庄严风格表现的肉质感很强的混乱场面显得"难以描绘的恶心"①:

> 不!促使这位艺术家对这种畸形怪物感兴趣的,不是任何一位缪斯女神。贯穿于绘画全部的是酒神的愤怒,画面上有类似葡萄的成群的人,他们作为恶心的蠕虫彼此缠绕,形成混乱成堆的肢体,而且——我恐惧地描写我看到的东西——表现一种人吃人的肉市,从这酒神的愤怒和类似葡萄的成群的人中,我们可以看出那种狂野的、巴库斯特点的冥界,它否认自然的所有纯朴,并且充满它的神,即将和谐的创造者俄耳甫斯撕碎的神。②

亚历山大·冯·洪堡在旅行期间就密切关注福斯特的《莱茵河下游的景观》的文稿,并且赞美文稿"写得很美"。他赞美福斯特的文稿用真诚的、文体优雅的语言写成。亚历山大·冯·洪堡确信,这篇文稿会"在世界引起轰动",(Jbr.,93)尽管其旅行伙伴的有些观点他也并不苟同。不管怎么说,这"不仅是一次非常惬意的,而且还是大有裨益的、充满教益的旅行"。(Jbr.,94)这是他6月20日在牛津致信身在奥德河畔法兰克福的威廉·加布里尔·魏盖纳尔时写的,他称魏盖纳尔

---

① 格奥尔格·福斯特:《关于荷兰的一些见解:关于1790年4、5、6月份的布拉邦特、弗兰德、荷兰、英国和法国》(Ansichten vom Niederrhein: von Brabant, Flandern, Holland, England und Frankreich im April, Mai und Junius 1790),载《格奥尔格·福斯特作品》,第九卷,柏林,1958年,第50页。
② 同上,第144页。

是他的"温暖的老朋友，我在青春岁月度过的最快乐的时光，要归功于你这位朋友"。(Jbr.,91)他还告诉其他朋友和熟人，福斯特这位著名的环球旅行者的名字给他带来无限的益处，福斯特在各个地方都会引起极大的兴趣，并且使他结识了许多重要的人物。

然而，关于这次旅行及其对亚历山大·冯·洪堡的意义还有另外一种见解。1801年8月4日，当他在南美的圣菲波哥大①逗留期间，他想梳理清楚《通往1769—1790年自然科学家与考察旅行者的道路》（*Weg zum Naturwissenschaftler und Forschungsreisenden*）。他给这份报道加上了一个自我理解的标题"关于我自己"，在这份报道中，他试图回答对其生存根本的基本问题：是什么促使他进行迈向新世界的旅行？他试图以这次旅行实现毕生的梦想。

他回忆起最初的植物学研究，回忆他与卡尔·路德维希·维尔戴诺一起进行的穿越柏林动物园的漫游，回忆他与施苔凡·扬·凡·高伊温斯进行的第一次较大规模的考察旅行。但是，他认为，对他到热带旅行的偏好影响最大的是他与福斯特的共同经历。事情发生在1790年的4月14日和15日。在值得纪念的这两天，亚历山大·冯·洪堡在敦刻尔克②和奥斯坦德③第一次看到大海。福斯特也被他很久没有看到的大海景象征服了。在远方的地平线上，点点白帆在闪烁，让他们的思绪在无限的远方徜徉。"看到无限广阔的、活动着的和连接陆地的海洋的景象"④提升了亚历山大·冯·洪堡的渴望。他看到的与其说是水域，毋宁说是那些将来他应该会去的地区。他们在荷兰海滩散

---

① 圣菲波哥大（Sante Fé de Bogotá），即"波哥大"，是南美哥伦比亚的首都。——译者注
② 敦刻尔克（Dünkirchen，法语为Dunkerque），法国西北部的港口城市，比邻比利时。——译者注
③ 奥斯坦德（Ostende，又写成Oostende），比利时的港口城市，在敦刻尔克北部。——译者注
④ 亚历山大·冯·洪堡：《我的人生》，慕尼黑，1982年第2版，第36页。

[128] 步，后来在英国海岸散步，这些散步让他的想象力勾画出遥远国度的画面。现在，他终于意识到了，他迄今为止一直受到的束缚。他描绘生存的甜美梦想，这种生存可以在无限的空间自由地发展，他以此与他边区家乡"贫瘠的沙地特点"①形成对比。他知道，把自己置入一个神奇的世界中，担心自己会高兴得发疯、变蠢。回到家乡，这在他看来就像一场有威胁的暴风雨，这场暴风雨乌云密布地在他的头上飘浮。"我常常哭泣，却不知道为什么要哭，可怜的福斯特痛苦地探寻原因，这昏暗忧郁地处于我的心灵中的到底是什么。带着这种情绪途经巴黎回到了美因茨。我又酝酿了到远方考察旅行的计划。"②

是什么使得他的旅行同伴哭泣，福斯特对此并不完全陌生。他自己了解这种对自由不受约束的渴望，这种愿望在政治上表现为革命的热情，在美学上表现为辽阔的海洋庄严的景象。（1793年他尝试在革命的法国实现这个愿望，却悲惨而痛苦地毁灭。1794年1月10日，福斯特在巴黎病榻上痛苦的死去。）对于亚历山大·冯·洪堡而言，这是一种追求，它逃脱习以为常的"市民生活方式"之"日常生活的、平凡的本性"，而目标却又不能被清晰而明确地确认。

任何人都没有比亚历山大的哥哥威廉更好地理解这一点，他在这个决定命运的年份选择了另一条路。自从4月1日，他在普鲁士国家事务中受聘，并且与卡洛琳娜·冯·达赫略敦准备建立家庭的幸福，这一点在威廉1790年4月5日写给福斯特的信中很明显，他当时并不知道，福斯特和他的弟弟亚历山大在什么地方（顺便说一句，他们正乘坐"南希号"渔船从海勒沃伊茨琉斯③前往英国）。

---

① 亚历山大·冯·洪堡：《我的人生》，慕尼黑，1982年第2版，第38页。
② 同上，第40页。
③ 海勒沃伊茨琉斯（Hellevoetsluis），荷兰南部南荷兰省的福尔讷-皮滕（Voorne-Putten）岛上的一个小镇，在胡雷岛和鹿特丹之间。——译者注

我生来就习惯于生活在狭窄的圈子里，而最简单的处境对我而言总是最令我快乐幸福的，只要我的精神和心脏不缺乏食粮，而且永远都不会出现这种情况，在我看来，丽娜的本质和她的爱是不缺乏食粮的保证。我越来越强烈地感觉到，我和这个可爱的姑娘将会多么幸福，而且，我由此赢得了多么多的宁静、知足和立场观点的坚定性，这一点我无法告诉您。优秀的亚历山大是您的陪同者，这使我非常高兴。他实际上在很大程度上赢得了快乐，我想，他的陪伴也会向您保证很多快乐。他是一个真正出类拔萃的人。他很有头脑和丰富的情感，除此之外，他还掌握丰富渊博的知识。我想，在哥廷根刚刚过去的这个冬天损害了他的健康和他的乐天性格。请您告诉我一句关于他的情况的话，如果您有机会，请您给他更多的自我满足。从某些方面而言，他的确有太少的自我满足，而这一点使他不开心。①

[129]

当福斯特考察旅行归来到达美因茨读到这封信时，他可能向在他家里又待了两个星期的亚历山大转达了哥哥威廉的意思和推荐。因为许多年以后，当亚历山大向其著作《到新大陆的赤道地区旅行》(*Reise in die Äquinoktial-Gegenden des Neuen Kontinents*)的读者说明其极大的旅行乐趣的诱因和动机时，提及了他哥哥的表达，并且正面使用了这种表达。尤其"有一个著名的男人陪伴的"考察旅行有助于吸引他到远方去，"这个男人有幸陪同库克船长进行第二次环球旅行"。在亚历山大这个20岁的小伙子看来，未来就像无边无际的海洋

---

① 威廉·冯·洪堡致信格奥尔格·福斯特，载《致信福斯特》，《格奥尔格·福斯特作品集》，第十八卷，柏林，1982年，第265号，第389、390页。

的地平线,这海洋地平线让他的想象力徜徉到不确定和不可把握的程度:"在我们看来,我们无法企及的享受似乎远比在居有定所的生活中的狭窄圈子里向我们提供的享受具有更大的吸引力。"[1]

亚历山大怎样才能做到像他哥哥希望的那样如此"自我满足"呢?威廉在订婚后想在其亲人的狭窄圈子里过上安静的、居有定所的安定而幸福的生活,亚历山大在1801年自白中的回顾,似乎就像是对威廉的善意担忧的一个回应:"我鄙视一切与市民状况关联的东西,家庭生活和更精美世界的任何安逸都令我作呕。我生活在一个思想的世界中,这个世界把我从现实世界中带走。"[2]

---

[1] 亚历山大·冯·洪堡:《到新大陆的赤道地区旅行》(Reise in die Äquinoktial-Gegenden des Neuen Kontinents)第一卷,奥特马尔·艾特(Ottmar Ette)主编,美因河畔法兰克福、莱比锡,1991年,第45页。
[2] 亚历山大·冯·洪堡:《我的人生》,慕尼黑,1982年第二版,第40页。

第六章
每个人都必须为整体发挥作用

为什么威廉把注意力放在自己身上，而亚历山大追踪生命的足迹？

思想发挥什么作用？思想与现实的关系如何？对于洪堡兄弟中的弟弟亚历山大而言，对这个问题的回答似乎是清楚明确的。思想使他的注意力"偏离"现实世界，思想吸引他进入一个浪漫的神奇世界，并且把他置入诗艺的氛围中，这诗艺的氛围危害了他的清晰和明确的判断力。日复一日，他自己都觉得无法理解自己。洪堡兄弟中的哥哥威廉也并非不知道这种威胁，甚至迫切产生了这种印象：就好像亚历山大不仅在谈论他自己，而且同时还在谈论威廉。他上大学时就谈到过这种危险："不再生活在现实的世界中，唯独生活在思想的世界中"，[1]他在谈论报道时还回忆了儿时的梦幻画面。他和哥哥同样抱怨，这种情况只能起危害作用，因为，这只能在我们的内心酝酿产生"所有情绪中最折磨人的情绪"。一种无法遏制的渴望"使我们忽略了眼前的快乐，却追求永远都不会成为我们的快乐的快乐"。[2]

[130]

这是洪堡兄弟1790年所面临的同样的危机。然而，他们解决问

---

[1] 转引自齐格弗里德·A. 凯勒（Siegfried A.Kaehler）：《威廉·冯·洪堡与国家》（*Wilhelm von Humboldt und der Staat*），哥廷根，1963年，第二版，第87页。

[2] 同上，第464页。

题的尝试却截然不同，至少在他们选择的客观对象方面是迥然有别的。亚历山大加强了对自然的研究，这些研究应该使他懂得无限丰富多样中的自然的真实。相反，威廉的梦想只针对一个人，在他看来，这个人是对人类本性的理想化。他一再向未婚妻卡洛琳娜·冯·达赫略敦表明，他把她的真实形象当成思想来认识和爱。他认识到，人能够或者必须是什么样的。对他而言，她代表着感性的人生快乐、女性之美、精神享受、无条件的爱以及具有很高程度的教养的个性之思想。

[131]

对于威廉这个恋爱中的人而言，恋人的形象就是所有人类存在的理想，是真实天性的一面忠诚的镜子。我们可以视之为过分夸张的思想或者狂热的幻想，这种幻想与真正的生活没有什么关系。但是，在此过程中，人们会忽视，威廉·冯·洪堡的观念性的概念超越了所有经验卜丰富多样的真实，并且针对完全性中的一种思想，而这种观念性的概念对实际的人生规划产生了直接的后果。因为，他就像一位艺术家一样塑造他的生活。他将把注意力集中于存在之内在的、不可消逝的本质，而不是在外部的和可消逝的真实中安排自己。正是对理想化的、受美学引导的意志让他偏爱那种"小圈子"，在他弟弟看来，这小圈子会是难以忍受的束缚，会违背他的本质；而他的本质将把他带到一个遥远的地方，在这个遥远的地方，自然展示其最大的力量和壮美。

值得注意的是，对于洪堡兄弟的两条道路来说，格奥尔格·福斯特都是谈话伙伴，他为洪堡兄弟选择小世界和大世界的方向给予了重要提示。对此的诱因首先是一封信，即洪堡兄弟的老师、哥廷根大学古代学与古老语言语文学教授克里斯蒂安·高特洛普·海纳1790年1月24日写给身在美因茨的女婿福斯特的一封信。海纳虽然是出于好意，但他完全没有考虑福斯特的人生理想。因为海纳向福斯特建议，最终满足于为美因茨选帝侯效劳的图书管理员的小世界，不再努力进入大世界和自然的整体中：

>我逐渐认识到，您会逐渐被那种人们喜欢牵涉其中的空想治愈：仿佛我们所有人都在大世界中、在自然整体中发挥作用；否则，我们就有理由不高兴或者对事情的整体都不满意，一旦我们有了一个微小的发挥作用的范围。我了解的不是别的，恰恰是对这种弱点的明显证明。人们应该在其中发挥作用的圈子并非我的作品，这个圈子被交付给了我。我不能做我以外的事，而是它们给予那条我自己的轨道。倘若我满以为只有一种过度的力量，那么，我就必须扩展到我的圈子；那么，我一旦对此产生了影响，那就是功绩了。①

格奥尔格·福斯特是否感觉这个建议是屈辱的，对此我们不得而知。他的岳父大人把他看成一个过高估计自己力量、追求梦幻人物的耽于幻想者吗？据说，福斯特向威廉·冯·洪堡转达了，他岳父大人让他满足于在小圈子内打拼的建议，就在他获悉威廉·冯·洪堡订婚的消息后不久。因为不久后的2月8日，威廉就给他回信，他在回信时使用海纳的话，并且赋予一个独特的用法。虽然他主要是赞同海纳的话，但是，他把海纳的话翻译成了自己的人生画像。海纳的说法"完全是我的说法，现在我只是换一种表达方式

[132]

---

① 克里斯蒂安·高特洛普·海纳1790年1月24日致信他的女婿格奥尔格·福斯特。转引自：《奥尔格·福斯特和特蕾泽·福斯特与洪堡兄弟》(Georg und Therese Forster und die Brüder Humboldt)，阿贝尔特·莱茨曼主编，波恩，1936年，第69、70页。

而已。每个人都应该为大业和完整性而发挥作用，只不过根据我的感觉，被称为大业和完整性的有如此多的欺骗性，对人类的性格特征起作用，而每个人都在对此起作用，只要他为自己，而且唯独为自己发挥作用。柏林，1790年2月8日"。①

这是对众多价值的特别重估，威廉·冯·洪堡通过重估表达了他以前的教育理想。他歪曲了海纳对大业和完整性的警告，实现大业和完整性这两者的意愿使绝大多数人陷入不幸，因为他们过高估计自己的力量，这也使绝大多数人陷入对个体的捍卫中，这种个体努力通过自己的性格培养来提高自我。培养个性的特征，并且在个性自身中和通过个性享受世界，使自己变得伟大和完整；不要向外而是向内发挥作用；在自身中生活并且为自己生活，为了避免被外部条件决定，把作用范围变小，为了能够变得伟大而且成为伟大。这些都是年轻的威廉·冯·洪堡在结束了其学习时代和早期的漫游时代之后为自己勾勒出的人生艺术的美学箴言准则。

[133]

在与福斯特进行的思想交流中，威廉·冯·洪堡充分表达了他的人生准则：在一个小的作用范围内创立打造自我知足的人生，在这种人生中，自我培养发挥最重要的作用。只有这样人们才能为此做出一点儿贡献："基本上，世界中的所有行为和活动，甚至违背意愿地仅仅作为手段服务于此，为丰富或者纠正我们的思想服务。"② 威廉这些话仅仅是写给福斯特的，但他也指弟弟。因为是亚历山大无休止地闯荡世界，而在此过程中，福斯特起了引领作用。亚历山大毕生都将感激福斯特这一点。亚历山大说，通过福斯特，他才意识到这种力量：这种力量自从他最早的儿童时代就在他的心中产生，它

---

① 《致信福斯特》，第251号，载《格奥尔格·福斯特作品》，第十八卷，柏林，1982年，第386页。
② 同上，书信第317号，第454页。

又不能不受阻碍地表达自我。

　　1790年9月，亚历山大·冯·洪堡给魏盖纳尔写信："我的健康状况很差，如果说，我的健康通过与福斯特旅行能马上有所收获。……这是我内心中的活动：我经常以为，我有些丧失了我的理智。可这种活动如此必要，为了不停歇地追求良好的目标。"（Jbr.,106f.）亚历山大也想发挥作用。然而，他又不能通过自我和一种亲密的恋爱获得这种作用，他只能致力于发展和加强精神力量和身体力量。他不停歇地被驱赶到福斯特曾经找到幸福的地方，在福斯特被卷入不幸的家庭状况之前：自然力量的难以测量的场所，在这个场所的人们，也能够追求伟大和完整。

　　这说明了那些回忆，亚历山大·冯·洪堡用那些回忆多次怀念他的老师和朋友。在他1799年为西班牙当局写的第一份履历表中（为了获得奔赴西班牙海外殖民地进行科学考察的许可），他就提到第一次矿物学的和自然科学的考察旅行"在格奥尔格·福斯特的指导下，这位著名的自然科学家与船长库克进行了环球旅行。我掌握的微薄知识中的绝大部分都要归功于他"。[1] 亚历山大说，通过福斯特，他对海洋和探访遥远的热带国家的激情才被点燃、被唤醒，亚历山大·冯·洪堡1799年6月5日离开欧洲进行大规模考察旅行，而他关于这次考察旅行的主要目的的最后一则消息读起来就像是对福斯特的引用："我的眼睛始终要盯着各种力量的共同作用，盯着不活跃的创世对活跃的动植物世界的影响，盯着这种和谐。勤勉的人必须想要伟大和完整，他是否达到伟大和完整，这取决于无法战胜的命运。"（Jbr.682）

[134]

---

[1] 亚历山大·冯·洪堡：《我的人生》，慕尼黑，1989年，第二版，第25页。

1807年考察旅行归来后，亚历山大·冯·洪堡描绘了从巍峨的安第斯山第一次眺望一望无际的太平洋给他留下的深刻印象："南部太平洋的景象对于个人而言具有某种神圣庄严感：他的教育及其愿望的许多方向要归功于库克船长的旅行同伴福斯特。格奥尔格·福斯特很早就已经在普遍的轮廓方面了解我的考察旅行计划，当我在他的引领下第一次拜访英国时，我享受着这种优势。"① 在亚历山大·冯·洪堡人生的最后一年，他看完了海因里希·柯尼希（Heinrich König）的长篇小说《格奥尔格·福斯特在家中和在世界上的人生》（*Georg Forsters Leben in Haus und Welt*）。1858年7月28日，他给作者写信说："我度过了半个世纪，无论不平静的、动荡不安的人生把我带向何方，我都要告诉自己和其他人，要归功于我的良师益友格奥尔格·福斯特的是什么，那就是：普及自然观点，加强和发展我内心中早在那种幸运的亲密性之前很久就逐渐意识到的内容。"②

1790年，洪堡兄弟的性格塑造已经结束。在同一年，他们完全清楚地意识到了他们截然不同的性格特征。在此，他们的自我认知以一种奇怪的方式与兄弟的陌生认知纠缠在一起。亚历山大和威廉的关系就像互补的角色一样，他们认可并且高度评价对方，因为每个人都在对方身上认识到他自身所缺乏的内涵。即便他们或许并非彼此谈论这一点，却告诉了他们的朋友和伙伴这种观点。

亚历山大在致信魏盖纳尔时这样评价威廉："他是一个特殊的、独特的人物。他对你评价很高，这一点肯定让你高兴，因为对我而言，

---

① 亚历山大·冯·洪堡：《自然的景观》（*Ansichten der Natur*），美因河畔法兰克福，2004年，第467页。
② 转引自《亚历山大·冯·洪堡，一部科学的传记》（*Alexander von Humboldt, Eine wissenschaftliche Biographie*）第一卷，卡尔·布鲁恩（Karl Bruhn）主编，莱比锡，1872年，第104页。

他无比珍贵。"（Jbr.,93）亚历山大说，威廉很奇特，因为他如此完全地"转向自身"，试图依据其自立和自我联系模范地发挥作用。亚历山大说，在这方面，他很了解威廉，他无论如何也比许多柏林人更好地了解他，许多柏林人只能评价威廉的博学及其逻辑理性。　　［135］

在许多写给他的未婚妻丽娜的信中，威廉也以同样的话语高度评价他的弟弟，他说，尽管他们的性格特征截然相反："在我看来，他做一切事情生龙活虎的风格、他洋溢青春的热情都弥足珍贵。……我的丽娜，请你好好爱他。对你的威廉来说，他具有无限的价值。而你还不太了解他。"（Br.I,116）威廉说，希望丽娜好好了解亚历山大。然而，只有当她同时清楚哥俩的真正区别时，她才能做到这一点。一方面，为了阐释亚历山大的性格特征，威廉必须谈论自己；另一方面，只有面对亚历山大的个性时，他才能形成其自画像的轮廓。

在一封于1790年12月22、23和24日写给卡洛琳娜的犹如圣诞礼物的长信中，威廉勾勒出自己的人生规划，通过回顾其迄今为止的人生道路。他写到，过去，当他开始强化地学习和研究时，一直在想，必须为他人做些有益的事。所以，他除了其普遍的教育兴趣外，尤其把精力集中在法律学习上。因为在国家事务中可以更好地为他人发挥作用。所以，他选择了一种稳定可靠的人生轨迹，并且以奴隶般的勤奋和严格的秩序潜心学习。可是后来，他遇到了改变其人生态度的人，他结识了格奥尔格·福斯特和弗里德里希·海因里希·雅各比，1789年，他又结识了约翰·沃尔夫冈·冯·歌德和约翰·高特弗里德·赫尔德，这时变得"非常怀疑商业生活中有限的财富，我研究得越深入，我越在近处看见他人身上的伟大性格，哦！特别是，当你的形象永远使我忙碌不停时，我才在内心中蒙眬　［136］
地意识到，人的本质才真正有价值"。(Br,I,344)

第六章
每个人都必须为整体发挥作用

为了能够清晰地认识自己的人生理想，威廉把弟弟当成具有对立性格的人物。几天以来，威廉的弟弟始终萦绕在他的大脑中，挥之不去。亚历山大使他迷惑不解，因为他恰恰从威廉的生活中获取了力量和影响。威廉为他的丽娜构建了一个戏剧冲突，为了最终有利于解决这个冲突。

另一方面，他赞美弟弟的能力和偏好。在此过程中，他也开始回顾。在特格尔的孩提时代以及在柏林的青年时代，亚历山大只做他感兴趣的事。他不会受到任何实用性的顾忌左右。他只跟随内心对事物的偏爱，"一言以蔽之，他生活在比自己大十倍的自由中。我为这种景象感到高兴，我看到了他内心真正伟大的天赋——你在此明白我用的措辞——我当时就预感，他的活动范围会越来越大，并且，他会把全部精力用在填满他的活动范围上。"（Br.I,343）威廉的预感很准确。亚历山大以超强的力量把注意力集中在大自然上。他把强大的内心活动用在外向的研究，这种研究者的愿望是不受到任何界限的限制，既不受到专业的限制，也不受到国家的限制。

另一方面，在这种赞美的背后，也同时表达了对弟弟的批评。因为亚历山大所有外向的积极活动都没有使他的性格有所改变。他越多地尝试在自身之外向着伟大发展，他作为个体的人就越发变得小家子气。他受到"虚荣心"的引诱，试图通过他的知识赢得并迷惑人们，而且他喜欢嘲笑他人的弱点。他鄙视地嘲笑不符合其思想和意图的一切。"他确立了对大多数人的认识，他的荣誉却是真正非常冷漠的娱乐。我感到很痛心的是，一个具有亚历山大的感情和理智的人，会发现其中的快乐。我完全知道，他内心并无恶意，可却显露出了他的狭隘。内在尊严的情感很少展示出优点。"（Br.I,341f.）

威廉把亚历山大看成这样一个人，他既与自己有最近的亲缘关系，又似乎是完全陌生的。"我们之间从儿时起就这样，总是有非常鲜明的对立，但同时又有着非常密切的联系。"（Br.IV,385）他们哥俩彼此亲密，同时"又像两个对立的极端一样"（Br.II,260）彼此分离。威廉用严格的二分法来确定这种分离：沉入内心，与对其他人产生影响；在思想中生活，与在现实中研究；在自己个性的特殊性中培养自己的个性，与观察自然界事物整体的内在联系；培养内在的尊严，与对外界认可的迫切愿望。威廉自己知道，这种两极分化的评论既不中立又完全不客观。他为自己和弟弟描绘的自画像与他自己的个性有关。这帮助他在具有挑战性的人生中确立自己的方向。

这一切都不仅发生在思想中。思想和理想化使得威廉·冯·洪堡和亚历山大·冯·洪堡意识到，他们想要干的是什么。这些理想是对幸福人生的规划构想，这些规划构想值得实现，不应该仅仅停留在梦幻中。现在让我们把注意力集中在此：在从1790年至1794年寻求自我的关键年份中，洪堡兄弟实际上都做了什么，在讲述时，我们想从哥哥威廉·冯·洪堡开始。

威廉·冯·洪堡：把全部力量最高地和最合乎比例地放在了培养成为一个完整人上。1790年圣诞节期间，他在致信丽娜时描绘的是对未来的构想。他充满渴望地期待着"幸福时光"的开始。然而，他信中的叹息，多次使用的"哎！"和"哦！"都不是表达不愉快，不幸福，而是一种升华，在个人生活中以及在公共的生活中。事关迈向婚姻这一步骤，婚姻应该用美学的方式完善威廉的粗俗情欲。同样也事关他脱离严格规定限制的国家公务工作，使自己能够作为自由的学者来工作。

威廉和卡洛琳娜已经订婚一年了。1789年12月16日，威廉从瑞士返回之后，他在埃尔富特的一个舞会上向她求婚给她带来惊喜。

[138]

第六章
每个人都必须为整体发挥作用

起初，这次突发的订婚一直没有公开。亚历山大担心，卡洛琳娜的老父亲即普鲁士王室法庭庭长卡尔·弗里德里希·冯·达赫略敦，以及威廉的母亲玛丽·伊丽莎白·冯·洪堡，还有她身边的生活顾问和财产管理人坤特，会顾虑重重地反对这次联姻。亚历山大嘲笑哥哥秘密的恋爱故事，他似乎找到了乐趣，尤其强调与此相联系的家庭困难。1790年1月14日，卡洛琳娜在信中表达了顾虑："或许他说的也并非完全没有道理。""在计划结婚这个问题上，你妈妈很可能真的对你抱有完全不同的期望，为了你未来的安居乐业，她可能有更有利的选择。我也不知道，谁能知道这个妈妈和坤特合在一起的大脑会如何打算呢。"（Br.I,65）就这样，最初只有美德联盟的成员获悉他们订婚的消息，他们很惬意地接受这个事实，尽管他们担心，他们的密切联系会松动。

更重要的是，双方父母做何反应。他们为了孩子安稳的未来着想，首先要求新郎有稳定的收入和社会地位高的职业。在老达赫略敦看来，威廉这个年轻的求婚者肯定是个靠不住的候选人，他没有头衔和地位，当卡洛琳娜向他讲述她的打算时，他虽然同意订婚，因为他简直无法拒绝被他宠爱的女儿任何事情。但是，他的举止态度相当独特地拘谨内向，他装作什么都没有发生一样。这时他女儿还如此频繁地讲到她的"新郎"，他的"未来的女婿"或者他是我的新郎，①为了唤醒他的记忆，提醒他，她已经订婚了，"他根本就不接受这个**就像一个重大的事件**的事实"（Br.I,87），卡洛琳娜推测，他可能担心失去她。

1790年末的情况还是这样，威廉终于把他的意图告诉了他的母

---

① 这是意大利语。用楷体表示，下同，不再注释。——编者注

亲和坤特。他感觉不是很容易。因为他1790年1月份回到柏林时,虽然母亲对他很友好,但她的情绪有些压抑,她所有的愿望都在于,看到她的儿子事业有成,享有尊严、地位。可她最后了解到,威廉把爱情看得这么重要,对于爱情,她自己没有什么感觉。对于威廉来说,很难找到一个有利的时机。"妈妈的额头上总是阴云密布。我虽然没有什么重大矛盾好害怕的,但无聊、泪水,上帝知道还有什么。终于,妈妈的脸放晴了,我此时就直截了当地说,我们没有彼此就如何不能生活。"(Br.I,89)

这种无条件的爱情认可没有给威廉的母亲留下什么印象。她感觉更重要的是这次联姻的经济状况。她解释说,她不能出任何钱,因为她不想动用她的财产,她对威廉的理解很满意,"我说,我也完全没有指望什么。"(Br.I,89)一种令人费解的、情感的冷漠似乎左右着他的母亲,她甚至都不想知道,她儿子的未婚妻长什么样子。

最终,威廉还得把订婚这件事告诉坤特。坤特毫无兴奋表情地获悉这个消息。他也觉得他昔日的学生跟他讲的爱情有些陌生。"他以相当的冷漠祝福我,然后说起这样那样的困难。你可以想象,我当时多想先前没有告诉他。然而他可能就这样表达,因为他是最后一个了解这件事的人。"(Br.I,91)

卡洛琳娜和威廉曾经担心,他们的婚姻得不到双方父母的许可。现在,却又向他们的婚姻幸福靠近了一小步。他们很巧妙地选择了放弃保密状态的时机。因为威廉得以通过这种确定,使母亲的顾虑失去效力:他刚刚申请在普鲁士国家公职领域的一个职位。1790年2月13日,他向普鲁士国王弗里德里希·威廉二世呈递了受聘于司法部门的申请。两天后,他就得到承诺:担任柏林市法院候补官员。他昔日的自然法课私人教师,自由的、接受启蒙思想的柏林高

[140]

等法院顾问恩斯特·费尔迪南德·克莱因主持了聘用这个职位的考试，3月8日，威廉·冯·洪堡以优异的成绩通过这次考试。从事司法工作的事业没有任何障碍了，刚开始，一切都按照计划进行。威廉·冯·洪堡以惊人的勤勉和广博的专业知识在柏林市法院工作了几个月。他参加了第二次司法考试，这次考试使他获得在对外事务部门效力的资格，6月份，他获得"公使馆参赞"的头衔，他立刻就把这个消息告诉了老达赫略敦，最后，他被提拔到上一级的柏林王室最高法院工作。

在威廉·冯·洪堡走马上任之前，他拜访了未婚妻，在她那儿从8月1日待到9月14日。他们在宁静的城堡中共同度过6个星期，之后的离别让他们俩都觉得难舍难分。第二天，丽娜就给她的比尔（Bill）①写信说："你怎么能离我而去呢？你怎么能与你自己的生命分离呢？比尔，你还活着吗？抑或你的心已经沉入我生命死亡的僵硬中？"（Br.I, 206）

虽然分别使这两个订婚的恋人感到痛苦。但是，威廉找到了摆脱寂寞的方法。他极其勤勉地把注意力集中在司法工作上，并且主要处理诸如凶杀、纵火和谋害儿童的刑事案件。他觉得这些案例都很有趣，尽管这项工作从根本上没有给他带来任何快乐。因为他感觉，自己被纠缠进诸多问题中，他应该机械地、按照普遍适用的规则来澄清，尽管在他看来，这些事件与各自特殊的社会生活状况和心理特征密切相关。威廉·冯·洪堡参与的那些判决从司法角度来看可能是正确的。这位有哲学素养并且研究过人的性格特征的司法人员还是不禁要问，这些判决鉴于人的个性——这些个性确保了"各不相同的

[141]

---

① 这是她对威廉的昵称。——译者注

观点"（Br.I,223）——就是正确的和恰当的吗？他有时头脑真是眩晕的，他没有把握，他是应该惩罚还是应该奖赏。虽然他感觉，严格判决并不难，假如犯人是在自身的自由和独自负责的情况下犯罪，并且甘愿忍受惩罚，作为其犯罪行为的后果。可是，有些犯人在性格上并非是完全堕落的人，他们有时只不过不能采取别的行动，因为他们生活在无法忍受的或者不幸的状况中，或者没有鲜明的意志自由和行动自由。"于是，人们就以惩罚毁灭了任何更崇高的、更美好的情感，变成了冷酷无情。否则我会完全从不同的角度看待这起案件，假如我秉持原则，我本该更加严厉的。为了变得坚强，人们必须忍受痛苦，过去我这样想。现在我认为，人们必须感到快乐，为了成为善良的人。我变得更加温柔，更加人性了。"（Br.I,223）

尽管有这些顾虑，威廉·冯·洪堡作为司法人员工作，也遇到过政治上有高度爆炸性的案例，在办理这样的案件中他能够把受启蒙思想影响的意识成功地运用到判决方法中，比如在书商温格尔由于一本禁书在图书审查事务方面向教会监理会成员策伊尔纳提起的诉讼案中，在审理这个案子时，他和老师克莱因一起担任法庭记录员。①威廉对自己在柏林的生活处境也不是很满意。他善于享受人生。他忍受着与他的丽娜的分离之苦。但是他找到了新朋友，在社交场合中，他也能纵情享受粗俗的情欲，这种粗俗的情欲并没有突然消失。他在对丽娜的爱中期望找到完美的幸福，这种爱

---

① 温格尔（Unger）起诉策伊尔纳（Zöllner）的案子与1788年12月19日颁发的《普鲁士国家更新的图书审查决定》有密切联系。由书商约翰·弗里德里希·温格尔（Johann Friedrich Unger）宣告的、一本匿名的书针对引进计划中普遍的国家教义问答手册，并且由此间接地反对沃伊尔纳（Wöllner）大臣的宗教政策。教会监理会成员约翰·弗里德里希·策伊尔纳曾经作为图书审查官批准了这本书的印刷。他的"印刷许可"被沃伊尔纳撤销，他禁止这本书的经销。温格尔由于损失而要求补偿，他的案子就在柏林最高法院被审理。策伊尔纳被宣判无罪，因为他在发放印刷许可时举止得体，认真而且明智，保留了理性的权利。法庭通过驳回温格尔的诉讼，同时也反对了大臣沃伊尔纳及其严苛的宗教政策。

并没有排斥肉体的"肉欲",威廉·冯·洪堡承认,这种肉欲是他特殊的本能命运,并且他1816年还在其《自传残篇》(*Bruchstück einer Selbstbiographie*)中把"一种极大的和善举方面富有成效的力量"归结给这种肉欲。(G.S.XV,456)

[142]　　在90年代的柏林,这种力量得以相当自由地发展。不仅是国王与其众多情人提供了自由人生快乐的例子。在法国大革命期间,政治上的解放也至少在开始阶段影响了年轻人的快乐形式,他们喜欢"挣脱缰绳"。在爱的冒险中,威廉发现了他最亲近的同伴,即长他3岁的卡尔·古斯塔夫·冯·布林克曼男爵(Karl Gustav Freiherr von Brinkmann),他是个年轻的瑞典人,出生于东弗里斯家族,在哈勒完成大学学业,做好了准备,从事在国家对外事务中的外交官生涯。大学毕业后,自从1790年初以来,他生活在柏林。他渴望精神的自由,对自我思考的兴趣还与自由的生活方式相联系。

1790年夏天,在柏林的一次盛大社交场合中,威廉·冯·洪堡还结识了弗里德里希·冯·根茨,①他经常陪着布林克曼。起初威廉觉得,根茨并没有什么特别的意思。可是不久,他就被根茨卷入关于政治、道德和对个人的认识的激烈讨论中,在这些讨论中,他很敏锐。根茨开始钦佩威廉·冯·洪堡,这令威廉很高兴。不久,他们彼此非常亲密,在此过程中,共同的哲学爱好加深了他们的友谊。

根茨曾经在柯尼斯堡师从康德,并且为其清晰的理性运用感到兴奋。他还熟练掌握了这位世界智者的哲学伦理学,但他越来越觉得,这种哲学伦理学是成问题的。与两个柯尼斯堡女人令人困惑

---

① 弗里德里希·冯·根茨(Friedrich von Gentz,1764—1832)是德国政论家、时事评论员,1785年进入普鲁士国家公职,起初赞同法国大革命,后来变成革命思想的反对者。——译者注

的恋爱经历，最终使他自我认识到一个双重的人："遵守美德、智慧的，甚至严厉的，在观察的时刻——软弱、愚蠢、轻率地处于人生的迷醉中，我足够频繁地跳过非常熟悉的线，那条丰硕而精细的线，这条线把善和恶分开。"① 这在1786年讽刺性地针对康德严苛的道德哲学，康德恰恰在其《道德精神的形而上基础》中用草图的方式勾勒出这种道德哲学，涉及"纯粹的、好的意志"。② 相反，对于生活在不幸婚姻中的恋人而言，这是具有诱惑力的。

[143]

在柏林，根茨1786年被聘任为机要文书，不久，他又被聘任为战争顾问，他善于富有成效地把两个方面结合起来。在此过程中，具有同样观念的威廉·冯·洪堡最终成为最舒服的社交伙伴。根茨经常整天与威廉·冯·洪堡在一起。威廉·冯·洪堡这个奇怪的年轻人很吸引根茨，视威廉为他所遇见的"最伟大的和最强大的人"③之一。不仅威廉·冯·洪堡敏锐的诙谐和机智的深邃使他最高调地、津津乐道地痴迷于"这个特殊的凡人，他简直什么都会，而且，他就是他想要成为的一切！"他还惊讶地发现，在威廉·冯·洪堡所思所想的一切事

---

① 根茨致信伊丽莎白·格劳恩（Elisabeth Graun）（娘家姓费舍尔Fischer），参见《弗里德里希·冯·根茨的信札与写给弗里德里希·冯·根茨的信》(Briefe von und an Friedrich von Gentz)，弗里德里希·卡尔·维特辛（Friedrich Carl Wittichen）主编，第一卷，慕尼黑和柏林，1909年，第86页。关于根茨还请参见高洛·曼（Golo Mann）：《弗里德里希·冯·根茨，一个欧洲国务活动家的经历》(Friedrich von Gentz, Geschichte eines europäischen Staatsmannes)，美因河畔法兰克福，1947年第一版，1972年第二版。根茨起初同情法国大革命，后来变得越来越保守。1802年，他参与到奥地利的国家公务活动中，后来在维也纳大会上，他成为威廉·冯·洪堡的对手。

② 与《实践的人类学》(Praktische Anthropologie)相反，康德在《道德形而上的基础》中把情欲、兴致与缺乏兴致、感情用事与激情等情感还有人的性格特征完全从整体中排除。载：六卷本《康德著作》，W.魏塞德尔主编，第四卷，威斯巴登（Wiebaden），1956年，第12、13页，参见曼弗雷德·盖耶尔（Manfred Geier）：《康德的世界》(Kants Welt)，莱因贝克（Reinbek），2003年，第223—247页。

③ 根茨致信克里斯蒂安·卡尔沃（Christine Garve），载《弗里德里希·冯·根茨的信札与写给弗里德里希·冯·根茨的信》，弗里德里希·卡尔·维特辛主编，第一卷，慕尼黑和柏林，1909年，第197页。

第六章
每个人都必须为整体发挥作用

物中,"他内心中纯粹的力量"①在发挥作用。他尤其能在几个夜晚共同经历这种纯粹的力量。因为他们俩白天都很忙碌,所以他们大多晚上10点左右碰头,果断地决定,不睡觉了。

正如威廉·冯·洪堡向未婚妻丽娜报道的那样,他和根茨进行哲学的思考,在逻辑上争吵,或者赞美崇高的天空。"这是一个如此星罗棋布的美妙天空,在此有一个人在身边,根茨,他经常指着星辰让我看。"(Br.I,391)威廉·冯·洪堡对未婚妻隐瞒了他同时写给1790年秋离开柏林的布林克曼的内容:"我和根茨找到妓院老鸨舒维茨和妓女米勒女士。在前者那里我很遗憾,你没在场。"然后他戏谑地向布林克曼讲述,妓院老鸨开设了一家如此漂亮的妓院,并且准备了如此好的潘趣酒,以至于他再也感觉不到任何"使自己满足动物欲求"的需要,这两个"高贵的女人"通过与其周围的反差失去了她们的魅力,而且他们"宁愿做一切,也不愿意**愚蠢去爱地**想到高贵的目的,而为了这个目的,她们此刻正得意地来回转悠"。②几个月后,威廉·冯·洪堡又给布林克曼写信说,他和根茨根本没有忽视他们交往的那个部分——

[144]　　我是指那些高贵的女人。我们经常一起夜间出行,③我们非常频繁地拜访那个小姑娘,现在还看到她,她使根茨的理智降

---

①　根茨致信克里斯蒂安·卡尔沃,载《弗里德里希·冯·根茨的信札与写给弗里德里希·冯·根茨的信》,弗里德里希·卡尔·维特辛主编,第一卷,慕尼黑和柏林,1909年,第199、200页。在这一方面,对威廉·冯·洪堡作为一个人的性格描绘,也可以被解读成对一个具有"意志强大"和"纯粹力量"的人的性格描绘,就像对康德的批评一样,批评他对一个"纯粹良好意愿"的伦理抽象化。

②　威廉·冯·洪堡1790年11月9日致信布林克曼,载《威廉·冯·洪堡致信卡尔·古斯塔夫·冯·布林克曼》(Wilhelm von Humboldts Briefe an Karl Gustav von Brinkmann),阿尔贝尔特·莱茨曼主编,莱比锡,1939年,第12页。

③　即一起逛妓院。——译者注

低到肾虚,①疲惫不堪。有一阵子,有一些交际花,我和根茨度过了愚蠢的夜晚,我们经常在一张床上度过夜晚。现在,夜间逛窑子的活动受到小小的打击。根茨被其中的一位交际花染上了淋病;而在我身上,您过去经常对我说的预言应验了——生虱子。②

这就是威廉·冯·洪堡1790年圣诞节的夜晚给卡洛琳娜的一封长信中勾勒的自己与弟弟充满反差的双重画像显示的局面,他最后渴望婚姻生活的"幸福时光"。他向她承诺,他要好好做,他现在也似乎完全明白了,人在自我内心中变得有多善,他就可以做多少善事。

背离外在与这种向内的转变相联系。虽然他并非不愿意在国家公职领域工作,而且他富有成效地工作着,可是这项工作并不能给他带来真正的快乐,威廉·冯·洪堡在开始工作半年后就给卡洛琳娜写信说:"我并不以此追求外在的好处,我永远都不会变得雄心勃勃,在我的内心中,甚至工作的良好状况都不能使我高兴。"(Br. I,262)他想做点儿不同的事,通过这样做,他不仅在内心使自己变得更加强大,而且还会"更珍视丽娜,并且给予她更多的幸福"。1790年10月末,他的内心就出现这种想法,他想要在不受约束的思想自由中,完全为自己及其恋人生活。然后他就又想起了外在的局势和安全问题,在司法和涉外部门的工作能够提供的安全的环境。他来回摇摆着,犹豫着。他让卡洛琳娜告诉他,应该怎么办。"哦!

---

① 威廉在此戏谑嘲讽根茨抵不住姑娘的诱惑,以至于疲惫不堪。——译者注
② 威廉·冯·洪堡1790年11月9日致信布林克曼,载《威廉·冯·洪堡致信卡尔·古斯塔夫·冯·布林克曼》,第15、16页。关于根茨和布林克曼的友谊参见《弗里德里希·冯·根茨的信札与写给弗里德里希·冯·根茨的信》,弗里德里希·卡尔·维特辛主编,第二卷,慕尼黑和柏林,1910年。

第六章
每个人都必须为整体发挥作用

这样做吧，丽，这样做吧，我召唤你。一直命令你的比尔，上帝啊，因为，去做爱情想要做的事，总是很甜美的。"（Br.I,264）

[145] 卡洛琳娜帮了他的忙。或许并非完全没有私念，因为威廉在柏林的生活和工作对她而言是陌生的，她支持他的愿望，不把国家公务领域的工作变成他的生存依靠、安身立命之本，宁愿作为自由的学者与她共同生活。他们的往来通信表明，这个愿望如何变得越来越强，并且在最大的自由和亲密中，走向他们共同想要的人生规划。1790年圣诞节的夜晚，他做出了决定。

他还有些实际的困难要克服。该如何找到资助他们没有职业的私人生活的费用呢？他们在哪儿生活？为了这项计划的实施，他们还要赢得双方父母的支持。威廉的母亲表现得很平静，她只提出一些问题："你们会应付得了吗？必要的省吃俭用是否会让你们很烦？""但主要是，因为我还很年轻，她问我，我是否能天长日久地喜欢这种简朴的生活。"（Br.I,357）卡洛琳娜的父亲不久也放弃了他的顾虑，他本来更希望看到他女儿的未婚夫受聘于稳定的国家职位。

只有亚历山大·冯·洪堡觉得哥哥的决定是欠考虑的草率决定，这只能导致家庭的不和与气恼。卡洛琳娜试图向他解释威廉和她的动机与考虑，但都无济于事。亚历山大回了一封令卡洛琳娜很不愉快的、疯狂的信，这封信也让人担忧亚历山大丧失了理智。"我担心，他在用螺丝拧紧自己，不久就会精神失常。"（Br.I,372）亚历山大似乎不能明白，这两个相爱的人在一起规划着幸福的未来。因为，虽然亚历山大的性格也有好的方面，但是还缺乏她的比尔性格特征的优雅与精细，这种优雅与精细应该发自内心，并且使他们的爱情关系变得真挚。她目光尖锐而有预见性地指出亚历山大的同性恋倾向："此外，只有来自男人们的东西才会对亚历山大产生很大影

响,我想,时间会证实这一点。"(Br.,I,372)

1791年5月19日,威廉·冯·洪堡向国王呈递了离职申请,他用令人信服的家庭事务言简意赅地阐明离职的理由。他的离职申请得到了批准。与之相反,他仅仅在涉外事务部请假,以免封锁了未来他回归这个领域生涯的路。"当然,这扇门或许会属于那些不被使用的人。"①他在致信雅各比时说。几年之后,情况就发生了变化。

[146]

于是,威廉·冯·洪堡与未婚妻准备婚礼,他们确定了嘉宾名单。还邀请了弗里德里希·席勒和他的夏洛特,还有她的妹妹卡洛琳娜·冯·鲍伊尔维茨。他们都答应参加婚礼。亚历山大同样也想来,但是他只能待短暂的时间,正如威廉对他的新娘说的那样,他在告诉她这个消息的同时,请求她理解他弟弟的独特性:"我不愿意看到他几天之后就又走了,尽管我不能说,他在场会把我束缚在他身上。我想,他也永远都不会对一个人产生这种影响。但他是善良的、热情的、坦诚的,他掌握无限渊博的知识。"(Br.I,471)可是,既然他得不到威廉和卡洛琳娜期待的在相爱的统一体和农村乡野的宁静中极大的幸福,他所有的知识,他的满腹经纶对他又有何益处呢?亚历山大也许是善良的,有能力产生强烈的情感依赖。"他很难变得幸福快乐,他并不安分,他永远都不会安分,因为我永远都不相信,有某一种兴趣会占据他的心。"(Br.I,477)威廉在6月份向卡洛琳娜承认说,他们的命运会完全不同,此后不久,他在1791年6月29日晚上6点,在他岳父的房子里,终于结下了被推迟很久的婚姻联盟。

1791年8月16日在欧伊纳尔城堡,他给格奥尔格·福斯特写信说:

---

① 《威廉·冯·洪堡致信弗里德里希·海因里希·雅各比》,阿尔贝尔特·莱茨曼主编,哈勒,1892年,第35页。

[147] 我现在摆脱了所有的工作,我离开了柏林,结了婚,生活在乡下,生活在一种自我选择的、无限幸福的状况中。通过告诉您这一点,我就双倍地感觉到了这一点。我了解您温暖可亲的心、您真挚的关切。我也不希望您反对我现在采取的这一步,我已经从其他人那里获悉这种反对。……在尘世上,再也没有什么会比个体的最高力量和最多样化的教育更重要,因此,真正道德的第一个法则是:培养教育你自己,而只有道德的第二条法则,来对别人起作用,这些句子,这些格言对我而言太独特,以至于我永远都无法与之分离。①

威廉·冯·洪堡和卡洛琳娜·冯·洪堡在乡下生活了两年半,他们大多生活在奥雷本庄园和欧伊纳尔庄园,有时也生活在达赫略敦在埃尔富特的居室房里。对于年轻的丈夫而言,这是一段幸福的时光,在这段时光里,他仅仅沉潜于对妻子的爱中和他的研究中。1792年5月16日,他们的第一个女儿卡洛琳娜诞生,这也让他喜出望外。这是一个生命力旺盛、充满活力的尤物,长着一双大大的蓝眼睛,这水汪汪的眼睛令他着魔痴迷。

他远离所有与职务工作有关的事情。他想完全独立,为发展他的思想并且为了能够深思熟虑。他回到了昔日的研究中,重新研究形而上学,在研究过程中,他从头彻底研究了一遍康德的批判哲学著作。他在研读时尝试为自己实现那种生存状况,即伊曼努尔·康德1784年的著作《回答这个问题:什么是启蒙?》中典范性地勾勒出

---

① 《致信福斯特》,第251号,载《格奥尔格·福斯特作品》,第十八卷,柏林,1982年,第317号,第454页。

的生存状态：一位博学多才的自我思考者的人生和工作，这位独立思考者没有通过任何职务和委托给他的"市民的职位"①而被纳入社会机器中，并且必须顾及社会机器。作为学者，威廉·冯·洪堡献出这种自由：在所有领域公开使用他的理智。因为他不愿意没有活动。他在研究中产生思想，他要把这种思想诉诸笔端，并尝试发表。他在乡下的寂寞中转向读者世界，在此过程中，康德的纲领性论文成为他的准则。作为学者，他要享受不受限制的自由，他要运用自己的理想，并且以自己的身份说话。他认为，只有这样才能实现人与人之间的启蒙。

作为自由职业的学者，威廉·冯·洪堡的第一部著作涉及的政治问题让自己都感到惊讶。"在寂寞中，我更多研究政治对象，多于我的工作氛围提供的其他契机。"（G.S.I,77）他密切地关注法国的政治，于1791年致信弗里德里希·根茨，他曾经与根茨争论过法国的革命事件。现在，他批判性地研究法国的新国家宪法，虽然他完全赞同，法国国家宪法以理性原则和启蒙准则为标准，以自由和人民主权的理想为标准，但是，他也表达了顾虑，法国的国家宪法也许会失败的，因为这个宪法仿佛尝试在外部建造国家的大厦，而不注重人在特殊的社会和历史处境中的内在力量。"不能把国家宪法嫁接到人身上，就像把豆壳嫁接到树木上一样。在时间和自然没有做好前期准备的地方，就好像人们用线捆扎盛开的鲜花一样，第一缕晨曦就把鲜花烫焦了。"（G.S.I,80）尤其值得注意的是，威廉·冯·洪堡在1792年1月的《柏林月刊》上发表了曾在书信中勾勒的文章《论国家宪法的思想，由法国新宪法引起》（*Ideen über*

[148]

---

① 伊曼努尔·康德：《回答这个问题：什么是启蒙？》，载六卷本《康德著作》，W.魏塞德尔主编，第六卷，美因河畔法兰克福，1964年，第55页。

Staatsverfassung,durch die neue französische Constitution veranlasst)。在这篇文章中,他把注意力集中在人的力量上,这种力量能够孕育些什么,倘若没有这些力量,其结果就什么都不是。理性也应该以此为目标。"理智有能力形成现有的素材,但是,理智没有力量孕育产生这种素材。这种力量仅仅存在于事物的本质中,这种事物发挥作用,真正智慧的理性仅仅刺激它们活动,并且尝试着引导它们。"(G.S.I,80)

在一篇成为残篇的文章《论人类力量发展的法则》(*Über die Gesetze der Entwicklung der menschlichen Kräfte*)中,威廉·冯·洪堡根据政治对象,更彻底、更广泛地解释了这个思想,他的方法是,尝试断定物质的、知性的和道德的力量,这些力量是活跃的,而且孕育出所有改变,无论是个人的改变,还是完整的民族或者生物巨大链条中彼此相联系的人类的改变。(G.S.I,86-96)

在自由的自我活动中,这些力量如何可以得到最好、最有效的构成呢?应该为国家发挥哪种作用?在国家中,单个的个体能够社会化,而又不必放弃他们的自由?当美因茨选帝侯的地方长官、美因茨选帝侯地区的埃尔富特大主教、卡洛琳娜的导师和父亲般的朋友卡尔·特奥多尔·冯·达尔贝格男爵①了解到威廉提出的问题与解答尝试时,他鼓励威廉详细地记录下他的思想。这样,在接下来的几个月里,在达尔贝格严肃的批评性的眼光下,他的"绿皮书"写完了:《关于确定国家有效性界限的尝试的思想》(*Ideen zu einem Versuch, die Gränzen der Wirksamkeit des Staats zu bestimmen*)(G.S.I,97-254)。

---

① 卡尔·特奥多尔·冯·达尔贝格男爵(Karl Theodor Freiherr von Dalberg,1744—1817),德国美因茨大主教、神圣罗马帝国首相、德意志首主教、莱茵联盟的盟主。——译者注

从1792年10月到12月,这部著作刚开始仅仅分段落地在席勒的《塔利亚》上和比斯特的《柏林月刊》上发表,作为专著是在1852年出版的,该专著的书名听起来很谦虚。仅仅是关于一个尝试的思想。然而,其主题的丰富与思想一贯的发展都使得这个自由的宣言成为启蒙时期国家哲学的高潮。威廉·冯·洪堡没有以很大的、精神的极端性正面地确定一个国家都能够做什么,以便确保公民的幸福、道德精神的富裕,而是负面地将一切"切断"并且"特别分离出来",这其实不应该是他的任务。在简化方法的结尾,只剩下密切限定的原则:国家前进的步伐仅仅限于为了公民的安全而有必要反对自己并且反对外敌;国家没有把公民的自由限定在任何其他的终极目标上!

《关于确定国家有效性界限的尝试的思想》涉及国家和公民的幸福,涉及安全和法律,涉及没有教条的宗教和没有上帝信仰的道德。在其实际的可运用性中被反射到现实上,并且被充分表达为"所有改革之理论的最普遍的原则"。(G.S.I,240)25岁的威廉·冯·洪堡有理由为他的这部专著感到自豪。"我不仅感觉这本书好,而且——我为什么要忸怩作态呢——还根据其主要观点,认为这部专著有新意且深刻,我的头脑和性格的转变也归功于它,为了发现和描述某些事物,这种转变就要依赖于自身,就像希望的那样。"①比这种自夸更重要的是,威廉的认识关联到自我:他的专著《关于确定国家有效性界限的尝试的思想》虽然针对普遍的理论,但同时也表达了自己的生活方式。他用自己的身份说话,为了自己的身份,他要求那种"力量",他把这种力量视为人类的根本美德。只有在美德形成和自

[150]

---

① 《威廉·冯·洪堡致信卡尔·古斯塔夫·冯·布林克曼》,阿尔贝尔特·莱茨曼主编,莱比锡,1939年,第54页。

由发展方面,才可以理智地阐明国家有效性的理由并且限制国家的有效性:

> 人类真正的目的——并非变换的好感,而是永远不变的理性向他规定的目的——最高地而且最合乎比例地教育自身的力量成为整体。为了实现这种教育,自由是第一个和不可避免的条件。只不过,除了自由以外,人类力量的发展还需要点儿别的东西,尽管与自由密切相连,尽管有各种处境的多样性。还有最自由的与最独立的人,也会进行更少的自我教育,倘若他被置于单一的局势中。(G.S.I,106)

威廉·冯·洪堡担心,他在图林根庄园的寂寞中会感觉因缺少变化而无法继续塑造自己的力量吗?他在那里又待了一年,在此过程中,又加强了对这个问题的思考:对古代尤其对古希腊的研究,(G.S.I,255-281)他现在又重新把注意力集中在活动的力量上,看在希腊语言、文学作品、历史、政治和哲学中是如何表达的。

我们还不想停止对威廉·冯·洪堡的介绍,在没有从其思想的丰富中厘清特殊的威廉·冯·洪堡的"情欲"的情况下,在这种情欲中,人类的力量能够特别精力充沛地发挥作用。他并没有羞怯地隐瞒这种情欲。尤其在其大部头的著作中,情欲被隆重地渲染为起驱动作用的、生动的能量,倘若没有这种能量,所有人类的活动都将会僵死。"首先在人自身最激烈的表达中显示的是情欲的感受、喜好和激情。"(G.S.I,165)虽然威廉·冯·洪堡表达了这种顾虑:倘若没有精神的修炼,情欲也会成为大量身体和道德之恶的源泉。那样,人的快乐就变成了动物的享乐,品位也就获得了"违背自然的方向"。(G.S.I,174)但是,他也特别强调,如果没有情欲的人生乐趣,也永远不会产生和形成"某种善与伟大"。(G.S.I,165)

亚历山大·冯·洪堡:追寻生命的足迹。肉体上的情欲与精神上的能力具体如何内在联系呢?这种情欲的能量如何能如此激励人的生命和追求,使得能够向伟大和完整发挥作用?威廉·冯·洪堡仅仅提出了这些问题并且自我反思地凭借自己的经验回答了这些问题,在此过程中,他运用美学,作为介绍者。与此相反,他期待弟弟亚历山大提供一个在科学和哲学上有说服力的回答。所以,他于1793年初在埃尔富特致信身处柏林的卡尔·古斯塔夫·冯·布林克曼,亚历山大也在柏林逗留4个月。"亚历山大目前在您那儿。我真忌妒您有他在身边。我十分地爱他。"[①] 他想知道,布林克曼如何看待他的弟弟。但是,他并不隐瞒自己是如何评价弟弟的。1793年3月18日,他寄给布林克曼一份详细的报道,他认为,这份报道是客观的、恰当的,尽管他承认,他的评价并非没有兴趣,因为亚历山大的性格吸引他的心。

> 我无条件地、没有任何例外地把他看成我所遇到的最伟大的人物。他天生就是联系各种思想、能看见事物的链条的人,倘若没有他,那么,整个人类就一直是不会被发现的。思考的极大深度、难以企及的敏锐目光、联系能力的最罕见的迅捷,在他的内心中,所有这一切都与铁一般的勤奋、广泛的博学多才和无限的研究精神联系起来。思考的极大深度、难以企及的敏锐目光、联系能力的最罕见的迅捷肯定会孕育产生其他凡夫

---

① 《威廉·冯·洪堡致信卡尔·古斯塔夫·冯·布林克曼》,阿尔贝尔特·莱茨曼主编,莱比锡,1939年,第52页。

[152] 俗子不会去尝试的事情。……现在联系对物质自然的研究与对道德本性的研究,并且给我们认识的宇宙实实在在地带来真正的和谐,或者,如果这一点超出一个人准备研究物质自然的力量,以至于,这第二个步骤变得轻松,我要说,在我看来,从历史的角度了解的所有人当中,并且凭借自己的经验来看,只有我弟弟有这个能力做到建立这种联系。是的,这几乎是他进行研究以及他调整研究方向的方式的一个方面。我时常察觉到,他所从事的工作把自身引领到刚刚被指明的观点问题,即便他自己恰恰从未会考虑到这种观点问题。我希望,而且我也确知,他将把一生献给这种研究,他不会建立任何与人的联系,无论这种联系会有多美好,各种力量总是不受分享地阻止给予一种目标,因为他同时被置于外在局势中,这种外在局势使他能够在天空下的所有场所中完全根据活动的需要追踪他的意图,所以,我以最确切的肯定期待他会大有作为。①

威廉·冯·洪堡寄给布林克曼的是对弟弟的非常个性化的和详细的性格特征描述。"因为您像我一样爱他"。但是他并没有超越个性心理的观察。因为,威廉虽然钦佩亚历山大,作为一个独特的个体,他也认为了解弟弟未来人生之路的基本特征。亚历山大不会组建家庭,也不会有其他美好的男女关系,无论如何,他不会持久地有美好的男女关系,而是把注意力全部集中在他的研究上。在此过程中,全世界,"天空下的所有场所"都会作为生存空间和研究对象为他服务。但是,威廉如此精确地研究了他的弟弟,主要是想通过

---

① 《威廉·冯·洪堡致信卡尔·古斯塔夫·冯·布林克曼》,阿尔贝尔特·莱茨曼主编,莱比锡,1939年,第60、61、62页。

他，为自己搞到关于人与人的力量的"全新观点"①。

在其迄今为止对世界与人的认识中，"内在的人"构成了核心，[153] 这种核心从自身出发影响到了其他人和世界，那么，他现在必须改变迄今为止对世界与人的认识吗？亚历山大的生存方式和研究者精神强迫他研究相反的思想：一切都会"从外部"影响人。他迄今为止忽视了在所有人类追求中涉及的真正内涵吗？他现在考虑，他的弟弟准备承认这种真正的内涵了吗？"在所有影响人的事物中，最重要的其实就是物质的自然，而且这种作用很大，大到我们对此原因不熟悉的程度。其实，物质的自然是最重要的，因为人们学习到的东西，真正与人类作品有关的东西在研究物质的自然时会彰显为命运的走势，人本身会成为命运的臣仆。"②

在他看来，只有他亲爱的弟弟有能力解释这种外在的影响及其不为人所知的原因，而他自己仅仅沉入内在，为了搞清楚他自己的思想和理想。在1793年，威廉是这么看的。亚历山大觉得，这种补充的兄弟间的"迷惑""甚至很好玩儿"，他在同一年嘲笑说：

> 威廉是一个了不起的人。但是，假如人们对他了解不多，人们就很容易错认他。他要么像歌德那样是伤害人的、使人反感厌恶的，要么就是被迫表现礼貌。在他的内心发生着一切，他太深奥了。此外还有他的结婚，它曾强了那种性格，那种表面上的冷漠，而那种冷漠仅仅是表面的。男人、女人和孩子决定了一种性格。他们唯独生活在自我的情感中，生活在自身

---

① 《威廉·冯·洪堡致信卡尔·古斯塔夫·冯·布林克曼》，阿尔贝尔特·莱茨曼主编，莱比锡，1939年，第60页。
② 同上，第61页。

中。当我在他们身边时,我觉得,他们的生活是陌生的。我与他们有些格格不入。威廉肯定还同样在爱着我,自从他结婚以来,他依然如此,然而,一个已婚的人总还是个业已失去的人。……这是我遇到的最奇怪的人。因此,任何真挚的事情都不能使我感兴趣。(Jbr.,280)

亚历山大的话有些言过其实,有些夸张,除非人们在一种严格地涉及人的意义上来理解"真挚的"。因为这些年来,最使亚历山大感兴趣的是处于整体的错综复杂性中的自然,从死板的石头到植物世界,再到人类的生命力。他也没有忘记在考察旅行期间与福斯特打造的"遥远的计划"。为了实现这些遥远的考察旅行计划,还有一些事情要做,要学习,接下来我们会短暂地回顾这一段。

在莱茵河下游、荷兰、英国和法国旅行回来之后,亚历山大·冯·洪堡决定到汉堡去。1790年8月,他开始拜访那里的私人商学院,该商学院成立于1767年,自从1772年以来,由约翰·格奥尔格·比什(Johann Georg Büsch)领导。尽管他已经结束了大学学业,但他还不得不再上学。他虽然听从母亲的建议,她希望自己的小儿子能在国家的金融领域、经济领域和管理部门开始他的职业生涯。他自己也想看看财政学,为了获得对国家的和全球的商品与货币往来的了解。

作为大型的贸易城市,汉堡是通向世界的一扇大门,而与来自葡萄牙、俄罗斯、苏格兰和意大利这些欧洲不同国家的同学在一起,这向他提供了用外语练习的好机会。他和英国人阿尔希巴尔德·迈克里恩(Archibald Maclean)住在一起,亚历山大与他结为朋友,并且感谢他"这么乐天的人生观"。(Jbr.,156)在商学院的学习很有益，尽管亚历山大眼前只看到数字和开户账本，不得不忘记他所钟爱的石头和植物。后来，到赫耳果兰德岛①的短暂海上旅行至少满足了他的愿望：能够在自然中生活并且研究。然而在大多情况下，他都不得不满足于只看到汉堡港到处是轮船的景象，只能在想象中把自己置于欧洲以外的遥远国度。

在汉堡进行财政学的学习之前，亚历山大·冯·洪堡就树立了志存高远的目标。他听说了萨克森的一座小城市弗莱贝格（Freiberg），坐落在埃尔茨山脉②的一个支脉上，这座小城的产生要归功于巨大的银矿藏。自从1775年以来，著名的亚伯拉罕·高特洛卜·维尔纳（Abraham Gottlob Werner）在弗莱贝格矿山学院搞研究并且授课，他是**地理学**的创始人和领军人物。弗莱贝格的研究计划与矿山开采的实际工作联系起来，这符合亚历山大·冯·洪堡的目标，这样一来，他在1790年7月25日即他动身前往汉堡之前，就给"至尊的督察先生"寄了一个小包裹，里面装着他的《对莱茵河畔一些玄武岩的矿物学观察》。他奉承维尔纳是矿物学幸运的修复者。亚历山大拥护支持维尔纳对玄武岩产生进行的岩石水成论的假设，并且为此而感到遗憾：不利的条件迄今一直阻止他拜访卓越的弗莱贝格矿山学院。"或许我将来有幸成为您众多学生的一员。"（Jbr., 99）

亚历山大·冯·洪堡想在矿山开采业工作。这虽然并不完全符合母亲的期望。但是他成功地说服母亲，以这种职业也能在国家公职领域干一番事业。这样一来，他母亲就很难再对小儿子的愿望说"不"了。她没有预料到，亚历山大的这个学业也应该属于这个目

[155]

---

① 赫耳果兰德岛（Helgoland），德国北部德国湾中的岩石岛，属于石勒苏益格-荷尔施泰因州。——译者注
② 埃尔茨山脉（Erzgebirg），位于德国、捷克和斯洛伐克之间。——译者注

标:更接近其"遥远的计划"的实现。

亚历山大离开汉堡商学院后,又在柏林他父母的城里居室房和特格尔的小宫殿里生活了5个星期。他同维尔戴诺一起进行了几次植物学的郊游。他还开始进行植物生理学的实验,为了研究氯对植物发芽能力的加速影响。他很高兴,又可以和他哥哥在一起待一段时间,这个好人,"我恰恰要感谢他这种情绪,它使我接受更高贵的人生乐趣"。(Jbr.,134)但是,面对实现自我人生目标跃跃欲试的愿望,这种享受就黯然失色了。

[156] 从1791年6月4日到1792年2月26日这八个半月内,亚历山大·冯·洪堡在弗莱贝格上大学。他不久前刚到埃尔富特短暂停留,参加哥哥的婚礼。与他哥哥分别,他感觉非常难过。"更高贵的人生乐趣"及其快乐的情绪结束了。他现在必须把通常持续三年的学习压缩成几个月的学习。亚历山大以超人的精力投入到理论研究和实践工作中,他从早晨4点忙碌到晚上很晚。他听了关于地理学的公开讲座,听了维尔纳给他的私人授课,维尔纳向亚历山大介绍了矿物学与植物学的分类体系,他到井下开采,无数次下井到埃尔茨山脉中的坑道和竖井中。正如他在汉堡商学院那样,他现在也满意了,因为更接近他的目标了。他给身在汉堡的阿尔希巴尔德·迈克里恩写信,1791年11月6日,他同时试图尝试解释自己生命力的独特地方。他在信中说,他经常生病,身体虚弱;促使他无休止地追求良好目标的内在动力似乎破坏了他的理智和健康。然而在埃尔茨山脉的坑道里,他第一次暗示了这种痛苦的消解:"或许永远伤害我的是不安的精神,对活动的追求,这种追求折磨我。出于这种内在的不安,我向自己解释,为什么很大的身体努力如此快速地使我情绪乐观,这就成为身体上的人和道德方面的人的一种平衡。"(Jbr.157)

有助于亚历山大在弗莱贝格身心和谐的，不仅有井下的艰苦工作，还有对小他两岁的矿山开采专业男大学生卡尔·弗莱厄斯雷本（Carl Freiesleben）的爱，亚历山大就住在卡尔父母的家里。他致信亲爱的阿尔希巴尔德时说："这个人与您有很多相似之处，在心智方面，而不是在身体方面。"（Jbr.,157）他有某种温柔热情的特质，这使他感觉非常可亲。亚历山大几乎每天都和卡尔在一起，亚历山大不久向卡尔承认："我还从未如此真挚地、真心地爱过像你这样一个人。"（Jbr.,173）他希望将来同卡尔共同生活。两个人首先于1791年8月进行了一次紧张的研究旅行，为了拓展矿物学和地质学知识。他们徒步漫游，穿越波西米亚中部山脉，参观矿山和工厂，记录地理学观察，这些地理学观察被刊登在《矿工杂志》（*Bergmännisches Journal*）上。"我们只有一个推着手推车的矿工在身边，他推着我们的衣物和矿石。这是一种特殊的升降机！"（Jbr.,154）

[157]

亚历山大是个非常勤勉的学生和矿工。此外，他还利用理论和实际研究之外少量的业余时间，进行植物学研究。在论文《对莱茵河畔一些玄武岩的矿物学观察》中，他就不仅把注意力集中在岩石上，而且还集中在草本植物和苔藓地衣上。他尝试记录，各种岩石种类和植物生长的自然的共同作用，应该成为有魅力的地质物理研究领域。他研究植物如何在各种各样不同的石头上生长，这在他看来对葡萄种植是有益的。

在埃尔茨山脉的矿山中，有新的事实吸引亚历山大·冯·洪堡。在完全的昏暗中生长的植物世界引起了他的特殊兴趣。"一种在我们坚固的地球内部的植被，处于充斥着令人窒息的空气、被剥夺了光线的大气环境中，在我看来，这种植被是如此奇怪，以至于它不可能不吸引我的全部注意力。或许没有谁像我这样有如此多机会观察这种植被，我一年有四分之三的时间在井下，每天在井下度过4到5个小时。"（Jbr.,184）他惊诧于地下植被取之不尽的丰富多样，惊诧于在潮湿的房梁上茂盛生长的所有柔嫩的、纤维状的蘑菇和类似珊瑚或者海绵形状的植物，惊诧于许多平的、垫状的或者块状的软植物，这些植物都有奇特的顶部。

[158] 亚历山大·冯·洪堡并不局限于勾画和描绘地下植物并给这些植物分科。他想通过无数的物理与化学实验，阐明这些植物的生命力与其生存条件。他在晚上的时间写出观察和研究的结果。他用拉丁语为植物学杂志写了几篇论文，写了第一部大部头的植物学学术专著。该学术专著由两部分组成。在第一部分中，亚历山大·冯·洪堡描绘了在弗莱贝格出现的260种隐性植物（藻类植物、蘑菇、苔藓、地衣和蕨类植物都属于隐性植物）：弗莱贝格的植物种类，隐性植物，尤其地下的状况。在此过程中，他认为，至关重要的是植物对土质、岩石种类、海拔和其他地貌因素的依赖。在专著的第二部分源自植物的化学生理学的箴言中——他把这些植物划归到"弗莱贝格植物"中——他描述了用植物进行的化学实验，为了能够发现其特别的生存方式的生理学基础。亚历山大自己也清楚，自己并非科班出身的植物学研究者，而仅仅是一个植物爱好者，他希望，在植物学研究者那里为他对植物学的狂热喜爱的研究，至少获得"我迄今为止的研究在矿物学家那里得到的"（Jbr.,152）一半的宽容。

由瓦尔德海姆（Waldheim）翻译的德文版《源自植物的化学生理学的箴言》(*Aphorismen aus der chemischen Physiologie der Pflanzen*)于1794年由莱比锡的高特海尔夫·费舍尔（Gotthelf Fischer）出版社出版。这部专著是亚历山大·冯·洪堡的第一个尝试：确立活跃的物质与不活跃的物质之间的合乎规律的关系，为了在独特的力量中理解人生。正如他的哥哥威廉同时思考力量发展的法则一样，在此过程中，人类的力量处于注意力的核心，亚历山大也把注意力集中在力量上，他想揭示这些力量的秘密。但是，亚历山大走上一条与他哥哥威廉不同的道路。因为对于1791年的威廉来说，认识这些发挥作用的力量只能通过自我体验才有可能：我们凭据自己的体会了解这些力量，其他生物的力量对于我们而言是可以体会的，因为我们有能力，"仿佛把我们置身于任何一种生动的生命的本性中，不仅想象这在我们看来是什么样子的，而且还想象，在其自身中是如何感受的。我们似乎与每种生动的生命都有亲缘关系，并且在该生命中只期待我们至少有类似情感的东西"。(Jbr.,92)根据威廉的说法，这仅仅是内在的感情移入，这种感情移入把我们与人生联系起来，并且与无生命的物质分离，我们无法感同身受地了解这种无生命物质的存在和力量。与威廉相反，亚历山大仅仅信赖外在的感知和有目的的实验，在生物学研究的开始阶段无论如何是如此的。他要在化学和生理学方面研究生命，在此过程中，他首先选择了植物作为研究对象。亚历山大在"生命活性化学"①的框架内追寻生命的足迹，其方式就是观察无机物和有机物之间刺激和反应的交替关系。

[159]

亚历山大·冯·洪堡的基本思想并非特别有独创性。他赞同在自然科学家中广泛普及的、通过阿尔布莱希特·冯·哈勒②发展的如下观点：生命过程以其"可受刺激"或者"可激起性"的程度为特征，尤其海德堡植物学家约翰·卡西米尔·迈狄库斯（Johann Kasimir

---

① 参见伊尔泽·扬恩(Ilse Jahn)：《追寻生命的足迹：亚历山大·冯·洪堡的生物学研究》(*Dem Leben auf der Spur. Die biologischen Forschungen Alexander von Humboldts*)，莱比锡、耶拿、柏林，1969年。
② 阿尔布莱希特·冯·哈勒(Albrecht von Haller,1708—1777)，出生于瑞士伯尔尼的医生、自然科学家和诗人，1736年起担任哥廷根大学植物学和医学教授。——译者注

Medicus）在物理学上称为生命力量①的那种特殊力量有助于所有生命的布局。但与众不同的是，亚历山大·冯·洪堡这个年轻的财政学专业学生和矿山开采专业学生的精力，他以这种精力聚精会神地研究生命过程与无机材料之间的内在联系，为了认证和研究这种神秘的生命力。不同寻常的还有科学理论的信念：在假定一种独立的生命力时，仅仅涉及理论假设，这个假设为这位观察者和实验人员提出了问题。而这些问题的存在只能被假设而不能被证明。然而，亚历山大·冯·洪堡敢于做出普遍的判断：我们称解除化学亲缘关系纽带并阻止物体内的元素自由联系的内在的力量为生命力。因此，再也没有比腐烂更有欺骗性的死亡标志了，通过腐烂，重要的物质进入古老的权力中，并且以化学的亲缘性为标准。与此相反，无机体不能过渡到腐烂。②

1792年2月22日，亚历山大·冯·洪堡结束了学术性的学习时代和漫游时代。他满怀喜悦地断言，他在弗莱贝格矿山学院的学习是他在人生最后的学院学习。因为他觉得，"在大学听课""对于一个乐于走自己思想之路的人来说，是最无聊的事情。"（Jbr.,151）他没有正规地、按部就班地在大学里学习过，他也没有参加过任何正规的国家考试。他学习了感兴趣的知识，也尝试着实现自己的研究计划。生命越来越被纳入认知兴趣的核心，他甚至还试图在矿山最深的、无光的竖井中研究生命。

然而，他现在应该干什么呢？他哥哥在国家公职领域忍受了不

---

① 参见瓦尔特·博赤（Walter Botsch）：《生命力这个概念对于1750年至1850年化学的意义》（*Die Bedeutung des Begriffs Lebenskraft für die Chemie zwischen* 1750 *und* 1850），斯图加特，1997年。

② 亚历山大·冯·洪堡：《源自植物的化学生理学的箴言》，莱比锡，1794年，第9页。

到一年的时间，他应该像他哥哥那样，成为一名自由职业的学者吗？他母亲和坤特对此会作何评价呢？抑或他想继续过着这种"到处游荡的生活"？(Jbr.,157)他觉得，这种到处游荡的生活是"心不在焉的"和"狂野的"，因为他还没有固定的目标，而是仅仅通过不受约束的愿望被推动：随便在什么时候想生活在自由的和遥远的自然中。在弗莱贝格学习的最后一年快结束时，他就向阿尔希巴尔德·迈克里恩坦言他对职业的怀疑："我们再私下交流几句话，不过这是在最亲密的信任情况下。我还不确定，我是否应该留在公共事务中。"(Jbr.,158)这涉及在国家财政领域和商业事务中工作的可能性，尤其涉及普鲁士大臣冯·海因尼茨（Heinitz）的聘用承诺：在他结束在弗莱贝格的学习之后，聘用他为普鲁士矿山开采和冶炼厂管理部门"有否决权"的"候补文职人员"。

亚历山大·冯·洪堡选择了矿山开采的实践。从1792年末到1796年12月末这4年来，他作为在普鲁士国家事务中不同领域的公务员工作。我们只需一些数据和关键词，就可以了解他迅速发展的和青云直上的事业，最后，他还是主动结束了这个事业，为了能够实现他整个人生的宏大梦想。

[161]

1792年3月6日，在获得候补文职人员的认证后，亚历山大·冯·洪堡进行了一次大规模的官方考察旅行，他来到弗朗肯①王侯国拜罗伊特②和安斯巴赫③，这两个大地方自从1791年1月以来属于普鲁士。他走访了无数工厂和矿山，并且为海因尼茨撰写了

---

① 弗朗肯（Fränkisch, Franken），也就是美因河弗朗肯，指德国美因河中游和上游的地区，还指巴伐利亚和巴登-符腾堡州的上、中、下弗朗肯联结地区。——译者注
② 拜罗伊特（Bayreuth），德国巴伐利亚州的一座城市，因瓦格纳而闻名世界。——译者注
③ 安斯巴赫（Ansbach），德国巴伐利亚州的一个地方。——译者注

一份详细的报告《关于王侯国拜罗伊特和安斯巴赫中的采矿与冶炼业的状况》(*Über den Zustand des Bergbaus und Hütten-Wesens in den Fürstentümern Bayreuth und Ansbach*)。①他能够认识到并且系统地描述地理学、技术—经济和金融等方面错综复杂的内在联系，他的这种能力得到诸位大臣的一致赞许，普鲁士国王弗里德里希·威廉二世也对亚历山大·冯·洪堡的报道非常满意。1792年9月6日，在他任职半年后，亚历山大·冯·洪堡就被提拔为拜罗伊特和安斯巴赫这两个诸侯国的"矿业总督察"，他手中掌控着更新费希特尔山脉（Fichtelgebirge）和弗朗肯森林（Frankenwald）中矿业的全权。虽然他觉得，他这么年轻时就收获了如此责任重大的、很高的职位是"放肆的"，(Jbr.,210)但他也断言，他"很久很久没有这么乐观地展望未来了"。(Jbr.,211)尤其因为他现在可以进行很多考察旅行了，他希望卡尔·弗莱耶斯雷本能够成为他考察旅行中最好的陪同。

然而，他第一次大规模的矿山参观旅行却是独自进行的。从1792年9月23日到1793年1月中旬近4个月内，他游历了巴伐利亚、奥地利、波兰和西里西亚。此后他正式担任拜罗伊特和安斯巴赫这两个王侯国的"矿业总督察"，开始走马上任。在这个职务上，他在接下来的两年里不仅更有效地组织了矿山开采，而且还积极投身于改善底层矿工的劳动条件的活动。在弗朗肯森林中的一个小山村施苔本（Steben），他自费成立了一所自由的矿山学校，为了能够向工人们传授"关于矿山开采的清晰而理智的概念"和关于矿山开采的

---

① 亚历山大·冯·洪堡的这篇报道系列发表于《弗莱贝格研究杂志》(*Freiberger Forschungsheft*)中，由海尔贝尔特·基恩纳特（Herbert Kühnert）撰写导言并整理，柏林，1959年。关于亚历山大·冯·洪堡在弗朗肯的工作参见汉斯·鲍姆盖尔特尔（Hans Baumgärtel）：《亚历山大·冯·洪堡与矿山开采》(*Alexander von Humboldt und der Bergbau*)，载《亚历山大·冯·洪堡逝世一百周年纪念文集》(*Alexander von Humboldt, Gedenkschrift zur* 100. *Wiederkehr seines Todestages*)，柏林，1959年，第1—35页。

正确思想。他认为,只有这样才能破除迷信,改变矿工的无知,并且动员"平凡的矿区民众"采取充满理解的"自我行动"。①为了提高矿工这种高危工作的安全性,亚历山大·冯·洪堡还发明了井下坑道灯,这种灯能在遇到少氧的混合气体时点亮,他还发明了便携式的呼吸机,为了能在探测和救援行动中,在面对有毒气体的情况下工作。

亚历山大·冯·洪堡为普鲁士国家从事一项耗费精力和时间的工作。更令人惊讶的是,他在少量的闲暇时光里并没有疏忽和耽搁自己的科学研究。"何为生命"这个问题使他无法挣脱。在萨克森的弗莱贝格,他想在植物上观察并且证明谜一般的生命力。然而在其《源自植物的化学生理学的格言》中,他对比了植物和动物的组织。在弗朗肯供职期间,他把自己的研究兴趣更多地集中在动物身体上。虽然他不想在植物和动物之间建立类比,也不想把植被当作一种动物来观察。但是,在一种"活性化学"的框架内对植物刺激接受性研究却不可避免地把他引领到这种活动上:彻底研究动物的有机组织及其可激活性。在植物、动物和人中,有相同的生命力发挥作用吗?我们可以在生理学方面,在相同的角度理解动物和植物吗?

尽管有许多工作和考察旅行的任务,亚历山大·冯·洪堡还在研究这些问题,直接的诱因是意大利解剖学家鲁伊吉·伽伐尼的发现,亚历山大·冯·洪堡从1792年10月27日到11月9日在奥地利逗留期间第一次听到这些发现。1791年,伽伐尼引起轰动的主要著作《论

---

① 亚历山大·冯·洪堡的《完全最顺从的备忘录,事关成立一所施苔本的皇家、自由的矿山学校》(*Ganz gehorsamstes Promemoria, die Errichtung einer königlichen freien Bergschule zu Steben betreffen*),1794年3月13日,附件载《亚历山大·冯·洪堡》,卡尔·布鲁恩主编,第292、293、294页。

第六章
每个人都必须为整体发挥作用

随着肌肉活动产生的动物电之力量的学术论文》在博洛尼亚①出版。1793年,这部著作的德文译本《论随着肌肉活动产生的动物电之力量的学术论文》出版。伽伐尼受到阿尔布莱希特·冯·哈勒尔研究的启发,冯·哈勒尔通过机械的和化学的作用使动物的肌肉运动起来("刺激"),并且刺激动物的神经产生感受("使敏感")。伽伐尼主要用青蛙腿进行实验,根据他的观点,这些实验符合对一种特别的动物电的假设:"根据迄今为止研究的和已知的情况,我认为,这很清楚地说明,动物拥有一种独立的电:人们允许我们用这个著名的贝尔托洛恩②和另外一种动物电的普遍的名字证明。这种动物电存在于动物的绝大部分中,尽管不存在于所有动物中,这种动物电在肌肉和神经中表现得最明显。"③

伽伐尼对特殊的生物电的假设使亚历山大·冯·洪堡感到震惊和兴奋。这种生物电就是他在追寻的那种谜一般的生命力吗?1792年,他开始在动物身上做实验。大约3 000只动物成为他进行4 000多个"伽伐尼学说"实验尝试的对象。他偏爱使用的实验动物就是青蛙。亚历山大·冯·洪堡带着故意装出的遗憾说明,大量搜集青蛙的轻而易举、青蛙强大的神经构造及几乎无法被摧毁的可刺激性、

---

①博洛尼亚(Bologna),意大利北部城市,位于波河与亚平宁山脉之间,是艾米利亚-罗马涅大区首府。——译者注

②贝尔托洛恩(Bertolon),伽伐尼杜撰的词,意大利语中并无这个词。——译者注

③阿洛伊希·伽伐尼(Aloysi Galvani):《论随着肌肉活动产生的动物电之力量的学术论文》(Abhandlung über die Kräfte der thierischen Elektrizität auf die Bewegung der Muskeln),布拉格,1793年,第75页。关于伽伐尼、化学能转化为电能的伽伐尼学说以及伽伐尼与沃尔塔(Volta)就受刺激的肌肉运动进行的论争,参见马尔塞洛·佩拉(Marcello Pera):《双重含义的青蛙:伽伐尼与沃尔塔就动物电进行的论争》(The ambiguous frog.The Galvani–Volta controversy on animal electricity),普林斯顿(Princeton),1992年。也参见约翰·威廉·里特尔受到亚历山大·冯·洪堡启发的研究成果:《关于进一步了解伽伐尼学说及其结果的知识的论文》,耶拿,1800年,1802年,1805年。海科·韦伯(Heiko Weber)主编,希尔德斯海姆(Hildesheim),2006年再版。

干净整洁的肌肉、几乎透明的身体等等特性，很不幸地把这位生理学家的主要注意力集中在青蛙本身上。他用青蛙实验，对青蛙来说酿成了真正"血洗"。为了研究动物有机组织的可刺激性，他还使用了氧化过的食盐盐酸，他事先用这种盐酸刺激植物。用这种盐酸使看上去已经死亡的肌肉和大腿又恢复"活跃的、来回舞动的抽搐。不再跳动的心脏也开始跳动，假如我把这些心脏在氧化过的盐酸中浸泡3到4秒"。(Jbr.,494f.)亚历山大·冯·洪堡高强度地思考着可刺激的肌肉和可刺激的神经，研读最重要的动物生理学的学术论文与专著，还研读了哈勒尔1752年发表的基础著作《人体可感觉的和可轻微刺激的部分》(*De partibus corporis humani sensibilis et irritabilibus*)。他即便在旅行途中都带着设备，为了能够做实验。"电镀的设备、几根金属棒、镊子、玻璃板和解剖用的刀很方便随身携带（骑在马上都可以），使得我很少不带这些实验工具旅行。"①

在实验过程中，亚历山大·冯·洪堡越来越强烈地相信假设：存在一种真正的动物电，它并非从外部通过带电的设备被引导到体内，而是存在于可受刺激的器官本身中，并且由这些器官产生。不过他担心，把它们等同于在无生命的材料中流经的电。因此，他宁愿把这种电描绘成特殊的"伽伐尼学说中所指的带电的液态"，这种液态只能通过电刺激引起和加强，而这种液态的主要来源可能是大脑。

为了审核理论推测，他还开始用自己的身体做实验。他想在自己身体上感觉到那些标志生命的作用。他必须使自己面临化学刺激和电刺激。他进行的有些自我实验非常疼痛。然而，与此同时，进行的观察也令他非常高兴。"虽然伴随着很多疼痛，但是这一切都进

---

① 亚历山大·冯·洪堡：《就受刺激的肌肉纤维和神经纤维进行的实验尝试》(*Versuche über die gereizten Muskel- und Nervenfaser*)，第一卷，柏林与波森（Posen），1797年，第3页。

展得很顺利，完美无缺。"（Jbr.,471）他的后背成为酸和电流的试验场。他给自己制造伤口，然后用不同的化学物质和带电的金属刺激伤口，为了体会活跃的液态是如何活动的。结果是剧烈的灼痛、痛苦的跳动、肌肉抽搐和神经性的猛击。发炎、红肿和鲜红的条纹伤痕看上去就像一个受到鞭刑者的后背一样。然而，在他看来，与大量地获取知识相比，所有这些疼痛都是微不足道的："我相信，不久就可以解开生命过程的戈尔迪之结。①灼痛和生命为一。能发炎的就是可刺激性。"（Jbr.,495）在写给绍伊莫尔灵、布鲁门巴赫、维尔戴诺、黑尔茨、弗莱耶斯雷本和其他自然科学家的无数信件中，亚历山大·冯·洪堡都详细报道在自己身上做的实验，有一部分自身实验他还和约翰·沃尔夫冈·冯·歌德以及他哥哥威廉一起做。"给右侧的伤口敷上银，给左侧的伤口敷上锌，用一根铁丝接触这两个金属，一个人把铁丝放在舌头底下，另一个人把铁丝放在牙齿海绵状的物质上，我感觉到肩膀上一阵剧烈的灼痛，身体侧部和后背明显肿胀。一个人看见了光，另一个人尝到了酸。在我的书中会更详细地介绍我后背上的其他现象，尤其谈到，我的敏感性有所提高，通过意大利北部塔尔塔洛斯河流域的橄榄油，谈到向上的运动等等。"（Jbr.,471）

　　他的书原计划为迎接1795年的秋季图书博览会出版。但因草稿的整理、校对等工作出版推迟了。1797年，这本书才达到出版的要求。亚历山大·冯·洪堡以充满感激的崇敬和友好心情把《就受刺激的肌肉纤维和神经纤维进行的实验，连同对在动植物世界

---

① 戈尔迪之结（gordischer Knoten），戈尔迪昂（Gordion）是小亚细亚古国弗里季亚的首府，位于今天土耳其安卡拉西南部100公里处，戈尔迪奥斯（Gordios）是弗里季亚王国及其首府戈尔迪昂富有传奇色彩的创始人，米达斯的父亲。以其名字命名的"戈尔迪之结"，是指把车上的轭和辕联结起来。现在用"戈尔迪之结"比喻一个难题。——译者注

中生命的化学过程的推测》(*Versuche über die gereizten Muskel- und Nervenfaser, nebst Vermuthungen über den chemischen Process des Lebens in der Thier- und Pflanzenwelt*) 第一卷献给"伟大的分析人S.Th.绍伊莫尔灵"。这部专著的第二卷于1798年出版。亚历山大·冯·洪堡在963页的篇幅上汇集了大量的事实，用实验的方式验证了这些事实，并且作序，纲领性地阐述理由："多年来我一直努力对比动物物质的一些现象与死亡的自然法则。在这项研究中，我成功地进行了一些尝试，这些尝试似乎进一步阐明了对化学的生命过程秘密的揭示。"①

作为学者，亚历山大·冯·洪堡以尝试和推测的态度出现在读者面前，他之所以赢得读者的好感，原因在于他进行的观察和实验。他偏爱事实，因为，即便理论早就被推翻了，这些事实也依然会存在。所以，在这部关于活性化学的广泛著作中，亚历山大·冯·洪堡自己没有发展宏大的理论。在第二卷的结尾，他甚至表达了对理论核心概念生命力的基本怀疑。动摇了他自己以前对生命力的坚信，当时他认为，人们尤其能够特别辨认和研究生命力。或许生命只不过是已知物质和力量的特别错综复杂的、很难纵览的共同作用？或许活跃的身体只不过在保存自己和加强自己，其方式是，它们的各个部分联系成一个整体的统一，并且在此过程中处于平衡中？

[166]

"各种因素的平衡在活跃的物质中以此保存自己：这是一个整体的各个部分。一个器官确定了另一个器官，一个器官似乎给予另一个器官温度、情绪，在这种情绪中，这种或者那种亲和性在发挥作用。

---

① 亚历山大·冯·洪堡：《就受刺激的肌肉纤维和神经纤维进行的实验尝试》，第一卷，柏林与波森，1797年，第1页。

这样，在有机体中，一切都交互地成为手段和目的。"① 他在其《就受刺激的肌肉纤维和神经纤维进行的实验》的结尾暗示了新的、完整的思想，并且用来调整亚历山大·冯·洪堡人生未来的研究方向。②

这种整体论思想并非空穴来风。亚历山大·冯·洪堡是从伊曼努尔·康德那儿接受整体论思想的。在其《判断力批判》的第二部分中，康德"目的论"通过原则解释了自然的有机存在者的合目的性："自然的一个有机产品就是在其中一切都是目的并且交互地也是手段的那种产品。"③ "在它里面，没有任何东西是无用的、无目的的，或者应归于一种盲目的自然机械作用的。"④一个有机的和使自己有机化的存在者并非按照运动规则工作的、单纯的机器。作为自然的产品，它拥有"形成的力量"，这力量对整体产生影响。为了能够成为活跃的、合目的地形成的生命体，"首先就要求：各个部分（按照其存在和形式）唯有通过与整体的关系，才是可能的"，其次就要求："它的各个部分由于相互交替地是其形式的原因和结果，而结合成为一个整体的统一体。"⑤

康德的思想落到亚历山大·冯·洪堡这片肥沃的土壤上。但是，亚历山大·冯·洪堡并不是独自在科学上发展康德思想的。

---

① 亚历山大·冯·洪堡：《自然的景观》，美因河畔法兰克福，2004年，第432页。对此参见亚历山大·冯·洪堡：《就受刺激的肌肉纤维和神经纤维进行的实验尝试》，第二卷，柏林和波森，1798年，第430—436页。

② 关于亚历山大·冯·洪堡发展成"整体论者"（他通过一种整体的思想引导自己），参见阿道尔夫-迈耶尔-阿比希（Adolf Meyer-Abich）：《亚历山大·冯·洪堡对歌德形态学的完善》（*Die Vollendung der Morphologie Goethes durch Alexander von Humboldt*），哥廷根，1973年。

③ 引文翻译采纳以下译本：《判断力批判》，康德著，李秋零译，载李秋零主编《康德全集》第五卷，北京：中国人民大学出版社，2007年，第391页。——译者注

④ 伊曼努尔·康德：《判断力批判》（*Kritik der Urteilskraft*），第二部分：目的论的判断力的批判，第65、66条，引文见六卷本《康德作品》，由W.魏塞德尔主编，第五卷，威斯巴登，1957年，第488页。（中译文采纳同上，第391页——译者注）

⑤ 同上，第484、485页。（译文采纳同上，第388页。——译者注）

1794年末，他在耶拿开始与约翰·沃尔夫冈·冯·歌德、弗里德里希·席勒和他哥哥威廉进行重要谈话，在这些交谈中，这种整体论思想才为亚历山大·冯·洪堡关于自然的观点注入新的创造性。

第七章
耶拿的各种社会状况

洪堡兄弟如何与歌德和席勒交友,并且发展关于整体的古典思想?

[167]　植物和动物并非像钟表那样运行。它们是在自身拥有形成的力量的有机体内运行,而仪器设备只能通过促使活动的力量被驱动。它们构成了"整体的统一",而机械论的一些元素仅仅彼此连接起来。康德1790年在《判断力批判》的目的论部分中就持此观点。然而,倘若康德不宣布把自然整体的思想归自己所有,他就不会成为人类认知可能性的哲学家。虽然他承认,整体的目的论原则可以通过客观世界的感性经验被刺激。但是,他并没有阐明其中的理由。

> 这个原则虽然就其起因来说可以从经验中推导出来,也就是从按照一定方法来安排并叫作观察的经验中推导出来;但由于它关于这样一种合目的性所说的普遍性和必然性,它就不能是仅仅基于经验的,而是必须以某个先天原则为基础,哪怕整个原则仅仅是范导性的,而且那些目的仅仅存在于评判者的理念中,而绝不存在于一个作用因中。①

---

① 伊曼努尔·康德:《判断力批判》,第二部分:目的论的判断力的批判,第65、66条,引文见六卷本《康德作品》,由W. 魏塞德尔主编,第五卷,威斯巴登,1957年,第488页。(中译本同前,第391页。——译者注)

整体作为整体是无法被观察的，整体不能作为自然事实客观地被确定，而是建立在人类判断力的原则基础上，并且其原因在于"评判者"自身，这位评判者试图在有机整体中理解各个部分的共同作用。然而，这并不意味着，整体仅仅是主观的观念，而且与自然的目的没有任何关系。因为我们可以把依据康德整体论的思想理解为"范导性的"原则，这原则为我们预先勾画了成功的、系统的自然认知的道路。作为"准则"，它调节和引导我们能够认知有机生命合目的性的方式和方法，在此过程中，我们能够希望，我们能够在科学的前进道路上逐渐随后提供这种范导性思想的普遍的和必要的真实之证明。它通过向人类的自然研究提供指导，而使得更深的洞见成为可能，洞见自然整体的构成力量，倘若没有范导性的准则，这些构成力量还一直向我们隐瞒，不为我们所知。

[168]

康德在1790年对此进行了哲学反思，许多其同时代的自然科学家都在追求整体论思想。在康德的整体概念中，浓缩了18世纪最后20年的研究项目，试图反对机械论的世界观。"因为这个概念把理性引进了事物的秩序，这秩序与自然的在这里不再能满足我们的纯然机械作用的秩序完全不同。"①

事物的这种完全不同的、整体的秩序表现在不同的层面和不同的认知努力中。18世纪晚期的生物学家谈论这种秩序，当他们尝试着认识巨大的生物链②时。在这条生物链中，所有的生物都在上一

---

① 伊曼努尔·康德：《判断力批判》，第二部分：目的论的判断力的批判，第65、66条，引文见六卷本《康德作品》，由W.魏塞德尔主编，第五卷，威斯巴登，1957年，第489页（中译文采纳同上，第392页。——译者注

② 这是英语。——译者注

第七章
耶拿的各种社会状况

层的整体中彼此联系。① 在大型环球考察旅行中，格奥尔格·福斯特也让哲学思想引导自己。他于1781年把目光投向自然整体中，为了发现活动的、有生机活力的自然，这些力量影响整个造物中的一切：从天体的宇宙平衡到最小生物的有机构成。"在此，整体的完美是自然普遍的终极目标。"② 1784年，约翰·高特弗里特·赫尔德在其《论人类历史哲学思想》中，重构了从石头到植物、动物和人的上升力量与形式，通过自然包含一切的类比构成一个庞大的整体。③ 实验物理学家格奥尔格·克里斯多夫·里希滕贝格在哥廷根大学主讲的"关于自然学说的讲座"中反复指出，尽管单个科学所有必要的专门化，"一切都在一切中"。④ 1794年，在他强化研读康德著作后，里希滕贝格认为，有理由可以要求，"整个自然学说的所有曾经被整理的单个部分，都应该被整合成一个整体。"⑤ 还有一点，洪堡兄弟与约翰·沃尔夫冈·冯·歌德以及弗里德里希·席勒富有成效的会面，以这种整体论思想为标志，整体论的思想为调整他们的思想和研究方向服务。

[169]

1794年12月14日清晨，亚历山大·冯·洪堡骑马来到耶拿。他要拜访哥哥家。威廉马上就给在魏玛的歌德写信，派去一个信使，送去

---

① 参见阿尔图尔·O. 拉夫约（Arthur O. Lovejoy）：《巨大的生物链：一种思想的历史》（*Die große Kette der Wesen. Geschichte eines Gedankens*），美因河畔法兰克福，1985年。
② 格奥尔格·福斯特："目光投向自然整体"（*Ein Blick ins Ganze der Natur*），见《格奥尔格·福斯特作品》第八卷，柏林，1974年，第87页。
③ 约翰·高特弗里特·赫尔德（Johann Gottfried Herder）：《论人类历史哲学思想》（*Ideen zur Philosophie der Geschichte der Menschheit*）（1784—1791年），达姆施塔特（Darmstadt），1966年。
④《格奥尔格·克里斯多夫·里希滕贝格的物理与数学著作》，L. S. 里希滕贝格（L. S. Lichtenberg）和F. 克里斯（F. Kries）主编，第四卷，哥廷根（Göttingen），1806年，第142页。
⑤ 格奥尔格·克里斯多夫·里希滕贝格：《关于自然学说的讲座》，见《格奥尔格·克里斯多夫·里希滕贝格全集，关于自然学说的讲座》（*Gesammelte Schriften. Vorlesungen zur Naturlehre*），第一卷，哥廷根，2005年，第892页。

这个消息:"因为我弟弟刚从拜罗伊特过来,我就遵循您善意的允许,告诉您这个消息,您想见他的愿望使他感到非常受宠若惊,他真诚请求您给他这种快乐:在这里见到您。席勒、我的妻子与我都和他一样有最真挚的请求,请您给予我们希望,希望这些请求不会徒劳。他在此地待到周五晚上。"① 歌德马上做出回应,前往耶拿。12月17日,他们进行了第一次会晤。他们还一同度过了接下来的两天。

12月19日傍晚,亚历山大·冯·洪堡骑马返回拜罗伊特。他说,他公务繁忙,有很多事情要做。其实他隐瞒了真正的原因。他想尽快回到莱因哈特身边。不管怎样,他在动身出发的那天傍晚8点钟左右还给莱因哈特写信,即莱因哈特·冯·海夫滕,陆军部队年轻的少尉,亚历山大于1794年初爱上了这位少尉:

> 我还是信守诺言的,我好心、真挚被爱恋的莱因哈特。几个小时后我就出发,明天骑马到达劳恩施泰因,②21日到达施苕本,我希望,在平安夜能拥抱你。……然而我并不缺乏精神食粮。歌德遵守了承诺,为了我到耶拿这边来。他和我们在一起待了三天,对我非常友好。他极力想带我去魏玛,因为公爵再三叮嘱他,把我请到魏玛去。可是,尽管我很喜欢与歌德在一起(在这个地方,对我而言,他其实是最可亲的),周末我本来可以很轻松地这样安排,可那样的话,我就要六天之后才能见到你,在广袤的大地上,任何事情都不能补偿我的这个损失。别人可能对此毫无意识。我却非常在意。我独一无二的好人莱

[170]

---

① 《歌德与威廉和亚历山大冯·洪堡通信》(*Goethes Briefwechsel mit Wilhelm und Alexander von Humboldt*),路德维希·盖格尔(Ludwig Geiger)主编,柏林,1909年,第1、2页。
② 劳恩施泰因(Lauenstein),位于今天德国巴伐利亚州,是弗兰肯森林中的一个城堡。——译者注

因哈特,我知道,我只有和你在一起,与你生活,只有在你身边,我才感到幸福。(Jbr.,388)

这四个大人物①在这些天进行的交谈没有留下任何记载。威廉·冯·洪堡在其1794年的日记中仅仅简洁地写下这样的字迹:"17日,歌德、迈耶尔和席勒夫妇中午在这里吃饭,我们在席勒家吃晚饭。"(G.S.XIV,255)歌德带去了他的朋友即瑞士画家和艺术史家约翰·海因里希·迈耶尔(Johann Heinrich Meyer)。洪堡的丽娜和席勒的绿蒂②作为女主人在场。然而,17日中午的共进午餐可远不止日常的、愉快的事件。它具有一种象征性的价值。因为那四个大人物在这里进行**94社**(Gruppe 94)的第一次会晤,该社团的内在活力释放出一种独特的精神力量。③在文化历史上,那个被称为德国古典时期向伟大和完整发挥的作用,就是从这个社团开始的。④那么,这个值得纪念的结构是如何形成的呢?什么被提供为具有启发作用的"精神食粮"呢?由此会对洪堡兄弟的毕生作品产生什么样的影响呢?

第一,幸福的会晤。威廉·冯·洪堡和弗里德里希·席勒凝聚的是一种爱的关系。棱厄菲尔德家的两个姐妹夏洛特和卡洛琳娜即已婚的卡洛琳娜·冯·鲍伊尔维茨,与卡洛琳娜·冯·达赫略敦是好朋友,并且与柏林的"美德联盟"有松散的关系。她们一起进行

---

① 这四个大人物是指歌德、席勒和洪堡兄弟。——译者注
② 绿蒂(Lotte),是夏洛特(Charlotte)的简写。——译者注
③ "94社"这个名称源自列奥·克劳伊策尔(Leo Kreutzer):《亚历山大·冯·洪堡与94社,另一种现代项目中的自然科学与自然美学》(*Alexander von Humboldt und die Gruppe 94. Naturwissenschaft und Naturästhetik im Projekt einer anderen Moderne*),载《魏尔芬花园》(*Welfengarten*),1994年第4期,第78—96页。
④ 在精神史上,人们喜欢将自然的整体论和统一论的思想描述成"浪漫派的"。然而,1790年这种思想还强烈地被启蒙哲学决定,尤其在歌德、席勒和洪堡兄弟的思想中赢得了其"古典的"形式。

浴疗，所以就免不了，她们的恋人也彼此偶遇。席勒在经历了与两姐妹的爱情纠葛后最终选择了单身的、更内向的夏洛特，并且于1789年12月末宣布了订婚消息。在圣诞节那天晚上，他们与威廉·冯·洪堡第一次见面，威廉也刚刚和卡洛琳娜订婚。席勒马上就喜欢上了威廉·冯·洪堡：

[171]

> 他二者兼而有之：既是非常有能力的人物，又是非常细腻的、高贵的人。我主要因为终身大事结识了他，他和来自埃尔富特的达赫略敦小姐坠入爱河。他们承诺在一起，他有理由与这样一个女人希冀幸福。……洪堡在我这儿过夜，我们一起到附近的地方逛了逛，到处徜徉。我们的婚事也在进行中，这使得我们彼此甚至都无法回避对方。①

紧随这些快乐的、激动人心的日子的是幸福的几年，在这几年中，席勒和威廉·冯·洪堡越来越强烈地感觉相互吸引，他们一起进行哲学研究。主要是康德哲学向他们提供了共同思考的素材，而在思考时，得以培养他们在对话方面的特别天赋。

为了不只是以通信的方式进行对话，还能面对面生动地对话，威廉·冯·洪堡于1794年初前往耶拿。他和席勒现在是邻居，每天都可以见面，经常一天见好几面，"但主要只在晚上，而且大多一直到深夜"。（G.S.Ⅵ,439f.）我们尤其在席勒的《审美教育书简》中可以读出来，他们俩都讨论了什么，这是席勒为新创办的《时

---

① 席勒1790年1月13日致信费尔迪南德·胡伯（Ferdinand Huber），载《格奥尔格和特蕾泽·福斯特与洪堡兄弟》，阿尔贝尔特·莱茨曼主编，波恩，1936年，第62页。

序女神》写的最重要的著作。席勒从1794年秋开始动笔写《审美教育书简》，大多遵循"康德的基本原则"。①这主要涉及这种信念：美的本质无法从感性的体验中获得，而是一种范导性的思想，这种思想渐进式的实现一直是艺术的永恒任务。美不是经验的概念，而是一种绝对命令。"这肯定是客观的，但仅仅是感性的、理性的自然的一个必要的任务。"②对此席勒不仅与康德和威廉·冯·洪堡的观点一致，他在此还想到了歌德，歌德试图根据感性的生命本能与进行塑造的形式本能之和谐的共同作用来解释美的思想。因为，歌德所说的"生动的形态"这个概念，按照席勒的说法，就是服务于"现象世界所有审美的状况，一言以蔽之，就是人们在最广泛的含义美中所称的事物"。③歌德对此非常兴奋，并且热情洋溢地赞同席勒的观点。

[172]

  威廉·冯·洪堡很快就和席勒成为朋友，与此相对的是，他感觉与歌德接触并非易事。他和歌德也是于1789年末第一次见面。但这是在魏玛宫廷盛大的交际场合中。尽管他已经通过弗里德里希·海因里希·雅各比作为"一位很出色的年轻人"④被推荐给歌德，威廉·冯·洪堡在私人氛围中与歌德接触进行的尝试还是徒劳的。歌德在和他保持距离，威廉·冯·洪堡并未因此而对这位著名作家耿耿于怀。因为，尽管他最初不能接近歌德，但给他带来许多快乐的是，"仅仅看到他，尤其那漂亮的眼睛，在眼睛里表达着其值

---

  ① 弗里德里希·席勒：《审美教育书简》(*Über die ästhetische Erziehung des Menschen in einer Reihe von Briefen*)，载《席勒全集》第19卷《理论著作》第三部分，慕尼黑，1966年，第5页。
  ② 席勒1794年10月25日致信克里斯蒂安·高特弗里特·科尔纳(Christian Gottfried Körner)，同上，第227页。
  ③ 弗里德里希·席勒：《审美教育书简》，载《席勒全集》第十九卷《理论著作》第三部分，慕尼黑，1966年，第45页。
  ④ 弗里德里希·海因里希·雅各比1789年2月15日致信歌德，转引自《格奥尔格和特蕾泽·福斯特与洪堡兄弟》，阿尔贝特·莱茨曼主编，波恩，1936年，第61页。

得钦佩的精神的许多内容"。① 在接下来的几年里，他们也很少有机会见面。直到1794年，当威廉·冯·洪堡搬到耶拿之后，这种局面才改变。公务需要经常使歌德离开魏玛，来到耶拿附近的城市，②在这里，他了解自然科学的状况。他参观植物园，在"自然研究协会"听报告，并且自从1794年11月与威廉·冯·洪堡一起听医学教授尤斯图斯·克里斯蒂安·罗德（Justus Christian Loder），一位解剖大师的讲座和练习课。这是他们精神上富有启发的、不谋而合的开始，他们俩都把这种不谋而合体验为一种极大的幸福。他们一辈子都充满感激地回忆他们友谊的开端，在此过程中，他们忘不了席勒，因为席勒从根本上促进了他们共同的"整体构成"③的提升。

歌德和席勒的友谊是德国古典文学具有划时代的意义的事件。[173]歌德和席勒的友谊是在1794年中期才开始的。因为在几年前，歌德一直回避与席勒见面。虽然他们于1788年9月7日就已经第一次见面了，而且同样是在鲁多尔施塔特的棱尼菲尔德家里。在这里，席勒恰巧开始与这个家庭的两个女儿卡洛琳娜和夏洛特谈令人迷惑不解的浪漫爱情。然而，席勒第一次见面的期待并没有实现。他们没有进行私下交谈。歌德表现得相当拘谨，身体姿势僵直，面目表情严肃，不苟言笑。他无法被理解，而且似乎是"一个处于非凡程度中的自私自利者"。④席勒不愿意花费时间和精力去理解歌德这

---

① 《威廉·冯·洪堡致信弗里德里希·海因里希·雅各比》，阿尔贝尔特·莱茨曼主编，哈勒(Halle)，1892年，第34页。
② 歌德作为魏玛公国的枢密顾问主管科学、教育与艺术，耶拿大学也在他的管辖范围内。——译者注
③ 歌德1823年6月3日致信威廉·冯·洪堡，载《歌德与威廉和亚历山大冯·洪堡通信》，路德维希·盖格尔主编，柏林，1909年，第257页。
④ 席勒1789年2月2日致信克里斯蒂安·高特弗里特·科尔纳(Christian Gottfried Körner)，转引自吕迪格·萨福兰斯基(Rüdiger Safranski)：《席勒或者德国理想主义的发明》(Schiller oder Die Erfindung des Deutschen Idealismus)，慕尼黑，维也纳，2004年，第302页。

个奇特的人,这个如此难以琢磨的人。他无法知道,歌德为什么防备着他。瘦高个儿席勒写的放荡不羁的作品,尤其是他的《强盗》(*Räuber*)引起歌德的反感。席勒的这些作品使歌德想起了他自己在狂飙突进时期的疯狂不羁。歌德在赴意大利旅行期间(1786年—1788年)彻底摆脱了这种狂飙突进的疯狂。在意大利这个南国天空下的丰富而令人喜悦的自然中,歌德认为,自己赢得了对整体的纯然而宁静的洞见,洞见了所有独特的、生动地发展的形式之如此神奇的内在联系。在他看来,自己在自然之中和通过自然形成的方式与方法,受到席勒那些自相矛盾的、尖锐的和奇异的作品的损害。歌德还认为,席勒的哲学是错误的。康德高度评价的主体,受此启发,席勒面对自我,把自然排挤到第二位。歌德看到,席勒"对伟大的母亲①毫无感恩之心,而这伟大的母亲肯定没有像后娘那样对待他"②"他为自由这个神圣信条布道;而我不愿意看到自然的权利被忽视。"③

1790年,歌德读了康德的《判断力批判》,并且和席勒于1790年10月31日在耶拿谈论了这部著作,在此之后,歌德与席勒之间这种紧张的关系才开始稍微好转一些。尤其康德著作中目的论那部分符合歌德自己的思想。歌德自己"无意识地并且出于自身本能地"作为自然观点发展的思想,在康德有机生命的哲学中,找到了很有帮助的支持。以至于现在没有任何事情再阻止他,"勇敢地通过理性的冒

---

① 歌德用"伟大的母亲"比喻"自然"。——译者注
② 约翰·沃尔夫冈·冯·歌德:"幸福的事件"(Glückliches Ereignis),载《歌德全集》(Gesamtausgabe)第三十九卷《关于植物学和科学学说的论文》(*Schriften zur Botanik und Wissenschaftslehre*),慕尼黑(München),1963年,第176页。
③ 约翰·沃尔夫冈·冯·歌德:《近现代哲学的影响》(Einwirkung der neueren Philosophie),载《歌德与威廉和亚历山大冯·洪堡通信》,路德维希·盖格尔主编,柏林,1909年,第184页。

险，正如柯尼斯堡那位老者自己所说的那样"。①这首先涉及他对形态学（希腊语为morphé，指形态，形式）一直不懈的追求，这种形态学把注意力集中在动植物王国中的典型形式。康德的"作为原型的理智"从整体论出发，走向各个部分，这种"作为原型的理智"似乎给予歌德自己对"原始构成物"（das Urbildliche）和"典型事物"（das Typische）的直觉以哲学的合法性。

席勒起初不太理解这种观点，所以，歌德和席勒之间就没有更进一步的交谈。歌德和席勒一直觉得对方很陌生。1794年6月13日，席勒给歌德写了第一封信，他在信中邀请歌德这位极受尊重的枢密顾问先生，一同参与他计划中的杂志《时序女神》的工作，直到这时，歌德和席勒之间的魔咒才被打破。席勒想把从康德和赫尔德到雅各比与歌德这些德意志民族最优秀的人物尤其作家汇集到一份独一无二的杂志的屋檐下。②约翰·高特里普·费希特（Johann Gottlieb Fichte）和威廉·冯·洪堡已经答应了。所以，歌德也想参与其中。"我将以喜悦的心情并完全发自内心地参与其中"。③

大约过了一个多月，即在1794年7月20日，发生了那次"幸福的事件"，它在歌德和席勒这两位性格截然相反的人之间建立起一个终

---

① 约翰·沃尔夫冈·冯·歌德:《进行直观的判断力》（*Anschauende Urteilskraft*），载《歌德与威廉和亚历山大冯·洪堡通信》，路德维希·盖格尔主编，柏林，1909年，第186页。
② 参见伯恩哈特·费舍尔（Bernhard Fischer）:《弗里德里希·席勒与其出版商约翰·弗里德里希·哥塔，论〈时序女神〉的创办历史》（*Friedrich Schiller und sein Verleger Johann Friedrich Gotta, Zur Gründungsgeschichte der Horen*），载《德语语文学杂志》（*Zeitschrift für deutsche Philologie*），2006年第125期，第499—517页；恩斯特·奥斯特卡姆普（Ernst Osterkamp）:《新时代——新杂志，1800年左右的出版计划》（*Neue Zeiten–neue Zeitschriften. Publizistische Projekte um 1800.*），载《思想史杂志》（*Zeitschrift für Ideengeschichte*），2007年第1/2期，第62—78页。
③《席勒与歌德往来通信》（*Briefwechsel zwischen Schiller und Goethe*）第一卷《1794—1797年书信》（*Briefe der Jahre 1794–1797*），齐格弗里德·赛德尔（Siegfried Seidel）主编，慕尼黑，1984年，第8页。

生的联盟。①歌德前往耶拿，为了在"自然研究协会"听一个报告，他是该协会的名誉会员。席勒当时也在场。他们往外走时开始了关于这次报告的谈话，他们俩都对"被打碎的方式"感到失望，人们用这种方式对待自然。歌德指出，还有另外一种方式，它并非特别地而且零散地对待自然，"而是有效地、生动地、从整体出发追求自然地描述自然。"席勒想了解歌德更多的想法。他们到了席勒的家。此次的谈话吸引歌德走进去。他生动地讲述了他的形态学说，他试图根据原型的植物形式直观地介绍这个形态学说：

[175]

> 我用羽毛笔画了独特的几笔，让一棵象征性的植物出现在他的眼前。他听着，并且以很大的关切看着这一切，以果断的理解力；可是，当我讲完时，他摇了摇头说："这不是经验，这是一种思想。"我怔了一下，有些怏怏不乐；因为，使我们分离的那个点被最清晰地描述出来，原来的怨气想活跃起来；我却抖擞精神说："我会很喜欢这种状态的：我有思想，而我却对此全然不知，我甚至用眼睛看到了思想。"②

歌德认为，能够看到思想，在有哲学素养的席勒看来，这肯定

---

① 关于歌德和席勒见面这个幸福的事件参见曼弗雷德·盖耶尔（Manfred Geier）：《大哲学家的小事情》（*Die kleinen Dinge der großen Philosophen*），汉堡，2001年，第19—47页；瓦尔特·米勒-赛德尔（Walter Müller-Seidel）：《自然研究与德国古典文学，1794年7月在耶拿的谈话》（*Naturforschung und deutsche Klassik.Die Jenaer Gespräche im Juli 1794*），载《对文学作为历史的研究》（*Untersuchungen zur Literatur als Geschichte*），温森特·J.君特尔（Vincent J.Günther）等主编，柏林，1973年，第61—73页。

② 约翰·沃尔夫冈·冯·歌德："幸福的事件"，载《歌德全集》第三十九卷《关于植物学和科学学说的论文》，慕尼黑，1963年，第177页。参见尤斯特·习伦（Jost Schieren）：《进行直观的判断力：歌德自然科学认知的方法与哲学基础》（*Anschauende Urteilskraft. Methodische und philosophische Grundlagen von Goethes naturwissenschaftlichem Erkennen*），杜塞尔多夫（Düsseldorf）和波恩，1998年。

显得是一个认知理论的笑话。因为，对于席勒而言，思想的根本独特性恰恰在于，不会与感性的经验协调或者通过感性经验阐明理由。可是，席勒并没有嘲笑他的谈话伙伴这种令他惊讶的自我描述。他不想激怒歌德，他刚刚赢得歌德的兴趣。席勒也开始明白，歌德作为形态学家是个"用眼睛看的人"，[1]他的判断力不得不更是"直观的"而不是概念性的。因为歌德的判断力并非抽象地把现象世界经验的多样性概括到理论的概念之下，而是把目光指向事物，为了能够"看到"根本的形态形式。这样，席勒于8月23日给歌德写了一封长信，他在信中请求歌德与他相互理解。"为了太多的思辨思想，我缺乏客体，躯体，而您使我追寻这一点。您进行观察的目光如此宁静而纯然地建立在事物的基础上，您的这种观察的目光永远都不会使您面对这种危险：走到歧路上去，而思辨作为专断的和单纯顺从自己的想象力，很容易迷失自己，走上歧路。"[2] 席勒通过这封信为自己完全赢得了歌德。歌德终于感觉，自己在其最独特的世界观中得到了理解，他和席勒之间的友谊由此被盖上了印章。正如歌德在两天后的回信中所写的那样，这开启了一个"具有划时代意义的时期"。[3]

最后，亚历山大·冯·洪堡作为四人联盟中的第四个人加入。当亚历山大1794年3月在耶拿拜访他哥哥时，他在威廉的家里也碰到了歌德。3月9日，他们第一次在一起共进晚餐，席间，歌德可能也了解到洪堡兄弟中的弟弟从事的研究，这些研究符合歌德自己的

[176]

---

[1] "用眼睛看的人"（Augenmensch）是指歌德认识事物重视直观和经验、对思辨反感的特点。——译者注
[2] 《席勒与歌德往来通信》第一卷《1794—1797年书信》，齐格弗里德·赛德尔主编，慕尼黑，1984年，第9页。
[3] 同上。

第七章
耶拿的各种社会状况

兴趣：他在矿山开采业的实践活动、他1793年出版关于《弗莱贝格的植物世界》(*Florae Fribergenis*)的植物学的著作，这些植物学著作由《源自植物的化学生理学的格言》进行了补充。无论如何可以肯定的是，歌德拥有了这些著作，并且在1794年夏天开始通读亚历山大写的这些书。他原则上赞同亚历山大·冯·洪堡的观点。然而，歌德觉得，亚历山大·冯·洪堡的"生命力"作为内在力量的定义既不够清晰，又不充分：这种内在力量消解了化学的亲缘关系的纽带，并且阻止身体中的自由联系。歌德在读书笔记中断言，或许可以用他的关于"形态"的形态学观点补充亚历山大·冯·洪堡对生命力的追求！歌德感觉，亚历山大·冯·洪堡的植物学著作缺少对"形式"(Form)①的追问，而形式在歌德自己对植物形态学的研究中处于核心地位。将来见面时，他尤其期待对生命与形态之间的关系进行澄清，所以，歌德请求威廉·冯·洪堡，如果亚历山大·冯·洪堡再来耶拿，就立即通知他。

亚历山大·冯·洪堡在1794年夏天也收到了席勒的邀请，请他参与《时序女神》的工作，对此他感到非常惊讶，因为他和席勒还未曾谋面，而仅仅通过威廉介绍，彼此听到关于对方的很多信息。况且，他又是在被邀请者的名单中唯一的自然科学家，席勒指望他什么呢？他想更确切地了解这件事，因此，他于8月6日给席勒写了一封信，他在信中详细地介绍了自己的研究和思想，并且很巧妙地与席勒伟大的创办杂志计划联系起来。他最后很高兴地获悉，植物学不应该被排除在文学的《时序女神》规划外。他就好像参与了歌德

---

① 约翰·沃尔夫冈·冯·歌德：《关于自然科学的著作》(*Die Schriften zur Naturwissenschaft*)，列奥波尔狄娜版(Leopoldina-Ausgabe)，第二卷，9A《对形态学的补充和解释》(*Ergänzungen und Erläuterungen zur Morphologie*)，M 139，第228页。

与席勒之间幸福的事件一样,亚历山大指出,植物学说不应该再继续交给"自然痛苦的记录者",而是应该吸纳"思辨的人们"更高的和更广泛的见解。重要的是,把"人们的审美意识和人在艺术之爱中对人的培育一同纳入自然描述中",正像古希腊哲学家所做的那样,正像歌德和席勒努力追求的那样。"形态中的普遍的和谐,是否存在原初的、表现为数千种等级的植物形态的问题,这些形式在地球上的分布,植物世界在感性的人心中产生的快乐与多愁善感的不同印象……在我看来,这些都是值得思考而又几乎完全没有被触及的研究对象。我在不断地研究它们。"(Jbr.,346f.)

亚历山大·冯·洪堡在信中也谈及约翰·沃尔夫冈·冯·歌德的形态学启发。他还把目光投向植物形态,在此过程中,他的脑海里也浮现了原型的画面。亚历山大尤其重视那两个属于自己最独特想法的思想:其"植物的地理"(Geographie der Pflanzen)的思想,在与土壤和大气各种因素的内在联系中;还有"植被的观相术"(Physiognomik der Gewächse)的思想,这种观相术解释地貌独特的植被对人的情感和情绪的影响(10年之后他把这两种思想加工整理,并且直观地展示了其丰硕)。席勒读了信后兴奋不已,他为亚历山大·冯·洪堡答应参与《时序女神》的编撰工作而感到高兴,他不久就给他的朋友科尔纳写信:"我们可以期待洪堡的弟弟即普鲁士的矿山业总督察,写出关于自然王国的哲学方面非常出色的论文。在德国,在他的专业领域内,他肯定堪称最出色的佼佼者,或许在心智方面,他还超越他的哥哥,而他哥哥也是非常出类拔萃的。"[1]

第二,古典时期的思想。1794年12月17日,他们四个人终于聚

---

[1] 席勒1794年9月12日致信科尔纳,转引自《亚历山大·冯·洪堡》,卡尔·布鲁恩主编,莱比锡,1892年,第32页。

集在一起。第一次共同的会晤在耶拿举行，在这次会晤中，最年轻的亚历山大·冯·洪堡起了最重要的作用。至少歌德是这么看的。"被期待已久的亚历山大·冯·洪堡从拜罗伊特赶来，他向我们讲解了自然科学的普遍意义。他的哥哥此刻也在耶拿，他对所有方面都有清晰的兴趣，他区分了追求、研究和授课。"① 在洪堡兄弟的带动和鼓舞下，歌德重新研究并且继续发展了涉及动植物的研究和普通自然科学思想。他们一起去听枢密官尤斯图斯·克里斯蒂安·罗德关于韧带学说的解剖学讲座。他们想确切地知道，肌肉和骨头是如何通过韧带被联系在一起的。清晨，他们踏着很深的积雪，"为了在一个几乎空空如也的解剖实验室中，清楚地看到，根据最精确的标本演示的这种重要的联系"。②

在这种内在联系中，歌德提出了一个富有成效的建议。他没有预料到，他以此为洪堡兄弟接下来的毕生著作勾勒出一个核心的主导思想。歌德表达了"类型"（Typus）的原则。正如他在半年前用富有特征的几笔为惊讶的席勒勾勒"象征性的植物"草图一样，他现在向洪堡兄弟讲解关于比较解剖学的思想，并且讲解方法学的处理，依据普遍的动物类型。"这一次我也是讲得满嘴唾沫星子，心中满满的都是这件事，如此频繁而迫切地讲解我的类型之事，以至于他们几乎不耐烦地最后要求我，把在我的精神、意识和记忆中如此鲜活生动地浮现的想法写进我的文章和著作中。"③ 歌德按照他们

---

① 约翰·沃尔夫冈·冯·歌德：《日报和年报作为对我平时认明的补充》（Tag-und Jahreshefte als Ergänzung meiner sonstigen Bekenntnisse），载《歌德作品》第三十五卷，魏玛，1892年，第32页。

② 同上，第33页。

③ 约翰·沃尔夫冈·冯·歌德：《对〈关于形态学〉几篇文章的补遗》，载《关于自然科学的著作》，列奥波尔狄娜版，第一卷，9，第179页。关于"类型"参见多洛苔阿·库恩（Dorothea Kuhn）：《类型与变形：歌德的研究》（Typus und Metamorphose.Goethes Studien），内卡河畔的马尔巴赫（Marbach am Neckar），1988年。

说的去做了。幸运的是，1795年初，年轻的医学院大学生马克西米利安·雅各比（Maximilian Jacobi），即佩姆佩尔福尔特庄园的哲学家雅各比的小儿子，正巧在耶拿逗留，他对歌德的解剖学研究提供了很大帮助。在大清早，当马克西米利安·雅各比还躺在床上时，歌德就向他口授《从骨骼学出发的比较解剖学普通序言第一份草稿》（*Erster Entwurf einer allgemeinen Einleitung in die vergleichende Anatomie, ausgehend von der Osteologie*）。有时威廉·冯·洪堡也在场，当歌德用格言警句勾勒他的思想并让马克西米利安·雅各比把这些思想写下来时。这样就产生了形态类型学说的最初记录，歌德同时想以该学说实现精确的感性观察和建设性的、整体的判断力的要求。

[179]

  在歌德的类型原则中，感性与理性应该相互协调。但是，他的"记忆"中也"如此生动地"浮现某种东西。解剖的类型学说的新版本有个之前发生的小故事。通过与席勒和洪堡兄弟交谈，歌德感觉自己又置身于早年的自然研究时期，当时他就已经由罗德指导，与他的朋友赫尔德一起从事解剖学研究。在研究过程中，骨骼学对歌德与赫尔德两个人都起到了指引方向的作用。骨骼学应该帮助他们清楚地了解伟大的、范导性的思想。赫尔德1784年初在其《论人类历史哲学思想》的第一部分中阐释了骨骼学：人也是地球动物中的一种造物；对动物骨骼构造的比较可以使我们跟踪自然的"一种有机存在的相似物"[①]的足迹，通过有机存在，尽管生物有各种各样明显的差别，生物的巨大链条也作为整体被联系在一起。从骨骼学的角度来看，似乎所有陆地动物都是按照一种形态构成的。与这种思想

---

① J.G.赫尔德（Herder）：《论人类历史哲学思想》（*Ideen zur Philosophie der Geschichte der Menschheit*），达姆施塔特（Darmstadt），1966年，第77页。

矛盾似乎是，领先的解剖学家和生物学家不同，声称：只有人类没有颚间骨，颚间骨在动物身上，在上颚的两块主要骨头之间推进，并且托住门牙。歌德感觉受到解剖学独特性的挑战。所以，他把所有解剖学的教材都搁置在一旁，首先在罗德的支持下，非常仔细地观察鹿、骆驼、猪、狐狸、猴子、狮子、海象和其他哺乳动物的骷髅头，为了看到颚间骨的解剖形态。经过这番训练后，歌德希望，在人身上也能发现颚间骨。他发现了在寻觅的东西，尽管这东西长成畸形并且隐藏起来。1784年3月27日，他忙不迭地告诉赫尔德，关于其小发现的"难以言表的喜悦"："在人身上发现了颚间骨！这也应该使你感到很快乐，因为这就像是对人的完满结束，人并不缺颚间骨，它就在那儿！可这多么神奇！我还把它与你的整体论联系起来思考着，这会变得多么美好。"①

[180]

这个幸福的事件在歌德的记忆中鲜活起来，当他在10年之后被洪堡兄弟催促，写比较解剖学草稿时。现在，他关注的核心是高等哺乳动物骨骼构造的"类型"。他想从解剖学的角度，把动物有机体的各个部分联系成一个整体，在该整体中，一切都处于相互变换的平衡中。这就是歌德从康德目的论的《判断力批判》中得出的"古典时期特点"，而古典时期的特点作为主导思想，服务于洪堡兄弟的自然科学、文化学与精神科学的研究：重要的是，在多样性中认识到相互协调的整体。

然而，这个思想如何能够实现呢？歌德表明了他的顾虑，没有

---

① 转引自多洛苔阿·库恩（Dorothea Kuhn）：《经验的和思想的现实》（*Empirische und ideelle Wirklichkeit*），格拉茨（Graz）、维也纳，科隆，1967年。参见赫尔曼·布劳伊宁–奥克塔维奥（Herman Bräuning-Oktavio）：《从颚间骨到类型思想：歌德作为自然研究者在1780—1786年》（*Vom Zwischenkieferknochen zur Idee des Typus.Goethe als Naturforscher in den Jahren 1780–1786*），莱比锡，1956年。

任何单个的事物会成为整体的典范。既不存在原始的植物，也不存在原始的动物，人们在动植物世界中发现不了作为事物的原始动植物。从经验主义的角度可以确定的个性，并非应该存在的类型。可是，类型如何存在，在哪里存在呢？

歌德对此没有给出哲学的回答，而是勾勒出一个研究技巧方面的规划草图。在第一步中，他用比较的方法观察无数动物解剖的骨骼构造，把该构造分解成单个的部分，这些部分彼此相似，而且与其他部分有差异。他用尝试的方式编制表格，制作图表，他根据相似性和差别的标准，把所发现的单元填入表格和图表中。在第二个步骤中，他又把分开的内容重新组合起来，在此过程中，由整体论思想引导，这种思想为反对各种各样单个躯体的难以纵览的、经验的多样性的斗争规定目标：建设性地"建造类型"，使之成为"普遍的形象，在其中，所有动物的形态根据可能性被包含在其中，根据该形象，人们在明确的秩序中描述每一种动物"。①

[181]

不应该不提及的是，解剖学的类型思想使得双轨比较成为可能。因为亚历山大·冯·洪堡和威廉·冯·洪堡后来也在各自的研究领域中触及并且践行这种双重方式。一方面，人们可以选择单个的动物种类，并且尝试发掘其类型的形态形式。另一方面，仅仅凸显一个特殊的部分，例如凸显上颚间骨，"并且通过所有主要的分类彻底地描绘"②它，在此，尤其第二种方式要求许多研究人员的合

---

① 约翰·沃尔夫冈·冯·歌德：《比较解剖学普通序言第一份草稿》(*Erster Entwurf einer allgemeinen Einleitung in die vergleichende Anatomie*)，载《关于自然科学的著作》，列奥波尔狄娜版，第一卷，9，第119—151页，此处第121、122页。关于"类型"的长期作用参见曼弗雷德·盖耶尔(Manfred Geier)：《从原始植物到图像》(*Von der Urpflanze zum Simulacrum*)，载《思想史杂志》(*Zeitschrift für Ideengeschichte*)，2008年，II/3，第71—87页。

② 约翰·沃尔夫冈·冯·歌德：《比较解剖学普通序言第一份草稿》，载《关于自然科学的著作》，列奥波尔狄娜版，第一卷，9，第119—151页，此处第122页。

作，因为没有任何单个的研究者会了解所有门类。

第三，在席勒的《时序女神》中，追寻歌德的足迹。耶拿会晤在亚历山大·冯·洪堡和威廉·冯·洪堡为席勒的《时序女神》撰写的论文出版了。在这些文章中，1794年的思想留下了足迹。主要表现在传记学方面意义重大，向我们说明了洪堡兄弟不同的命运，我们必须同时阅读这些文章，为了能够设身处地地理解领会他们的意图。《时序女神》1795年第一卷发表了威廉·冯·洪堡的文章《论性的区别及其对有机自然的影响》(Über den Geschlechtsunterschied und dessen Einfluß auf die organische Natur)。不久后，又发表了他的思考《论男性的和女性的形式》(Über die männliche und weibliche Form)。这两篇论文是最初的"古典时期的"尝试：描绘关于自然和人类整体性的普遍画面。他谈论自然对某种无限、伟大和卓越特征的追求，这种特征超越一切有限的力量和有限的个体。一切都应该构成"伟大的整体"。(G.S.I,314)但是，威廉·冯·洪堡接受过康德三大哲学批判著作的专业训练，他马上就提出这一顾虑：这种神奇美好的而且无法测度的整体是无法被体验的。这是一种纯然的、观念性的伟大，这伟大在现实的世界中是找不到的，在现实的世界中，一切都是有限的、受到局限、零散的，而且受到时间法则的束缚。

[182]

为了既能制造矛盾，又能解决矛盾，威廉·冯·洪堡把注意力集中在"性区别"上。然而，这种性区别一方面是强烈对立的、自然的差别之最明显的事实，在此过程中，双方不能被简单地调换、混淆，而且没有第三方能够毫无困难地消解这些典型的区别。不存在人的普遍形象，作为超越性别的生命，充其量有一种形态的单个特征。在这些特征中，男性的和女性的特点"消失了"。(G.S.I,349)另一方面可以通过性别的差异来展示，自然本身如何能成功地根据其力量与形式的相异性和有限的局限性建立一个整体。两个性别"通过相反的作用共同促进自然神奇的统一,这种统一同时最真挚地联系整体,并且以最完美的方式塑造个体"。(G.S.I,328)

人处于威廉·冯·洪堡观察和思考的核心。他把注意力集中在男人和女人典型的性格特征上,为了经过创造性的矛盾达到和谐的统一,在此过程中,他考虑到有机的、心智的、道德的和审美的特点。他用类型学的方法通过两性进行,但这并非保持距离地整理他陌生的和外在的质料。他整理自己通过女人们积累的经验,从早期难以实现的渴慕和最初不正当的恋爱关系,到与"高贵女人"进行粗俗的、性爱的放纵,最后到与他的丽娜伟大的爱的结合。在此不可忽视的是,威廉·冯·洪堡原则上断定的并且详细描述的对立也具有文化历史的特点。他的男人和女人的类型并未脱离公式化:男人的力量与女人的丰富;施加影响与接受;对外部的追求和集中精力向内;精力与存在;对形式的严格统治与质料的优雅的自由;概念的阐明与形象的想象。

[183]

然而,激进的而且超越时代的依然是他的这种尝试:把所有这些差别都归因于身体上的基础。威廉·冯·洪堡在《时序女神》上发表的第一篇论文涉及性别差异对自然的影响。男性和女性解剖学的和生理学的基础比他们接受的社会教育更强烈地引起他的兴趣。为了能够客观地反思这个问题,威廉·冯·洪堡研读关于生命力和构成本能(Bildungstrieb)的最新研究成果,对此他的弟弟给他介绍了珍贵的信息。他也需要关于男女不同身体形态和性器官的准确的解剖学知识。他在日记中记录下来进行新的研究的第一天。1793年11月3日,"我开始研究解剖学。我们在席勒家里与歌德和迈耶尔一起吃午饭。"(G.S.XIV,253)他同歌德和迈耶尔一起上了罗德的解剖学讲座课，他"幸运地"刚好有六具尸体可以使用，他希望，"死亡对于我和我们206名医生而言总是有利的。"① 亚历山大对哥哥的新兴趣感到奇怪。他向绍伊莫尔灵汇报说，威廉"实际上在以食人族的疯狂怒气研究解剖学"。(Jbr.,428)他同样向在柏林的马尔库斯·黑尔茨禀报："威廉在一具具尸体之间活动着"，(Jbr.,309)而且威廉的研究非常巧妙，有时甚至比他自己的研究更准确、更成功。

亚历山大的说明解释了，威廉对解剖学的兴趣有特殊的原因，我们可以在亚历山大的著作《论受刺激的肌肉纤维和神经纤维》中找到此说明。对于动物躯体的解剖者来说有趣的是，"可以从生理学的角度关注整个有机自然神奇的性区别。"② 他的哥哥在这个方面进行了研究，并且在席勒的《时序女神》中报道了他的研究。他想知道，性别差异的自然基础存在于哪里，为了能够发现对这些充满矛盾关系的令人满意的解决。他写给妻子的信件也说明了这一点，在这些信件中，他说明自己新的世界观：过去，他仅仅把注意力集中在个性的自我上，他对自然"充满神奇的整体"感到很陌生。一切都被撕碎了，而且是一知半解。没有任何将他和其他生命联系起来的纽带。爱情才改变了这一切。与丽娜结合后，"我才能够自己作为一个整体，与自然的整体联系起来"并且与其余生命的宇宙创造"和谐的整体"。(Br.II,5)只有作为爱恋的人，他才成功地把"双重存在"(Br.I,433)的确定性与无法分离的、共同属于彼此的感受联系起来。

[184]

---

① 罗德致信歌德，载《关于自然科学的著作》，列奥波尔狄娜版，第二卷，9A，第437页。
② 亚历山大·冯·洪堡：《论受刺激的肌肉纤维和神经纤维》，第二卷，柏林和波森，1798年，第285页。参见伊丽娜·柯尼希(Irina König)：《依据性论述精神的起源：论威廉·冯·洪堡的美学按照时间顺序的和系统的发展》(Vom Ursprung des Geistes aus der Geschlechtlichkeit. Zur chronologischen und systematischen Entwicklung der Ästhetik Wilhelm von Humboldts)，恩格尔斯巴赫(Engelsbach)、科隆和纽约，1992年。

在为席勒的《时序女神》撰写的文章中，威廉·冯·洪堡涉及他的性取向，更确切地说，涉及他的异性恋特征（Heterosexualität），尽管这个词在文章中并没有出现。这是他所有汪洋恣肆的想法和进行修饰的描写围绕的焦点。所以，对于他而言，人的有机的自然本性（organische Natur）主要涉及男人和女人不同的性器官，这注定是用来结合的，但是不能成为一体。在男女不同的性器官中存在"充满躁动不安的渴慕的萌芽"，这种渴慕可以在异性中找到自身缺乏的。"一旦它的寻觅以一种幸运的发现达到顶峰，它就致力于追求一种结合，这是消除每一单个的生命存在的结合。产生了波浪式的起伏，来回地摇摆，那种渴慕达到了一种痛苦的高度，"（G.S.I,318）直至达到最终在分离事物的结合中最高的享受。

同样在《时序女神》第一卷中，还有一篇亚历山大·冯·洪堡的文章。这篇文章并非自然科学的研究，也不是哲学研究。亚历山大写了一篇小说，小说中的故事发生在公元前5世纪，小说的题目有个在神话学上被拓展的标题：《生命力或者罗德斯女神》（*Die Lebenskraft oder der rhodische*① *Genius*）。

这是一个非常纷乱复杂的故事。这个故事的情节框架是发生在希腊殖民地西西里岛上的锡拉库萨。②在那儿的柱厅里有一幅谜一般的画。当地老百姓惊叹并欣赏他们并不能理解的这幅画。人们推测，这幅画出自希腊的罗德斯女神之手，所以人们就称那个画中央的形象为罗德斯的女神。一只蝴蝶落到她的肩膀上。她右手举着一把燃烧的火炬。她的躯体神性地活跃。她随意地俯视着拥挤到她脚下的众多小伙

[185]

---

① Rhodisch源自古希腊神话人物罗德斯（Rhodos），她是波塞冬和赫利亚之女，罗德斯岛就以她的名字命名。——译者注
② 锡拉库萨（Syrakus，意大利语为Siracusa），意大利西西里岛东南部的一座城市。——译者注

子和姑娘,并且摆出特殊的姿势。这些人赤身裸体,身材很好,四肢发达,体格健壮。他们的头发用树叶和田野的花卉装饰着。然而,他们没有跳舞,没有彼此拥抱,也没有共同欢乐,他们的表情充满渴望和忧伤。"他们渴望地相互伸出胳膊,可是,他们严肃而忧郁的眼睛盯着一个神,她被明亮的微光包围着,在他们中间漂浮着。"①

对这幅神秘的画作有许多阐释。但没有任何阐释是令人信服的。最后,罗德斯的第二幅画到了锡拉库萨。人们立刻认出,这幅画是与第一幅画对应的。女神又位于画的中间,但是这回没有蝴蝶,而且她低垂着头。火炬熄灭了,并且指向地面。这时发生了某种令人惊讶的事:"小伙子们和姑娘们的圈子仿佛以无数的拥抱向女神袭来;她的目光不再忧郁和顺从,而是表现出狂野的、挣脱羁绊的状态,宣告满足试图结交的渴慕。"②

人们又试图破解这幅画的含义。他们没有成功。这两幅画的内在联系也不清楚。最后,锡拉库萨的暴君让人请教毕达格拉斯学派的埃皮玛尔库斯(Epimarchus)。他是一位有自由精神的人,他惧怕王侯在附近,而且,他善于运用自己的理性。"他不断地研究万物自然及其力量,研究动植物的产生,研究和谐的法则,根据这些和谐的法则,天体在宏观上,雪花和冰雹在微观上,滚动成圆形。"③他喜欢大海,大海使他的眼睛和他的精神追求不受局限的和无限的事物。他久久地端详着这两幅画。然后,他用激动的声音告诉他的弟子这两幅画的含义。

在第一幅画上,人们看到了,在有生命的和没有生命的自然世界

---

① 亚历山大·冯·洪堡:《生命力或者罗德斯女神》(*Die Lebenskraft oder der rhodische Genius*),一篇小说,载亚历山大·冯·洪堡:《自然的景观》,美因河畔法兰克福,2004年,第426页。
② 同上,第427页。
③ 同上,第428页。

中，一切如何迫切地结合。在无机物质中适用化学的亲缘关系，这种亲缘关系把物质的元素结合起来，并且相互融合。在有生命的物质当中，这种迫切愿望也在发挥作用。性别的差异让小伙子们和姑娘们追求结合。他们相互渴慕。然而，他们自由的结合被女神的威力阻止。在此是生命的力量本身提出对分离的要求。"你们现在更近地围着我，我的弟子们，你们在罗德斯女神中，在其青春强盛的表情中，在罗德斯女神肩上的蝴蝶中，在其眼睛发出的统治者的目光中，辨认出生命力的象征，就像生命力使有机造物的每个萌芽都充满生命一样。在罗德斯女神的脚下，尘世的元素仿佛试图跟随自己的渴望，并且开始相互混合。女神举着火苗蹿得很高的火炬威胁，并且强迫，不考虑古老的权利，而是遵循罗德斯女神的法则。"①

在第二幅画上，生命力消失了。火炬燃尽了，女神的头耷拉下来，蝴蝶飞走了。这是死亡的画面。"此刻，小伙子们和姑娘们高兴地握手。挣脱了束缚，他们在长期的渴望之后狂野地满足他们快乐的本能欲望。死亡之日成了他们的新婚之日。"②

在锡拉库萨的柱厅里，人们可以参观到的那两幅罗德斯女神的画是无法被理解的。它们的含义依然是个谜，依然没有被破解。自然科学家、哲学家和诗人埃皮玛尔库斯才提供了正确的阐释。埃皮玛尔库斯实际上充当了亚历山大·冯·洪堡在文学上的双影人，他向惊讶不已的民众解释了这两幅画的含义。但是，作为亚历山大·冯·洪堡这篇小说的读者，我们不得不继续发问：这个具有生命和死亡画面的神秘故事意味着什么呢？埃皮玛尔库斯的阐释并没有对此做出回答。我们

[187]

---

① 亚历山大·冯·洪堡：《生命力或者罗德斯女神》，一篇小说，载亚历山大·冯·洪堡：《自然的景观》，美因河畔法兰克福，2004年，第429、430页。
② 同上。

不得不对这个阐释进行阐释,旨在能够理解这个特殊文本的含义。

几十年之后表明,这个关于罗德斯女神的故事并非被玩耍游戏过度的、文学上的突发奇想,而是亚历山大·冯·洪堡的喜好和恐惧被编成密码的表达。1826年,他把这篇小说收进其《自然的景观》第二版中。在前言中,他介绍了这部小说产生的过程:"席勒回忆起他年轻时对医学的研究,我长时间逗留在耶拿期间,他很愿意与我谈论生理学的对象。我关于通过触及化学上不同的物质造成受刺激的肌肉纤维和神经纤维的情绪的论文,经常给予我们的谈话最初的方向。在那个时期,关于生命力的那篇短文就写成了。"① 可是,这个指明却仅仅解释了这篇小说的科学史背景。1793年,亚历山大·冯·洪堡把"生命力"定义为内在的力量,它阻止生命体内的元素跟随最初的吸引力量。它们并没有混合,而是一直分离着,为了能够构成有机的结构。如此看来,那些小伙子和姑娘就用拟人手法,象征有机体的重要部分,这种有机体可以通过生命力之神保存生命。

1795年,亚历山大·冯·洪堡就失去了对其独立的生命力的信念。他放弃了生命力,为了有利于康德和歌德给予过重要提示的"整体论"②(Holismus)。生动的整体取代了生命力。然而,1849年,亚历山大·冯·洪堡在《自然的景观》第三版中最后一次谈及转折,

---

① 亚历山大·冯·洪堡:《生命力或者罗德斯女神》,一篇小说,载亚历山大·冯·洪堡:《自然的景观》,美因河畔法兰克福,2004年,第9、10页。

② 亚历山大·冯·洪堡用进行分离的神这个神话形象提前进行了对詹姆斯·C.麦克斯维尔(James C.Maxwell)勾画的"魔"(Dämon)的杜撰,为了反对不可逆的、热平衡(entropisch)的混淆倾向(热力学的第二个主句)来继续保存秩序和结构。正如"麦克斯维尔进行分类的魔"(The Sorting Demon of Maxwell)(1879年)分离了更快和更慢的气体分子一样,亚历山大·冯·洪堡的神分离了雌雄生命。他后来驳斥了对这样的生命力本质的虚构的假设,为了有利于生动的、自我有机化的体系之一种整体的画面,这是绝对现代的,并且具有前瞻性地展示了他在生命的最后几年才发展的思考:此刻生命体被看成开放的体系,它们试图通过与周围进行不断的质料交换和能量交换,使自身远离热平衡,并且远离与此相联系的衰退。这就使得神或者魔作为创造秩序者成为多余的了。

这种转折并没有减少其小说的魅力，他在80岁的耄耋之年还带着喜悦心情看待这部小说。这表明，这本小说不仅仅是给过时的、生理学的思想穿上一件神话的外衣。其文学创作的想象力的文献资料，也允许另一种比生与死的譬喻更深层次的阅读方式。

[188]

亚历山大·冯·洪堡根据席勒的哲理诗《希腊的众神》熟悉了神的画面，人们用这个神最初描述了一个男人的保护神，这个保护神使男人有能力孕育孩子。

> 那时，没有令人厌恶的骸骨
> 走进死者床边。只有守护神
> 在他弥留时，平静且悲哀地放下手中的火炬，
> 从他嘴上吻去最后的生命。①

席勒用"那时"使人们回忆起古希腊的艺术家，这些艺术家没有通过一种骷髅的象征表现死亡，而是"就像一个年轻的神一样，拿着倒过来的火炬"，②正如高特霍尔德·艾夫莱姆·莱辛1769年在论战文章《古代人如何形成死亡》中所证明的那样。亚历山大·冯·洪堡也熟悉莱辛对古代的看法，他接受了莱辛文章中的主题：垂下的火炬的熄灭象征死亡；蝴蝶象征在死亡时离开肉体的灵魂；而神垂下的头象征生命力的丧失。

然而在古希腊的圣像中，死亡让人的肉体变僵硬，但是在亚历

---

① 此处译文采纳以下译本，但有改动：《希腊的群神》，席勒著，钱春绮译，载张玉书主编的六卷本《席勒文集》第一卷，北京：人民文学出版社，2005年，第41页。——译者注
② 高特霍尔德·艾夫莱姆·莱辛(Gotthold Ephraim Lessing)：《古代人如何形成死亡》(Wie die Alten den Tod gebildet)，载十卷本《莱辛全集》(Gesammelte Werke in zehn Bänden)，第五卷《古代的著作》(Antiquarische Schriften)，柏林，1955年，第683页。

山大·冯·洪堡的笔下,人的肉体挣脱任何束缚,放荡不羁地满足他们的本能欲望。为了能够完全把握固执己见的歪曲,他还不得不补充第二幅画,在这幅画中,古希腊的人物找到了与基督教的对应。这是一幅令亚历山大·冯·洪堡受到惊吓的画作。1790年3月30日,他和格奥尔格·福斯特一起参观了杜塞尔多夫绘画馆,那里悬挂着鲁本斯的巨幅画作《最后的审判》,我们在第五章中已经提到过这幅画。这幅画是个典范,他把这个典范放回到古希腊神话中。他依据被光线照耀的、在高处正襟危坐的耶稣打造了其小说中的神。耶稣头上的鸽子变成了他小说中的蝴蝶,耶稣带火焰的剑变成了他小说中的火炬。在《最后的审判》中,彼此交叠地冲向深渊的赤裸身体直接被亚历山大·冯·洪堡仿造。福斯特在其《莱茵河下游的景观》中描绘了他们两位观画者面对混乱的人肉堆时感受的恶心。他们也觉得,四肢的缠绕交错很令人厌恶,就像在一个"野蛮残忍的肉市上"①能看到的那样。亚历山大·冯·洪堡接受了这种令人恐惧的观点。在他看来,狂野的放荡不羁和多种多样的拥抱状况象征被摧毁的自然之和谐与秩序,在这种状况中,小伙子们和姑娘们彼此混合,冲向对方,乱成一团。

[189]

亚历山大·冯·洪堡在《时序女神》中发表的小说也涉及欲望和对本能欲望的满足与失灵。这篇小说是他关于性学理论的论文。但是,他选择了有别于他哥哥威廉的方法,威廉坦诚地承认,他渴望什么。亚历山大·冯·洪堡通过选择用文学形式,即半神话半科学的形式,以此给真正的含义罩上了一层面纱。正如在梦幻文本中一样,在

---

① 格奥尔格·福斯特:《莱茵河下游的景观》,载《格奥尔格·福斯特的作品》,第九卷,柏林,1958年,第44页。

罗德斯女神的小说中，不同的主题彼此密集，这些主题不容易被理出头绪来：根据植物的化学病理学用科学方法构想的"生命力"；希腊神的死亡象征；最后的审判的肉体画像，正如鲁本斯非常矛盾地描述的肉体一样，在迷醉和厌恶中被来回撕扯着。它们合起来得出了性病理学的防御画面。它统治了不稳定的想法，这种想法在小说中得到了鲜明的、独特的表达：仅仅在性方面彼此分离时，不同性别的人才能保存生命，而性的结合意味着死亡。这不是别的，正是补充性的反驳，反驳他哥哥对异性恋特征的颂歌。被威廉·冯·洪堡当成至高的幸福和最大的人生享乐加以庆贺的境界，亚历山大·冯·洪堡予以摒弃，视之为威胁生命的危害。他把"新婚之日"宣告为死亡之日，以此否认了他哥哥确定的异性恋的情欲。[190]

席勒向洪堡兄弟提供了在《时序女神》中表达相反的性偏好与反感的机会；而歌德则为他们勾勒出共同的规划，这个规划终其一生都把他们联系在一起。从关于比较解剖学的思想出发，围绕"类型"的普通画面这个核心，产生了长效作用，在洪堡兄弟最后的著作中还能够找到这些长效作用的痕迹。

对于歌德而言，亚历山大·冯·洪堡一直是给他启发的谈话伙伴，他总是不断重新推动并且促进歌德对自然科学的研究和思考。而亚历山大·冯·洪堡一再感谢歌德，尤其在1794年和1797年他们会面期间，通过其类型学的和整体论的自然观给他配备了新的认知器官。他们在耶拿第一次会见之后不久，他就于1795年5月21日从拜罗伊特给歌德寄来了自己关于矿物学和植物学的早期著作。正像他告诉歌德的那样，他计划写一部关于地球内部植被的著作。"我想描写那些怕光的植物的生命，而不是形式。在此提供一个实验，根据我的观点，有机生命必须如何被对待。这是一个我喜欢的想法，把这部不知名的著

第七章
耶拿的各种社会状况

作献给您。"① 歌德并没有忽略这次宣布的批评性讽刺，1795年6月18日，他向亚历山大·冯·洪堡提出建议，在本月中旬与他见面，为了能够把他自己的形态学方面的形态学说同年轻的亚历山大·冯·洪堡的生命研究联系起来。早在关于受刺激的肌肉纤维和神经纤维的伽伐尼实验中，歌德曾密切地关注而且有时还实际陪伴这些实验，亚历山大·冯·洪堡接受了这种启发。亚历山大·冯·洪堡用青蛙腿做了很多实验，这些实验服务于他对生命力的研究，而这些实验也让他小心地制作青蛙肌肉的标本，在此过程中，歌德对比较解剖学的类型计划让他惊讶地断定："这与人有怎样的协调啊！有机结构在形式上有多么相似！这些形式看似彼此相距遥远。……这样，动物的质料几乎在所有地方都是按照一个类型形成的。在一种动物身上经常仅仅被暗示，在别的动物中这个应用明显地形成什么。"②

[191]

当亚历山大·冯·洪堡在进行大型的考察旅行（1799年—1804年）期间，他穿越奥里诺科河③流域的热带雨林，爬上安第斯山脉上的火山，他一直追求从地质学、植物学和解剖学的角度发现典型形态的共同作用和相互作用，在此过程中，歌德的整体论思想发挥了指明方向的作用。他在一封写给席勒的大姨姐的信中是这样描述的，席勒的大姨姐就是卡洛琳娜·冯·沃尔措根（Caroline von Wolzogen），离异前是卡洛琳娜·冯·鲍伊尔维茨，娘家姓棱厄菲尔德。虽然在几乎可怕的生动的自然中，有数千种神奇的形态针对他的意识说话，但所有的新事物都一再联系他在耶拿逗留期间熟悉的那些思想："在亚马孙河的森林中，就像在巍峨的安第斯山的脊背上一样，我认识到，就像

---

① 《歌德与威廉和亚历山大·冯·洪堡通信》，路德维希·盖格尔主编，柏林，1909年，第289页。
② 亚历山大·冯·洪堡：《对受刺激的肌肉纤维和神经纤维进行的实验》，第二卷，柏林和波森，1798年，第285页。
③ 奥里诺科河（Orinoko），南美洲北部的一条河流，全长2 140公里。——译者注

吹一口气被赋予了生命一样,从极地到极地,只有一种生命被浇铸成,在石头、植物和动物以及在人肿胀的胸腔中。我在各个地方都充满了这种情感:那些耶拿状况对我产生了多么巨大的影响,我如何被歌德的自然观提升,就好像被装备新的器官一样。"①

"形态学家是先知,因此眼睛是感觉器官,形态学家用眼睛首先能思考。"② 阿道尔夫·迈耶尔-阿比希用这种给人自相矛盾感觉的推断,描述了歌德形态学认知理论的特点,亚历山大·冯·洪堡完成了歌德的形态学。1845年,亚历山大·冯·洪堡在最后一部著作《宇宙》中指出,"眼睛是世界观的器官。"③他在该书中将形态学的纲领普遍化,并且把该规划扩展到世界伟大的整体中。但是,他描述美洲考察旅行的第一本书也受到了歌德观点的启发和鼓舞。因为他以至深的崇敬和真挚的感激把他1805年出版的书《关于植物地理的思想》献给了歌德④,他说,他既遵循了在地球无数的植物中可以认识一些少数基本形态(原形态)这个意图,又尝试了,"把我所观察到的现象的主要结果概括到普遍的形象中。"⑤ 这个形象被17个基本形态打上烙印,从香蕉的形状一直到礼帽形的蘑菇的形状,亚历山大·冯·洪堡用"观相术的"的方法描绘了它们,并且用形态学的方法将它们系统化。他仔细观察植物的形状,而不是"用植物学的方

[192]

---

① 亚历山大·冯·洪堡1806年5月14日信件,转引自亚历山大·冯·洪堡:《我的人生》,慕尼黑,1989年,第2版,第180页。
② 阿道尔夫·迈耶尔-阿比希(Adolf Meyer-Abich):《亚历山大·冯·洪堡对歌德形态学的完成》(Die Vollendung der Morphologie Goethes durch Alexander von Humboldt),哥廷根,1970年,第38页。
③ 亚历山大·冯·洪堡:《宇宙:对一个自然世界描绘的方案》(Kosmos.Entwurf einer physischen Weltbeschreibung.).美因河畔法兰克福,2004年,第40页。
④ 《歌德与威廉和亚历山大·冯·洪堡通信》,路德维希·盖格尔主编,柏林,1909年,第297页。
⑤ 亚历山大·冯·洪堡:《关于植物地理的思想》(Ideen zu einer Geographie der Pflanzen),毛里茨·迪特里希(Mauritz Dittrich)主编,莱比锡,1960年,第23页。

法"根据其授粉的细小部分将它们细分科目,人的肉眼几乎都看不到这些细小的部分。在他看来,重要的是,人们能够看到的大轮廓。在这个意义上,他把自己理解为植物学家,用美学方法观察研究对象,并且像画家一样描绘植物的形态。

1806年1月30日,亚历山大·冯·洪堡在柏林普鲁士王室科学院的会议上做报告,介绍了他的《关于植物的一种观相术的思想》。他以这些思想把不同地形地貌类型的特殊印象直观地展现给听众。在此过程中,那些不同的植物形态起了主要作用,他已经在著作《关于植物地理的思想》中介绍了这些植物形态,并且指出形态的相互接近一致的特点:"一个国家植物的观相术取决于这些类型的分布和组合。"① 歌德马上就为《耶拿文学汇报》(*Jenaische Allgemeine Literatur-Zeitung*)撰写了一篇报道,这并不足为奇:

> 第一个渴求的愿望实现了:获悉这位卓越的、果敢的自然科学家从充满艰辛和危险的考察旅行归来,又回到他的亲人身边,在此之后,第二个愿望肯定就会鲜活生动地产生了:每个人都极其渴望听到他报道所获得的丰富宝藏。现在,我们在此获得了第一份礼物:在一个小容器中装满了非常珍贵的水果。如果我们动身走进知识,走进科学,那么,它就会发生,为了能够更加装备齐全地重新回归生活。这样,在我们看来零散的、十分令人恐惧的植物学的研究,此刻在这里站到了其美化的巅峰,在巅峰之上应该向我们保证生动的而且独一无二的享受。②

---

① 亚历山大·冯·洪堡:《自然的景观》,美因河畔法兰克福,2004年,第248页。
② 约翰·沃尔夫冈·冯·歌德:《谈论亚历山大·冯·洪堡〈植物的一种观相术的思想〉》(*Besprechung von Ideen zu einer Physiogmatik der Gewächse von Alexander von Humboldt*),载《关于自然科学的著作》,列奥波尔狄娜版,第一卷,10,第199、200页。

《论植物的一种观相术的思想》1808年发表在亚历山大·冯·洪堡的《自然的景观》中，这本书成为他毕生最喜爱的书。这本书的书名呼应福斯特的著作《莱茵河下游的景观》，书里的报道夹叙夹议，有描述和反思，报道了一次考察旅行，在这次考察旅行中，亚历山大·冯·洪堡认真学习，使自己观察矿物学和植物形式的形态多样性的眼光更加敏锐。他在写书时还想到了歌德及其自然观。他以整体论的观点去观察庞大的自然对象，观察海洋、奥里诺科河流域的原始森林、委内瑞拉的荒原和南美洲山脉的崇高孤寂，这种整体论的视角把精确的科学观察同独特的美学判断力结合起来。"在宏观上综观自然，证明各种力量的共同作用，更新享受（这种享受向感受着的人确保了对热带国家的直接观察），这些都是我在追求的目标。"①

　　歌德感觉受到了谄媚奉承。他高度评价亚历山大·冯·洪堡将自然科学和美学结合起来的努力。他也认识到，在单个的自然观点中，如何用在比较解剖学中勾勒的"双重的方式"进行运作。亚历山大·冯·洪堡描述了单个的、典型的自然形式：奥里诺科河畔的瀑布、卡哈马卡②的高原、印加王国③最后的统治者阿塔胡阿尔帕④古老的王国官邸。在其他文章中他还描写了，一种特殊的面貌或者生活方式如何扩展到全世界：他勾勒出一幅自然画卷，上面有荒原和沙漠及其典型的植被和动物种类。他描绘了地球上不同地区的火山构造和影响，对比了分布在全世界的植物外形，还讲述了原始森林中

---

① 亚历山大·冯·洪堡：《自然的景观》，美因河畔法兰克福，2004年，第7页。
② 卡哈马卡（Caxamarca），秘鲁西北部城市，是卡哈马卡大区首府，距离首都利马861公里，始建于1802年12月19日，海拔2 750米。——译者注
③ 印加王国（Inka），拉美西班牙殖民统治之前的王国。——译者注
④ 阿塔胡阿尔帕（Atahualpa,1502—1533），西班牙殖民统治之前的印加王国最后的统治者。——译者注

第七章
耶拿的各种社会状况

动物的夜间生活。

假如歌德还能读到《宇宙》一书，那么，他的阅读享受该有多大啊？① 这是一部关于世界巨幅画卷的书，亚历山大·冯·洪堡开始动笔写这本书，"从内在和外表来看，都是歌德时代独特的"书写。② 因为他以包罗万象的对自然世界描绘的方案尝试了在整体上生动地描述的自然，反对纯粹思辨的空洞和无思想的经验论的自大。在撰写过程中，歌德的关键词像有人给他提台词一样提醒亚历山大·冯·洪堡："在生命构成物的多样性和周期性的变换中，所有构成的原始秘密都在不断地更新，我应该说，歌德如此幸运地探究的变形问题是一种解决方案，它符合对此的需求：把各种形式理想地归因为某些基本类型。"

亚历山大·冯·洪堡作为自然科学家所针对的目标，他哥哥威廉作为人文科学研究者和语言学家实现了。威廉·冯·洪堡也在1795年初受到歌德的解剖类型学说的鼓舞。他开始搜集头盖骨，亲自剥制一只孔雀的骨架，他让马克斯·雅各比把这只孔雀带到魏玛，作为给歌德的礼物，因为"您或许不久就研究鸟类的骨骼学示意图"。他计划写一本关于楔骨的、进行对比的专著，他几乎找不到感谢歌德的恰切话语，感谢"您允许我追寻您的脚步，给我带来怎样的快乐！"③

一年以后，威廉·冯·洪堡勾勒出撰写一部比较人类学专著的计划，作为与比较解剖学平行的著作。在这部专著中，其早期发展

[194]

---

① 实际上歌德没能读到这本书，因为歌德1832年去世，亚历山大1834年才动笔写这本书。——译者注
② 阿道尔夫·迈耶尔－阿比希："后记"，载亚历山大·冯·洪堡：《自然的景观》，阿道尔夫·迈耶尔－阿比希主编，斯图加特，1992年，第158页。
③《歌德与威廉和亚历山大·冯·洪堡通信》，路德维希·盖格尔主编，柏林，1909年，第2、3页。

的能力大有用武之地：能够通过人类的不同表达形式，认识人类的性格特征。完全在歌德的意义上，他首先关心的是，让实际的观察意识、哲学的精神、经验的多样性和整体的结构共同发挥作用，为了整理出人的"普遍的类型"，（G.S.I,378）作为一种理想，经验的个体应该把自己培养成这样的理想。但是，他在此还着重强调地表达了顾虑：普遍的人性仅仅指明了和谐的可能性，这可能性不能够使"最重要的事实"失去效力：那就是男女性别的差异。（G.S.I,400-410）

[195]

威廉·冯·洪堡于1821年4月21日在柏林科学院做了《关于历史撰写者的任务之思想》的报告，他估计歌德会赞同这些思想："处于最后的但最简单的消解中的历史撰写者的工作是，追求一种思想：赢得现实中的存在。"（G.S.IV,56）但是，这种不能直接被感知的思想不能像一个陌生的附加物一样，作为机智的突发奇想被借给历史。人们只能通过多种多样的、个体的事实本身的生动的丰富性认出此思想，就仿佛整体形象一样，一位艺术家有天赋在现象中纯粹地接受整体的形象。1822年3月18日，威廉·冯·洪堡把他在柏林科学院做的学术报告的文稿寄给歌德，他在所附的信中告诉歌德："对比历史与艺术，这在您看来或许是一个奇怪的离奇想法。只不过这想法在我的内心中已经酝酿很久，在描述人的形象和人的行为时，难道不存在某种相似之处吗？在我针对艺术所谈的内容中，我还希望得到您的赞同。只有当形象由内而外地被理解了，才能重新在其整体中被描述。"①

1794年到1795年的古典时期的准则，在威廉·冯·洪堡的毕生著作中，发挥了最强的作用。1820年6月29日，威廉·冯·洪堡以报

---

① 《歌德与威廉和亚历山大·冯·洪堡通信》，路德维希·盖格尔主编，柏林，1909年，第254、255页。

告的形式介绍了著作的纲要:《在涉及语言发展的不同阶段时论比较的语言研究》(*Ueber das vergleichende Sprachstudium in Beziehung auf die verschiedenen Epochen der Sprachentwicklung*)。他以此总结了20年的语言研究,并且同时确定了一部语言科学的和哲学的研究著作的主导思想,他在人生的最后15年内,在位于特格尔的家庭宫殿的寂寞中,把全部精力用于撰写这部学术著作上。在撰写这部著作时,他也纲领性地遵循那些思想:处于他与歌德、席勒和他弟弟亚历山大交谈的核心。

[196]

威廉·冯·洪堡在语言上的观点,主要是探讨有机整体和构成力量的思想,所有人都通过康德熟悉这些思想。威廉·冯·洪堡把这些思想从自然研究转换到语言研究,并且从中得出结论:"有机生命在其感性的和精神的发挥作用中,直接呼出气息,语言在其中分享了一切有机存在者的本性:每个有机存在者都通过别的存在者存在,一切有机存在者都仅仅通过渗透整体的力量存在。"(G.S.IV,3)

具体而言,这思想产生了这样的后果:威廉·冯·洪堡把自己的注意力集中在语言结构上,无论是单个的语言在个性上的结构,还是处于形成可能性的多样性中的人类语言的结构。在语言研究过程中,他把有时称为"结构"的构造用双重的方式搞清楚,即歌德在解剖学的草案中勾勒的双重方式:一方面,他认为重要的是,在学术专著中描述单个语言的内在联系,在描述时,他把任何语言,甚至"最粗俗的民族的方言"(G.S.IV,10)都看成是有机的作品,这作品不应该被肢解成孤立的残篇。他认为,至关重要的是,在单个的语言内部找到相似性,即相互类似的统一体,可以系统地被归纳到一个整体中。这些相似部分被调整的联系得出语法的句子结构,而语言的句子结构对于每种语言来说都是独特的。另一方面,威廉·冯·洪堡集中精力研究所有语言中特定的统一体可能拥有的意义。1823年6月3日，他在柏林科学院依据美洲语言中动词的语法形式，对此进行了解释说明，只要对于"存在这个概念"起着语言上的关键作用。[1]1827年4月26日，他在柏林科学院做了学术报告《论双数[2]》(*Ueber den Dualis*)，介绍了他的语言对比的观点。

威廉·冯·洪堡从闪米特语和梵语中引出双数，在双数中，两个人被作为一个统一体。这种奇怪的语法复数形式迎合了威廉·冯·洪堡的语言观。他可以通过这个复数形式做示范，解释"所有语言的原始类型"。（G.S. VI,26）在双数中，称呼和回答基本的二元关系展示出来，即说者和听者的相互谈话。这种不可改变的双数在语言的本质中阐明了理由，在语言中，对快乐的联系这种倾向发挥作用。这样，人们就可以通过双数演示，双数和单数是如何内在地联系的，整体如何被分开，为了能够作为被划分的内容联合起来，完全就像威廉·冯·洪堡在第一份人类学研究《论性别差异及其对有机自然的影响》中阐释的那样。现在他关心的是，性别差异对语言本性的影响。在双数中，我与你的共同作用被理解为性的基本结构的语法表达。"在最普遍的和最精神的构成中被理解的性别差异，引导仅仅通过相互补充才能被治愈的片面性，经历人类思想和情感的所有关系。"（G.S. VI,25）

[197]

威廉·冯·洪堡的基本主题，即分离事物的统一，不仅在双数的特殊形式中得到语法上的表达，在拓展的语言学研究中，也越来越清晰地整理出他的语言思想，而差异和依赖的共同作用统治着基

---

[1] 威廉·冯·洪堡：《论美洲语言中的动词》（*Ueber das Verbum in den Americanischen Sprachen*, 1823年），载威廉·冯·洪堡：《论语言，在科学院的演讲》（*Über die Sprache. Reden vor der Akademie*），约根·特拉班特（Jürgen Trabant）主编，图宾根–巴塞尔，1994年，第82—97页。

[2] 双数（Dualis），语言学术语，指名词、代词或者动词指两个人或两个物。——译者注

本的语言思想。语言的本性是由双重的划分原则决定的：在所有语言中，有思想上的统一体和发出声音的发声形式，共同构成"普通语言类型的特征"，(G.S. V,364-475)还作为语言理论与性别差异的相似性被构思。正如男性和女性一样，精神的反思和声音的发声构成双重的存在。它们彼此分离，并且属于一起；共同使语言思想的创造性成为可能，并且提供了理由："语言不单纯是依赖语言形成的思想的名称，而且自身还是思想的构成器官。"(G.S. V,374)

[198] 威廉·冯·洪堡以著述和关于语言的思想，成功地找到了自从大学时代就开始研究的这个问题的解决方案：感性和精神是如何内在联系的？现在，他可以依据语言发声和心智的活动的相互交集解释，声音表达不是单纯的声响，思想也不是仅仅存在于单个的头脑中，而且不能被通报的纯粹的想象。是语言生动的整体，把外在的、感性的质料和内在的、精神的含义和谐地结合起来，而且用康德的话说，语言所有的部分都交替作为原因和作用相互调节。"为了使人仅仅真正理解一个词，不仅把它理解为单纯感性的推动，而是作为发出声音的、描述一个概念的声音，语言就必须完全地、在内在联系中存在于其中。语言中没有任何单个的事物，语言的每个要素都仅仅作为一个整体的部分来宣告自己。"(G.S. IV,14f.)

第八章
怎样的一种享受啊!

亚历山大如何最终到达美洲?他在美洲向他的哥哥威廉报道了什么?

当威廉·冯·洪堡1830年出版他与弗里德里希·席勒的往来书信时,他利用这个机会写了一个非常详细的前言。在这份预先回忆(Vorerinnerung)(G.S. V I,492-527)中,他描述了席勒的性格,并且回顾了其精神发展的轨迹。他充满感激之情地回忆从1794年至1797年他接触席勒的那几年。他让那段他们俩共同探讨抽象思想的时光变得鲜活起来,他们探讨,是为了"把一切有限的事物纳入一个巨大的画面中,并且把它与无限联系起来。"(G.S. V I,508)特别是康德伟大的三大批判著作给予他们启发,为了共同对精神与自然、形式与素材、理想与人生进行哲学思考。

威廉·冯·洪堡在回顾中感觉到,这些年是作为席勒精神发展中最重要的时期出现的。这也是一次大的"危机"时代,因为席勒的文学创造力停滞了,他仅仅把注意力集中在"增长太强的思想活动"(G.S. V I,492)上。但是,威廉·冯·洪堡也在忙于重大问题,自从他1795年7月1日离开耶拿之后,他得以与歌德和席勒共同研究、思考和讨论的幸福快乐的一年结束了。他和妻子与两个孩子(1792年5

[199]

[200] 月16日女儿卡洛琳娜出生后，1794年5月5日，第一个儿子威廉来到人世）一起迁到了特格尔。他不得不在母亲的身边，因为玛丽·伊丽莎白·冯·洪堡身患重病。她一天比一天虚弱。她以为，自己冬天会死去。病痛也使她的忧郁加剧了，忧郁现在也影响了她的儿子。虽然他想通过勤奋的学习，尽可能摆脱笼罩在母亲家里的压抑消沉的氛围。但是，他只在短期内成功地摆脱忧郁，当他在勾勒高远的计划、起草希腊精神类型的草图并且尝试描绘自己的时期时：18世纪，(G.S. I I, 1-112)他变得越来越没有勇气。

他怀念与席勒之间给他启发的交谈，他在无数封信里向席勒描述他的处境和情绪。1795年年末到1796年年初的冬天，他搬到特格尔的家庭宫殿和柏林的居室房，在这两个地方，他感到注定要遭受没有快乐和无所事事。风湿病折磨着他，他的妻子患有严重的痉挛症。只有两个孩子身体好，很结实，能够给他们的父母和祖母带来一点儿快乐。1796年7月16日，还身在柏林，威廉·冯·洪堡就抱怨，他感觉自己投入其中的"不舒服的空虚"，①即便他以前的熟人也不能使他摆脱这种空虚。就连放荡不羁的享乐型的人物弗里德里希·根茨也不能使他高兴起来。

亚历山大·冯·洪堡于1796年初回到柏林。为了探望生病的母亲，他也同样度过了非常不愉快的五个星期。他如此忧郁，以至于他立下遗嘱，并把遗嘱交给柏林市法院留存。他给身在弗莱贝格的弗莱耶斯雷本写信说："我可怜的母亲的命运是可怕的。她患有严重的乳腺癌，不仅无法挽救，甚至连缓解疼痛的办法都没有。我估计，她会在秋天死去。"(Jbr.,503)所以，他不可能进行大规模的考察旅行，尽管

---

① 《弗里德里希·席勒与威廉·冯·洪堡之间的通信》(Der Briefwechsel zwischen Friedrich Schiller und Wilhelm von Humboldt)，齐格弗里德·赛德尔(Friedrich Seidel)主编，柏林，1962年，第二卷，第78页。

他非常渴望到遥远的地方旅行。一段时间以来，他就一直计划和他的朋友莱因哈特·冯·海夫滕一起迁居到意大利。他知道，他哥哥也有同样的目标:"他也带着老婆和孩子到那儿去。他惦记着我,胜过我对他的惦记,尽管他自己不会对你感兴趣,但是,这个想法就已经带着感激地与你联系在一起了:倘若没有你在我身边,他就不能见到我。"(Jbr.479)然后,他还有进行一次大型的"美洲考察旅行"的老计划,他梦寐以求的夙愿,期望这次考察旅行给他带来最大的快乐。然而,只要他母亲还活着,这一切就都不得不被推迟。

[201]

回到拜罗伊特之后,亚历山大·冯·洪堡得了荨麻疹。几个星期之后,他的身体健康的危机就过去了。他同越过莱茵河向前突进的法国人成功地进行了谈判,为了获得普鲁士领地在符腾堡和弗朗肯的独立。他精力充沛地把注意力集中在其关于肌肉纤维和神经纤维刺激的物理与化学著作上,他还写关于用光束做实验、关于新气体种类和生理学的植物反应的文章。他研究空气的组成,并且计划撰写一部鸿篇巨制《论中欧部分地球的构造》(*Ueber die Construction des Erdkörpers im mittleren Europa*)。他充满自豪地告诉在弗莱贝格矿山学院的老师亚伯拉罕·高特洛普·维尔纳:"我可以向您保证,我从来没有像现在这样如此一刻不停地勤奋,因为我现在完全投身科学生活,我知道划分我的闲情逸致。"(Jbr.,561)

与此同时,他哥哥威廉陷入了很深的创作危机。他感到精神上的麻木,"对已经取得的成果适用性如此的可怕产生怀疑,以至于我几乎无法动弹"经常向他突然袭来。[1] 虽然席勒不能直接帮助他,但是,至少能简短地告诉威廉,如何看待他这个朋友面临的情况。

---

[1]《弗里德里希·席勒与威廉·冯·洪堡之间的通信》,齐格弗里德·赛德尔主编,柏林,1962年,第二卷,第79页。

第八章

怎样的一种享受啊!

作为一个重视概念的人，威廉自己封闭自己，"通过把判断能力看得比自由构成的能力还重要"。①威廉批判的判断破坏了创造性的想象力。因此，威廉应该提高自己本性倾向的能力：敏锐的判断力和独特的享受能力。

[202] 威廉·冯·洪堡几乎刚读完席勒的信，就决定，与妻子和孩子们进行一次旅行。他和母亲一起忍受了一年多的痛苦。现在，他终于想再看看大海，再去拜访朋友和熟人，获得新的启发，稍微享受一下人生了。1796年8月初，他们穿越北德的旅行开始了。他母亲的健康情况有了好转，他不想离母亲太远，这样，这个小型的旅行团主要在波罗的海的海滨度过了几个星期。回到柏林之后，他马上给席勒写信："我在旅行途中享受了很多乐趣。"②他的旅行日记（G.S.XIV,258-352）表明，他处于审美和性格学方面判断能力的顶峰。他直观形象地描绘了风景，尤其是吕根岛（Insel Rügen），③他以清晰的眼光理解他在旅行途中拜访的人，其中有约翰·海因里希·福斯、④约翰·格奥尔格·施劳瑟尔、⑤弗里德里希·高特里普·克洛卜施托克、⑥玛蒂亚斯·克劳迪乌斯⑦和他在汉堡遇见的弗里德里希·海因里希·雅各比：

> 他内在的主要特征准确无误地是某种高贵和伟大，然而，

---

① 《弗里德里希·席勒与威廉·冯·洪堡之间的通信》，齐格弗里德·赛德尔主编，柏林，1962年，第二卷，第84页。
② 同上，第91页。
③ 吕根岛（Insel Rügen），属于德国东北部的梅克伦堡—前波莫瑞州。——译者注
④ 约翰·海因里希·福斯（Johann Heinrich Voß,1751—1826），德国作家和翻译家。——译者注
⑤ 约翰·格奥尔格·施劳瑟尔（Johann Georg Schlosser,1739—1799），城市法律顾问，歌德的妹夫。——译者注
⑥ 弗里德里希·高特洛普·克洛卜施托克（Friedrich Gottlob Klopstock,1724—1803），德国著名抒情诗人，宏大的叙事诗《救世主》为感伤文学和狂飙突进的突破进行了准备。——译者注
⑦ 玛蒂亚斯·克劳迪乌斯（Matthias Claudius,1740—1815），德国作家。——译者注

这种高贵和伟大有时蜕变成了自负，有时大概也蜕变成虚荣。还有一种智慧教养，它鄙视肉体特征，把肉体特征当成由理性在概念中形成的东西。由此可能会产生这种情况：在情感中而且主要是在情感的表达中，他有某种异样的东西，乍看起来并不自然的东西。（G.S.XIV, 347）

旅行增强了威廉·冯·洪堡对自己精神的创造力的信心。可是不久，情况看上去又糟糕了。卡洛琳娜病倒了，放血疗法使她更加羸弱。"医生竭力建议她，赶紧回到耶拿，因为她简直无法待在此地。"① 10月末，威廉·冯·洪堡带着生病的妻子和两个孩子离开了忍受病痛的母亲——根据医生的说法，她最近时期不会有死亡危险。11月初，在经历了充满危机的15个月后，他又回到了耶拿。

两周后的1796年11月14日，玛丽·伊丽莎白·冯·洪堡在特格尔离开人世，享年55岁。她第二次婚姻的两个儿子都不在她身边。他们也没有参加在法尔肯贝格乡村教堂举行的葬礼。他们似乎感觉，她的死亡使自己得到了解脱，并没有觉得母亲的死很突然。他们节哀，抑制着悲伤。他们感觉如释重负，因为他们不幸的母亲的痛苦终于结束了。亚历山大给弗莱耶斯雷本写信说："我的好心人，你知道，我这一侧的心无法受到敏感的打击。我们之间从来都彼此感觉陌生；可是，这位逝者不幸的和无限的痛苦又会使谁不感到揪心呢。"（Jbr.553）威廉也有类似的感受，他母亲的情感世界一辈子都向他封闭着。

母亲的亡故方便了洪堡兄弟的旅行。再也没有任何家庭的因素

---

① 威廉·冯·洪堡1796年10月22日致信弗里德里希·奥古斯特·沃尔夫（Friedrich August Wolf），转引自《威廉·冯·洪堡：他的人生的作用，表现在其时代的书信、日记和记录中》（Wilhelm von Humboldt. Sein Leben und Wirken, dargestellt in Briefen, Tagebüchern und Dokumenten seiner Zeit），由鲁道尔夫·弗雷泽（Rudolf Freese）选编，柏林，1955年，第264页。

第八章
怎样的一种享受啊！

把他们束缚在普鲁士。亚历山大决定,"唯独为研究自然而生活",[①]并且全力以赴地准备大型的科学考察。1796年年底,他放弃了普鲁士国家公职,动身前往耶拿,投奔他的哥哥。不久,他就陷入了经济困境。因为忠心耿耿的管家坤特花费了几个月的时间,才以父亲般的关心组织好洪堡兄弟两人与他们同母异父的哥哥冯·霍尔维德之间的遗产分配。尤其有争议的是特格尔家庭宫殿的售卖,最后,这座宫殿还是归威廉·冯·洪堡所有。歌德不得不向这兄弟俩在经济上解囊相助,"以便我们没有后顾之忧",(Br.II,71)歌德也很乐意帮助他们。后来这一切都迎刃而解了。[②]亚历山大·冯·洪堡和威廉·冯·洪堡现在有了财产,终于可以不受约束地实现他们长期以来梦寐以求的、庞大的旅行计划了。

威廉·冯·洪堡要和他的家人(1797年1月19日,他们的第三个孩子特奥多尔出生)去意大利,主要为了去罗马追寻歌德在意大利旅行的足迹,体验古希腊罗马的文化气息。他希望,能够在那里整理出某种创造性的东西,要符合他对古典时期和谐的著作的想象。歌德想跟他一同前往。所以,亚历山大也想陪伴。但是,与罗马的建筑和纪念碑相比,亚历山大对意大利的火山更感兴趣。他长期以来一直打算离开欧洲几年,到美洲进行科学考察。可是,在他去南美

[①] 亚历山大·冯·洪堡:《我的人生》,慕尼黑,1989年,第二版,第94页。
[②] 威廉·冯·洪堡主要成为柏林耶格尔大街上的城市居室房和特格尔家庭宫殿与庄园的所有者。亚历山大得到了有价证券和现金,还有在1793年就已经卖掉的灵根瓦尔德庄园的抵押资金,还有一笔对特格尔的抵押金。在德累斯顿,他在日记中这样记载:"我的现金形式的、安全的、可以获得利息的财产在1797年6月16日为85 375塔勒4个格罗什银币,其中每年可获得利息3 476塔勒。"(塔勒是德国18世纪还通用的银币,而格罗什是塔勒银币的更小单位。——译者注)转引自《亚历山大·冯·洪堡》,卡尔·布鲁恩斯(Karl Bruhns)主编,莱比锡,1872年,第242、243页。参见约翰内斯·艾希霍恩(Johannes Eichhorn):《亚历山大·冯·洪堡的经济状况》(*Die wirtschaftlichen Lebensverhältnisse Alexander von Humboldts*),载《亚历山大·冯·洪堡逝世一百周年纪念文集》,柏林,1959年,第181—215页。

洲考察之前，他首先要进一步研究埃特纳火山、斯特龙博利火山[①]和维苏威（Vesuv）火山，为了能够准确地了解火山的自然力，同时也在实际的天文学领域进一步学习，尤其为了精确地确定地理方位，要学习用六分仪观测，这种技能是他将来科学考察时需要具备的。

[204]

> 我的旅行是肯定的，毫不动摇。我再准备几年功课，并且搜集仪器，我计划在意大利考察一年或者一年半，为了准确地了解火山，然后，我会经巴黎前往英国，我在那儿再待上差不多一年（因为我并不匆忙赶时间，为了完全有所准备地到达），然后乘坐英国轮船到西印度洋。即便我经历不到这些考察旅行计划的结果，至少我现在开始活动起来，并且充分利用把我置于其中的有利条件。（Jbr., 560）

实际情况与亚历山大·冯·洪堡的计划不同。他们没有去意大利和英国。但是，他最后还是到达了旅行目的地"西印度洋"，不仅指加勒比海的岛屿世界，而且还指热带和亚热带的中美洲和南美洲，虽然他走了很多事先没有预料到的弯路。他是1799年7月才到达旅行目的地的。

亚历山大·冯·洪堡目标明确地准备着他到西印度洋的历险，他想通过这次历险，实现儿时的梦想。1797年年初，他不仅开始"准备"，使他的物理和化学的测量技术日臻完善，而且学习更有把握地使用镜像六分仪。在耶拿，他主要在罗德那里参加了一个解剖学私人学习班，在学习班中他继续深造，学习解剖和剥制标本。一个可

[①] 斯特龙博利（Stromboli）火山，意大利第勒尼安海南部的斯特龙博利岛上的火山。——译者注

第八章
怎样的一种享受啊！

怜的农民和他的妻子遭雷击而死。亚历山大执刀为这对夫妇进行了解剖。"那个男人的尸体有一部分是我自己解剖的。很奇怪的是，人的骨头有很强烈的导电性。后脑勺的主要头骨被雷钻透，就像被磨后未筛的谷物粗粒钻透一样！而且在死亡12个小时后，尸体就开始腐烂了。"（Jbr.,579）

[205]　　1797年5月底，亚历山大和他的嫂子从耶拿动身前往德累斯顿，想去那里看望他的哥哥，然后和他一起前往意大利。正如卡洛琳娜给丈夫比尔的信中所写的那样（他此刻正在柏林最终处理遗产事宜），她说：

> 这是一种奇特的陪伴。行驶非常顺利。亚历山大也一同坐在我的马车里。因为海夫滕夫妇与我们相比少一个孩子，他们却比任何人的东西都多，所以，他们需要三倍以上更多的地方来惬意地、宽敞地摆放行李。他们把如此多的行李放进马车里，以至于完全没有地方容纳亚历山大了。你觉得这怎么样？将来他们必须有完全不同的安排。（Br.II,72）

威廉并不喜欢他弟弟掺和其中的这种奇怪的关系。莱因哈特·冯·海夫滕告别了军队，娶了与冯·瓦尔顿菲尔斯（von Waldenfels）离异的女人克里斯蒂安娜，莱因哈特与他的妻子和两个孩子也在这一行人当中。①

面对他弟弟这种令人惊异的依恋性，威廉应该采取什么对策

---

① 克里斯蒂安娜与冯·瓦尔顿菲尔斯离异，她的娘家姓是克拉蒙（Cramon），她于1795年10月29日嫁给了莱因哈特·冯·海夫滕。1794年1月27日，她的第一个儿子弗里德里希·古斯塔夫·亚历山大（Friedrich Gustav Alexander）就出生了，成了她的非婚生孩子。亚历山大·冯·洪堡承担了孩子的教父监护责任。这个孩子的出生保密了很长时间。相关信息参见Jbr.,第640页注释。

呢？他弟弟对海夫滕的这种依恋严峻到有面临完全依赖的危险，他仅仅为了看到，他所爱的莱因哈特是幸福的！毕竟威廉自己也知道这样的安排，自从他亲爱的妻子丽娜爱上一个第三者之后。这位第三者在他们到南方的旅行中也和他们在一起。几年前，威廉还向格奥尔格·福斯特宣告过，他永远都不会破坏或者亵渎他妻子的幸福和情感，即便她没有在他身上而是在一个第三者身上发现她的全部灵魂可以沉入其中的东西。①现在，他的承诺要经受考验了。弗里德里希·威廉·冯·布尔格斯多尔夫（Friedrich Wilhelm Burgsdorff）是一位文质彬彬的勃兰登堡边区的贵族，1796年，洪堡夫妇在柏林的一个沙龙中结识了他。他现在闯进了他们夫妇的二人世界，在耶拿，他成了常客。1796年12月1日，卡洛琳娜给她的女友拉黑尔·莱文写信时充满信任地承认：

> 您现在肯定很真挚地知道，对我而言，看到他，在他的身边，与他重逢，这些都向我敞开了怎样丰富的幸福和生命活力啊……我的小甜心，请您在您的内心里深深地为我保密，我多么爱他，我如何感觉，与他，与我心中最好的人，心心相印。②

[206]

一个特殊的商队动身前往意大利。因为卡洛琳娜又生病了，不得不在德累斯顿休养，亚历山大就与海夫滕一家先动身前往维也纳方向。威廉·冯·洪堡和卡洛琳娜及其三个孩子，由布尔格斯多尔

---

① 威廉·冯·洪堡关于"第三者"致信格奥尔格·福斯特，参见致信福斯特，书信第247号，《格奥尔格·福斯特作品》，第十八卷，柏林，1982年，第382页。
② 《卡洛琳娜·冯·洪堡、拉黑尔与凡恩哈根之间的通信》（*Briefwechsel zwischen Karoline von Humboldt, Rahel und Varnhagen*），阿尔贝尔特·莱茨曼主编，魏玛，1896年，第9页（1796年12月1日的信）。

第八章
怎样的一种享受啊！

夫及其朋友画家和雕塑家克里斯蒂安·弗里德里希·蒂克①陪同，较晚动身旅行。布尔格斯多尔夫对亚历山大与海夫滕夫妇的友谊感到惊讶，在他看来，这种友谊似乎证明了，亚历山大这位自然科学家是多么不熟悉与人打交道。卡洛琳娜不仅"如您所了解的那样，完全富有快乐和痛苦"。②卡洛琳娜还在情感方面在丈夫和她的朋友之间被来回撕扯着。亚历山大开玩笑，嘲笑他嫂子与逍遥自在、无忧无虑的布尔格斯多尔夫之间的暧昧关系。而威廉在研究维也纳人的民族性格特征，这种性格特征的吸引力对他产生了舒服惬意的影响。他也不让一些娱乐的经历错过。威廉认为，与北德人相比，维也纳女人和维也纳男人更乐天，更幽默，在行为上更轻松和更灵活。他为自己的情绪感到遗憾吗？这位"第三者"的时时在场将他置入这种情绪中，还与他的孩子们建立了真诚友好的关系。"他们和他一起跳舞、跳跃、骑马，还大胆地让他背到各个地方。"（Br.II,43f.）

本来维也纳仅仅应该是他们短暂停留的中间站。可是现在，他们不得不耐心等待意大利政治局势的澄清，意大利这个国家向他们关闭了大门。因为那位野心勃勃的拿破仑·波拿巴将军率领法国革命军占领了意大利北部和中部的大部分地区。民众中有骚乱。威廉不想让家人面临这种局面。到达罗马的旅行就够不安全的了，在意大利的这个大都市平静地生活，这简直成了奢望，想都别想。9月5日，威廉·冯·洪堡给歌德写信说："道路危险艰辛，逗留会很棘手困难，享受会遭到极大的干扰，大打折扣。"③亚历山大这时也没有

---

① 克里斯蒂安·弗里德里希·蒂克（Christian Friedrich Tieck,1776—1851），德国雕塑家，著名的浪漫派作家路德维希·蒂克（Ludwig Tieck,1773—1853）的弟弟。——译者注

② 布尔格斯多尔夫1797年8月30日致信布林克曼，转引自《威廉·冯·洪堡：他的人生的作用，表现在其时代的书信、日记和记录中》，由鲁道夫·弗雷泽选编，柏林，1955年，第292页。

③《歌德与威廉和亚历山大·冯·洪堡的通信》，路德维希·盖格尔主编，柏林，1909年，第44页。

了主意。"意大利的战争状况和革命状况打消了科学考察旅行的任何享受的想法。"① 他利用这段时间，进行生理学的植物实验和动物实验，拜访了著名的医学家和自然科学家，并且把他的专著《关于受刺激的肌肉纤维和神经纤维的实验》第二卷写完。在维也纳附近美泉宫的温室内，他研究了大量西印度群岛的植物，这些植物强化了他对热带的渴望。他正在为美洲考察旅行"进行准备"。

[207]

威廉·冯·洪堡决定，一家人不去罗马了，而是到巴黎去。这样并不危险，因为普鲁士和法国签署了一个单边协议，而新的普鲁士国王弗里德里希·威廉三世②是一个坚定的反战者，他非常关心保持和平与宁静。10月11日，威廉全家从维也纳出发，由布尔格斯多尔夫和蒂克陪同。亚历山大想在维也纳再待一段时间，希望意大利的局势能平静下来。离别在即，洪堡兄弟都觉得非常难舍难分。在母亲去世后，他们感觉彼此非常亲近。威廉动身旅行几天后，亚历山大就给卡尔·弗莱耶斯雷本写信说：

> 很遗憾，我又和威廉分别了。我的哥哥、嫂子还有布尔格斯多尔夫和蒂克在四五天前赶往巴黎，他们经过慕尼黑、沙夫豪森、③苏黎世、巴塞尔。他们一行人11月26日到达巴黎。对于威廉来说，这个决定是更明智的。现在意大利如此混乱，动荡不安，没有邮政马车，以至于没有人能够前往意大利。他想在巴黎待上一到两年，然后穿越法国南部，前往意大利。海夫滕

---

① 亚历山大·冯·洪堡：《我的人生》，慕尼黑，1989年，第二版，第95页。
② 弗里德里希·威廉三世（Friedrich Wilhelm III., 1770—1840），普鲁士国王，1797—1840年在位，他是弗里德里希·威廉二世的儿子。在他的统治下，施泰因男爵和哈登贝格推行普鲁士内部改革。——译者注
③ 沙夫豪森（Schaffhausen），瑞士一个州及其首府的名字。——译者注

第八章
怎样的一种享受啊！

一家和我在耐心等待动荡过去,我们或许这个冬天都待在萨尔茨堡。①(Jbr.,592)

10月26日,亚历山大·冯·洪堡到达萨尔茨堡。在接下来的几个月里,海夫滕一家过着自己的生活。对于亚历山大·冯·洪堡来说,另外一个人很重要:莱奥波德·冯·布赫(Leopold von Buch),亚历山大和他一起在弗莱贝格矿山学院学习过,师从亚伯拉罕·高特洛普·维尔纳。布赫来看望他。几个月来,他们一起研究阿尔卑斯山的世界。他们徒步翻越奥地利陶恩山脉(Tauern)高处和低处的山脊,编制奥地利盐仓财富的地质概览图,进行高度测绘、气象观察、地理方位确定和空气中含氧量的分析。5个月来他们生活在"深深的、隐士的寂寞中,但是比以往任何时候都更勤勉地也更幸运地进行实验。……我搜集了大量新的实物,现在正不断地写关于这些实物的文章。"(Jbr.629f.)然而这并非已经实现的瞬间的幸福。即便在冰天雪地的阿尔卑斯山,亚历山大也在为内心向往的热带做准备。可是,他会如何到达目的地呢?

在萨尔茨堡逗留期间,"疯狂的老伯爵布瑞斯托尔(Bristol)"(Jbr.,661)即布瑞斯托尔伯爵(Earl),德里②的大主教,一个富有的、有娱乐瘾的怪癖者,他出乎意料地给亚历山大一个建议:陪同他到埃及去旅行。亚历山大·冯·洪堡答应了。他已经厌倦了不断推迟到西印度洋的旅行。另外他也希望,能在东方发现他在寻觅的棕榈气候。可是,这次旅行也泡了汤。拿破仑前往埃及的军事远征阻止了

---

① 萨尔茨堡(Salzburg),奥地利的一座城市,莫扎特的故乡。——译者注
② 德里(Derry),北爱尔兰的第二大城市,贝尔法斯特(Belfast)以外最重要的港口城市,1613年以前和1984年以来叫德里,现在叫"伦敦德里"(Londonderry)。——译者注

这次旅行。布瑞斯托尔伯爵在米兰（Mainland）被捕，并且被指控是为了英国的政治军事利益而想去埃及。亚历山大·冯·洪堡感到非常失望，他多愁善感地断言："我在所有事情上都受阻。这个世界被封锁了。"（Jbr.631）

他想行动起来，而不是把自己交给痛苦。1798年4月，他动身前往巴黎，去他哥哥家。他于5月12日到达巴黎。他善于利用时间。他与最重要的科学家们接触，建立联系，很快就与他们很好地沟通理解。他拓展植物学、化学、解剖学和天文学方面的知识，并且完善仪器的搜集。在**法兰西学院**，他做了一些科学报告，关于气体分析、对植物的化学生理学的研究以及伽伐尼实验。他很快就赢得法国学者精英的认可。然后，在"波斯顿宾馆"的门口包厢里，经历了他一生最幸运的偶然事件之一：遇到了比他小4岁的医学工作者和植物学者艾枚·博恩普朗（Aimé Bonpland）。"他在舰队上服役过，他结实、勇敢、善良，在解剖准备方面非常灵巧。"（Jbr.662）博恩普朗奉命陪同海军军官托马斯-尼考拉斯·鲍丹（Thomas-Nicolas Baudin）进行环球旅行，这次旅行是由法国五人执政内阁①计划的。但是，缺乏资金导致了考察推迟。"这对博恩普朗先生和我来说都是一道电光。我马上回顾我的非洲计划。我认为，能够经埃及到达东印度洋。因为，我不能靠政府资助进行考察旅行，所以，就决定用我自己的资金。我邀请博恩普朗先生陪同我。"②博恩普朗同意陪我历险。他们指望，一艘瑞典的三桅快速战舰到达马赛，这艘战舰可以把他们俩带到阿尔及利亚的首都阿尔及尔，他们想从阿尔及尔出发，与一只商队一起穿越沙漠到达开罗。

---

① 法国五人执政内阁存在于1795年至1799年间。——译者注
② 亚历山大·冯·洪堡：《我的人生》，慕尼黑，1989年，第二版，第58页。

1798年10月20日，亚历山大与博恩普朗一起离开巴黎。这次分离又让洪堡兄弟感到难舍难分。他们在一起生活了5个月，快乐地一起参与巴黎的文化与科学界的活动。这是一个感人的瞬间。当亚历山大的嫂子抱起小特奥多尔和他告别的时候，他几乎失态。他注视着博恩普朗，他要与之共同进行这次漫长的考察旅行。他是自己在困难的环境中也能够信赖的、合适的随行者吗？洪堡兄弟互相凝视的时间最长。让亚历山大高兴的是，他哥哥很乐观，并且给他打气：他说，亚历山大命中注定就是要去考察旅行的，可以肯定，他们会重逢的。于是，亚历山大两人就乘坐公共马车前往马赛。

　　两天之后的10月22日，威廉给弗里德里希·奥古斯特·沃尔夫写信说：

[210]
　　　　很遗憾，我弟弟前天离开这里出发了。他的出发让我感到无尽的痛苦。我们在这里，在同一个房子里居住了5个月，我们每天中午一起进餐，拜访了同样的沙龙，简而言之，我们在真正的理智中共同生活，我们充分享受这不受干扰的、在一起生活的所有惬意之后，这次别离随之而来，而这次别离极有可能不会很短。①

　　在马赛，亚历山大·冯·洪堡和博恩普朗经历了最初的失望。他们期待的军舰并没有到达。这样，他们就在普罗旺斯②搁浅了。他们感觉，这个地方气候太好了。可是每当看到大海的景象时，就不

---

① 威廉·冯·洪堡致信弗里德里希·奥古斯特·沃尔夫，转引自《亚历山大·冯·洪堡》，卡尔·布鲁恩斯（Karl Bruhns）主编，莱比锡，1872年，第263页。
② 普罗旺斯（Provence），法国南部地区。——译者注

断醒悟到他们幻灭的希望。他们不得不临时准备。"我闷闷不乐地和博恩普朗动身前往西班牙，为了乘坐经常有的从卡塔赫纳①到突尼斯的邮政汽艇。我坚持这次非洲旅行计划。"②

去马德里的决定是一件走好运的事。因为，通过西班牙第一国务秘书唐马里亚诺·路易斯·德·乌尔基霍（Don Mariano Luis de Urquijo）的引荐——亚历山大·冯·洪堡1790年与格奥尔格·福斯特进行科学考察期间在伦敦结识了他，他当时是西班牙总领事秘书——，亚历山大·冯·洪堡被介绍给西班牙国王卡尔四世，国王以高度友好亲善的态度接见了这位年轻的普鲁士人，并且给予他权利：以个人身份到西班牙属殖民地进行一次科学考察旅行。亚历山大·冯·洪堡得到了一份护照，护照规定，"根据国王的决定"（神赐的决定），允许亚历山大·冯·洪堡男爵先生，普鲁士国王陛下的矿山总督察，在他的随行者或者秘书亚历山大·博恩普朗的陪同下，前往美洲及其王国的其他海外属地，为了继续进行其矿山开采业的研究考察，并且为了自然科学的进步进行有价值的搜集、观测和发现。他们面前再也没有任何阻碍了。人们更应该为他和他的随行者"解决一切问题，为他们提供各种帮助，确保他们需要的各种保护"。③

亚历山大·冯·洪堡和博恩普朗从马德里出发，前往拉科鲁尼亚，④他们想从那里乘船前往古巴岛。1799年6月，"皮萨罗号"（Pizzarro）应该起航，以便把邮件送到古巴和墨西哥。货物载运推迟了10天。天气恶劣，在海滨前英国的战舰往来如织，旨在切断西班

［211］

---

① 卡塔赫纳（Cartagena），西班牙东南部地中海沿岸的一座海港城市。——译者注
② 亚历山大·冯·洪堡：《我的人生》，慕尼黑，1989年，第二版，第59页。
③ 亚历山大·冯·洪堡赴美洲旅行的护照，见《亚历山大·冯·洪堡》，卡尔·布鲁恩斯（Karl Bruhns）主编，莱比锡，1872年，第457页。艾枚·博恩普朗被错误地称为"亚历山大"。
④ 拉科鲁尼亚（La Coruña），西班牙西北部大西洋沿岸的海滨城市。——译者注

第八章
怎样的一种享受啊！

牙与海外殖民地的联系。洪堡和博恩普朗利用这次推迟的时间，给在德国和法国的朋友写信。"在我第一次离开欧洲的这个瞬间还有些令人感动。"① 亚历山大·冯·洪堡从儿时起就梦寐以求的、到遥远而陌生的自然中进行的大冒险就在眼前。他能应付这次冒险吗？他掌握了足够的知识和能力，以便能够研究自然整体中所有力量的共同作用和相互作用吗？他用自我审视的方式表达了他的顾虑："我知道，我并不胜任我关于自然的鸿篇巨制，然而，我内心中永恒的躁动（就好像有一万头母猪一样），只能通过朝着某种伟大和永久的方向努力才能得到保存。"（Jbr.,657f.）

然而这种怀疑并没有削弱亚历山大·冯·洪堡此时此刻感受到的极大快乐。他满怀希望地给他所爱的青年时期朋友卡尔·弗莱耶斯雷本写信说：

> 怎样的一种幸运向我打开了！我兴奋得头晕。我乘坐西班牙的"皮萨罗号"舰艇出发；我们之前到达了加那利群岛②和南美洲的加拉加斯③……现在，我有什么观察的宝藏不能搜集，为了撰写我那部关于地球构造的著作呢！我亲爱的好朋友，我从南美洲会给你写更多的信。人必须想要善与伟大。其余的取决于命运。（Jbr.680）

1799年6月5日傍晚，亚历山大·冯·洪堡离开了古老的欧洲大

---

① 亚历山大·冯·洪堡：《到新大陆的赤道地区旅行》(Reise in die Äquinoktial-Gegenden des Neuen Kontinents)，奥特玛尔·艾特(Ottmar Ette)主编，美因河畔法兰克福–莱比锡，1991年，第62页。

② 加那利群岛(Canarien，现写成Kanarische Inseln)，非洲西北方向大西洋中的群岛，属于西班牙。——译者注

③ 加拉加斯(Caraccas)，南美洲北部国家委内瑞拉的首都，初建于1567年，1830年被定为委内瑞拉首都。——译者注

陆。他看见欧洲最后的物体是一个渔民小茅草屋的灯光,随着远离大陆的距离加大,这灯光与从地平线上升起的群星的星光融合在一起。"一个人永远都不会忘记这种印象,他开始一次远洋航行,在情感还拥有充分的深度和力量的年龄中。在想象力中,有多少回忆开始觉醒,当这样一个亮点在漆黑的深夜中时不时地脱离起伏的波浪,闪亮着标示家乡大陆的海岸线时!"① [212]

五年零两个月后的1804年8月3日,亚历山大·冯·洪堡又从波尔多②再次离开欧洲的土地。现在,我们不能陪着他进行《到新大陆的赤道地区旅行》,他自己已经非常直观形象地描绘过这次考察旅行,也被许多其他人事后详细地讲述过。③取而代之的是,我们读一下,在六封《美洲书信》中,他都向哥哥威廉·冯·洪堡报道了他旅途中的观感,④威廉此时正在巴黎,到西班牙各地进行了两次大规模的旅行,并且从1802年起在罗马工作,担任普鲁士在梵蒂冈的外交特使。

特内里费岛,⑤1799年6月23日傍晚:"昨天,我从山峰回来。那是怎样的景象啊!那是怎样的享受啊!我们一直走到火山山口的深处,或许比任何一位自然科学家走得都更远。"(第22页)

糟糕的天气和海岸线上一条很宽的雾状带,帮助他们冲破了英国战舰的封锁。10天之后,"皮萨罗号"舰艇到达了摩洛哥海岸,再行驶一小段距离,他们就到达了加那利群岛。"我无限喜悦地到达了

---

① 亚历山大·冯·洪堡:《到新大陆的赤道地区旅行》,奥特玛尔·艾特主编,美因河畔法兰克福-莱比锡,1991年,第65、66页。
② 波尔多(Bordeaux),法国西南部靠近大西洋的一座盛产葡萄酒的城市。——译者注
③ 最后写的有维尔纳·毕尔曼(Werner Biermann):《我毕生的梦想:洪堡的美洲之旅》(Der Traum meines ganzen Lebens.Humboldts amerikanische Reise),柏林,2008年。
④ 《想要善与伟大:亚历山大·冯·洪堡的美洲书信》(Das Gute und Große wollen Alexander von Humboldts amerikanische Briefe),乌尔里克·莫海特(Ulrike Moheit)主编,柏林,1999年,下文仅标明页码。
⑤ 特内里费岛(Teneriffa),西班牙北非外海自治属地加那利群岛的一个岛屿名,是加那利群岛中最大的、人口最多的岛屿。——译者注

第八章
怎样的一种享受啊!

非洲土地。"亚历山大·冯·洪堡写信告诉哥哥，地理知识上准确无误。他在旅行途中也没闲着。虽然月色皎洁的美妙夜晚使他着迷，他的目光几乎离不开海洋和群星的闪烁，但他还是进行了许多科学观测和测量，关于空气质量、海水的温度和流动、星星的位置。他和博恩普朗一起研究了水母，并且给一种特别的柱状软体动物①进行了伽伐尼实验。"我尝试，在这些软体动物上用电，但都是徒劳的。电并不能造成软体动物的挛缩。"② 他们从水下100米处钓上来一种不为人所知的、像葡萄叶子的、绿色的植物。

[213]　　在特内里费岛，他们受到了热情的款待和照料。西班牙王室开具的护照发挥了神奇作用，创造了奇迹。但是，他们不想愉快闲适地娱乐，而是无论如何要登上巨大的火山——泰德峰，③ 火山的景象"真的太震撼了"。④ 6月21日，他们开始攀登，在攀登时，确定了将对亚历山大·冯·洪堡的植物地理思想影响很大的某种判断：在山的垂直状态中，他们发现了在地面的水平状态中扩展的、按照等级排列的植物。对温度、空气密度和可汲取的水的测量，把他们引向不同的植被区，这些植物就像楼层一样重叠：从藤本植物区到月桂树、松树和染料木区，一直到各种草的植被区。

　　最后，他们把植被甩在身后，经历了在海拔3 000米处两块探出的岩石下面度过的冰冷夜晚，到达了顶峰。这是1799年6月22日。环顾火山口的边缘，这格外吸引亚历山大·冯·洪堡。他马上

---

①柱状软体动物(Dagysa notata)，一种生活在南半球的软体动物，没有德语名称，译者也没有查到中文译名。——译者注
②亚历山大·冯·洪堡：《到新大陆的赤道地区旅行》，奥特玛尔·艾特主编，美因河畔法兰克福与莱比锡，1991年，第83页。
③泰德峰(Pic de Teide)，西班牙最高点，在特内里费岛。——译者注
④亚历山大·冯·洪堡：《到新大陆的赤道地区旅行》，奥特玛尔·艾特主编，美因河畔法兰克福与莱比锡，1991年，第105页。

坐到一个由变硬的熔岩形成的小地方上画画,把他看到的景象都画下来:他的画作《看向特内里费岛山峰的火山口内部》(*Blick ins Kraterinnere des Pic von Teneriffa*),后来,他把这幅画纳入《科迪勒拉山系①的风光》(*Ansichten der Kordilleren*)中,作为第54幅画,很适合热带旅行的《风景如画的地图册》(*Pittoresker Atlas*)。② 这是令他兴奋喜悦的景观。为此他甘愿承受所有的危险。他忍受高山上冰冷刺骨的严寒和火山口附近的炎热。"在火山口,炽热的硫黄蒸汽把我们的衣服烧出了洞。"(第22页)③ 在侧面,有炽热的熔岩爆发,亚历山大·冯·洪堡从矿物学的角度认定,这熔岩是融化的玄武岩。或许火成论者反对水成论者是对的,当他们把玄武岩的产生归因于火山的活动时。

"上帝啊,在11 500英尺(在巴黎,一英尺等于32.5厘米)的高度是怎样的感受啊!"这是怎样的一种景象啊!他们身处海拔3 738米的高度。他们的头上是深蓝色的苍穹,脚下是火山熔岩流,熔岩流造成了一个荒芜的场所,再一直到深处就开始了森林植被区和葡萄藤植被区,最后是辽阔的海洋,带有7个加那利岛屿,"就像我们中间的一张地图一样"。(第22页)亚历山大·冯·洪堡测量气压和温度,分析气体和岩石的组成部分。他被大自然的伟大和如画般的魅力及那种无法测量的丰富性征服了。

[214]

"这是怎样的享受啊!"亚历山大在给威廉的信中这样写到,这是为了先让哥哥产生恐惧心理而再向哥哥描绘山峰上的危险之前。

---

① 科迪勒拉山系(*Kordilleren*)位于美洲。——译者注
② 亚历山大·冯·洪堡:《科迪勒拉山系的风光与美洲土著民的大型纪念碑》(*Ansichten der Kordilleren und Monumente der eingeborenen Völker Amerikas*),巴黎,1810—1813年,德语第一版,奥利弗·鲁布里希(Oliver Lubrich)与奥特玛尔·艾特(Ottmar Ette)主编并加后记,美因河畔法兰克福,2004年。
③ 此句引自上文提及的《科迪勒拉山系的风光》一书,下文只标括号页码,不再注释。——编者注

他有意识地而且不无言外之意地选择词汇。他瞄准美学的审美判断，而且指向他的哥哥。因为，他把哥哥视为欣赏者，这位欣赏者善于高度评价感性的乐趣。他也知道，威廉尤其偏爱美，正如康德在其《判断力批判》中分析的那样。惬意舒适的事物是美的，这些美的事物普遍地讨人喜欢。塑造优美的造型也是美的，在造型上，形式和质料和谐地共同发挥作用。康德赞美那个陌生人，他首先恰当地"以美的性别这个名称来理解"女性，声称已经观察到，"两性之爱"有自身包含着美的主要特征。①

亚历山大也阅读过康德的著作。然而与美感相比，崇高感更吸引他，虽然崇高感违抗美的惬意，却能提供享受。康德通过典型的例子解释了，这些例子主要取之于充满活力的、崇高的自然之领域。宇宙无限的广袤无垠是崇高的，未成形的山体在荒芜的秩序中彼此交叠，其积雪覆盖的山峰耸入云霄，在天空中聚集的雷雨云，带着闪电和爆裂声袭来，一望无际的海洋咆哮怒吼着，沙漠和荒原中的荒僻地方，旁逸斜出的岩石、深渊和在深渊中嬉闹奔腾的水域，飞流直下的瀑布，比这一切更壮观的则是"处于全部摧毁威力中的火山"。②

亚历山大·冯·洪堡倾向于崇高感的美学。他享受自然的景象，自然的威力和伟大是无法用工具测量的，而是与感受着的人的审美意识攀谈，尽管这有征服其意识的威胁。在这个方面，他遵循

---

① 伊曼努尔·康德：《关于美感与崇高感的观察》(*Beobachtungen über das Gefühl des Schönen und Erhabenen*, 1764年)，见六卷本《康德著作》，W.魏赛德尔主编，第一卷，美因河畔法兰克福，1960年，第850、830页。

② 伊曼努尔·康德：《判断力批判》，B104，见六卷本《康德著作》，W.魏赛德尔主编，第四卷，威斯巴登，1957年，第349页。"崇高感"是18世纪下半叶美学的一个核心概念。这个概念在后现代中获得新的荣誉。参见《崇高感》(*Das Erhabene*)，克里斯蒂娜·普里斯(Christiane Pries)主编，曼海姆(Mannheim)，1989年。

了康德对崇高感的分析。然而，他比康德这位柯尼斯堡的科学家走得更远，康德几乎没有离开过他的家乡城市，并且放弃了在波罗的海的小型帆船郊游，在他有一次晕船之后。康德只不过是想象出自然的崇高感，为了与之相比而称人类精神的伟大。作为反思崇高感的哲学家，他自己处于安全之中。他把自然视为可怕的，而又不必害怕的，他把崇高感的审美情感同一个活生生的、有躯体的人的直接享受或者恐惧分离开来。①

亚历山大·冯·洪堡则完全不同。虽然他联系了康德对崇高感的分析，人们经常有这种印象，就好像对他的感知和经历的描述出自康德对崇高感的观察似的。然而，他确实享受领教了康德谈论的那些危险。他在面对那些危险时没有刻意地强调安全和距离，但在此过程中，他的意识中也有自己的界限。他们不得不离开特内里费的火山顶峰（de Pic de Teneriffa）了。"暴风雨开始在山顶周围肆意呼啸。我们不得不紧紧抓住火山口的环状物。气流在岩石的缝隙中像雷电一样肆虐，一个云层把我们同有生命的世界分开。我们在云气上面孤独地从山峰走下来。"（第22页）

库马纳，②1799年7月16日："到现在为止，我们两个一直像傻子一样到处乱转。"（第26页）亚历山大刚到南美洲海滨就向哥哥描绘他经历的幸运。为期三周的横跨大西洋航行进展顺利平静。从7月4日夜晚到5日黎明的那一夜，他平生第一次看到自幼就梦想的"南十字星座"（Kreuz des Südens）。由于洪堡和博恩普朗在船上开始神经性发

---

① 参见曼弗雷德·盖耶尔（Manfred Geier）：《康德、弗洛伊德、金，忍受恐惧的三个尝试》（Kant, Freud, King. Drei Versuche, dem Schrecken standzuhalten）（最后一个人应该是指美国恐怖小说作家史蒂芬·金（Stephen King, 1947—），主要作品有《黑暗城堡》。——译者注），载《魏尔芬花园》（Welfengarten）1990年第一期，第164—183页。
② 库马纳（Cumaná），委内瑞拉东北部的一个海港城市，在加勒比海与大西洋之间。——译者注

[216] 热，所以，他们没有乘船继续行驶到达古巴，而是在属于当时的代理王国新格拉纳达（Neu-Granada）的港口城市库马纳（今天属于委内瑞拉）下了船。总督本人对自然非常感兴趣，他非常热情地接待了他们，奉他们为上宾。几个月后，他们想留在新格拉纳达，其中绝大部分时间在加拉加斯，从库马纳乘船两天到达这里。附近的雪山让他们期待有一个凉爽的逗留。他们觉得"到了最神性的和最完美的国度"。（第25页）他们的感觉被自然神奇的财富施了魔法。

"都是怎样的树木啊！"（第26页）椰子树长到20米高，灌木被最繁盛的鲜花装饰，树枝上的叶子非常宽大。"鸟儿、鱼儿甚至螃蟹都有怎样的颜色啊！螃蟹居然是天蓝色和黄色的！"（第26页）他们在大自然中还看到了猴子、鹦鹉和小鼍龙。①亚历山大·冯·洪堡觉得，他在这里会非常幸福，而且对动植物世界的印象经常会使他愉悦、心旷神怡。他还几乎无法领会他看到的东西。

> 到现在为止，我们两个像傻子一样一直到处乱转。在最初的3天里，我们什么都无法确定，因为我们总是扔掉一个研究对象，为了抓起另一个研究对象。博恩普朗说，如果这种神奇不停止，他会疯掉的。比个别的神奇更美好的是这种印象，强有力的、繁盛葳蕤的和如此轻盈的、令人神清气爽的、温和的植物自然的整体，给人留下的印象。（第26页）

因为亚历山大·冯·洪堡知道，他哥哥对人类学感兴趣，所以，他还向哥哥简单介绍了印第安人的生活，许多印第安人还是"真

---

① 鼍（Alligatoren），是一种爬行动物，吻短，体长2米，背部、尾部有鳞甲，力大，贪睡，穴居江河岸边，也叫鼍龙或扬子鳄，通称猪婆龙。——译者注

正半开化的":"一个非常美的而且很有趣的人种。"（第25页）绝大多数印第安人生活在城市外面的小棚屋里，屋子用竹筒建造，上面盖上椰子叶。男人们几乎赤裸身体。亚历山大·冯·洪堡这位普鲁士贵族，好奇地走进一个棚屋。一个母亲正和她的孩子们坐在珊瑚干上，珊瑚是从海里被冲到这里的，正在吃用椰子壳装的鱼。一切都散发着自然的魅力。人们还要精致的衣服、椅子和餐具干什么，既然自然提供了人们所需要的一切！

接下来的几个月，亚历山大·冯·洪堡和博恩普朗主要在库马纳城内和周边度过。他们参观了这座城市南部的查伊马斯（Chaymas）印第安人的外交使团，①一些种植场"很像真正的英式花园"。（第26页）他们攀登腹地高高的山脉中的图米利里基利山。②1799年9月18日，他们站在瓜查罗③巨型山洞雄伟的入口前，又走进了山洞，来到里面。山洞里穴居着数百万夜间鸟类，有鸡那么大。亚历山大·冯·洪堡画了一幅这种特殊的鸟类的画像，后来，他把这种鸟归类为"肥鸟"，即油鸱。④这都给亚历山大·冯·洪堡和博恩普朗带来很大快乐。"人们必须享受附近拥有的东西。"（第26页）但是，他们并没有忘记研究。他们进行植物研究、解剖；测量和分析。当亚历山大·冯·洪堡站在他租来的房子的平屋顶上进行天文观测时，好奇的人们聚集在马路上，感到很奇怪。经常有高贵的女士拜访他们，她们想通过显微镜看一眼，观察在她们的鬈发里到处

[217]

---

① 查伊马斯印第安人，居住在哥伦比亚奥里科河附近的部落，该部落人一般赤裸上身。文中所说的"外交使团"比喻印第安人独特的种植场。——译者注
② 图米利里基利（Tumiriquiri）山，在库马纳附近。——译者注
③ 瓜查罗是委内瑞拉特别有名的旅游景点，叫Cueva del Guácharo，这是一个鸟洞。——译者注
④ 油鸱（Steatornis caripensis），油鸱属夜鹰目，是南美洲的夜出鸟类，洞居，食果实，以油棕榈果为主。——译者注

第八章
怎样的一种享受啊！

乱跑的虱子的类型。这样一来，他的设备就一直被使用着，为了把握自然的"整体"，从遥远的星辰到小虱子。

库马纳，1800年10月17日："命运不想让我们在沙漠里死掉。"（第78页）1799年8月6日，威廉·冯·洪堡在巴黎给歌德写信，在信中他向歌德报道了亚历山大到新世界的考察旅行。这时，威廉还和他的家人在巴黎，享受着文明和文化的快乐。他把弟弟看成一个幸福的、值得嫉妒的人。"命运如此宠爱一个人，使他成为天性注定让他成为的人，这是很罕见的，而更为罕见的是，一个人这么早而且这么完整地发现这种天职。"① 威廉在信中说，亚历山大从来都没有离开过他喜爱的研究，从来没有在他的人生道路上走歧路。自从很小的时候，威廉就关注着弟弟这种性格特征。

[218] 亚历山大还在库马纳。10月末，他才决定进行一次遥远的考察旅行，这次旅行应该把他带到尚无人研究的领域。他们首先乘船到加拉加斯，亚历山大·冯·洪堡和博恩普朗在那里度过了几个星期。在这座城市的最高处，他们居住在一个独栋的大房子里，从那里，可以不受阻挡地眺望巍峨的西拉山（Silla），1800年1月2日，他们登上了这座山。一个月后，他们大胆地进行了大冒险。他们想沿着浩浩荡荡的奥里诺科河溯流而上，为了在发源地地区找到不为人所知的与亚马孙河的联系。计划了就去干。2月3日，他们动身出发，朝南深入内陆。他们翻越了高山之后，必须穿越一片辽阔的、贫瘠的荒原——耶诺斯荒原（Ilanos）。他们忍受尘土飞扬和缺水的痛苦，经常不得不走很大的弯路，"为了能找到一些死水"。（第79页）东风没有带来凉爽，而是吹来新的热浪，当东风吹过被炙烤的土地时。受

---

① 《歌德与威廉和亚历山大·冯·洪堡的通信》，路德维希·盖格尔主编，柏林，1909年，第93页。

饥饿和口渴的煎熬，无数群野马、牛和驴骡到处乱跑。

后来，亚历山大·冯·洪堡和博恩普朗终于到达了阿普雷河①，他们乘坐一个"皮洛格"（Pigore），即一个大约长12米、宽1米的中间挖空的树干，沿着阿普雷河顺流而下，一直到达奥里诺科河。这条河作为庞大的水域，以崇高雄伟的身姿展现在眼前，他们沿着它的走势行进了大约800公里，在此过程中，简陋的小船"皮洛格"经常就像一座监狱一样。他们猫着腰坐在一个低矮的、用叶子做的船顶下，而在船的前面，赤身裸体的印第安划船人用均匀的节奏，劈波斩浪地向前划着。

1800年4月6日发生了不幸。亚历山大·冯·洪堡毕生都要感谢他的陪同博恩普朗的行为。

> 我永远都不会再找到这样一个忠诚的、勤快的、勇敢的朋友。在我们的旅行途中，在断念面前他表现出惊人的勇气。我永远都不会忘记他对我的高尚的忠诚。1800年4月6日，就在奥里诺科河上当一阵暴风雨向我们袭来时，是他给予这种忠诚最大的证明。我们的"皮洛格"的三分之二已经灌满了水，那些原来在我们船上的印第安人已经开始跳入水里，为了游到河岸。我的高尚的朋友请求我，学着印第安人的样子，他自告奋勇地这样来救我。命运不想让我们在这荒凉中死去，在方圆10平方英里的范围内，没有人会发现我们的沉没或者哪怕最细小的痕迹。我们当时的处境的确非常恐怖。（第78页）

[219]

---

① 阿普雷河（Rio Apure），位于委内瑞拉西南部，河道全长1 038公里，流域面积167 000平方公里。——译者注

河岸离他们很远，亚历山大·冯·洪堡不会游泳，鼍龙垂涎三尺地在河中游来游去。"幸运的是，就在这一瞬间，一阵风鼓起了我们的小船的风帆，并且以一种令人费解的方式拯救了我们。"（第79页）当他们傍晚到达陆地时，感觉多么幸福啊！黑夜昏暗，月黑风高。月光只罕见地透过被风吹走的云彩偶尔闪现。这两位旅行者陷入了不平静的思索中。未来会带来什么呢？第二天，天气非常好，"在整个大自然传播扩散的宁静和活泼也返回了他们的心灵。"（第79页）

5月7日，他们到达了考察旅行的最南端，就在西班牙和葡萄牙殖民王国的边境线上：内格罗河畔圣卡洛斯。① 他们穿越了在奥里诺科河和亚马孙河、波帕扬②和圭亚那之间的地带，"这是欧洲人自从1766年以来再也没有到过的地带"，在那里还生活着无数印第安人，"其中绝大多数人还没有见过白人，并且有许多不同的语言和教养"。（第78页）然后，他们就往回折返，通过内格罗河和奥里诺科河时，他们的行进加速了。最后，他们又不得不穿越耶诺斯荒原。但是这回遇到了雨季，取代尘土飞扬的干旱气候，到处是洪水泛滥的平原，这使他们行走很困难，举步维艰。8月27日，在旅行中度过7个月后，他们又回到了库马纳，在那里，一直待到11月中旬。

[220] 威廉很久没有收到弟弟的来信。可是这回，在亚历山大进行了这次考察旅行的大冒险之后，他有很多要讲述的内容。亚历山大不厌其烦地重复说，在世界的另一个部分，他感到多么幸福。在这里

---

① 内格罗河畔圣卡洛斯（San Carlos del Rio Negro），委内瑞拉南部的城镇，由亚马孙州负责管辖，始建于1759年。——译者注

② 波帕扬（Popayán），哥伦比亚西南部城市，考卡省（Cauca）省会和最大城市。该城建于1537年，名称来源于当地印第安人，意为"两个茅草屋"。该城是联合国教科文组织认定的美食之都。——译者注

他发现了他的天性注定要做的事。他可以观察和研究自然，它"丰富、多样、伟大而且超越所有表达的庄严"。（第77页）他可以研究许多相互混杂的人种。"没有任何时候比我现在所处的局面更适合考察和研究。在这里，没有任何在文明国家中由社会交往产生的消遣娱乐分散我的注意力。与此相反，大自然不停歇地向我提供新的和有趣的研究对象。在寂寞中，我唯一感到遗憾的或许是，我一直不熟悉欧洲启蒙运动和科学进步的现状，我被剥夺了源自思想交流的益处。"（第77页）然而，亚历山大·冯·洪堡并没有太严重地忍受这种缺乏的痛苦。他在库马纳给在巴黎的哥哥写信说，因为他经常感觉，好像在新大陆的居民中，存在着比人们称为文明的民族更大的人性和更真实的哲学。在这里，自由这种崇高的思想似乎并不仅仅是一句漂亮的、哲学的空话。自由作为生存形式被经历着。"出于上述原因，让我离开这个地区，航行于更富有的、人口更稠密的殖民地，我会觉得很难。"（第77页）

　　卡塔赫纳，①1801年4月1日："假如你收到了我上一封从哈瓦那发出的信……"亚历山大·冯·洪堡在哥伦比亚的海港城市卡塔赫纳写给哥哥的信这样开头。收信人威廉并没有收到亚历山大从哈瓦那发出的那封信。从1800年12月19日到1801年3月15日的近3个月，亚历山大·冯·洪堡都在古巴，这颗"大安的列斯群岛②的珍珠"。他利用这段时间，描绘奥里诺科河流域的地理图片（他确定了50多个地方的经度和纬度），撰写了旅行报告，对他搜集的岩石、植物和动物进行了分类。他把一份植物标本寄到了西班牙，他还把同样的植物标本

[221]

---

①卡塔赫纳（Cartagena de las Indias），哥伦比亚著名的英雄城，16世纪中期曾为西班牙掠夺南美金银财富的转运港和奴贸市场。现为哥伦比亚的北部港口城市，玻利瓦尔省的首府，位于加勒比的卡塔赫纳湾北端。该城1533年始建，为西半球古城之一。——译者注
②大安的列斯群岛（Antillen），中美洲的群岛，西印度洋的一部分。——译者注

寄给了伦敦和柏林。该植物标本的复制本留在哈瓦那。

在古巴，他精确地研究了气候、地理、农业和人口结构。在这里，他为撰写古巴著作而准备的第一批记录诞生了，该著作在亚历山大·冯·洪堡用法语撰写的旅行报道**《历史的关系》**（巴黎，1835年）第三卷中出版。他自己已在1827年致信歌德时称这部著作为"我关于古巴岛的黑色书"。① 这不仅涉及主题的重点：人口中非洲黑人部分的生活条件，这些非洲来的黑人绝大部分生活在奴隶制中，在甘蔗种植场劳作。这本书在政治内容上也是黑色的。它描绘了可怕的社会弊端。亚历山大·冯·洪堡在启蒙运动的精神氛围中长大，因此在他看来，奴隶制是野蛮的鄙视和对人性的污辱的制度。"毫无疑问，奴隶制是所有折磨人类的弊端中最大的弊端。"② 这是对人类自由思想的绝对否认，而亚历山大·冯·洪堡视人类的自由思想为主导思想。

作为在康德意义上接受启蒙思想的人（康德把人确定为，一个没有他人引导的成熟的人），亚历山大·冯·洪堡从欧洲带来了对奴隶制的拒绝。在古巴岛，奴隶制达到了真正令他厌恶的程度，他的这种厌恶也针对殖民制度："这种道德的缺乏从何而来？这种痛苦和每个敏感的人在欧洲殖民地中面对的这种不舒服，从何而来呢？因此，他就触及了这一点：殖民思想本身就是一种不道德的思想。"③

亚历山大·冯·洪堡本来打算从哈瓦那经北美的美利坚合众国的南部地区到达墨西哥，为了从墨西哥乘船横跨太平洋到菲律宾，但实际情况却不同。当他得知托马斯-尼考拉斯·鲍丹船长正在通

---

① 《歌德与威廉和亚历山大·冯·洪堡的通信》，路德维希·盖格尔主编，柏林，1909年，第93页。

② 同上，第156页。

③ 亚历山大·冯·洪堡（Alexander von Humboldt）：《独立革命前夜的拉丁美洲》（*Lateinamerika am Vorabend der Unabhängigkeitsrevolution*），玛尔高特·法克（Margot Faak）汇编，柏林，1982年，第65页。

往智利和秘鲁的海上之路时,他改变了计划,为了能够参与鲍丹的环球旅行。亚历山大·冯·洪堡和博恩普朗乘坐一条小船,从古巴又回到南美洲的海岸。他们想去哥伦比亚的卡塔赫纳,"为了从那儿到达基多①和利马。②倘若要我完整地阐明,促使我到这里的诸多理由,恐怕就太详尽了。"(第92页)威廉接到这个消息时吓了一大跳。他弟弟将怎样征服到秘鲁首都接近3 000公里的路途呢?这个路途要翻越世界最高的群山安第斯山脉难通行的、高耸入云的科迪勒拉山系。

[222]

亚历山大·冯·洪堡发来的关于从哈瓦那到卡塔赫纳这段较短旅行的报道,就已经够让他心惊胆战了,他们当时要经受最大的危险。加勒比海的海流以及"船长不敢使用我的精密记时仪器所表现出的不相信"(第92页)把船带到太往西的地方,进入了达连湾。③现在,他们不得不顶着飓风般的东风航行,这样做是极其困难与危险的。现在缓慢前行。在西奴湾(Rio Sinú),在卡塔赫纳西南大约一百公里处的一个大海湾内,船抛锚停泊。在"大概还没有任何考察者踏入的"河岸,亚历山大·冯·洪堡和博恩普朗搜集了无数未知的植物。自然是壮美而狂野的,这里有很多棕榈树。在宽阔的河里,无数鼍龙在缓慢游动。他们遇到的达连湾印第安人生活"无拘无束而又独立"。(第92页)

在继续前往卡塔赫纳的航行中,又发生了一次危及生命的灾难。那是1801年3月29日的事。船长想以强力,顶风进入海港,海洋可怕地愤怒咆哮,小船失控地向一侧倾斜。一阵可怕的巨浪有吞噬小船的危险。"这时,我们都觉得一切都完了。"(第92页)可幸运的

---

① 基多(Quito),厄瓜多尔首都。——译者注
② 利马(Lima),秘鲁首都。——译者注
③ 达连湾(Golf von Darién),加勒比海最南部的海湾,联结中美洲和南美洲。——译者注

第八章
怎样的一种享受啊!

是，小船在一阵新的巨浪的背部又挺立起来。他们赶紧逃向一个小海湾，这个海湾因为有前面的山脉而阻挡了风暴，受到了保护。

[223]   然而在这里，我感觉有一种新的、几乎更大的危险在威胁着我们。这一天有月全食，为了更好地观测月全食，我让人用一条船把我送上岸。可是，我和陪同们刚离开小船，就听到锁链抖动的声音，身材魁梧的、逃逸的黑人从卡塔赫纳监狱越狱，他们手持匕首从灌木丛中跳出来，冲向我们，或许打算抢占我们的船，因为他们看到我们没有携带武器。我们赶紧朝大海跑去，但是几乎没有很多时间上船，并且离开海岸。（第92页）

亚历山大在信中却补充说，威廉不用担心。"我的健康状况依然很好。"（第93页）假如一切如计划的那样进展顺利，那么，他们俩可以指望，在3年后重逢。

孔特雷拉斯（Contreras），1801年9月21日："我是在科迪勒拉山系的山脚下给你写这几行字，3天后，我就要攀登这个山系了。"因为亚历山大并不知道，他的信是否能到达欧洲，所以，他再一次向哥哥讲述了他在奥里诺科河上的旅行，这次旅行一直"进入到独立的瓜伊卡斯（Guaicas）印第安部落①不为人所知的地带"。（第99页）他提及他在哈瓦那的逗留以及他在到达卡塔纳赫前陷入的极大危险。然后，开始讲述他的美洲考察旅行的第二部分，这第二部分考察旅行持续了3年半，把他们从卡塔赫纳（1801年4月19日出发）带到代理王国秘鲁的首都利马（1802年10月23日到达）。

---

① 瓜伊卡斯（Guaicas）印第安部落，在委内瑞拉境内，奥里诺科河附近。——译者注

让亚历山大·冯·洪堡和博恩普朗完成这一超人壮举的是,"超越安第斯山脉的巨大的科迪勒拉山系的欲望"。(第100页)他们在马格达莱纳河(Rio Magdalena)上度过了安第斯山脉旅行的第一阶段。他们乘坐一条船在这条大河上旅行了接近两个月。20个划船人一起奋力抗争,顶住因暴雨而猛涨的、水流巨大湍急的河水的威力。"我就不再跟你说任何急流的危险、蚊子、风暴和暴雨了,风暴几乎不断地持续,几乎每天夜晚都把整个苍穹置入火焰中。"(第100页)在旅途中,亚历山大·冯·洪堡画了马格达莱纳河的地形图,他想把这个地形图呈递给智利国王。通过气压计的测量,他确定了高度状况。并且在许多地方分析了空气状况。他很高兴,"我珍贵的仪器设备没有任何受损"。(第100页)

[224]

在翁达,①在经历了几乎1 000公里长的河上航行之后,他们上了岸,参观了种植场和矿山。他们在向岩石内凿进的台阶上向上攀登了1 370图阿森(Toisen,一个图阿森等于1.949米),那些台阶经常如此狭窄,以至于骡马只能费力地把身体挤过去。他们终于到了上面,在一个开阔的高原上,这个海拔2 600米高的高原平坦而没有一棵树木,像海洋一样在他们的面前展开。"这个平坦的地方(波哥大耶诺斯平原)(los llanos de Bogota)是丰萨②湖干涸的湖底,该湖在穆伊斯卡印第安人③的神话中起重要的作用。"(第100、101页)1801年7月8日,他们来到了圣菲波哥大。人们热烈欢迎他们,就像迎接凯旋的

---

① 翁达(Honda),哥伦比亚中西部的城市,由托利马省负责管辖,距离首都波哥大145公里,始建于1539年8月24日。——译者注
② 丰萨(Funza),现在是一座城市,位于哥伦比亚中部,由昆迪纳马卡省负责管辖,距离首都波哥大4公里,始建于1600年,面积70平方公里。——译者注
③ 穆伊斯卡(Muiscas)印第安人,是组成现今哥伦比亚东科迪勒拉山脉(Cordillera Oriental)中部高地"穆伊斯卡联盟"(Muiscan Confederation)的讲奇布查语的人,于1537年西班牙人征服期间与西班牙帝国首次接触。——译者注

士兵一样。该城最显贵的人都来欢迎乘坐大主教马车的他们。国王圣菲（Santa Fe）在庄园里迎接了他们。但是，他们觉得最重要的是拜见著名的、近72岁高龄的老植物学家唐何赛·塞莱斯蒂诺·缪迪斯（Don José Celestino Mútis），他已经指导了无数植物考察者，拥有无数植物标本，他还雇了30位画家，制作了"波哥大植物"的2 000到3 000幅画作，它们看上去"就像袖珍画一样"。（第101页）

在马格达莱纳河上航行时，可怜的博恩普朗因遭受无数蚊子叮咬而发烧了，所以，他们在波哥大的逗留时间比计划的更长。在博恩普朗慢慢休养期间，亚历山大·冯·洪堡考察了周围的环境。他测量了周围的山，游览了附近的湖泊和瀑布，参观了矿岩坑。

1801年8月4日，亚历山大·冯·洪堡开始写《我关于我自己》(Ich über mich selbst)这本书。他在书中描绘了从1769年到1790年成为自然科学家和考察旅行研究者的道路。他想弄清楚，为什么自幼就受到驱使，去"访问遥远的世界，并且在其家乡看看热带世界的产物"。[①] 他回忆起非常喜欢的卡尔·维尔戴诺，他跟卡尔经常手牵着手地穿行柏林动物园，他回忆起与斯蒂芬·扬·凡·高伊温斯和格奥尔格·福斯特进行的考察旅行。"我打造了遥远的计划"，[②]这是1790年。亚历山大·冯·洪堡的自白就这样结束了。现在，他正致力于"实现他的计划"。那时他经常哭哭啼啼，并不知道为什么，日复一日地愈加不为人理解；而现在他非常幸福，并且明确地知道，他想要什么。

"博恩普朗的身体一好起来，我们就离开圣菲，现在，我们在去

[①] 亚历山大·冯·洪堡：《我的人生》，慕尼黑，1989年，第二版，第32页。
[②] 同上，第40页。

基多的路途中。我们想穿越伊瓦格①和金迪乌②的雪山地区，翻越安第斯山脉。我此刻在科迪勒拉山系的山脚下写下这几行字，三天后我就会攀登这个山系，更多地是徒步行走，而不是骑驴骡。用这种方式旅行对我们而言非常有好处，能很好地配备所有必需品。"（第101页）

利马，1802年11月25日："在我们攀登上去的极高处停留，这是非常令人恐惧的，而且天气阴沉。"亚历山大·冯·洪堡和博恩普朗在波哥大待了两个月。因为安第斯山脉在这个纬度上分成三个分离的山系，而且因为他们俩此刻正位于东部的山系上，所以他们现在必须首先翻越这些支脉的最高山，为了向西靠近太平洋，到达"南太平洋"。（第149页）他们选择了经过奎因都山隘的这条路。公牛驮着他们的行李，他们自己徒步穿越高处的荒野，"在这片荒野中，没有任何痕迹表明，曾经有人在这里居住过"。（第149页）在中间地带的科迪勒拉山系的西坡上，他们陷入了沼泽地中，沼泽淹没他们的膝盖，雨在不停地下。"我们的靴子在我们的腿上腐烂了，我们赤裸着受伤的脚走到卡塔戈省，③但是这次旅行中，我搜集了漂亮的新植物，带来了许多这些植物的图画。"（第149页）

1801年11月，他们登上了南美第一座火山。他们一直到达巍峨的普拉塞火山④大约2 500图阿森（4 870米）高处的火山口边缘，这座火山正可怕的呼啸着喷发硫化氢蒸汽。他们搜集了火山矿物：斑岩、玄武岩、泡沫岩、硫黄水晶、绿色石等，把这些矿物装进箱子里带走。他们面临的最大困难就是，前往今天的厄瓜多尔首都基多的遥远而可

[226]

---

① 伊瓦格（Ibagué），哥伦比亚的一座城市，位于首都西南部。——译者注
② 金迪乌（Quindíu），哥伦比亚的一座山。——译者注
③ 卡塔戈省（Cartago），哥斯达黎加东部的一个省，从1563年建立至1823年一直是哥斯达黎加的首都，多次因地震严重受损，该国现在的首都是圣何塞。——译者注
④ 普拉塞（Puracé）火山，位于哥伦比亚西南部考卡省，距离波帕扬30公里，属于安第斯山脉的一部分，海拔高度4 756米。——译者注

怕的路途。他们不得不经过森林和泥潭式的沼泽地，驴骡的半个身子都陷入沼泽地中。他们还要穿越深而狭窄的山涧，山涧的底部铺满了动物的尸骨，那是在这里冻死或者累死的动物。"两个月来，我们日夜被倾盆大雨淋透，在伊瓦拉城①附近差点儿淹死，由于一场地震，水位突然上涨，经历这些之后，我们于1802年1月6日到达基多。"（第150页）之后在这座接近赤道的城市他们待了5个月。塞尔瓦·阿莱格雷侯爵（Marqués de Selva Alegre）为他们安排了一幢漂亮的房子。在这里，他们还结识了侯爵的侄子卡洛斯·蒙图法尔·伊·拉雷亚（Carlos Montúfar y Larrea），亚历山大·冯·洪堡把侯爵的侄子纳入了他们的考察旅行团队中，后来蒙图法尔一直陪同他到达欧洲。

基多位于地势很高的山区，山脉的火山构成了许多岩溶地区的灰岩坑，都有同一个发源地。地下之火时而从这个裂缝时而从那个裂缝中喷出，人们通常把这些裂缝视为彼此分离的火山。为了检测他对地下联系的推测，亚历山大·冯·洪堡、博恩普朗和蒙图法尔反复忙于"探访在那里的每一座火山。我们先后考察了皮钦查火山（Pinchincha）、科多帕希火山（Cotopaxi）、安蒂萨纳火山、②伊利尼萨火山③的顶峰，在此过程中，我们在每座火山的山顶逗留14天到3周，在此期间，我们一直向基多回撤"。（第151页）

[227] 　　促使亚历山大·冯·洪堡到达海拔5 000米到6 000米高的火山的，并不仅仅是科学的提问，他于1823年1月24日在柏林科学院做的公开学术报告中回答了这些科学的提问："论火山在不同地

---

① 伊瓦拉城（Ibarra），今厄瓜多尔城市，位于首都基多东北部。——译者注
② 安蒂萨纳火山（Antisana），厄瓜多尔安第斯山脉北部的层状火山，位于首都基多东南50公里，高度5 752米。——译者注
③ 伊利尼萨火山（Iliniza），厄瓜多尔的层状火山，海拔高度5 248米，位于首都基多西南55公里，是一座休眠火山。——译者注

方的构造和影响"(Über den Bau und Wirkungen der Vulkane in den verschiedenen Erdstrichen)。①我们通过他写给哥哥的报道和日记可以察觉,他也很看重崇高感的升华。在他看来,在山峰上的最大危险恰恰给他带来最大的享受。

他三次攀登高出基多城市的皮钦查火山。他跨越了一座由火山口处冰冻的积雪组成的桥梁,那真是充满了恐惧,但他决不气馁。他爬到一块岩石的未被冰雪覆盖的顶部,因为炽热的火山硫黄蒸汽不停地使岩石顶部的冰雪融化。这块岩石就像是令人眩晕的深渊上面的一个阳台。"我在这里坐下,开始了我的研究。"(第151页)可是不久,剧烈的大地震动使他离开了这个危险的位置。他趴在地上,为了能够看一眼火山内部。"我并不相信,想象力会想象出比这更阴沉、更昏暗和更可怕的景象。"(第151页)在这里,崇高(Erhabenes/Sublimes)的审美感受真正升华到最高的界限。②那黑色的深渊是如此巨大,以至于许多山峰都处于这深渊之中,而火山口的底部在难以想象的深度中逃离了视线。硫黄蒸汽就像来自地狱般向上升腾,蓝色的、来回摇摆的火焰发出幽灵般的光。

亚历山大·冯·洪堡还向他哥哥直观形象地描绘了,他们1802年3月16日充满危险地攀登海拔5 705米高的安蒂萨纳火山的经历。他和博恩普朗以及蒙图法尔一起爬到2 773图阿森(5 405米)的高度,如此之高,以至于从来没有人攀登到达过这里,"稀薄的空气使我们吐出血来,牙龈出血,甚至眼睛都出血。我们感觉非常疲惫,一个陪同晕了过去。"(第152页)

---

① 亚历山大·冯·洪堡:《自然的景观》,美因河畔法兰克福,2004年,第391—421页。
② 崇高感的美学是受到了法国和英国哲学家的启发。法语中的"Le sublime"和英语中的"the sublime"在词源学上都由"sub limen"派生而来,即达到最高的界限。

[228]

6月9日，一行人离开了基多，前往位于基多南部200公里处的里奥班巴①高原。他们到达了其旅行的制高点：巍峨雄伟的钦博拉索火山（Chimborazo），当时的人们把这座火山视为世界上最高的山。亚历山大·冯·洪堡、博恩普朗、蒙图法尔和来自圣胡安②的一位当地陪同竟然敢于"进行一个尝试，攀登到钦博拉索火山的顶峰"。③这一尝试成为了神话。

这是1802年6月23日，在他们攀登特内里费火山山峰3年之后。这天天色阴沉，有雾。他们只能偶尔透过被撕开的云雾层，看到白雪皑皑的、像大教堂一样高耸的钦博拉索大火山的顶峰，这座巨峰展现了威严伟岸的景象。亚历山大·冯·洪堡的测量结果是，火山的顶峰位于海拔2 011个巴黎英尺即3 350图阿森也就是6 530米处。到这时为止，还没有人到达过这个高度。

亚历山大·冯·洪堡断言，到达很高的地方，如果这种高度远远超出雪线，而且仅仅能短暂地拜访，那么，这种到达只不过"具有很小的科学意义"。④他认为，从科学考察的角度来看，这不会带来丰硕的成果，尽管这极度地吸引读者的注意力。钦博拉索火山同样以其高度呈现"崇高的景象"，这种景象只有在美学上值得注意，因此，在《科迪勒拉山系的风光》中找到了合适的位置：钦博拉索火山，从塔皮亚（Tapia）高原看去。"这样展示了钦博拉索火山，就像我们在充沛的降雪之后看到它的样子，在1802年6月24日，就在我们登

---

① 里奥班巴（Riobamba），厄瓜多尔钦博拉索省的首府城市。位于该国中部，距离首都基多约200公里，始建于1534年8月15日。——译者注
② 圣胡安（San Juan），阿根廷圣胡安省首府。——译者注
③ 亚历山大·冯·洪堡：《关于攀登到钦博拉索火山的顶峰的一次尝试》（*Ueber einen Versuch den Gipfel des Chimborazo zu ersteigen*），奥利弗·鲁布里希（Oliver Lubrich）和奥特玛尔·艾特（Ottmar Ette）主编并配有一篇随笔，美因河畔法兰克福，2006年。
④ 同上，第131页。

顶之后的第二天。"① 亚历山大·冯·洪堡多次强调这种判断：攀登这座崇高、宁静和巍峨的巨大高山仅仅是进行一次尝试。他们未能登顶，这次没有取得成功。

然而，或许恰恰是这次失败让攀登钦博拉索火山成为一个神话。这次攀登，使向顶峰冲击的人，接近攀登的界限，鉴于一个巨大的"裂缝"，他们无法跨越这个裂缝。这道裂缝有大约20米宽、175米长。"这是我们的赫尔库勒斯②界柱"，③这界柱阻止了一次成功的继续前行。我们只差390米就能到达顶峰，仅仅就为了能够回答这个"有趣的"问题："看它是否有火山口"。④

他的哥哥威廉是第一个获悉这种极端的、进行自我身体试验的人。

[229]

没有积雪覆盖的火山岩石的一个痕迹使我们的攀登轻松了。我们攀登到3 031图阿森的高度，感觉疲惫不堪，就和在安蒂萨纳火山顶峰上一样。即便在我们返回平原两三天之后，也仍然感到不舒服，我们只能将这归咎于海拔很高地区的空气作用，对这种空气分析的结果是，里面只有百分之二十的氧气。那些陪同我们的印第安人在到达这个高度之前就离开了我们，因为他们说，我

---

① 亚历山大·冯·洪堡：《科迪勒拉山系的风光与美洲土著民的大型纪念碑》（Ansichten der Kordilleren und Monumente der eingeborenen Völker Amerikas），巴黎，1810至1813年，德语第一版，奥利弗·鲁布里希与奥特玛尔·艾特主编并加后记，美因河畔法兰克福，2004年，第241页。

② 赫尔库勒斯（Herkules）又译"赫耳枯勒斯"，是古希腊神话中最有名的英雄"赫剌克勒斯"（Heracles）在罗马神话中的名字。下文提到的"赫尔库勒斯界柱"是传说中他树立在世界边界上的两座山，一座叫卡尔佩（即现在的直布罗陀）；另一座叫阿彼拉（即现在的休达），古代人认为世界的路到此为止。参考《希腊罗马神话词典》，鲁刚、郑述谱译编，北京：中国社会科学出版社，1984年，第122、129页。——译者注

③ 亚历山大·冯·洪堡：《关于攀登到钦博拉索火山的顶峰的一次尝试》，奥利弗·鲁布里希和奥特玛尔·艾特主编并配有一篇随笔，美因河畔法兰克福，2006年，第96页。

④ 同上，第97页。

第八章
怎样的一种享受啊！

们蓄意要杀死他们。于是，就剩下我们自己，博恩普朗、蒙图法尔，我，还有我的一个佣人，他扛着我的一部分仪器。尽管如此我们还会继续向顶峰进发的，假如没有一道裂缝阻止我们，这道裂缝太大，我们无法跳过去。从这道裂缝下山也是好的。在我们回来的路上，下了大雪，以至于我们很费力才能认出彼此。我们穿的御寒衣服太少，严寒穿透了这高处的区域，我们忍受着极大的痛苦，尤其是我苦不堪言，因为我几天之前摔了一下，脚受伤了，现在走路很不灵便，这只受伤的脚在路途中给我造成很大麻烦。在路途中，我们时刻都会撞到尖利的石头上，而且还不得不准确地测量每一步。拉·孔达米纳①发现钦博拉索火山的高度为3 217图阿森。而我对这座山进行两次不同的三角学测量，得出的高度是3 267米。是可以信赖我的操作的。这个完整的、无法测量的庞然大物（和安第斯山脉的所有高山一样）并不是由花岗岩构成的，而是由斑岩构成的，从山脚到山顶都是如此，斑岩在这里高达1 900图阿森。在我们攀登到的高处进行短暂停留，这非常令人恐惧，天气阴沉。我们被一团雾包围起来，因这团雾的影响，我们匆忙看到包围我们的可怕深渊。没有活的生命给空气带来生气，也没有南美洲的神鹰（Kondor），那些在安蒂萨纳火山顶上在我们头上飘浮盘旋的神鹰。低矮的苔藓是唯一的有机生命，它们提醒我们，我们还在有人居住的地球上。（第152、153页）

[230]

他们精疲力竭地、带着伤回到人群当中。他们经历了此次旅行

---

① 夏尔·玛丽·德·拉·孔达米纳（Charles Marie de La Condamine, 1701—1774），法国数学家和科学考察者，1735—1743年，他勘察了厄瓜多尔的高原，1744年，他在回程中考察了亚马孙河。——译者注

的顶峰。他们还要在路途中度过两年。我们仅简短地归纳一些关于始料未及的道路和弯路，这就应该足够了。

1802年10月23日，亚历山大·冯·洪堡、博恩普朗和蒙图法尔到达了秘鲁的利马。因为他们本来想在这里与之碰头的鲍丹船长已经改变了他的旅行线路，他没有到达拉丁美洲南部海岸，所以，他们经过厄瓜多尔的瓜亚基尔，①驶向新西班牙代理王国墨西哥的阿卡普尔科。②亚历山大·冯·洪堡利用在船上的时间进行海水测量。在此过程中，他测到了那个特殊的海流的更低温度，后来，人们以他的姓氏命名该海流："洪堡海流"。1803年4月12日，他们到达了墨西哥城。他们在墨西哥中部进行地理、植物、解剖、经济、政治和语言学的研究。然后，他们再次前往哈瓦那，从1804年3月19日到4月29日，在那里逗留。亚历山大·冯·洪堡继续撰写关于古巴的著作：《关于古巴岛的政论文》。

最后，他们还乘船沿着北美洲东海岸向北航行，一直到特拉华河。③他们访问了费城和华盛顿，在那里，他们多次会晤托马斯·杰弗逊④总统及其内阁成员。在亚历山大·冯·洪堡看来，在美利坚合众国的逗留就像是一场美好的梦。他享受着自由的民族提供的精神和政治大戏，这个自由的民族"正向着社会状况的日臻完善阔步前进"。（第227页）6月27日，他致信杰弗逊总统时这样说。但是他根本无法容忍奴隶制。也许奴隶制在经济上是有益的，可它从根本上违背了他的公正思想。"国家的富裕与个人的富裕是一样的。这只是我

---

① 瓜亚基尔（Guayaquil），厄瓜多尔西部太平洋沿岸的海港城市。——译者注
② 阿卡普尔科（Acapulco），墨西哥中西部太平洋沿岸的城市。——译者注
③ 特拉华河（Delaware River），美国东部大西洋沿岸的一条河流。——译者注
④ 托马斯·杰弗逊（Thomas Jefferson，1743—1826），美国第三任总统（1801—1809年）。——译者注

[231] 们的幸福的次要方面。在人们自由之前，必须是公正的，没有公正就没有持久的福祉。"（第225页）

7月9日，他们乘坐"喜爱号"（Favorite）离开了美利坚合众国，1804年8月1日，到达了欧洲的海岸波尔多附近。在检疫处，他们在船上度过了两天。

1799年6月4日，在他们就要出发离开欧洲前不久，亚历山大·冯·洪堡曾经在拉科鲁尼亚充满预先喜悦地给他的挚友弗莱耶斯雷本写信说："这向我敞开了怎样的幸福啊！"他当时想达到善与伟大，并且想为关于地球的著作搜集"考察的宝藏"。"其余的就取决于命运了。"（Jbr.,680）命运垂青了他，对他表现出仁慈。现在，1804年8月1日，轮船刚刚驶进加龙河，①他还在船上，就又给弗莱耶斯雷本写信。一切都实现了，与他期待的一样。他又谈及幸福："我离开5年之后，终于又幸福地回到了欧洲的土地。……我在两半球进行的9000英里的远洋考察或许是没有先例地幸运。我从未生过病，而且比以往任何时候都更健康、更强壮、更勤勉和更乐天。"（第229页）他身边有无数个箱子，里面装满了矿物的、植物的和动物的"宝藏"，他想在鸿篇巨制中整理这些宝藏。他本以为只需花费几年的时间，实际上，他花费了30年时间，关于这次考察的著作最终由34卷组成。

然而，亚历山大·冯·洪堡并不隐瞒，现在，他的真正的幸福已经成为过去：他的考察是幸福的。"离开这个印第安人的壮美世界"，他感觉依依不舍。在热带地区，他如鱼得水，感觉气候正适合他。在北方家乡冷冰冰的地区，他会怎么样呢？"我害怕第一个冬天。我如此成为一个新人，以至于我首先必须适应，调整方向。但

---

① 加龙河（Garone），法国南部的河流。——译者注

是，知道我得救了，这种想法就给了我安慰。"（第229页）鉴于他在考察途中虽然面临最大的生命危险但感受到的却是诸多享受，这也是些许的安慰。

长期考察归来后，亚历山大·冯·洪堡1804年8月3日在"喜爱号"轮船上写的最后一封短信是写给高特洛普·约翰·克里斯蒂安·坤特的，他是洪堡家族的朋友和财产顾问，他作为普鲁士贸易和制造业（制造业和商业协会）总管理部门的领导干出了一番事业。"我尊敬的和被高度评价的朋友！离开欧洲土地6年之后，我又回来了，我逃过了与遥远的考察不可避免地联系在一起的许多危险，我利用到达的机会第一个告诉您关于我的生存状况的消息，并且为了重新向您保证我的亲切的忠诚。"（第231页）但是在他看来，比这个保证更重要的是这个消息：他的资金状况如何。虽然这可能仅仅是他的幸福的次要方面。但是他想知道，他拥有多少财产，目的是能够决定将来如何生活，在哪里生活。"我也衷心地请求您，在下一封信中给我一个概览，关于我的财产和我的收入的现今状况，很简短，用法语写，用单独的一张纸（不用其他说明），并且签上您的名字。"（第232页）通过这次自费考察，他可支配的资金减少了，因为他没有任何国家资助。为此，他告诉坤特："我比以往任何时候都更强壮、更胖、更勤勉。再说了，您和我，我亲爱的朋友，我们都会变老的。"（第232页）不久，亚历山大·冯·洪堡将庆贺他的35岁生日。

[232]

第九章
人们必须在世人面前尊重祖国

为什么威廉·冯·洪堡从政于德国,而亚历山大变得越来越法国化?

[233]　　1804年8月3日,亚历山大·冯·洪堡还在"喜爱号"轮船上时就给坤特写信说,他怀有与哥哥重逢这个最迫切的愿望:"我估计他在罗马,我将在那里度过这个冬天。"(第232页)他不知道威廉的确切地址,他自己的计划也不确定。他应该在哪儿生活呢?弗里德里希·威廉三世自从1797年成为普鲁士国王,他最乐意让这位拥有丰富的自然科学搜集品的最著名的考察者回到柏林,在亚历山大·冯·洪堡不在国内期间,国王就已经任命他为柏林科学院的海外院士。亚历山大对法国天文学家让·巴布蒂斯特·约瑟夫·德朗布尔①抱怨说,这个消息没有给他带来什么快乐。他将想方设法,远离柏林和普鲁士。他不愿意回到家乡城市柏林,而是更愿意生活在巴黎,这个欧洲的科学中心,他"被著名的大人物们包围,他们以其友善尊敬我,他们完全可以促进我对知识的探求。"(第182页)

但是罗马也有魅力。亚历山大·冯·洪堡很久以来就一直想去

---

①让·巴普蒂斯特·约瑟夫·德朗布尔(Jean Baptiste Joseph Delambre,1749—1822),法国天文学家,发明了太阳摄谱仪。——译者注

意大利，也是由于那里的火山。因此，他刚刚踏上欧洲的土地，就给哥哥写信，他哥哥自从1802年就在罗马担任外交官，即普鲁士驻梵蒂冈的公使。他的考察旅行伙伴博恩普朗一到达欧洲就立刻回家，回到附近的拉罗谢尔①："他现在不久就与他爱的家人重逢。"（Br. II,232）威廉被弟弟这种亲密的亲情打动，他最后一次拥抱弟弟是1798年10月20日，在巴黎和他告别的时候。可是，兄弟俩的重逢不会像博恩普朗回家重逢那么快进行。

[234]

亚历山大起草了一个时间表。他首先想去巴黎，在年底去马德里，为了充满感激之情地向西班牙国王汇报他的考察旅行情况。然后再从马德里到罗马，他想在罗马待很长时间，最后才会在迫不得已的情况下，前往柏林。威廉马上就给亚历山大回信，说他不能同意这个时间表。取而代之的是，他建议弟弟尽快回到柏林，满足普鲁士国王的期待。威廉向坤特抱怨说，"可惜他没有耐心等待这封信，""我听说，他已经请求国王允许，首先来到罗马。"可是威廉觉得，弟弟向他阐明的理由是最糟糕的："由于已经习惯了热带气候，他害怕柏林的冬天。我尤其不喜欢，在给国王的信中写上这种真正诗意的热带，我已经预料到这种措辞（这已经够愚蠢的了），并且警告过他，别用这个措辞。这个措辞会很难讨人喜欢。"② 然而，一种被推测的国王的不满似乎并不妨碍亚历山大，与他对抗的自然威力相比，这种不满又算得了什么呢！

当亚历山大到达波尔多的时候，他对折磨哥哥和他嫂子的问题还一无所知。他没有料到，他与她的3个孩子相隔只有几天的路程。卡洛琳娜给他往拉罗谢尔通过**留局自取**（Br.II,231）的方式写了一封

---

① 拉罗谢尔（La Rochelle），法国西部大西洋沿岸的一座城市，在波尔多西北。——译者注
② 阿尔贝尔特·莱茨曼：《威廉·冯·洪堡与他的老师》，柏林，1940年，第16页。

信，这封信最初丢失了，①通过这封信，他才获悉，她在巴黎。他想在那儿拜访她，然后和她一起去罗马。

他刚到巴黎的消息被公布，卡洛琳娜的居所从清晨到晚上就挤满了好奇的来访者。所有来访者都想见到这位到美洲考察旅行的人。"亚历山大将在这里生活于袅袅焚香（Weihrauch）的甜美香气②中"，1804年8月14日，卡洛琳娜给丈夫往罗马写信说。与此同时，亚历山大正乘坐他的邮政马车③行驶在从波尔多到巴黎之间的某段路上。她很高兴，马上就能与她的小叔子重逢了。然而她并不希望，"亚历山大今天或者明天到达，我不希望，在所有这些天里都遇到某种真正令人喜悦的事，适逢命运在这些天里让我们感受到人生至深的痛苦的时候"。（Br.II,220）亚历山大探亲带来的喜悦却不能代替威廉和卡洛琳娜在这些天里完全投入的巨大悲哀。那么，他们在1804年8月中旬遭遇了何种命运的打击呢？洪堡夫妇为什么分居呢？

我们简短地回顾一下。威廉·冯·洪堡返回了外事工作岗位（1791年他"请假"离开外事工作），在他没有公职、仅仅关心自我精神的"自我构成"及其文化学和语言学的研究之后。1802年11月，他和家人到达罗马。在外交方面，他要澄清普鲁士和梵蒂冈之间普遍存在的教会问题，尤其重要的是，调节普鲁士信奉天主教的公民与教皇皮尤斯七世④之间的关系。然而，吸引他到罗马的，不仅仅是普鲁士外交使节的职位。他渴望意大利——这个古典文化的国度。罗马在他看来是极好的地方，在这里，全部的古代文化于他而言是极具魅力

---

① 从文中的逻辑分析，他后来又收到了这封信。——译者注
② 比喻亚历山大会受到人们的颂扬。——译者注
③ 这种邮政马车兼带客人和邮品。——译者注
④ 教皇皮尤斯七世（Pius VII.,1742—1823），在法国大革命后重建了法国教会，但是无法说服拿破仑重建教会国家。——译者注

的吸引；在这里，被视为高贵和崇高的过去的状态似乎一直保持在当下，并历久弥新，尽管当地民众太贫穷，城市太脏乱。此外还有经济上的考虑。他的家庭规模剧增，而在普鲁士以外自费到处旅行也变得昂贵。卡洛琳娜已经生了5个孩子：继卡洛琳娜（1792年）、威廉（1794年）和特奥多尔（1797年）之后，又添了阿德尔海德（Adelheid，1800年）和加布里尔（Gabriel，1802年）。一切似乎都很好。作为普鲁士驻梵蒂冈的外交使节，他的职位收入颇丰。全家很幸福，他们在罗马的房子成为在罗马生活的艺术家和科学家的社交中心。

命运的打击发生在1803年8月。卡洛琳娜正带着孩子们动身前往附近地理位置极好的小山城阿里齐亚，① 为了躲避罗马夏日的炎热，这时，9岁的威廉突然说他头疼。在父母的心目中，他是孩子中最英俊、最温柔、最强大也最充满希望的孩子。紧接着，他开始发高烧，开始说胡话，大量失血。他想见因为嗓子发炎又发烧而留在罗马的爸爸。1803年8月15日这一天的夜里：

[236]

> "亲爱的妈妈，爸爸，爸爸，"他大喊着，胳膊和腿部一阵抽搐，他开始喉部发出呼噜声，他的头在我的怀里垂得更低了，三秒到四秒钟后他就死了。……几分钟后洪堡到了。……我可怜的洪堡没有看到他，这个男孩儿再也没有快乐地看到他的爸爸，爸爸也没有看到孩子。这是痛苦的花萼中加剧的苦楚。威廉是他最喜爱的孩子。（Br.II,119f.）

这是卡洛琳娜1803年9月2日致信她的父亲老达赫略敦时写的内

---

① 阿里齐亚（L'Ariccia），罗马东南方向30—40公里处的小山城。——译者注

容，在她的儿子被葬在盖尤斯·切斯提亚金字塔①附近之后。罗马不信奉天主教的外国人都葬于此。同时，她还不得不告诉他，她的二儿子特奥多尔病重的消息。他也患有严重的神经性发热，经常看上去就像死人一样。医生已经放弃了挽救的希望。最后，女儿卡洛琳娜也突发高烧，以至于头几乎抬都抬不起来。

幸运的是，这两个孩子在这谜一般的突发疾病后幸存下来。但是，这几乎无法缓解父母由于威廉之死受到的巨大伤痛。尤其平日显得如此冷漠和漠不关心的威廉，面临被痛苦击垮的威胁。死亡的念头攫住他。他忧郁沉痛地给席勒写信说，这"第一个不幸"给他带来最大的打击。

[237]
　　　　死亡一方面夺去了我全部的人生安全感。我并不再相信幸福，不再相信命运，不再相信事物的力量了。既然这个迅速的、绽放的、有力的生命会如此突然地毁灭，那么，还有什么是有把握的呢？另一方面，我又突然赢得了一个新增的、无限的安全感。我从来没有惧怕死亡，从来没有幼稚地贪生，但是，当我所爱的一个生命死去时，感受是完全不同的。我内心（einheimisch）②感觉生活在两个世界中。③

出于对孩子们的担忧，而且她自己也不堪忍受南部的气候，卡

---

① 盖尤斯·切斯提亚金字塔（Caius Cestius-Pyramide），古罗马最高司法官盖尤斯·切斯提亚·艾普罗（Epulo）在罗马的墓碑（公元前12年去世），位于罗马圣保罗大门附近，原来在城外，227年起被搬进城墙内。——译者注

② 这个德语词通常指"**本乡本土的**"，但译者从这里的上下文看，认为译成"内心的"更恰切，用了转义。——译者注

③ 《弗里德里希·席勒与威廉·冯·洪堡之间的通信》，齐格弗里德·赛德尔主编，第二卷，柏林，1962年，第250页。

洛琳娜决定，带着儿子特奥多尔和女儿卡洛琳娜，先去埃尔富特看望她的父亲，然后从埃尔富特再去巴黎。1804年3月初，她离开罗马。她刚走，威廉就给她写信说："我明白了，我们的人生从现在起再也不会是幸福的了。人生的幸福在内部受到了干扰。可是，亲爱的，其实关键并不在于幸福的生活，而是在于完成人生的命运，并且以各种方式耗尽所有的人之常情。"（Br.II,134）

威廉并没有谈及，他是否把卡洛琳娜与生活在巴黎的西里西亚伯爵古斯塔夫·施拉布伦多夫之间的亲密友谊也算在这人之常情里面，他们夫妇俩1798年生活在巴黎期间与这位伯爵多次见面。施拉布伦多夫生活在完全的精神自由中，生活在物质上无需求的状况中，威廉把这个离群索居者视为他遇到的最奇怪、最奇特的人。他外表古怪、不修边幅、蓄着浓密杂乱的大胡子，他"就像西诺普的第欧根尼"[①]一样，过着隐居式的生活。他是卡洛琳娜不想留在生活于家乡图林根的父亲身边，而是想去巴黎的原因吗？不管怎么说，她在埃尔富特给施拉布伦多夫写信说，她按照这个旅行路线走，仅仅是为了再见到他。"哎，我在你身上寻觅的不是快乐，我也不会给你带来快乐，然而，你就是我所追求的人，你全部的特征、你在我的心中、在灵魂深处都留给我一种渴慕，除了你以外，再没有其他任何事物能够满足我心中的渴慕。"[②]

这种关系并非没有引起人们的注意。人们只是到处散布说，洪堡家以前的朋友弗里德里希·威廉·冯·布尔格斯多尔夫也要去巴

[①] 关于独特的"西诺普的第欧根尼"（Diogenes von Sinope）的人物和人生哲学参见曼弗雷德·盖耶尔：《聪明人嘲笑什么》（Wor über kluge Menschen lachen），莱因贝克，2006年，第86—109页。（西诺普是今土耳其的地名，与古希腊文化有联系。——译者注）

[②] 转引自《威廉·冯·洪堡：他的人生与影响，用其时代的书信、日记和记录描述》，鲁道夫·弗雷泽选编，柏林，1955年，第506页。

第九章
人们必须在世人面前尊重祖国

[238] 黎，为了在那里与卡洛琳娜见面，流言蜚语四起。她的威廉建议，为了使她不安的父亲放心满意，就说，她仅仅是为了迎接要去巴黎的亚历山大。"到巴黎去旅行是司空见惯的事，而你是如此自由，以至于没有必要向任何人解释你此行的理由。"（Br.II,163）威廉告诉她，不应该理睬在德国散布的"愚蠢的嚼舌胡说""我们的共同生活糟透了，我们或许就分别了"。（Br.II,244）然而，就连更了解她的坤特都受到谣言影响。威廉感到很痛苦，因为"这个愚蠢的谣言"伤害了他亲爱的丽娜，他试图通过重复表达爱的声明，使这个愚蠢的谣言失去效力："宝贝儿，就像我们彼此生活过而且还将生活的那样，我们没有一个瞬间不是统一的，为了指出平庸的人必须明白的道理，一个理性的人永远都不会相信如此愚蠢的谣言。坤特也肯定不会相信。……我大概理解，只有极少数人了解你和我，更难理解的是，我们两个人本身就是很难理解的，我们也从来不努力展示我们自己。"（Br.II,256）

当亚历山大·冯·洪堡从大型的考察旅行回来又踏上欧洲的土地时，他哥哥正处于这种悲哀的、艰难的家庭困境中。命运垂青于亚历山大，他快乐地而且身体更强健地战胜了所有的人生危险。可是现在，他看见哥哥和嫂子正面临至深的痛苦，这时正好是他们的孩子死去一周年的纪念时期。他也没有寻思，他们的分居意味着什么。对于他们的分居，人们进行了各种各样的猜测。此外还发生了一件不幸的事。哥哥写信告诉他，那个超越一切地被爱的孩子死了，在同一封信里，亚历山大还读到这个可怕的消息：他的朋友莱因哈特·冯·海夫滕于1803年1月20日也出人意料地死了。

[239] 亚历山大·冯·洪堡好像在欧洲受到了死亡的接待，而他在热带中享受了最强大力量中的生命。他不太知道，他应该跟服丧的人

们说什么；他只能尝试，通过联系犹太和希腊哲学家的说法，用普遍的思考安慰克里斯蒂娜·冯·海夫滕："5年来，我在考察活动中如此幸福，我一直为最好的健康感到高兴，我所有的计划都成功实现了……假如我有更多的人生智慧，我就不能不预料到，巨大的不幸在等着我。人注定要工作和遭受痛苦。您越感到幸福，您就越接近深渊。"①

他把这一封吊唁信誊写了一份，寄给在罗马的威廉，接着，威廉又给在巴黎的卡洛琳娜写信说："他写得非常感人，却以他的方式。他给海夫滕的遗孀寄去一封用法语写的信，她一个字都看不懂，而且在这封信中，关于希腊人甚至犹太人（尤其荣幸地）对死亡的观点的内容，远远多于有关她可怜的、已经去世的丈夫和孩子们的内容。我们可以从中读出来，当他离开文明世界时，他并没有更亲近自然。"（Br.II,183）

然而，威廉与亚历山大还遇到一个更大的问题，这个问题现在第一次被提及，并且将影响接下来20年洪堡兄弟的关系：亚历山大的"德国人的本质特征和身份认同"（Deutschheit）如何？这是一个大问题，威廉·冯·洪堡和卡洛琳娜·冯·洪堡带着这个大问题期待着他的归来。他们甚至担忧地看到，他不愿意回到普鲁士的家乡城市。因为在他1804年3月28日从哈瓦那发给哥哥的最后一封"美洲"来信中，就明确地请求威廉要做一切事情，**他没有再看到柏林的教堂尖顶这种心理需求**。（Br.II,183）亚历山大为什么用法语写呢？他开始厌恶和鄙视他在长期考察期间没有说过的德语吗？5年来他大多用西班牙语与人沟通。为了撰写他的考察著作，他偏爱用法语来写。

[240]

---

① 亚历山大·冯·洪堡致信克里斯蒂娜·冯·海夫滕，转引自《想要善与伟大》，乌尔里克·莫海特主编，柏林，1999年，第211页。

卡洛琳娜在等待着亚历山大。他没来。她不明白，他在哪儿待那么久。她每天都看着乘客从邮政马车上下来，"可亚历山大依然没来"，(Br.II,225)8月22日，她告诉丈夫。亚历山大写给青年科学家博马特（Pommard）的一封信才使她了解到，他将于第二年去意大利，**为了拜访他的家庭**，然后，他想在巴黎定居几年，**为了发表他的考察旅行的著作**，这让卡洛琳娜不太高兴。与威廉一样，她也认为，亚历山大不应该回避柏林。这毕竟还有经济上的好处：因为国王会表现出好意，给予赞许，他会慷慨地奖赏亚历山大这位到美洲考察旅行的人。"我也出于许多理由希望你，我亲爱的、有头脑的威廉，你具有温和的、宽宏大量的却恰如其分的意识"，就他保留德国人的本质特征这件事，给他写一封严肃的信，"**我担心，他在这里陶醉于一种虚妄的荣耀中**，最后，人们会幸灾乐祸地窃笑，如果他**失去清醒头脑地**投入到它①的怀抱。"(Br.II,226)卡洛琳娜担心，她的小叔子会陶醉于他在巴黎可以期待的荣耀，被冲昏头脑地失去德国人的本质特征和身份认同。同时她仍在快乐地期待他的到来。

威廉与卡洛琳娜同甘共苦，共同分享快乐，分担忧愁。他的弟弟和他的妻子马上就要团聚了，这使他无比喜悦。他在信中说，她应该充分地享受此次团聚。在巴黎看到亚历山大归来，这肯定是无与伦比的。他会像一个"怪人"一样让人们惊叹。他应该知道，为了他的目的，要聪明地利用这个机会。可是威廉也担心，对柏林方面的期待，亚历山大会表现得太生硬。"这绝对是不明智的。在世人面前，人们必须尊重祖国，哪怕它是一片沙漠。"(Br.II,232)所以，威廉在给卡洛琳娜的信中附上一封写给亚历山大的信，威廉让妻子

---

① 它在这里指荣耀。——译者注

在弟弟到达巴黎时转交给他。他建议弟弟向普鲁士国王弗里德里希·威廉三世请假，为了能够在巴黎和罗马短暂停留。"让亚历山大留在这里，这将是一个无限的享受。"（Br.II,233）

被期待盼望的亚历山大到达巴黎，这又给了威廉一次机会，研究他们迥然不同的性格特征类型。彼此的性格在分别的这几年间又如何发展呢？亚历山大会理解哥哥"在内在体验的王国"（Br.II,234）中——尤其是在最强烈地决定了内在命运的不幸的丧子之痛以后——取得了哪些进步吗？兄弟性格形象的基本模式并不是新的。这个模式在他们的童年就已经定型了。1790年左右，威廉就向未婚妻明确指出：亚历山大会无休止地被向外驱赶，进入世界中，并且在小小的虚荣心的诱惑下，追求人们公开的认可；与弟弟相反，他自己尤其愿意向内发展自己的性格，因为他唯独把人在内心中的状态视为珍贵的。现在，简而言之："我们从童年起，就像两个相对的极一样彼此分离，尽管我们始终彼此相爱，甚至彼此亲密。他很早就开始向外追求；而我很早就为自己选择了一种内在的生活，而且我认为，一切都因为这一点。"（Br.II,260）

洪堡兄弟孩提时就表现出了截然不同的性格。现在，这种截然不同赢得了一个新的维度。它超越了个人关系和生活方式，而且"在以民族为先决条件的文化问题范围内"[①]变得重要。问题涉及法国人的本质特征和德国人的本质特征。

8月27日，亚历山大终于到达巴黎。卡洛琳娜惊讶地断言，他几乎没有任何改变。"他难以描述地还是同样的一个人，在举止、表

---

① 齐格弗里德·凯勒（Siegfried Kaehler）：《威廉·冯·洪堡和亚历山大·冯·洪堡在拿破仑危机那几年中》（*Wilhelm und Alexander von Humboldt in den Jahren der Napoleonischen Krise*），载《历史杂志》（*Historische Zeitschrift*）第三系列（Dritte Folge），第二十卷，1916年，第245页。

情、动作和装饰上,以至于我以为,他是前天才从我们这旅行出发的。"(Br.II,231)他只不过"胖了很多"。接下来的几天和几周就像所预料到的那样,亚历山大受到巴黎社交界的隆重欢迎。他享受着荣耀,"无比忙碌地在庆贺"。(Br.II,237)每个人都想见到这位著名的研究者和考察者。他仅在早晨有少许时间与嫂子和孩子们共进早餐。"他对我无限温柔",(Br.II,238)但是,这并不能排遣她的忧愁。亚历山大总是不消停。他不断地制订新的旅行计划。他想到希腊和科孚岛①去。彼得堡也吸引他。"欧洲所有国家都在他的脑子里转悠",(Br.II,231)他希望同时在所有这些地方。

亚历山大应该保留"德国人的本质特征和身份认同"!这是卡洛琳娜最渴望的。所以,她认为,小叔子与她在巴黎见面,是很大的幸运。卡洛琳娜认为,要是没有她,他会很深地而且无法挽救地陷入法语与法国文化中,"以至于他永远都不能自拔"。(Br.II,249)她希望得到丈夫的支持。她让威廉给他弟弟写一封严肃的信,以便把他引到德语和德国文化上来。这并不容易。因为,当亚历山大读到哥哥信中提醒他尊重祖国的字句时,他做出鬼脸。

威廉建议妻子谨慎行事,别太操之过急。他自己的德国人本质特征和身份认同,也并不像他妻子认为的有那么深的爱国情怀,9月11日,他给妻子写信安慰说,充满激情的荣耀,这种巴黎迷醉不久就会悄悄溜走。

真正提醒他保留德国人的本质特征和身份认同,把他从**虚妄的荣耀之陶醉**再引回严肃,对此我们必须等待一段时间,我

---

①科孚岛(Korfu),爱奥尼亚群岛的第二大岛,1864年归入希腊版图。——译者注

并不担心。他有真正的雄心。他肯定觉得，假如他不在德国获得荣耀，那么，从外部来看，他就什么都不是。假如他自己轻视此刻在德国最好的状况，那么，这说明他细腻，而且，他自己察觉到，瞬间的状况是什么样的。"(Br.II,248)

一个星期之后，威廉再一次强调，他信任亚历山大的洞见，他其实"还是相当具有德国人的本质特征和身份认同的"："然而，我们不能说，他受到制造效果这种瘾的驱使。这仅仅是内心深处的活跃特征的外表，这种活跃特征追求某种更好和更高。在这个方面，他又是相当德国的，而且真正值得尊重。"(Br.II,252) [243]

那么，威廉和卡洛琳娜·冯·洪堡如何理解"德国的"和"德国的本质特征与身份认同"呢？此刻在德国，"最好的"又是什么呢？这并非政治或者国家的范畴。对于他们而言，德国的也并没有任何民族主义的含义。在1804年，人们也谈不上是一个德意志民族。[1]德意志神圣罗马帝国[2]提供一种多形态的、分崩离析的景象，被分割成无数王国，选帝侯领地、大公爵领地、公爵领地、大主教领地、主教领地、侯爵领地、帝国城市和邦议会中享有特权等级的代表的官邸城市。在这里，普鲁士的特征也不起任何重要作用。

自从告别了普鲁士的公职以后，威廉·冯·洪堡解开了与家乡的纽带。他宁愿生活在岳父在图林根的庄园上，然后他又到了耶拿，为了生活在席勒附近。从1797年起，这个家庭在国外逗留。普鲁士和法国1795年在巴塞尔签署单独和约，该和约还导致了普鲁士为期10年的

---

[1] 因为1871年才有统一的德国。——译者注
[2] 德意志神圣罗马帝国（das Heilige Römische Reich deutscher Nation），962年至1806年西欧和中欧的封建君主制帝国，版图以德意志地区为核心，包括一些周边地区，在巅峰时期包括了意大利王国和勃艮第王国还有弗里西亚王国（今低地国家）。——译者注

第九章
人们必须在世人面前尊重祖国

政治与军事的中立。这个单独条约使洪堡能够从1797年起毫无问题地生活在巴黎。这座城市比柏林给人留下更了不起的和更有利的印象。即便在第二次反法联盟的战争期间——热爱和平的普鲁士国王弗里德里希·威廉三世退出了反法同盟——威廉和卡洛琳娜·冯·洪堡也偏爱生活在巴黎这个法国的大都市，这大都市"自身包含着各种各样元素的色彩的混合，对于最丰富多样的兴趣而言，它包含如此多的素材"。威廉在给弗里德里希·席勒的信中这样赞美这座迷人的城市，在这座城市里，人们以最友善的人性对待外国人，而且"在那里，真的有对科学和博学的鲜活生动而真正的兴趣"。①

在这封1797年12月7日写于巴黎的信中值得注意的是，他第一次提到"德意志的本质特征"。威廉·冯·洪堡在国外的文化中才意识到，他在这里感到缺少的是什么。"实际上，我把这种情况考虑成在此逗留的优点：在这里才清楚具有高贵和卓越特征的德意志本质特征。"②

"德意志的本质特征"（Deutschheit）是一种文化、文学和语言的特点，而威廉·冯·洪堡很幸运，这种德意志本质特征的"最好方面"绝大部分覆盖他自己的情况。对他而言，德意志的内涵是伊曼努尔·康德的批判哲学，他尝试向法国朋友介绍康德形而上的深度、概念的敏锐，但这种尝试是徒劳的。德意志的内涵还是席勒的戏剧诗《华伦斯坦》，③在其中，"通过自由给予自由"的思想因真正的、历史的状况而注定失败。威廉·冯·洪堡在近处关注过《华伦斯坦》这

---

① 《弗里德里希·席勒与威廉·冯·洪堡之间的通信》，齐格弗里德·赛德尔主编，第二卷，柏林，1962年，第130页。
② 同上，第141页。
③ 《华伦斯坦》（*Wallenstein*），席勒最主要的戏剧作品，是德国古典文学的代表作品、经典作品，它深刻揭示了个人同时代、政治与历史的关系。——译者注

部古典文学作品的创作过程，巴黎的人们丝毫不了解这部作品整体的伟大。具有德意志内涵的还有歌德用古代手法、用六音步诗写的史诗《赫尔曼与窦绿苔》，① 这是被提升到典型性的史诗，以在法国的战争时期德意志人的生活与爱为主要内容，在该史诗大团圆的结尾处，赫尔曼充满爱国主义激情地对他的新娘说：

只要想到有你照料家庭和父母双亲，
我就能放心地挺起胸膛迎击敌人，
倘若人人与我想法一样，武力就能
对抗武力，我们所有人就会安享太平。②

1798年4月，威廉·冯·洪堡在巴黎写了关于这部作品的一篇内容广泛的美学论文："所描述对象的简单质朴以及由此产生的效果之伟大与深邃，而歌德的《赫尔曼与窦绿苔》中最强烈地且最情不自禁地引起读者钦佩的正是这两点，即伟大与深邃。"（G.S.II,124）在此，这并非偶然：威廉·冯·洪堡在法国读了歌德的史诗，并且进行了美学反思，他把注意力集中在"研究法国人的民族性格并且将之与德国人的民族性格进行对比"。1798年年初，他给歌德写信说，在法国人的性格中，"理智多于精神，由内而外地针对人生，这多于返回自身与针对艺术的想象力，强烈和激情多于感受"。③

[245]

---

① 《赫尔曼与窦绿苔》（Hermann und Dorothea），歌德在古典时期创作的史诗。——译者注
② 约翰·沃尔夫冈·冯·歌德：《赫尔曼与窦绿苔》，九歌史诗（Epos in neun Gesängen），写于1796年9月至1797年3月至6月。第九歌：《乌兰尼亚，前景》（Urania. Aussicht），结尾诗行，第315—318行。（译文参考以下译本，有很大改动，《赫尔曼和多罗泰》，歌德著，钱春绮译，北京：人民文学出版社，2003年，第239页。——译者注）
③ 《歌德与威廉和亚历山大·冯·洪堡的通信》，路德维希·盖格尔主编，柏林，1909年，第51页。

威廉·冯·洪堡谈论法兰西民族性格与德意志民族性格，就像在谈论他弟弟和他自己。他逐字引用特蕾泽·福斯特早在1790年对亚历山大的评价："这个人理智多于精神。"（Br.I,342）当时，他觉得这种评价很独特，或许有些夸大其词，但并非不真实。在给歌德的信中，威廉把这种对弟弟性格特征的描述转化到对法兰西民族性格的描述上。外向和返回自身、强烈的生命精力和艺术的想象力之间的两极分化式描述，最初也是他在家庭内部描述人的性格特征时使用的方式。只有在给家乡朋友的许多信件中，这些描述才赢得超越个人的内涵。

洪堡兄弟似乎是两个不同民族性格的典型代表。不管怎样，威廉·冯·洪堡是这样看的。与此同时，他在法国才意识到自己的"德意志人的性格特征和本质"。他在致信席勒时说，在遥远的地方，他学会了赞美幸运的命运，"与您和歌德生活在同一时期，并且拥有您和您的爱"。"我真诚的朋友，请您不要嘲笑，我的德意志人的性格特征和本质把我置入心醉神迷中。"① 他还给弗里德里希·奥古斯特·沃尔夫写信，当时后者正在与妻子一起，以极大的兴趣和生动的享受，阅读约翰·海因里希·福斯翻译的奥维德与荷马的作品："身处德国人中间，周围全是德国人，您这位更幸运的人几乎感受不到，这种强有力的、崇高的和使人兴奋的语言给人几多内涵，这些画面对于意识，这些思想对于精神的心灵，有何等含义。"② 威廉·冯·洪堡又给弗里德里希·海因里希·雅各比写信说：

---

① 《弗里德里希·席勒与威廉·冯·洪堡之间的通信》，齐格弗里德·赛德尔主编，第二卷，柏林，1962年，第150页。
② 威廉·冯·洪堡1798年10月22日致信弗里德里希·奥古斯特·沃尔夫，转引自《威廉·冯·洪堡：《他的人生与影响，用其时代的书信、日记和记录描述》，鲁道夫·弗雷泽选编，柏林，1955年，第34页。

我们德国人总是完全确定地区分两个仿佛完全不同的世界，一个看得见的世界和一个看不见的世界，一种内在的存在和一种外在的存在，我们经常忘记，我们通过说话、写作和行动就走出了前者的存在。我们因此而模糊，经常不精细，因为我们经常仅仅表现出自己的禀性，而且，我们几乎总是没有形式的。法国人则正好相反，他们一切都考虑效果，笼统而言，正是这一点给予他们超越其邻国的政治和社会的优势。① [246]

亚历山大现在到了巴黎，而且面临这样的危险：像典型的法国人一样做一切事情！他身上的一切都努力向外。他追踪人生的足迹，他享受成就，并且考虑做事的效果。他在公开的社交场合亮相很得体，得心应手。当拿破仑·波拿巴（拿破仑一世）1804年12月2日称帝时，亚历山大无论如何要到现场。他不惜花很多钱去买考究的衣装，还不无自豪地告诉哥哥："我被迫花70路易，找人给我做一套丝绒刺绣衣服，为了以光鲜华丽的姿态出场。经历这样一次考察旅行之后，我一定不能显得落魄，囊中羞涩。"（Br.II,266）在他看来，虚妄的荣耀似乎比关联自身的和返回自身的性格塑造更重要。与德意志精神相比，法兰西精神更接近他。可是，依然存在这种希望：亚历山大的深层的、内在的活跃特征"追求某种更好和更高。在这一点上，他又是真正的德意志人"。（Br.II,252）

威廉对亚历山大欠缺的德意志民族特征产生的顾虑还控制在界限内。虽然他做出这种断定有他的理由：亚历山大对"世界"的高度

---

① 《威廉·冯·洪堡致信弗里德里希·海因里希·雅各比》，阿尔贝尔特·莱茨曼主编，哈勒，1892年，第69页。

评价高于他对"祖国的"赞美，而且，他任由一种强烈的激情向外驱动，而不是充满感情地沉潜于自己内心。"他不太容易通过爱来享受"，(Br.II,252)威廉断言，卡洛琳娜不久会有一个难过的理由，涉及亚历山大面对别人的痛苦时缺乏感伤。亚历山大已经很难找到恰当的词语，表达关于海夫滕和小威廉的死。现在，他的同情心要经历新的考验。

[247] 　　1804年6月2日，卡洛琳娜在巴黎又生下一个孩子，一个健康的、漂亮的女孩儿，长着极其漂亮的蓝眼睛，带着甜美的微笑和美妙的眼神。这位母亲为她的第四个女儿（在卡洛琳娜、阿尔德海德和加布里尔之后）降生感到非常高兴，她给身在罗马的丈夫写信："每当我注视着她时，我总有一种神奇的想法，你居然还不认识她。唉，假如小威廉没有在我们的家庭圈子中造成这样可怕的空白，那么，人们就看不到比我们更美好的家庭了。你难道也没有想到，明年冬天找人给他们画肖像画吗？谁知道我们还会面临什么？"(Br.II,243)亚历山大成为他的小侄女露易丝（他更喜欢叫她"玛蒂尔德"）的洗礼教父。正如威廉欣喜地判断的那样，这是亚历山大的"欧洲事业"(Br.II,248)的美好开端。可是，接下来，露易丝就生病了。她接种了抗天花疫苗，有几天相当活泼。10月16日，她脸色苍白，一天之后，她开始大叫，哭声中带着一种奇特的吹口哨的声音。10月18日凌晨，卡洛琳娜把她3个半月大的小女儿抱在怀里，"呼吸变得越来越弱——7点半时，她没有抽搐、没有喉咙里发出呼噜声地死去①——只是眼睛周围有一种痉挛的死亡特征。她就这样离开了我们，在我们周围留下一片孤寂、空虚，面对这孤寂和空虚，我不寒而栗。"(Br.II,272)

---

① 如前文所述，这是这对夫妇的儿子小威廉死前的特征，母亲描述时在对比两个孩子临死时的不同表现。——译者注

深深的痛苦有击垮卡洛琳娜的危险。没有了这个小天使,巴黎在她看来是空荡荡的。"由于失去我美丽的露易丝,我的心难以描绘地破碎了,"(Br.II,273)她向威廉抱怨说,而威廉还从来没有见过或者抱过他的女儿。至深的家庭悲伤又开始了。她的露易丝是和死去的哥哥在一起吗?他会照顾她,爱抚她吗?卡洛琳娜常常梦见她的两个死去的孩子,看到他们在陌生的世界里在一起,尽管他们被葬在相隔遥远的两座城市里。"他们在一起吗?死亡将来有一天会把我们又重新联合在一起吗?亲爱的,珍重,我在这里中断不写了,我没有能力再补充新的内容。我非常想念你们,我只能在你们身边再找到类似安宁的情感。"(Br.II,272)

亚历山大曾经成为幸福的洗礼教父。他悲伤地陪伴着露易丝的尸体,尸体被葬在巴黎附近一个庄园里一棵高高的金合欢树下面。然而,他从来都无法感受自己没有体验过的情感,卡洛琳娜这样告诉威廉,威廉和她一样,不畏惧痛苦。亚历山大似乎对真正情感的深度感到完全陌生,他的嫂子这样断定:"亚历山大体贴温情的表达与其说是深沉的情感,毋宁说是在展示感受。"(Br.II,274)"我跟亚历山大无法谈论威廉和露易丝,他不懂母亲的心。"(Br.II,287)

[248]

此外,亚历山大在不停地忙碌着,在这个充满活力、在卡洛琳娜看来空荡荡的、荒芜的巴黎,他感觉很惬意。他给普鲁士国王写信,并请求国王准他"假":弗里德里希·威廉三世满足了他的愿望,让这位世界著名的普鲁士人在法国发挥一阵作用,这并不损害什么,普鲁士国王正想与法国和平共处。在露易丝夭折前不久,亚历山大还告诉哥哥,为了打消哥哥的顾虑:"最亲爱的比尔!国王的回复终于到了。从来没有一封写给臣仆的信比这封信更友善。我与法国的联系会有损我与祖国的联系,所有这种担心都是无稽之谈。"(Br.II,287)

第九章
人们必须在世人面前尊重祖国

1804年10月14日,亚历山大自豪地向他哥哥报道其不知疲倦的活动。他工作繁忙,而且快乐。他在巴黎国家研究所(Pariser National-Institut)做了很多场报告,其中有关于考察经历的,关于安第斯山脉的地质、植物的地理,关于变换更替的地球磁场和变动的空气组成,关于肚子下没有鱼鳍的鱼儿未知的毒性,关于南美洲火山地球的历史和志留系的形成。"只要我在做报告,国家研究所就座无虚席。"(Br.II,265)所有的人都想听亚历山大·冯·洪堡的学术报告,他掌握多种多样渊博的专业知识,作为一个人他却好像是一个完整的科学院一样。1804年10月28日,在一次大型的拜谒中,他被介绍给拿破仑·波拿巴,拿破仑12月2日加冕为皇帝时,亚历山大·冯·洪堡也在场。"荣耀比以往任何时候都更大。这是一种热情。"(Br.II,265)他不仅想为自己要求拥有这种荣耀,他还试图考虑把他哥哥也纳入其中,他了解哥哥对追名求荣的反感和顾虑。"你看见了,波莫瑞①家族通过你和我,得到了美化。因为在这里,人们还普遍想着你的荣耀。"(Br.II,266)

征服性的、社会的认可帮助亚历山大·冯·洪堡,确保了其忠诚的考察陪同和勇敢的伙伴艾枚·博恩普朗的生活费。几个月来他一直致力于为博恩普朗争取一笔国家提供的养老金,作为固定的生活基础。面对法国内务部长的秘书让·马利·热兰多(Jean Marie Gerando),亚历山大·冯·洪堡表明,他把法国视为"我的第二个祖国",而激发公众兴趣的、前往美洲的大型考察"是由两个民族的两位个人实施的,这两个民族长期以来通过最密切的政治纽带联系在

---

① 波莫瑞(Pommern),普鲁士在波罗的海沿岸的昔日行省。洪堡家族祖先属于波莫瑞。所以亚历山大把自己和哥哥划归波莫瑞家族。——译者注

一起"。①由于这一友谊工作，他不得不一再推迟从巴黎到罗马的行程，他想在罗马看望他的哥哥。1805年3月初，亚历山大才成功地获得为博恩普朗争取到的每年3 000法郎养老金的批复。在出书方面，他也没有无所事事地让这段等待时光悄然流逝，这使威廉在3月13日，正值他弟弟亚历山大在来探望他的路上，得以用这个消息安慰担忧的坤特："他在巴黎刚进行了一项令人难以置信的工作，他已经完成了许多初稿。有些初稿现在就被印刷，我想，其他初稿他会在这里进行最后的润色。"②

威廉的这个指明主要涉及亚历山大已经计划好的关于其考察旅行著作的第一卷。亚历山大·冯·洪堡并没有按照他计划好的时间顺序来写，后来，在第五部分中，他才按照时间顺序写。他偏爱1805年就会在巴黎出版的《**关于植物地理的随笔**》，因为他特别清楚地指出，他从根本上最关心的是什么：他的著作应该包括各种现象的整体作用，并且阐明不同植物在全球的分布。他青春年少时就勾勒出"植物地理"的想法，这想法属于他独特的突发奇想。他第一次跟卡尔·维尔戴诺说过这种想法。他把最初的草稿呈递给了挚友格奥尔格·福斯特。1794年8月，当席勒邀请亚历山大·冯·洪堡参与撰写杂志《时序女神》的工作时，席勒获悉亚历山大的这种想法。1794年11月，亚历山大·冯·洪堡向植物学家约翰·弗里德里希·普法弗（Johann Friedrich Pfaff）表达了这种预言："我致力于研究普通世界历史的迄今为止还不为人知的部分……20年后，这本书应该以这个

[250]

---

①在1804年12月2日之后，亚历山大·冯·洪堡致信法国内务部长让·巴普蒂斯特·德·尚帕涅（Jean Baptiste de Champagny）的秘书让·马利·热兰多，见《想要善与伟大》，乌尔里克·莫海特主编，柏林，1999年，第236、237页。

②阿尔贝尔特·莱茨曼：《亚历山大·冯·洪堡与他的老师》，柏林，1940年，第20页。

书名出版:《关于植物的未来历史和地理的思想,或者关于植被在地球逐渐分布的历史消息并且关于其普通的地理关系》。"(Jbr.370)当时他觉得,想要在与整个自然的内在联系中描述植物这种造物,是一个非常庞大的计划。10年之后,通过美洲考察搜集的植物学的样本,他在巴黎出版了有关这些思想的书。

1805年4月30日,亚历山大·冯·洪堡带着用法语撰写的书稿《关于植物地理学的论述》到达罗马。兄弟俩阔别了6年半。对于他们俩而言,在罗马的团聚都是幸福的时光。亚历山大对考察的讲述让美洲新世界的神奇景象出现在威廉的精神之眼前。他特别喜欢弟弟从美洲带回来的外语方面的材料。他将来要对这些材料进行语言学的分析整理。他满意地感受弟弟的那种"深刻的、内在的活跃特征",他在弟弟把《关于植物地理学的论述》翻译成德语时提供帮助。他通过1807年在图宾根出版的这部著作《关于植物地理学的思想》感受到,亚历山大也多么追求"更好与更高"。在他1805年7月写的《关于植物地理学的思想》的前言中,亚历山大用歌德的话把这部著作描述为"普遍的形象"(allgemeines Bild),它不应该成为经验主义的事实搜集,而重要的应该是,"以仿佛更高的方式,从自然哲学的角度来描述"它①。他把这部著作敬献给歌德,作为对那些耶拿情形的回忆,在这些情形中,他对典型的、地形地貌的"整体印象"(Totaleindruck)的感受被唤醒。他和歌德一样,尝试着把自然科学、哲学和文学表述结合起来。最终,威廉也会为此感到高兴:亚历山大提及弗里德里希·威廉·谢林的哲学体系,其"德意志的"形

---

① 亚历山大·冯·洪堡:《关于植物地理学的思想》(*Ideen zu einer Geographie der Pflanzen*),毛里茨·狄特里希(Mauritz Dittrich)主编,莱比锡,1960年,第23、24页。

而上学在这时也使他兴奋不已。①

洪堡兄弟在罗马重逢期间，哥哥对弟弟的影响是可以被感觉到的。威廉在致信坤特时提到这一点："我们在这里非常愉快。他非常友善和可亲，只是比以往更严肃了。"②几个月后，亚历山大在旅行接近尾声时终于回到了柏林。这时，威廉用亲切的话语补充了他的说法：

> 他对我无限地亲近，现在，在我已经和他重逢之后，我就比这些漫长的岁月期间更与他难舍难分，这更令我痛苦。他以真正感人的方式向我证明同样坚定的、同样真诚的亲近，这也属于他内心最美的特点：面对经常甚至达到轻率程度的、极大的敏捷性，人们几乎无法以这么多的把握，就像完全信赖他那样完全信赖任何人。③

威廉似乎消除了自己因为亚历山大缺乏"德意志人的性格特征和本质"而产生的不悦情绪。1805年11月16日，在离开9年多之后，亚历山大这位离家出走的普鲁士人，又回到了他的家乡城市柏林。

如同在巴黎一样，亚历山大·冯·洪堡在柏林也受到非常热情的接待。他是名人。他刚刚到达，大量的荣誉就纷至沓来。他作为柏林普鲁士王室科学院的正式院士被迎接。通过国王敕令，普鲁士向他保证了每年2 500塔勒的薪金，而他不用因此做任何回报性的工

---

① 亚历山大·冯·洪堡：《关于植物地理学的思想》，毛里茨·狄特里希主编，莱比锡，1960年，第24页。关于威廉对"德意志的"谢林的钦佩参见《弗里德里希·席勒与威廉·冯·洪堡之间的通信》，第239页。
② 《威廉·冯·洪堡与他的老师》，第23页。
③ 同上，第24页。

第九章
人们必须在世人面前尊重祖国

作。最后，他也像父亲一样，获得了王家"侍从官"的头衔和职位。

然而，这些荣誉似乎并不令他十分高兴。他在柏林感到陌生和孤独。到1805年12月底，他患上了类似麻疹一样的突发疾病，伴有发烧。在热带丛林中，在荒原和高山上，他从未生病。现在，他的身体做出反应，因为他身处错误的地方。"我的健康状况反正因欧洲的气候而忍受痛苦，我感觉这里可怕的狭窄和死气沉沉"，1806年2月6日，他向歌德抱怨说。对于他来说，他现在过着一种可恶的生活。在他看来，绝大多数人的情绪是令他恼火地肤浅，甚至"植物的荒野和柏林铁皮一样灰蒙蒙的天空更加讨厌"。① 就连拜访他的老熟人如亨丽艾特·黑尔茨、拉黑尔·莱文、纳坦·门德尔松、卡尔·维尔戴诺和其他人，也既不能向他提供对美洲历险的替代，也不能向他提供对在世界城市巴黎中的充满活力的快乐和科学启发的替代品。所以，他集中精力撰写论文和专著，并且开始整理从美洲带回来的资料，从构思上发展他的考察专著。

他在柏林科学院做了一些学术报告。尤其是他在1806年1月30日做的学术报告引起公众的极大兴趣，他在报告中勾勒出植被外形学的思想。在冬日的柏林，在无数听众面前，他让具有典型的植物形式的热带自然庞大的魔幻图景产生。他知道，他仅仅在与想象力攀谈，并且提供了一个苍白的替代品，替代他在热带植被中以其全部的意识享受的东西。他仿佛在自我安慰，以这种强调的指明结束他的学术报告："在寒冷的北方，在荒凉寂寞的荒原中，寂寞的人可以学习并获得，在最遥远的地球部分被研究的内容。这样，在他的内心中，为自己创造一个世界，这个世界是其精神的作品，自由而且

---

① 《歌德与威廉和亚历山大·冯·洪堡的通信》，第298页。

不可消逝，就像这精神一样。"①

他刚刚把学术报告整理成书面文字，就把它寄给歌德。他说，假如歌德这位"最可敬的人"阅读他的这篇短论文，会非常高兴的。在这篇学术论文中，亚历山大尝试着"用美学的方式"对待物理学的和植物学的研究对象，并且想要向听众和读者传播某种享受，他在自己为期5年的考察中领略的那种享受。"它花费他们不到一个半小时，而且在恶劣的冬日傍晚，人们大概乐意在一个枝繁叶茂的、美丽的热带森林中徜徉一下。"②歌德抽出时间，马上就给《耶拿文学汇报》写了一篇热情洋溢的书评，在这篇书评中，他特别感谢，源自亚历山大·冯·洪堡的精神的这个珍贵的植物学硕果，给他带来的"生动的而且独一无二的享受"。③

几个月后，亚历山大·冯·洪堡对精神自由的呼吁赢得了政治的重要性。自从1795年4月5日在巴塞尔与法国签署了单独条约以来，普鲁士11年以来一直是一个和平的岛屿，在革命的法国与英国、奥地利和俄国之间变换的联盟国家之间的欧洲战争纷扰中，普鲁士国王弗里德里希·威廉三世视与邻国持久的和平为最大的幸福，他重视严格的中立并且不让人把自己拉进战争联盟中。人们指责他这种和平主义的谨慎态度为懦弱，并且视之为不自愿地包庇更强的一方，即法国一方，法国军队在拿破仑的麾下匆忙地从胜利走向胜利。1805年12月2日，奥地利和俄国的联盟军队刚刚在奥斯特里茨（Austerlitz）④遭受毁灭性的打击。

[253]

---

① 亚历山大·冯·洪堡:《自然的景观》，美因河畔法兰克福，2004年，第261页。
② 《歌德与威廉和亚历山大·冯·洪堡的通信》，第298页。
③ 约翰·沃尔夫冈·冯·歌德:《谈论亚历山大·冯·洪堡的关于植物外形学的思想》(Besprechung von Ideen zu einer Physiognomik der Gewächse von Alexander von Humboldt)，载《关于自然科学的著述》，列奥波尔蒂娜版，第一卷，第10部分，第199页。
④ 奥斯特里茨（Austerlitz），今天捷克的一个地名。——译者注

第九章
人们必须在世人面前尊重祖国

然而，1806年，普鲁士的外交政策经历了快速变化的、蜿蜒曲折的走势。因为与弗里德里希·威廉三世期待的不同，拿破仑并不太重视普鲁士的中立，他多次忽视普鲁士的利益。所以，普鲁士国王弗里德里希·威廉三世于1806年10月，跌跌撞撞地走进与法国的单独和约中。没有同盟国，没有明确的政治目标，他参与了一种谋杀性的动武行为，这是在一天内决定的。1806年10月14日，两支普鲁士军队在耶拿和奥尔施苔特①附近的两场战役中被完全摧毁。这是彻头彻尾的灾难。年轻的、正在上升的大国普鲁士的军事强势被毁灭了。10月27日，法国人的皇帝凯旋进驻柏林。普鲁士国王逃到了王国最东部的一个角落。最后，1807年7月9日，在东普鲁士的蒂尔西特，②拿破仑皇帝和沙皇亚历山大一世③决定了普鲁士的政治命运和领土命运。在此过程中，普鲁士国王没有任何发言权。普鲁士国土被减少到1772年的边界内，删减到古老的核心地带：删减到易北河以东的勃兰登堡，减少到东普鲁士和西普鲁士。普鲁士失去了波莫瑞、西里西亚和易北河以西的所有地区，失去了一半的人口。④

当法国士兵挺进柏林并且抢劫了洪堡家族在特格尔的财产时，亚历山大·冯·洪堡成为目击证人。他并不属于那些为拿破仑欢呼雀跃的人。处于德法两个民族之间，他陷入一种沮丧的情绪中，后来，他向哥廷根的老教授克里斯蒂安·戈特洛普·海纳回顾了这种沮丧情绪："回到德国之后，我仿佛一同被埋葬在不幸的祖国的废墟

---

① 奥尔施苔特(Auerstedt)，德国图林根州的一个乡镇。——译者注
② 蒂尔西特(Tilsit)，原来属于普鲁士，现为俄罗斯西部加里宁格勒州的河港，1946年以后叫苏维埃茨克(Sovetsk)。——译者注
③ 沙皇亚历山大一世(Alexander I, 1777—1825)，俄国沙皇，1801年起在位。——译者注
④ 通过蒂尔西特和约，普鲁士的人口数量从950万减少到不足500万人，参见克里斯多夫·克拉克(Christopher Cklark)：《普鲁士的沉浮：1600年—1947年》(Preußen. Aufstieg und Niedergang.1600—1947)，慕尼黑，2007年，第360、363、362页。

中，我在这里度过了一段可怕的时光。我从来都没有如此毫不间断地感到不幸。"① 他退隐到研究室内，在这里，写出了他的著作《自然的景观》。他用审美的方式来描述一系列伟大的、自然科学的对象，他在柏林科学院也做了关于这些对象的学术报告：荒原与沙漠、奥里诺科河畔的瀑布、植物的外形学。然而，在普鲁士战败期间的政治体验，也在这部关于自然景观的著作中留下清晰的痕迹。在前言中，他直接指明备受折磨的情绪，他和无数同胞一样，处于这种情绪中：

> 这些论文特别献给受排挤的情志。谁把自己拯救，脱离激烈的人生波涛，谁就会乐意跟随我进入密林中，穿越一望无际的荒原，来到安第斯山脉高高的脊背上。判决世界的合唱会对他说：
>
> 而在高山之巅却是自由！
> 坟墓的腐臭气升不到纯净的天风中，
> 只要世人不带去他的种种苦难，
> 世界到处都是完美圆满。②

这不仅是对英年早逝的朋友弗里德里希·席勒（1805年5月9日去世）的一个**小小敬意**，亚历山大引用了席勒的著作《墨西拿的新娘》③

[255]

---

① 亚历山大·冯·洪堡1807年11月13日致信克里斯蒂安·戈特洛普·海纳，转引自《想要善与伟大》，乌尔里克·莫海特主编，第242页。
② 亚历山大·冯·洪堡：《自然的景观》，第8页。(此处中译基本采纳以下译本，第二行有改动：《墨西拿的未婚妻或兄弟阋墙，一部带合唱队的悲剧》，席勒著，张玉书、章鹏高译，载张玉书主编的六卷本《席勒文集》，第五卷，北京：人民文学出版社，2005年，第137页。——译者注)
③ 《墨西拿的新娘》(*Braut von Messina*)，席勒1803年完成的一部命运悲剧，全称是《墨西拿的新娘或敌对的兄弟，一部带有合唱队的悲剧》(*Braut von Messina oder die feindlichen Brüder. Ein Trauerspiel mit Chören*)。——译者注

第九章
人们必须在世人面前尊重祖国

中的诗句。这也是针对哥哥的，亚历山大把他的《自然的景观》敬献给了哥哥："献给亲爱的哥哥威廉·冯·洪堡。柏林，1807年5月，作者。"

威廉并非没有看出来，在这个友好的献词中隐藏着小小的嘲讽。他的世界公民般的弟弟在家乡城市经历了普鲁士的失败；而"具有德意志人性格特征和本质的"威廉却远离这场灾难，身处罗马这片安全的土地上。但是，亚历山大更明确地强调了，在欧洲国家之间政治军事的敌意和谋杀性的战争令他多么反感。他尝试着拯救自己，摆脱时代历史的风暴冲击。为了对抗战场上的死亡味道和饱受战争之苦的人们的痛楚，他想象了一个自由的自然王国，人们可以在纯净的山中空气里、在看上去无边无际的荒原中，领略这个自然王国。他不是用国家的措施而是用自然的景象抗拒政治和社会的"困境"。自然的景观应该使人们可以享受自由，这种自由在政治上被封锁了，困境中的人们享受不到这种自由。

他最想再次远走高飞，远行到中亚或者印度，去西藏，到喜马拉雅山上，这山脉应该比南美洲的科迪勒拉山系更崇高雄伟、更巍峨。他1806年2月6日致信歌德时就已经第一次表达了这个计划：他说他生活在"过去，生活在您的著作中，在幼发拉底河畔（Euphrat）的平原中，还有，我想去拜访吉马拉斯岛[①]"。[②] 可是，在他动身去亚洲考察之前，他首先想评定他的美洲考察。[③]

他担心，柏林不是他评定美洲考察的合适地方。为了写好这部要求高的鸿篇巨制，在柏林缺少有能力的协作者。这时，他突然遇

[①] 吉马拉斯岛（Himalus），指菲律宾的吉马拉斯岛（Guimaras），位于菲律宾中部，濒临班乃湾。——译者注
[②] 《歌德与威廉和亚历山大·冯·洪堡的通信》，第298页。
[③] 即撰写关于美洲考察的著作。——译者注

到了一个去巴黎的机会，这并非科学方面的机会，而是一项政治委托。通过屈辱的蒂尔西特和约，战败的普鲁士被迫承载一个巨大的经济负担。法国人还想持续占领普鲁士，直到高达一亿两千万法郎的战争赔款被偿付为止。而所有人都清楚，被削弱的普鲁士永远都无力支付这个数额。为了达到减少战争赔款的目的，普鲁士24岁的威廉王子，国王的一个弟弟被派到巴黎。这个使命是棘手的，这个年轻的王子在外交事务上没有经验，他需要一个人在身边，此人要在巴黎享有威望，而且善于利用良好的关系。有鉴于此，亚历山大·冯·洪堡就被派往巴黎。

[256]

"在法军占领柏林期间，我正在一个寂寞的花园里勤勉地忙着进行每小时一次的磁偏角观测，我出乎意料地收到国王的命令，让我陪同威廉王子，完成其艰难的政治使命，并且让我助他一臂之力，通过我与当时有影响力的人物的熟悉关系，通过我更多的世界经验。"①

1807年12月8日，亚历山大·冯·洪堡到达巴黎。他尽其所能地为普鲁士王子铺平社交道路。与拿破仑的谈判是艰难而让人感觉屈辱的。他们耽搁了几个月时间，可最后还是毫无成效地结束，结果王子于1808年9月离开巴黎，回到了柏林。这样，洪堡的政治任务就结束了。可他不愿意离开巴黎，在这一年里，他在巴黎加深了与法国科学家的友谊，并且为他的著作《洪堡与博恩普朗的考察》找到了有专业资格的协作者。他该怎么办？他向国王抱怨，德国的状况使他不可能大胆出版这些内容广泛的、没有受任何政府资助的著作；"这样，我获得弗里德里希·威廉三世的许可，准许我作为巴黎科学院的八位国外院士之一留在法国，他还赐予我他个人的亲善。"②

---

① 亚历山大·冯·洪堡：《我的人生》，慕尼黑，1989年，第二版，第113页。
② 同上。

第九章
人们必须在世人面前尊重祖国

[257] 　　怎样的幸福向他敞开了！几乎20年，确切地说：亚历山大·冯·洪堡从1807年12月8日到1827年4月14日生活在巴黎。在那里，他主要忙于整理、撰写和出版最终34卷内容广博的美洲考察著作：《亚历山大·冯·洪堡和艾枚·博恩普朗于1799、1800、1801、1802、1803和1804年进行的到新大陆赤道地区的考察，由亚历山大·冯·洪堡执笔撰写，1805—1834年》，该书配有1 425张插图，用雕刻在铜版上的方法印制而成，其中有一部分插图还是彩色的。

　　亚历山大·冯·洪堡在柏林最近距离地经历了普鲁士的灾难；而他哥哥还在罗马，他想在罗马度过余生，他希望自己的人生"在爱的圈子里，在宁静的房子里"，并且希望，在盖尤斯·切斯提亚金字塔旁有一块墓地。他的诗歌《致亚历山大》(*An Alexander*)是这样结束的，在这首诗里，他祝贺这位幸福的归乡人，命运把亚历山大这位归乡人带回"家乡的土地"，带回"祖国的炉灶旁"，"额头戴着新获得的荣誉花环"。① 主要是家庭的不幸把他推进深深的多愁善感中，而他的弟弟此时在柏林享受着极大的社会认可。因为不仅他喜爱的孩子威廉被葬在盖尤斯·切斯提亚金字塔中，而且还有他的儿子古斯塔夫，这个儿子死于1807年11月，还不到两岁。他和妻子又失去一个孩子，卡洛琳娜用朋友古斯塔夫·冯·施拉布伦多夫的名字为孩子洗礼。1807年12月5日，她给这位朋友写信说："哎，古斯塔夫，我非常不幸。我在这几年忧郁的时光中唯一的幸福，又被从我身边撕扯着夺走了，而且以最令人痛苦的方式。……在我的内心深处，我如此被撕碎，向外看，一切都如此昏暗！"②

----

① 威廉·冯·洪堡1808年在阿尔巴诺（Albano，位于意大利罗马东南的阿尔巴尼丘陵，阿尔巴诺湖滨有著名的疗养胜地——译者注）的夏日清凉中，写下《致亚历山大》这首诗，作为弟弟把《自然的景观》敬献给他的回赠，参见GS IX，第47—63页。

② 卡洛琳娜致信施拉布伦多夫，转引自《威廉·冯·洪堡：他的人生与影响》，第563页。

在外部发生着普鲁士的衰落,这种衰落于7月9日在蒂尔西特被确定下来。洪堡夫妇很奇怪地对此做出矛盾的反应。卡洛琳娜还在痛苦地回忆儿子持续许多天的、可怕的死亡抗争,这种痛苦的回忆现在又有对遥远的家乡中民族屈辱的感知的叠加;威廉并不知道,他应该做何感受,应该做什么。获悉在耶拿和奥尔施苔特的军事失败这个消息后,他首先做出忧郁和沉默的反应。他给王后露易丝的一个哥哥写信,他是迈克伦堡-施特雷里茨(Mecklenburg-Strelitz)的王储格奥尔格(Georg),他曾到罗马做客。威廉在信中说,他很喜欢罗马,没有什么雄心勃勃的意图,但是,他在职位上也会"忘我地工作,兢兢业业地奉献",假如人们在家乡需要对他委以重任。①在罗马的职位上悠闲自得,不能为困窘中的祖国做任何事情,他对此感到很尴尬。取而代之的是,他在继续翻译埃斯库罗斯的希腊语悲剧《阿伽门农》。他开始重新思考古希腊罗马,兴奋地研究伟大的雅典演说家狄摩西尼②的著作,这启发他写一部著作《希腊城邦的衰败和毁灭的历史》。(*Geschichte des Verfalls und Unterganges der Griechischen Freistaaten*)(G.S.III,171-218)他置身于另一个历史时期,他把这个时期看成西方历史方面的一个高潮与核心。他把与当下时局有关的想法和感受推移到一个已经消逝的时代中,"在这个时代,更好的力量反对超强威力的吸引人的斗争,以不幸但光荣的方式进行"。(G.S.III,171)

[258]

他巧妙地把精神史的和文化史的研究兴趣同现实的时代历史联系起来,虽然让人联想起现实的时代历史作为背景,但同时,他又

---

① 威廉·冯·洪堡致信格奥尔格王储,转引自《威廉·冯·洪堡:他的人生与影响》,第556页。
② 狄摩西尼(Demosthenes,公元前384—前322),古希腊最伟大的政治家、演说家、雄辩家和希腊联军统帅,因口含石子在海边练习演说(为克服口吃)最终成为演说家而闻名。——译者注

与时代历史保持距离。在蒂尔西特和约签订后不久，他致信1799年初在巴黎为洪堡家的孩子担任几个月家庭教师的约翰·高特弗里德·施魏克豪伊泽，说他非常想留在罗马。虽然他在政治上没有太多可做的，他的薪水也可能被减少。但是，他在罗马的好处是，他有更多的时间，尤其可以更强化地研究古希腊罗马历史。

[259] 然而，此外，如果我们就算不想想普鲁士的衰落（从世界历史的角度考虑，普鲁士或许会被某种别的东西取代），却也要想想德国的命运，那么，一个德国人，而且又是一个普鲁士人，只能把这个时代看成一个无限悲哀的时代。亲爱的施魏克豪伊泽，我也是这样看的，然而，我肯定比绝大多数人更幸运，他们对此会与我有一样的想法，此时，我正把我的忧郁心情与古希腊罗马人和一个温和的、美丽的而且已经通过自身多愁善感的国家联系起来。对于我在这里的处境而言，现在也是有更好的处境，我想，希望不是没有理由的。①

在阿尔卑斯山的另一边，威廉·冯·洪堡在培养德意志的性格特征和本质，他以独特的方式把德意志人的性格特征和本质同古希腊人和古罗马人的文化结合起来。1805年4月2日，席勒在最后一次致信他的朋友威廉时说："德意志的精神于您太根深蒂固了，以至于您在任何地方都不会停止用德国人的方式去感受，用德国人的思维方式去思考。"② 但是，这种"任何地方"肯定不是普鲁士。没有任何

---

① 威廉·冯·洪堡致信约翰·高特弗里德·施魏克豪伊泽（Johann Gottfried Schweighäuser），转引自《威廉·冯·洪堡：他的人生与影响》，第561、562页。
② 《弗里德里希·席勒与威廉·冯·洪堡之间的通信》，齐格弗里德·赛德尔主编，第二卷，柏林，1962年，第270页。

东西吸引威廉·冯·洪堡回到家乡。即便他被解除在罗马的职位，他也不会回到家乡。使他最终于1807年9月申请"回家乡度假"的，是个人的原因。他想过问一下他岳父的财产问题，他岳父唯一的儿子即卡洛琳娜的哥哥于1806年无嗣而终。威廉必须回去进行遗产处理。他还想办理自己家庭的财产事宜，这笔财产被投在华沙公国，自从华沙属于波兰之后，这笔财产就脱离了普鲁士的管辖。

但是一年之后的1808年10月14日，威廉才由他的儿子特奥多尔陪同，离开心爱的罗马，怀揣着不久就能回到罗马的信心。首先因为席勒不在了，他想到魏玛拜访歌德，他以值得注意的话语告诉歌德，他的行程：

> 我最尊贵的朋友，这是我在家乡旅行中看到的唯一一闪光点，我实际上难以用语言形容与您交谈的渴望，与您共度一个星期，我将唤醒、巩固和滋养或许在这些年里尚不成熟的内容……我还不知道，当我现在回到德国时，我会变成什么样子。虽然到现在为止我还没有得到通知，改变我现在的处境，而我的这次旅行也不过是一次休假。只不过，谁把持幸福，谁就会总害怕幸福会溜掉。即便在令人反感的时代，我也不禁扪心自问：如果在意大利生活都算不上幸福，那还有什么是幸福呢？①

威廉·冯·洪堡再也没有与意大利重逢。6年之后，他在罗马生活的幸福从他身边消失了。这位本打算回国度假的人，并非所愿地陷入将改变一切的文化政策的局面中。威廉·冯·洪堡为他的祖国

---

① 《歌德与威廉和亚历山大·冯·洪堡的通信》，路德维希·盖格尔主编，柏林，1909年，第201、202页。

做出的卓越的政治业绩既不是他所希望的，也不是他曾计划的。这种政治业绩由他几乎是偶然滑入其中的社会政治格局造成。

经历了1806年和1807年的失败之后，迫在眉睫要做的是：从内部更新普鲁士，并且使普鲁士现代化。在这个方面，法国在欧洲发挥了典范作用。伴随着启蒙运动和法国大革命的理想成长起来的、进步的公职人员获得了进行深刻改革的机会。在海因里希·弗里德里希·卡尔·冯·施泰因男爵①和卡尔·奥古斯特·冯·哈登贝格男爵②的领导下，关于军队改革、土地改革（把农民从农奴制度中解放出来）、城市自治和行业自由的纲领性计划被制定出来。一个"臣民国家"（在其中，封建主义的法律残余还生效）应该变成一个"公民国家"，它应该建立在自为和自我负责的原则基础之上。国家核心的行政权也包含一种清晰的和更有效的政府各部分的结构。国王的个人顾问被五位部长取代，他们主管其在根据功能定义的各个部，并且获得直接通达国王的权力：内务部、外交部、财政部、战争部和司法部。

所有这些广泛的革新——其中许多革新还仅仅停留在纸面上——只有通过一场涉及领域宽广的教育改革的陪伴与支撑，才能获得成功。人们必须被教育成"国家的公民"。所以，在内务部内成立了一个"文化与公共教育部门"，由一个枢密院成员担任该部门的负责人。

[261]

1808年10月，施泰因男爵开始寻觅和物色能胜任这个艰巨任务的合适人选。他与坤特取得了联系。他想到了威廉·冯·洪堡，并且想向国王举荐洪堡，让他担任普鲁士教育事业的负责人。施泰因认为，威廉·冯·洪堡作为外交部驻罗马的外交使节只能为国家带来很少的

---

① 海因里希·弗里德里希·卡尔·冯·施泰因男爵(Heinrich Friedrich Karl Freiherr vom und zum Stein,1757—1831)，普鲁士政治改革家。——译者注

② 卡尔·奥古斯特·冯·哈登贝格男爵(Karl August Freiherr von Hardenberg,1750—1822)，普鲁士重要的政治改革家。——译者注

益处。1808年11月，威廉·冯·洪堡到达埃尔富特他岳父家时，获悉了这个任命计划。他的反应是困惑和恐惧，而不是为这个光荣的机会感到高兴：能够在普鲁士建设一个进步的教育体系。根据该任命，他不能再生活在罗马，来迎合他自己的偏好，而是应该在灰暗阴沉的柏林或者寒冷的柯尼斯堡，作为官僚，用构思和组织问题折磨自己！1808年11月12日，威廉·冯·洪堡在埃尔富特给身处罗马的妻子写信，称这些消息是"悲哀的事情"："你可以想象，这消息对我产生了什么作用。我感觉到，我处于一种危机中，你的幸福、我的满意知足和孩子们的舒适，都受到这次危机的重要影响。"（Br.III,17）

威廉·冯·洪堡在怀疑、在犹豫，他不想要这个职位。作为一个宗教自由的人士，他却要负责基督教新教的文化事宜——"（所有布道者、教堂合唱队主事兼音乐教师，等等，上帝！！）"——这难道不荒唐吗？（Br.III,17）他这辈子都没有上过任何公立学校或者研究院，他应该如何组织整个普鲁士的公共教育呢？他有许多理由反对这件事，尤其是："此刻在普鲁士还能干什么，既然人们的资金这么少？指挥学者比操控一支由喜剧演员组成的部队好不到哪儿去。"（Br.III,19）坤特和施泰因还在继续催促他。内务部长弗里德里希·费尔迪南德·亚历山大·多纳-施罗比滕伯爵①，也就是威廉·冯·洪堡昔日在奥德河畔法兰克福大学的老同学、老朋友，他也希望，威廉担任该部门的领导。一道国王的敕令建议了对威廉·冯·洪堡的任命。

1809年1月4日，威廉·冯·洪堡得到关于"任命他去新岗位"

---

① 弗里德里希·费尔迪南德·亚历山大·多纳-施罗比滕伯爵（Friedrich Ferdinand Alexander Graf zu Dohna-Schlobitten），这个姓氏比较特殊，按照国内翻译习惯，这里的zu不翻译，比如von und zum Stein被翻译成施泰因。多纳（Dohna）本来是德国上萨克森的一个非贵族出身的家族，1156年受封多纳城堡，1648年，多纳家族被任命为"帝国城堡伯爵和伯爵"，家族分支多纳-施罗比滕的首领1900年被提升到普鲁士世袭的王侯等级。——译者注

的官方通知。他竟敢在两周以后拒绝国王的这次任命，并且请求国王，允许他回到罗马："实际上，我不会谄媚，假如我可以用谄媚的方法，赢得国王陛下的财政部和内务部做出对我有利的评价，那么，很长一段时间内，我不仅远离我的祖国，①而且还远离德国，这导致了，我对我们国家当地的状况和德意志文学的状况变得几乎完全陌生，而谁要想好好胜任这个职位，就必须了解德国文学。这种状况肯定具有最大的弊端，尤其在这样一个瞬间：一切都匆忙而且应该直接进行组织和人员选择。"②

国王并不听威廉·冯·洪堡的顾虑。威廉向他的妻子卡洛琳娜表示遗憾："亲爱的丽，我绝大部分快乐的希望都消失了。"他感觉，有必要留在祖国。他感到非常不开心，怏怏不乐。国王允许他弟弟在巴黎生活和工作，他自己却得不到留在罗马的许可。

可是，在这封信中，他接下来就使用了一个值得注意的措辞。因为威廉知道并且深深地感受到，"你如何处于德意志人的性格特征和本质（deutsch）这个词最高贵的意义上"，（Br.III,13）他向卡洛琳娜阐明了，他以民族的义务感作为在普鲁士工作的理由：

> 亲爱的丽，这一切都无限悲伤。但是，我并不认为，我能够逃避履行义务。假如我们留在罗马，而这里的局势以一种方式在恶化，而我本来能够为这里的改变做出贡献，假如那样，那么，我们自己都会感到很遗憾，而且，会后悔的。我毕竟属于我的祖国，我的孩子们也是，我们不能再这样悠闲自得。在

---

① 在1871年德国统一之前，德国与普鲁士还是种属概念，威廉在此说的祖国是指普鲁士。——译者注
② 威廉·冯·洪堡致国王的信，转引自《威廉·冯·洪堡：他的人生与他的作用》，第586页。

此，我有把握，会得到你的掌声，而假如我采取不同的行动，那么我恐怕要遭到你的指责。(Br.III,87)

根据1809年2月10日的一道国王敕令，威廉·冯·洪堡被任命为枢密院成员和内务部文化与教育部门负责人。2月28日，他确认了这次任命，并且开始了他的工作。威廉·冯·洪堡对普鲁士教育体制的改革可以开始了。他仅仅用了16个月（因为他的辞职信于1810年6月14日就得到了批准），来实现其自主起草的教育思想。

[263]

威廉·冯·洪堡并非宗教与教育事务的专家。到这时为止，他很少与教会和学校机构打交道。自从他1797年离开家乡以后，他对普鲁士的科学和政治状况也感到生疏了。也就是说，他没有以任何方式为这项他要承担的艰巨任务做好准备。他应该组织一场广泛的教育改革，这包括从最偏僻的国家角落中最小的学校一直到综合性大学的所有教学机构。他应该在内部从方案入手，建立教育事业这个整体，同时，从外部，在组织上，建立教育事业的结构。他会怎样完成这项任务？威廉·冯·洪堡选择了一条双重道路。

一方面，他寻求密切的协作者，和他们一起构成同事般的工作与思维的内在联系。他们必须是懂行、了解情况的专业人士，而他自己就不懂行。这些协作者还必须是这样的人，他可以与之共同而且充满信任地工作，也就是说，他们认可他的领导角色，但同时又自主地感知各自的功能，各司其职。与具有专业资格能力的协作者共同思考，这要比自以为在专业中强悍无敌的单个人的权威领导更有效。威廉·冯·洪堡发展并且践行了一种同事般工作关系的基本原则，基于这些原则，他可以赢得部门的四位枢密院成员：尼考洛弗尤斯（Nocolovius）、乌登（Uhden）、叙沃恩（Süvern）和施

第九章
人们必须在世人面前尊重祖国

迈丁（Schmedding），他们四位都完全接受了启蒙思想。尤其格奥尔格·海因里希·路德维希·尼考洛弗尤斯（Georg Heinrich Ludwig Nocolovius）是威廉·冯·洪堡身边一个出色的人：他师从康德学习过，并且与雅各比、歌德、拉瓦特尔和佩斯塔洛奇①很熟悉，他主要负责该部门的神职-宗教工作。

另一方面，威廉·冯·洪堡利用出色独特的能力：能够发展、比较和整理思想。他勾勒出教育思想，在其教育思想中，并非国家利益或者职业上的实用性处于核心，而是"人自身"处于教育的核心，人有自己独特的身体、心智和道德的力量。他在关于普鲁士中小学改革的无数计划中发展的那些思想，可以追溯到他自己很早就在康德、福斯特、门德尔松和恩格尔启发下清楚意识到的思想。在教育理论上，威廉·冯·洪堡延续了他早在1791年写的文章《论人类力量的发展法则》（*Über die Gesetze der Entwicklung der menschlichen Kräfte*）（G.S.I,86-96）中就从人类学角度勾勒出的内容。同一年，他在致信格奥尔格·福斯特时说：什么都没有"个人的最高力量和最全面的教育"②更重要。一年之后，他在著作《关于确定国家有效性界限这一尝试的思想》（*Ideen zu einem Versuch, die Gränzen der Wirksamkeit des Staats zu bestimmen*）中原则上断言："人的真正目的是最高地而且最合乎比例地把其力量培养成一种整体。"（G.S.I,106）现在，他可以联系并继续发展这些思想，让这些思想在实践中结出累累硕果。

在1809年7月底起草的《柯尼斯堡中小学计划》（*Königsberger*

---

① 佩斯塔洛奇（Johann Heinrich Pestalozzi,1746—1827）是18世纪末、19世纪初瑞士著名的民主主义教育家。他在教育史上的显著功绩在于，他创立了一个新的教育理论体系，特别是初等教育理论，并在实践中予以贯彻。——译者注

② 致福斯特的书信，第317号，载《格奥尔格·福斯特作品》，第十八卷，柏林，1982年，第454页。

Schulplan)中,"无论如何应该要求,学校课堂教育对精神之主要力量进行的普通训练"(G.S.XIII,263)处于核心;1809年9月27日,他在东普鲁士的古姆比恩①撰写了《立陶宛中小学计划》(*Litauischer Schulplan*),他在其中谈到了"对人的普遍教育",通过这种教育,人们应该"使得各种力量即人本身被加强,被提纯,被调节",(G.S.XIII,277)在此过程中,这些力量被纳入康德和歌德为之提供关键词的一种整体性的内在联系中:"因为,在情感和科学(科学仅仅是他从所有方面完整考虑的对象)中,每个单个的点都与所有以前的和未来的点接触,都不是开端也不是结尾,都同时是手段和目的,也就是说,每前进一步,都是收益,尽管直接在后面就被砌成坚固的墙。"(G.S.XIII,279)

在三份研究报告中,威廉·冯·洪堡区分了确定整个课堂教育与和谐地培养人的所有能力的普遍的思想。在基础课堂教学(Elementarunterricht)中,学生应该学习表达并且理解思想,用笔头记录下来思想,并且读懂和辨认思想。这样一来,他们就打下了学习和能够跟上老师教学的基础。在训练性质的课堂教学②中,首先涉及获取语言、数学和历史知识,在此过程中,同时要训练"对学习方法的学习和掌握"。这种教学的目的是,使老师变得多余。因为,在训练性质的课堂教学快结束时,学生"现在有能力自主学习"。(G.S.XIII,261)基础课堂教学更需要老师讲解;而成功的训练性质的课堂教学最终使老师变得多余。由此,第三阶段的学习就是可以达到的了:综合性大学的课堂教学(Universitätsunterricht)。对于威廉·冯·洪堡来说,这种综合性的课堂教学是一种整体性的教育过程

[265]

---

① 古姆比恩(Gumbinnen),原来是东普鲁士的城市,现在是俄罗斯的古谢夫(Gussew),位于加里宁格勒地区。——译者注

② "Schulunterricht"这个德语复合词,用了动词"schulen"这个词的词干,而这个动词有"传授、教育、训练"的含义,通过此处的上下文分析,译者认为选"训练"含义更恰切。——译者注

第九章
人们必须在世人面前尊重祖国

的最高阶段，在其中，人的真正目的可以获得最高的形成。在这里，大学教师不能再是教师了，大学生也不再是学习者。大学生"独立研究，教授指导他的研究，并且在研究过程中支持他。因为大学课堂教学现在使学生能够理解并且孕育科学的统一，因此要求有创造性的力量"。(G.S.XIII,261)但是，为了实现这一点，威廉·冯·洪堡在此回忆起他的大学学习，有两点是必要的和有用的：一个是"自由"，为了能够没有外在强制地发展他的各种力量；另一个是"寂寞"，因为，每个个体都必须自我培养，而且应该为自己打造独立性的特点，却在期待这样的结果："一个因素与另一个因素总是使自己重新活跃地、但是不受拘束地和没有意图地共同作用。"(G.S.XIII,251)

在威廉·冯·洪堡的教育思想中，他自己的精神发展得到了增强。这种教育思想是他在其人生生涯中学习和研究的内容与方法的总结。当威廉·冯·洪堡在思考"人类"的教育时，他在谈论他自己，他在解释他独特的准则，其关于普遍教育理论的基础的准则。①

威廉·冯·洪堡了解实用主义思想家的诟病，他们指责说，他的思想对于实际的生活而言毫无用处。职业上的勤勉是必要的，此

---

① 关于威廉·冯·洪堡的"教育思想"特别参见爱德华·施普朗尔(Eduard Spranger)：《威廉·冯·洪堡与教育改革》(Wilhelm von Humboldt und die Reform des Bildungswesens)，柏林，1910年；克莱门斯·门泽(Clemens Menze)：《威廉·冯·洪堡的教育改革》(Die Bildungsreform Wilhelm von Humboldts)，汉诺威等，1975年；狄特里希·布莱纳(Dietrich Brenner)：《威廉·冯·洪堡的教育思想》(Wilhelm von Humboldts Bildungsidee)，魏因海姆(Weinheim)，1990年。关于现实地研究洪堡精神中的"大学思想"，大学越来越被批评为不合时宜，参见约根·米特尔施特拉斯(Jürgen Mittelstraß)：《不合时宜的综合性大学》(Die unzeitgemäße Universität)，美因河畔法兰克福，1994年；艾德蒙特·阿雷娜与约根·米特尔施特拉斯等(Edmund Arene. Jürgen Mittelstraß)：《精神的当下状况：论大学教育的未来》(Geistesgegenwärtig. Zur Zukunft universitärer Bildung)，卢塞恩(Luzern)，2003年；《今日大学的思想》(Die Idee der Universität heute)，乌尔里希·希克(Ulrich Sieg)主编，慕尼黑，2005年；约翰·霍伊里施(Jochen Hörisch)：《不受欢迎的大学，救救母校大学！》(Die ungeliebte Universität. Rettet die Alma mater!)，慕尼黑，维也纳，2006年。

外再加上服务性的职业培训。他们认为，对于达到普遍的富裕而言，像财务会计学或者国民经济这样的"商学"更加重要，人生的幸福就建立在富裕的基础上。他们认为，或许最好完全废除大学作为进行课堂教学的场所，威廉·冯·洪堡的第一任老师以及陪他去巴黎的旅行伙伴尤阿西姆·海因里希·卡姆普就提出这种要求："依我之见，这种弊病是无法被治愈的。原因在于大学的基本形式，这种形式仅仅意味着能够以大学自身被消除。"① 为了从事研究，科学院和学者协会就足够了，为了进行专门的职业培训，有高等专科学校（Fachhochschulen），比如柏林的外科医学院，或者亚历山大·冯·洪堡就读过的弗莱贝格矿山学院和汉堡商学院就足够。

[266]

1800年左右，历史悠久的大学状况不佳。从1792年到1818年，德国语言区内的大学数量减半。22所大学关了门。在普鲁士，情况更是雪上加霜：通过1807年的蒂尔西特和约的领土调整，在哈勒、②埃尔兰根、③埃尔富特、明斯特、④帕德博恩⑤和杜伊斯堡⑥的大学已经不属于普鲁士了。留下来的只有柯尼斯堡古老的"阿尔贝尔蒂纳"（Albertina）大学，随着康德1804年去世，这所大学失去了唯一的一位享有世界声誉的老师，还有奥德河畔法兰克福非常无足轻重的、闭塞的"维亚德里纳"（Viadrina）大学。

鉴于大学戏剧性的衰落历史，威廉·冯·洪堡的大学思想显得是完全不切实际的幻想。大学应该成为这样一个场所，在其中，

---

① 尤阿西姆·海因里希·卡姆普：《由一个实践的教育者进行的对整个培养与教育事业的普遍修正》（Allgemeine Revision des gesammten Schul- und Erziehungswesens von einer Gesellschaft practischer Erzieher），第十四卷，汉堡，1792年，第164页。
② 哈勒（Halle），现为德国萨克森-安哈尔特州的城市。——译者注
③ 埃尔兰根（Erlangen），现今属于德国巴伐利亚州。——译者注
④ 明斯特（Münster），现为德国北莱茵-威斯特法伦州的城市。——译者注
⑤ 帕德博恩（Paderborn），现为德国北莱茵-威斯特法伦州的城市。——译者注
⑥ 杜伊斯堡（Duisburg），现为德国北莱茵-威斯特法伦州的城市。——译者注

处于中学与职业生涯之间的年轻人"应该能够被交付自由和独立，消除强制，并非过渡到游手好闲和无所事事，或者过渡到实际生活中，而是在内心中怀揣着一种渴望：把自己提升到科学，到那时为止仿佛从远处显示给他的那门科学"。(G.S.X,256)威廉·冯·洪堡1810年初写的研究报告《论柏林更高的科学机构的内在与外在的组织》(Ueber die innere und äußere Organisation der höheren wissenschaftlichen Anstalten)这样论述着，这时他正极其有责任心，而且富有成效地致力于在柏林建立第三所普鲁士大学。这是其教育政策的壮举，该壮举使他被公认为思想丰富的大师级思想家，同时也是目标明确的组织者。

[267]

创建柏林大学的最初计划并非源自威廉·冯·洪堡。其他人完成了艰辛费力的前期工作，首先是当年引导洪堡进行独立的哲学思考的导师：约翰·雅各布·恩格尔，在他去世前不久即在1802年3月13日，他呈上了一份具有启蒙教育思想的《关于在柏林建立一个大型的教学机构的专题报告》(Denkschrift über Begründung einer großen Lehranstalt in Berlin)。① 据说弗里德里希·威廉三世在蒂尔西特和约签署后说过这样一句话："国家必须通过精神力量补偿它在身体力量上失去的。"② 所以，根据1807年9月4日的一道国王敕令，内阁枢密顾问卡尔·弗里德里希·冯·拜莫(Karl Friedrich von Beyme)应该

---

① 重印本见《关于大学的附带思想》(Gelegentliche Gedanken über Universitäten)，莱比锡，1990年，第6—17页。
② 转引自布鲁诺·盖普哈特(Bruno Gebhardt)：《威廉·冯·洪堡作为政治家》(Wilhelm von Humboldt als Staatsmann)，第一卷，斯图加特，1896年，第203页。关于威廉·冯·洪堡在创建柏林大学时发挥的作用，同上，第187—218页；鲁道夫·科伊普克(Rudolf Köpke)：《柏林皇家弗里德里希—威廉大学的建立》(Die Gründung der Kgl. Friedrich-Wilhelms-Universität)，柏林，1860年；马克斯·伦茨(Max Lenz)：《柏林王室弗里德里希—威廉大学的历史》(Geschichte der Königlichen Friedrich-Wilhelms-Universität zu Berlin)，第一卷，哈勒，1910年，第148—304页。

负责在柏林建立一个普通的教学机构。哲学家约翰·高特里普·费希特（Johann Gottfried Fichte）和古典语文学家弗里德里希·奥古斯特·沃尔夫[①]考虑了这个计划。神学家弗里德里希·施莱尔马赫[②]1808年也写了《附带思考德国意义上的大学，连同一个关于一所应该新建立的大学的附录》（*Gelegentliche Gedanken über Universitäten im deutschen Sinne, nebst einem Anhang über eine neu zu errichtende*）。

但是，是威廉·冯·洪堡，以极大的热情把这些准备整合起来的。他解决了大学的资金问题和空间问题。最后，普鲁士弗里德里希大帝的弟弟海因里希（1726—1802）王子位于柏林菩提树下大街的那座宏伟的宫殿，被作为大学的教学楼使用。[③]威廉·冯·洪堡制定了一个聪明的、同事般的委员会政策，并且用外交官的机巧招聘最优秀的人才，到这所新筹建的大学来，正如他致信在罗马的妻子所说的那样，这件事经常把他推向绝望的边缘。学者们可真是"最难控制的、也最难满足的人类一族——具有永远给人挫败感的兴趣、嫉妒、统治欲和片面的观点，在片面的观点中，每个人都认为，只有他的专业才值得获得支持和促进"。(Br.III,399)

一切进展得都很快。1809年5月12日，在柯尼斯堡（国王及其宫廷和很多机构都回撤到柯尼斯堡），威廉·冯·洪堡起草了对成立柏林大学的第一份申请。一年之后的1810年5月30日，通过一条国王的敕令，柏林大学的成立得到批准。在从10月到11月中旬的过程中，

[①] 弗里德里希·奥古斯特·沃尔夫（Friedrich August Wolf,1759—1824），德国古典语文学家和教育学家。——译者注

[②] 弗里德里希·施莱尔马赫（Friedrich Schleiermacher,1768—1834），德国神学家和哲学家。——译者注

[③] 参见克劳斯-狄特里希·甘德特（Klaus-Dietrich Gandert）：《从王子宫殿到洪堡大学》（*Vom Prinzenpalais zur Humboldt-Universität*），柏林，1985年。

大学开始运转。①

　　威廉·冯·洪堡把创建柏林大学看成给他带来很多快乐的、最亲切的个人作品，在他看来，这个作品超越了所有其他事物。柏林大学1828年得到"弗里德里希-威廉大学"这个名字，自从1949年以来，为了纪念洪堡兄弟的成就，这所大学更名为"洪堡大学"。他为科学和教育思想创造了一个机构性的空间，在这个空间里，教授和大学生可以自由而且独立地活动，对此他感到自豪。

　　值得注意的是，他如何向国王阐明申请的理由。他没有长篇大论地提出涉及"人类"的普遍观点或者信念。作为教育政策专家，威廉·冯·洪堡从德意志民族的角度进行论证。他认为，单单这种努力就是典型的德意志的：从思想出发，这个思想由一个最初的原则推导出一切，并且引向一个理想。"德国人有理智的民族特征本身就有这种倾向。"（G.S.X.253f.）在他看来，这种思想属于德意志本质的最好一面，对于德意志本质而言，康德、席勒和歌德都堪称典范。威廉·冯·洪堡提醒国王陛下，回忆启蒙哲学以及用古典的方式提高的教养，恰恰在艰难的和悲伤的时期，这"为国家的教育和培养"发挥至关重要的作用。"整个德国曾经对普鲁士怀有的信任，远远没有因为最近发生的不幸事件而减少，却反而增强了：即普鲁士会影响真正的启蒙运动和更高的精神构成。"（G.S.X,139f.）

　　普鲁士正在忍受屈辱的蒂尔西特和约，忍受法国军队占领之

---

① 关于柏林大学的历史参见：《一所大学的思想与现实：关于柏林弗里德里希–威廉大学的历史纪实》(Idee und Wirklichkeit einer Universität. Dokumente zur Geschichte der Friedrich–Wilhelms–Universität zu Berlin)，威廉·魏塞德尔主编，柏林，1960年；马克斯·伦茨（Max Lenz）：《柏林王室弗里德里希–威廉大学的历史》，四卷本，哈勒，1910—1918年；《柏林的洪堡大学：1810年至1985年概况》(Humboldt–Universität zu Berlin. Überblick 1810–1985)，赫尔穆特·克莱因（Helmut Klein）主编，柏林，1985年。在洪堡大学建校200百周年之际，吕迪格·冯·布鲁克斯（Rüdiger von Bruchs）的多卷本《一个机构的传记》(Biographie einer Institution) 会出版。

痛,而且普鲁士没有共同的国家秩序,威廉·冯·洪堡认为,对于普鲁士这样的国家而言,小学、高级文理中学和大学大有裨益,可以发挥最重要的作用。尤其是大学可以应对这种不利的局面,以此 [269]

  影响操同一种语言的整个民族的教育。如果国王陛下现在正式恩准大学的建立,并且确保其实施,那么,您就重新最牢固地联结起在德国对教育和启蒙感兴趣的一切,您就会激发人们对您的国家重新繁荣的新豪情和新热情。在德国一部分遭到战争蹂躏,另一部分被操着外语的国外发号施令者占领的时刻,向德国的科学敞开一个或许还几乎无法指望的避难所。(G.S.X,140)

  威廉·冯·洪堡在谈论德国而非普鲁士,他在谈论民族而非国家。在他看来,"德意志的民族特性和本质"标记的是文化的民族,在此,民族的特征仿佛固定在个体与整个人类之间。在这个意义上,教育和培养,正如威廉·冯·洪堡理想地勾勒出的那样,就不是国家的事,而是民族的事。正如他在早期的文章《国家有效性的界限》中就已经设想的那样,尽管他现在作为地位很高的国家公职人员,还依然坚信,国家必须始终意识到,它无法引导在自由的精神下对民族进行必要的启蒙和教育,"是的,毋宁说它常常是起阻碍作用的,一旦它干涉进来;倘若没有它,事情本身会进展得更好"。(G.S.X,253)

  威廉·冯·洪堡需要普鲁士国王和国家机构,以便为他的教育、纯粹的科学和德国语言方面的思想创造有创造性的自由空间。因此,倘若没有成功地实现他所追求的目标,那么,即便他自己主动离开国家公职,也不会觉得很难。1810年4月29日,正当他充满热情地推进洪堡大学建立事宜时,他给国王弗里德里希·威廉三世寄去了辞职申请。(G.S.X,244-250)

[270]

威廉·冯·洪堡在辞职申请中阐明的理由是,枢密顾问与部门领导的权力受到限制,他们首先在"枢密院"(其实,他想到的是改革者施泰因男爵)中应该与五位部长享有同样的、重要的表决权。威廉·冯·洪堡当时是在这种前提条件下接受职位的。可是,自从1810年3月31日以来,通过国王的敕令,"他作为部门负责人的有效性被摧毁了"。(G.S.X,245)他和四位枢密院成员仅仅还有提供咨询建议的权力,并且隶属于内务部长。这样,他就失去了权力。威廉·冯·洪堡不能也不愿意在这种情况下工作。职务权限的降低给他个人造成了"深深的伤害"。对于他而言,在这些条件下辞职,离开岗位,这是一个荣誉与义务问题。他最想重新被派往罗马,从事以前的工作。

为了等待国王的回复,威廉·冯·洪堡花费了好几周时间。5月末,他重申了辞职申请。刚刚被任命为国家总理的冯·哈登贝格男爵决定,把威廉·冯·洪堡重新安排到外事部门。然而,他没有被派往罗马,而是被派到维也纳。他被任命为驻维也纳的特别公使和全权大臣。威廉·冯·洪堡同意了。可是,谁应该成为他的接班人,负责文化与教育部门呢?威廉有"大胆的想法",(Br.III,432)他推荐他的弟弟亚历山大!这可以促进亚历山大缺乏的作为德意志人的民族特性和本质,在巴黎,他的这种德意志人的民族特性和本质走向了零点。

哈登贝格询问了亚历山大的意见,他果断地拒绝了。他哥哥怎么会产生这个荒唐的念头,引诱他从巴黎回到柏林,走进边区的沙子①中！他把哥哥的建议看成是"最悲剧性的"，他以愤怒的但又戏谑的语调给哥哥回信。他在信中告诉威廉，他"哭了一整夜"，他还说，他如何看待为祖国工作的职位：

> 现在，对于贫穷的祖国而言，外交岗位恰恰并不是那么重要的，尽管你极其亲近你想引诱我进入的沙子，你自己却还是到了一片绿意盎然的多瑙河河畔。你自己都曾经承认，人们坐在阿尔卑斯山的后面时，②是最有爱国情怀的。你在柏林的时间真的与我回来之后在柏林的时间一样长吗？（Br.III,433）

弟弟亚历山大获悉后假装诚惶诚恐，这让威廉觉得很好玩儿，他感觉，自己被弟弟识破了。他自己想方设法抵御从罗马被派到柏林的可能性，现在，他又兴高采烈地离开柏林，为了和家人在奥地利的首都生活，那里的居民乐天而充满幽默感。他也只有在异乡才真正感受到自己是"德国人"，感受到德意志人的民族特性和本质。威廉把亚历山大的一番话抄下来，寄给了卡洛琳娜，他评论这番话并补充说：

[271]

> 仅仅为了不受回到满是沙子的荒漠中的折磨，他就像一个孩子，就好像他什么事都不能做，就好像他是一个十分笨拙的学者似的，简言之，他要是不把这件事看得如此悲剧性的，我不会简直笑得要死。他肯定不会回来，而且也没有任何人因此而把他怎样，这是不言而喻的。我的确感觉很遗憾。他本来可

---

① 如前文所述，柏林和勃兰登堡边区许多路面是沙质的，亚历山大用沙子也比喻其家乡柏林附近勃兰登堡边区的荒芜，在他眼里，那里是毫无生气的荒漠。——译者注
② 指威廉在罗马和维也纳工作，这两座城市都位于阿尔卑斯山以南，即在其后面。——译者注

第九章
人们必须在世人面前尊重祖国

以在这个岗位上令人惊讶地促进文学事业的，他也能够在许多其他事情上发挥很大作用。此外，我觉得，他若在这里完全组织大学工作，那会是光荣的，然后，可以像他计划的那样，再去西藏考察。(Br.III,433)

1810年在洪堡兄弟之间存在的和能够戏谑地被掩饰的，不过是少许的不和谐气氛。亚历山大无论如何都要留在捷报频传的、作为普鲁士敌国的法国首都，对此威廉感到很遗憾。亚历山大对德意志人的民族特性和本质没有表现出丝毫兴趣。他宁愿攀登喜马拉雅山，而不是过问和关心祖国的重要任务和义务。

在接下来的10年里，洪堡兄弟之间的矛盾加剧了。主要从威廉的视角来看，这种矛盾加剧到兄弟俩深深的疏离，虽然他们还一直保持亲近关系，而且为每次相遇感到喜悦，然而，时代和历史进入他们俩之间。特别是在卡洛琳娜和威廉的心中，这种情感和观点与日俱增：亚历山大现在是彻头彻尾的法国人，他表现出法兰西人的民族特性和本质；而他们自己越来越明确地意识到作为德意志人的民族特性与本质，意识到德国人的特征。这是亲密的兄弟之间超越个人对抗的10年。"这种矛盾一直远离个人闹翻反目的状态，因此，这种矛盾也就失去了尖锐性，而这种矛盾内在的深度和时代的持久性在加剧。"① 为了能让读者设身处地地理解和领会这矛盾，在此说明一下威廉·冯·洪堡在1810年至1820年之间从事的政治活动肯定就足够了，其政治活动在布鲁诺·盖普哈特（Bruno Gebhardt）和齐格弗

[272]

---

① 齐格弗里德·凯勒（Siegfried Kaehler）：《威廉·冯·洪堡和亚历山大·冯·洪堡在拿破仑危机那几年中》（*Wilhelm und Alexander von Humboldt in den Jahren der Napoleonischen Krise*），载《历史杂志》（*Historische Zeitschrift*）第三系列（Dritte Folge），第二十卷，1916年，第231—270页，第17页。（原书作者页码标错。——译者注）

里德·凯勒（Siegfried Kaehler）的专著中已经被详细地描述过。①

1810年9月，威廉·冯·洪堡到达维也纳，在这里，作为普鲁士的公使，他主要努力使奥地利与普鲁士接近，并且使奥地利加入反法联盟。1812年和1813年，拿破仑大军在冬日的俄国战场上遭受惨败之后，抗击法国在欧洲的霸权地位的大规模民族解放斗争的机会增加了。自由战争可以开始了，在此自由战争中，奥地利站在普鲁士、俄国和英国一边作战。在从1813年10月16日至18日为期3天、有50万士兵参战的"莱比锡大会战"②中，拿破仑大军在莱比锡遭到毁灭性的打击。

现在，对于威廉·冯·洪堡来说，到了在12月份给施泰因男爵撰写他的《论德国宪法的专题报告》（*Denkschrift über die deutsche Verfassung*）的时候了。迄今为止他仅仅理解成文化民族的内容，现在赢得了一个清晰的、民族与国家的轮廓。"德国必须自由与强大"。（G.S.XI,97）他说，为了发展必要的力量，至关重要的是要认识到："然而现在，在经历时代变迁被扩大或者被减少的疆界中，在居民的情感中，而且在外国人的眼前，德意志依然是一个民族（Eine Nation）、一个人民（Ein Volk）、③一个国家（Ein Staat）。也就是说，现在的问题不过是：我们如何把德国再打造成一个整体？"（G.S.XI,98）

1814年，威廉·冯·洪堡作为普鲁士的全权代表和哈登贝格的

---

① 参见布鲁诺·盖普哈特（Bruno Gebhardt）：《威廉·冯·洪堡作为政治家》，第一卷，斯图加特，1896年；第二卷，斯图加特，1899年；齐格弗里德·凯勒（Siegfried Kaehler）：《威廉·冯·洪堡与国家》（*Wilhelm von Humboldt und der Staat*），慕尼黑、柏林，1927年，哥廷根，1963年，第二版。

② 参加"莱比锡大会战"（Völkerschlacht）的同盟国家有普鲁士、奥地利、俄国、英国和瑞典。——译者注

③ 汉语习惯中"人民"是集合名词，不能与"一个"连用，洪堡在此写"Ein Volk"，而且不定冠词大写，以示强调，所以译者尊重其原文表达翻译，虽然该词与民族（Nation）有相近含义，但前面已经用了，不能重复。——译者注

助理，参加了维也纳大会。在会上，他坚决为德国的统一而战，从1815年7月至11月，他在第二次巴黎和会上也同样为德国的统一而战。他的希望并没有实现。没有形成"共同的整体"，而仅仅形成一个由38个独立的国家组成的松散的联盟——"德意志联邦"，①核心机构是"德意志联邦代表大会"（Bundesversammlung），这只不过是不同国家公使的代表大会。1815年10月28日，威廉对妻子说："这是一个毫无希望的想法：不应该存在一个德国。"他赞同妻子的信念："存在一个隐形的德意志，我和你一样相信，这个隐形的德意志不久会走到光线下被看到，但是，人们在为之准备的道路上艰难前行。"（Br. V, 106）在美因河畔法兰克福进行旷日持久的领土谈判期间，他也没有能够成功地给予隐形的德意志一个地理形态。只有在普鲁士派驻英国公使职位时，他才能够梦想一个民族、一个人民和一个国家的德意志的伟大思想。他并不愿意接受普鲁士驻英国公使这个毫无影响力的职位，在寒冷的伦敦，他在该职位上工作了一年多，从1817年9月到1818年10月末。

最终，他还是作为部长被召唤到柏林。1819年1月11日，威廉·冯·洪堡被任命为"社会等级事务部部长"（Minister für ständische Angelegenheiten）。在此，他希望，能够执笔起草普鲁士的一部宪法。他起草了一份《论普鲁士社会等级宪法的专题报告》（Denkschrift über Preußens ständische Verfassung）。（G.S.XII, 225-296）

但是，总理哈登贝格却认为，自己应该为一套广泛的宪法负责，于是，他越来越干涉威廉·冯·洪堡这位部长的管辖范围。他们之间发生了争吵。威廉·冯·洪堡表示，无法理解普鲁士这个国

---

① "德意志联邦"（Deutscher Bund），在历史上存在的时间为1815年至1866年。——译者注

家封建复辟的倾向,它用宗教裁判所的方式迫害所有自由主义和德意志民族的"蛊惑人心者"。他在政府中的政治地位变得越来越成问题。他得以保留这个政治地位仅仅一年。在1819年的最后一天,在哈登贝格的压力下,他收到了国王的解聘敕令,让他离开国家公职。威廉·冯·洪堡以镇定姿态接受了敕令,而且,他给施泰因男爵写信说,现在想关心自己的其他兴趣:

> 即便过了一些年后,局势会有改变,那时我也变老了,而阁下了解我的想法,我与您的想法一样:我们不必从公文桌跟跟跄跄地走进坟墓。我真诚的愿望是,人们永远都别再想让我从事国家公职,事情通过别人而不通过我,也会办好。对于我而言,我现在又和往常一样研究科学了。①

[274]

作为政治家,威廉·冯·洪堡尝试过用德国人的思维方式来思考。他似乎克服了早年的极端个人主义。他当时如此坚定地坚信,"对伟大和整体产生影响",这仅仅意味着:为了自身和对人类的性格产生影响。对他而言,两个准则如此独特,以至于他从未与这两个准则分离过,正如他1791年向福斯特承诺的那样,那么,他现在放弃这两个准则了吗?"构成你自己,通过你所是,来影响别人。"威廉·冯·洪堡从个人主义的世界公民向德意志民族的政治家转折,这转折却依然忠实于以前决定他的推动力。正如其教育理论是其自身发展历程的反映一样,这一个德意志还依然是自我教育思想的民族—人民—国家的体现。德意志必须以"德意志的民族特性和本质"

---

① 威廉·冯·洪堡1820年3月22日致信施泰因男爵,转引自:《威廉·冯·洪堡:他的人生与影响,用其时代的书信、日记和记录描述》,鲁道夫·弗雷泽选编,柏林,1955年,第865页。

(Deutschheit)为标志地塑造自己,这样的德意志民族特性和本质通过至善来影响其他国家和民族。

威廉·冯·洪堡并不是追求德意志霸权地位的民族主义者。他把自己理解成这样一个德国人:想通过启蒙运动向他灌输的自由和公正的思想,创造德意志的国家空间,在其中,那些自由和公正的思想能够不受阻碍地而且典范地形成。德意志"必须是自由和强大的,为了滋养必要的自豪感,为了平静而不受干扰地进行民族发展,为了能够持久地维系在欧洲各民族中间为欧洲各民族所拥有的良好位置,即便德意志从未面临一种考验"。(G.S.XI,97)

亚历山大·冯·洪堡对这一切都感觉陌生。他既不按照德意志的方式思考,也不从民族的角度思考。他没有器官去领悟和感受,他哥哥承诺会带来最大益处的强化的自我培养。在亚历山大看来,威廉·冯·洪堡在个人和民族的性格上确定的伟大与完整,是他尝试着广泛地体验和理解的世界。亚历山大·冯·洪堡有世界意识而不是民族感。所以他留在巴黎,在那里,他找到了科学的氛围和最有能力的协作者,为了能够撰写鸿篇巨制,尽可能地体验全部学科的丰富多样,都应该找到位置:从天文学和地质学到植物学和动物学,一直到在新西班牙代理王国(墨西哥)和古巴岛上不同的、社会的生活方式以及政治状况。

亚历山大极其勤奋,在科学上有创造力,并且以世界公民身份抛头露面,威廉完全有理由为他的弟弟感到自豪。每当他们在这个政治上如此动荡不安的10年中见面时,他都感到高兴。在维也纳、巴黎、伦敦和亚琛,他们哥俩都多次长期生活在一起,无论是因为亚历山大拜访他哥哥,还是因为政治事件和会议把他们哥俩聚到一起。威廉在写给妻子卡洛琳娜的无数信件中写到,他和弟弟有多么愉快，他们乐在其中，亚历山大有哪些好的方面，"我多么愿意看到他"，（Br.Ⅵ,25）而且"我多么爱他"。（Br.Ⅵ,46）每当他们不得不又分手时，他都感到非常难过。"除了个人的好感以外，他还总是给生活带来活力。"（Br.Ⅵ,64）威廉赞赏弟弟漂泊式的活跃和优雅的亲切。他和弟弟一起为自然的神奇形态而感到惊讶，即亚历山大在游览伦敦时指给他看的那些形态。他因为亚历山大讲的许多笑话而开怀大笑，他还因亚历山大滑稽的天赋而捧腹大笑：他能够惟妙惟肖地模仿其他人的特征。"我们彼此相处得很融洽，除了通常的温柔性格外，他很善良、温和、聪明伶俐而又诙谐有趣。"（Br.Ⅵ,324）

然而，他没有作为德意志人的民族特性和本质！他与家乡疏离，他疏远德国的精神世界以及承载着精神世界的人，他疏远那个"在智慧教养和道德意义上存在的德意志，那个既非普鲁士亦非奥地利的德意志"。（Br.Ⅳ,129）最初的责备听起来还相当温和。可是这些责备年复一年地增加，语气加重，一直到威廉的抱怨："他不再具有德意志人的民族特性和本质，他的所有细节都变得具有巴黎人的派头，这让我很痛心。"（Br.Ⅵ,64）卡洛琳娜赞同威廉的观点："我能够很好地想象，亚历山大正如你所描绘的那样。法兰西的民族特性和本质已经深入到他至深的个性中。这解释了无限多的事情。"（Br.Ⅵ,81）

这对夫妻对亚历山大·冯·洪堡的指责实在太多了。亚历山大生活在巴黎，与此同时，德国士兵在抗击法国的自由战争中献出他们的生命。"是的，我向你承认，我通常不会说的话，我也不同意亚历山大留在巴黎。"（Br.Ⅳ,188）他虚荣地依恋法国人，尤其试图接近巴黎社交场合中"夸夸其谈的、几乎从不采取行动的"那部分人。（Br.Ⅴ,144）因此，就连亚历山大针对专制主义和战争的那些政治信念，也"仅仅是最肤浅的和枯燥乏味的"。（Br.Ⅴ,143）威廉也不喜欢弟

［276］

第九章
人们必须在世人面前尊重祖国

弟用法语撰写的考察著作。他读了已经完成的那卷的几个段落后，就开始批评：

> 确实充满有趣的地方和重要的研究，但是，读者完全可以看出本书语言的影响，书中有很多地方，真正具有德意志民族特性和本质的人是不会这么表达的，因为听起来太具有日常生活的特点。对于亚历山大来说，这是无限遗憾的：他运用了这种措辞风格，只能以此让人原谅并且理解，这本配有插图和图片的书当然不可能在德国出版。(Br.VI,43f.)

卡洛琳娜只能强调这一点："他完全彻底地变成了法兰西人，尤其因此而具有的法兰西民族特性和本质的感觉：他从来都不理解德意志的精神。他也不理解1813年的德意志精神。"①(Br.VI,85)

从威廉·冯·洪堡这个德国人的视角来看，洪堡兄弟的疏远在这封信中达到了顶点：1817年11月12日，威廉·冯·洪堡作为普鲁士的公使，在伦敦给妻子写信，当时亚历山大正在他那儿做客：

> 你了解亚历山大的观点。虽然我非常爱他，但是，他的观点永远都不会与我们的观点一致。我们的交往经常真的非常滑稽。我总是让他说并且明确说明，这种争论有何益处：所有基本原则的最初基础在何处不同。亚历山大不仅具有独一无二的罕见的博学，而且具有真正渊博的知识，也完全有良好的性格，他心肠软，乐于助人，具有献身精神，不自私——但是，他现在缺乏对

---

① 这里应该是指拿破仑军队在莱比锡大会战中战败后，德国人的心情及其对德意志民族精神的鼓舞。——译者注

自身和思想平静的知足心态，一切都源于此。因此，他并不理解人，尽管他总是和人生活在一起，甚至琢磨他们的感受，所以他不理解艺术，尽管他通过艺术才真正理解了所有技巧，他还完全凑合地自己画（尽管我这样说很大胆而且很可怕），而不是画大自然，他每天都在大自然中进行发现。在宗教方面，我们既看不出他有宗教信仰，也看不出他没有宗教信仰。他的理智和情感似乎并没有走到决定这一点的界限旁。在此，再也没有任何关于人类这些主要事情的事，活动于他的内心中，而是一切仿佛被用铁栅栏隔开，然后被禁锢起来。

哥哥威廉继续写，他特别强调，亚历山大缺乏德意志的家乡感：

通常当他长时间地在我这儿时，我思考的最后一点是，这在道德世界中是一个最神奇的现象之一：我父亲和我母亲只有两个孩子，而且恰好两个，在整体上有完全同样的方向，其实仅仅生活在思想中和对事物的精神检验中，然后，突然在所有问题上都分裂成更大的不同和对立，作为生活在不同的天体上的人。基本上可以说，亚历山大并不是后来变成这样的，而是他从来就是这样的，外国没有改变他，而是他在寻觅外国，因为他在德国不可能有归宿感，尽管他比绝大多数德国人都出色。(Br.VI,46f.)

第十章
我对所做的事并不后悔

洪堡兄弟如何能够在老年时享受幸福,共同生活在一个地方,并且撰写他们的毕生著作?

[278] 　　1820年1月1日,在威廉·冯·洪堡被解除国家公职之后,他又回到了最喜欢的生活方式中。作为私人学者度过了其人生的最后15年。这位私人学者把注意力集中在自由和寂寞上,他认为,这两者是人类精神最高的和最普遍的目标。他研究语言与思维的关系,这研究应该有助于"人类清楚,自身及其与自身周围和之上所有可视的事物与不可视的事物的关系"。(G.S.VI,6)鉴于这崇高的目标,他现在把政治活动视为从属的插曲。这种政治活动并不符合他的偏好。

　　在普鲁士公职上工作期间,他似乎就已经清楚了这一点。无论如何,他给夏洛特·狄德的回信说明了这一点,1788年7月,他曾与夏洛特在皮尔蒙特度过幸福的3天。1814年10月18日,夏洛特往维也纳给他寄了一封信,这完全出乎他的意料,而且给他带来惊喜,当时他正作为普鲁士王国的部长,参加关于欧洲国家体制新秩序的维也纳大会:

因为正如您所说,您有时听到我的消息,所以您也会知道，我在罗马担任了几年公使。我仅仅为了国家才接受现在这个职位，假如没有不幸的事件发生，我永远都不会离开罗马。可是，这些年来，为国家效力在某种程度上变成了约束性的义务，所以，我逐渐遇到错综复杂的关系。您不会觉得我的偏好是恰当的，我会喜欢一种更平静的和更简单的生活。①

[279]

这是威廉在1814年说的话。现在，他终于挣脱了义务。他感觉一身轻松，如释重负。生活状况被理出了头绪。他现在可以做适合自己的事。他现在可以弄清楚自身和人类，可以思考语言和思维，并且撰写关于语言和思维的著作，他可以过着宁静的学者生活。虽然他在生理上仅仅52岁，可是在心理上，他却充满平静的老年人的淡定，这种淡定把他同所有纠葛和激情隔离开来。

他潜心进行孤独寂寞的语言研究，与在实际的社会交往中相比，在语言中，世界和人类更接近他。在不再被大规模的旅行和职务工作中断的专注的思考中，他的精神视野扩展到无法测量的程度，而生活空间越来越狭窄。他认为，老年人的一个好处是，可以不受干扰地享受，老年人是进行观察、研究和反思的生存状态；他认为，这种生存状态是最高的和最人性的生存状态。这是生存的黄昏观，符合他的禀性，并且在夕阳西下拥有最自然的表达："夕阳西下从来都对我产生巨大的威力。无论我心情如何，落日总会把一切都带到平衡中。当太阳仿佛沉落到无法测量的程度时，我就达到了获得平衡的状态，而黑夜对一个人是如此可亲和受欢迎。我想，人

---

① 《威廉·冯·洪堡致信一个女友》，阿尔贝尔特·莱茨曼主编，第一卷，莱比锡，1910年，第27、28页。

第十章
我对所做的事并不后悔

们在任何瞬间都不会比现在死得更轻松。"（Br.VII,68）

　　为了能够充分享用内在的幸福，威廉·冯·洪堡与妻子回到了童年生活的地方。他更喜欢在特格尔的家庭小宫殿里生活和研究，而不是在柏林御林广场旁、法国大街42号宽敞的城市居所中。1820年7月，他开始同雕塑家克里斯蒂安·丹尼尔·劳赫（Christian Daniel Rauch）和建筑师卡尔·弗里德里希·申克尔计划改建这个古老的楼房建筑群。改建工作持续了几年，于1824年10月竣工。他又可以沿着同样的路走向葡萄山和湖边，这条道路曾经让儿时的他憧憬远方。当时，他的目光带着血气方刚，那是追求的特征，而且，威廉"如此充满勇气和欲望，要在远方发挥作用，要成就一番大事业，完成壮举"。(Br.I,460)而现在则是平静地散步，风景把他从写字台诱惑到外边。散步过后，他就平静地在写字台旁进行语言研究。

　　1822年7月10日，威廉在特格尔给夏洛特·狄德写信，说他有多么喜欢这个地方：

> 这个地方至少是柏林周边最漂亮的地方。一侧是一大片森林，另一侧是种植很好的山丘，可以眺望到一个宽阔的、由许多小岛穿过的湖。在房子周围的各个地方都是参天大树，我在童年时看到的树还是中等高度，现在，它们和我一起长高了。我还建了一栋新房子，现在已经完成一半了，我还把我们收藏的一些绘画和大理石物件带到这里，这样看来，这是一个优美的住处，我很少离开这里到城里去。①

---

① 《威廉·冯·洪堡致信一个女友》，阿尔贝尔特·莱茨曼主编，第一卷，莱比锡，1910年，第46页。

威廉·冯·洪堡有义务定期到柏林科学院做学术报告，这是他从宁静的特格尔动身穿过沙质的、沿途尽是云杉和松树林的道路前往柏林的一个重要原因。自从1808年起，威廉·冯·洪堡成为柏林科学院的正式院士。在他从事政治工作期间，他摆脱了定期做学术报告的义务。作为私人学者，他愿意承担这个义务，为了报告材料丰富的语言研究及对语言进行的哲学反思，并且将这些内容列入讨论范畴。1820年6月29日，他就已经在柏林科学院的全体大会上做了第一次学术报告：《论比较的语言研究，涉及语言发展的不同阶段》(*Ueber das vergleichende Sprachstudium in Beziehung auf die verschiedenen Epochen der Sprachentwicklung*)。(G.S.IV,1-34)在这个报告中，他得出一些结论，根据他20年来对人类语言的思考，人类的语言具有单个语言形式的多样性，他从历史的角度联系到单个语言形式的不同发展阶段，并且从哲学的角度把它们与不同思想的"世界观"联系起来。他起草了一份语言学和哲学的纲要，以这种洞见为核心："通过思想和言语相互的依赖，就使我们很清楚，语言其实并非描述已经被认知的真实之手段，而更多是发现事先没有被认知的真实。语言的差异并非外壳和符号的差异，而是世界观本身的差异。在这里，包含了所有语言研究的最后目的。"(G.S.IV,27)

[281]

"使我们很清楚"的内容并非不言而喻的。因为，威廉·冯·洪堡以这个判断反驳了在哲学传统中和在日常生活的语言意识中已经被采纳的观点和成见：语言仅仅是标识事物与客观事实或者表达前语言思想的手段和工具。言语仅仅是随意的符号，它们对被标识的事物没有本质的影响。语法结构是固定的机制，人们总是可以用同样的方式运用该机制来造句。语言的差异是应该克服的障碍。面对这些"完全司空见惯的想法"，威廉·冯·洪堡的语言观就显得"吹毛求

第十章
我对所做的事并不后悔

疵，钻牛角尖儿，充满狂热"。①他了解人们对他的指责。然而，这不应该阻止他继续走他的路，他在柏林科学院做的第一个学术报告中勾勒原因和目标的那条路。

虽然许多观点还是模糊的，而且没有在经验上被充分证明，然而，已经有了一个相当稳固的基础，他可以在这个基础上继续研究。他很早就掌握了不同语言的实际知识和技巧：希腊语、拉丁语、意大利语、法语和英语。进行基本的语言反思的最初的建筑基石早在1788年就已经奠定好了，当时威廉·冯·洪堡正在哥廷根师从古代语言的语文学家克里斯蒂安·高特洛普·海纳，学习通过联系古希腊世界的生活方式，来理解希腊语和拉丁语的文本。在这些文本中，一个时代的精神清晰地发出声音，这种时代精神作为生动的整体，在行动、思想和语言上彼此交织在一起。在两次西班牙旅行（1799年到1800年和1801年）期间，他学习了巴斯克人②的语言，这种语言的奇特性引导他追寻西班牙古老民族的足迹。他的弟弟亚历山大考察归来时，给他带来"美洲语言"的丰富资料，这些美洲语言的区域从墨西哥一直延伸到秘鲁。玛雅人和阿兹苔克人③的语言纪念碑使他着迷，并且促使他思考"墨西哥语的"图画文字的特殊性，他结合图画文字与思维和口头表达的关系来思考。印第安"未开化的野人"使用的奥里诺科语言向他介绍了另外一种文化形象，他弟弟在最近处一同经历了这种文化。他"于是只能完全进入其含义，如果我努力完全撇开每个欧洲人被给予的外在的观点，并且与这些善良的人们一起把自己置身于其乐

---

① 致信弗里德里希·高特里普·魏尔克（Friedrich Gottlieb Welcker），转引自《威廉·冯·洪堡：他的人生与影响，用其时代的书信、日记和记录描述》，鲁道夫·弗雷泽选编，柏林，1955年，第882页。
② 巴斯克人（Basken），比利牛斯山地区的一个民族。——译者注
③ 阿兹苔克人（Azteken），印第安人，分布在墨西哥的广阔地区，1519—1521年，他们统治的地区被西班牙人占领。——译者注

天的情感生活中，带着对他们的崇高天性的印象。最初的美与许多崇高的内容肯定在后来的语言发展中消失了"。①

威廉·冯·洪堡在罗马工作生活期间就已经接受了所有的信息，并且尝试与关于人类在民族性格特征多样性上统一的人类学思想联系起来。1803年10月22日，他致信卡尔·古斯塔夫·冯·布林克曼时就已经谈论这个问题：

> 我比以往更坚定地从事我的语言研究，它绝好地把所有思想都串联起来。所有语言内在的、神秘的内在联系，尤其是伴随着每种新的语言进入新的思想与感受体系这种高层次的享受时，无限地吸引着我。迄今为止，没有任何事物像语言那样，被如此糟糕地对待。我认为，我找到了一把钥匙，它向每个人有趣地展现自己，并且使得通向所有人的路径变得轻松。②

威廉·冯·洪堡对那些还不了解的语言的求知欲似乎是难以满足的，他还渴望那些语言，向他显示某种新内容，关于不同语言与各自世界观之间令人惊讶的内在联系的新内容。在1820年至1830年这10年里，他开始研究梵文，梵文向他打开了通往印欧语系语言的原始源泉的通道，并且使他能够阅读印度训喻诗《薄伽梵歌》③的原文。他在这首诗里发现了符合他自己淡定情感的宗教哲学的智慧学说。（G.S.V,190-232；325—344）他把注意力集中在汉语的语法结构上，

---

① 亚历山大·冯·洪堡向霍尔内的讲述（1857年），参见W.霍尔内（W.Hornay）：《亚历山大·冯·洪堡》，汉堡，1860年，第27页。
② 《威廉·冯·洪堡致信卡尔·古斯塔夫·冯·布林克曼》，阿尔贝尔特·莱茨曼主编，莱比锡，1939年，第157页。
③ Bhagavad-Gita，这是梵语。《薄伽梵歌》的意思是"神之歌"，是世界上最古老的瑜伽典籍，印度最重要的圣典，又被称为"绝对智慧者的不朽甘露"。这里的释义源于百度搜索。——译者注

他研究日语，开始了关于南太平洋海岛居民的马来西亚-波利尼西亚各语言①的研究。法国东方学者让-弗朗索瓦·香波利昂（Jean-François Champollion）对古埃及象形文字的破解（1822年），使威廉·冯·洪堡更多地思考不同文字形式与语言之间的内在联系。②他定期在柏林科学院做学术报告，讲述他的研究结果，他最初于1820年6月29日做了题为《论比较的语言研究》（*Über das vergleichende Sprachstudium*）的学术报告，最后一场报告做于1831年6月9日，题目是《论爪哇岛上的卡威语③》（*Über die Kawi-Sprache auf der Insel Java*）。④

威廉·冯·洪堡作为学者研究的外国语言与文学越多，他作为德意志人的意识就越淡化。在普鲁士公职位置上担任政治家时，他一再召唤这种德意志人的民族特性和本质，并且声讨他的"法国化了的"弟弟；而现在，他作为进行普遍研究的语言学家，在评价上变得更宽宏大量了。他们兄弟二人之间在见解和生活方式上的深深裂痕可以被修复了。1822年10月，亚历山大到柏林几周，来看望他的哥哥，这时，威廉虽然再一次提及亚历山大在评价关于现今艺术的审美鉴赏判断方面的"法国人的方式"，（Br.VII,117）但他为弟弟来访感到非常高兴，弟弟以"非常温和的方式"通知他要来访。

几个月后，他弟弟亚历山大来了。亚历山大与普鲁士国王弗里德里希·威廉三世同行，他刚陪同国王出席维罗纳⑤会议。亚历山

---

① 毛利语、夏威夷语都属于波利尼西亚语。——译者注
② 参见马尔库斯·迈斯灵（Markus Messling）：《巴黎的东方读物：关于威廉·冯·洪堡的文字理论》（*Pariser Orientlektüren.Zu Wilhelm von Humboldts Theorie der Schrift*），帕德博恩（Paderborn），2008年。
③ 卡威语是印度尼西亚使用最多的语言。——译者注
④ 参见柏林科学院学术报告会纪要，见：《威廉·冯·洪堡：论语言》（*Wilhelm von Humboldt:Über die Sprache*），约根·特拉邦特（Jürgen Trabant）主编，图宾根，巴塞尔，1994年，第226、227页。
⑤ 维罗纳（Verona），意大利一座城市。——译者注

大·冯·洪堡于1823年1月3日到达柏林。他在国外阔别家乡城市15年，当时他作为普鲁士年轻的威廉王子的陪同于1807年11月13日离开家乡城市柏林，去履行政治使命。正如人们能够预料的那样，他使"整个柏林都轰动了，而且给家人带来最美好的快乐"。(Br.VII,126)1823年1月24日，他在柏林科学院做了一场学术报告《论火山在地球不同地区的构造和作用》(Über den Bau und die Wirkungsart der Vulkane in den verschiedenen Erdstrichen)。在报告中，他试图向听众解释，从我们的星球内部通过岩石裂缝和运动爆发的巨大威力。科学院为了他的荣誉而举行隆重的晚宴，国王慷慨地赠予他一大笔钱。亚历山大在特格尔同哥哥和嫂子一起生活了5个星期，他嫂子写信告诉女儿阿德尔海德说："他们哥俩表达所有种类的知识的主要部分，真的是独一无二的。"(Br.VII,126)

[284]

这样一来，亚历山大迈出了回到家乡的第一步。在家乡柏林，亚历山大从未有在家乡的感觉。他下一次回柏林是在3年半之后，他有许多回柏林的理由。一方面，普鲁士国王催促他到柏林和波茨坦。普鲁士国王喜爱上了自己的"侍从官"亚历山大·冯·洪堡，因为他旅行经历多，见多识广，闻名遐迩，博学多才而又诙谐风趣，并且国王希望，亚历山大能够在他的身边，为了和他机智地聊天。另一方面，国王提供的薪水也吸引亚历山大，他每年可以得到五千塔勒，这对他而言并非不可观的数目。因为，亚历山大在经济上几乎弹尽粮绝了，有些捉襟见肘，他需要钱。不仅在巴黎的生活昂贵，特别是其卷帙浩繁、配有很多插图、到新大陆赤道地区考察的专著的出版费用，吞噬了他所继承财产的剩余部分。但是，亚历山大说明，他回到柏林最重要的理由，是与哥哥生活在一起。"君主让我在他的周围，并且重新争取我，让我为了祖国留下来，他的这个

第十章
我对所做的事并不后悔

愿望在1827年春才得以实现。当时我放弃了在巴黎的长期居留，经伦敦和汉堡回到柏林。在这里，我终于享受到长期梦寐以求的幸福：跟我哥哥在一个地方生活，并且和他一起从事科学研究。"①

[285]　　为了准备他的最终返乡，亚历山大1826年9月底就离开了巴黎，与他的朋友和工作人员、动物学研究者阿希勒·瓦伦西耶纳②一起。他在回柏林的途中结识了可能会使他在德国的生活变得有趣的一些著名科学家。在美因河畔的法兰克福，他拜访了与他交好的医学家和解剖学家萨姆艾尔·托马斯·绍伊莫尔灵，在吉森，③他拜访了化学家尤斯图斯·里比希（Justus Liebig），在哥廷根，他拜访了数学家卡尔·弗里德里希·高斯。④他在特格尔度过10月和11月份。他和国王商定，虽然他的长期居住地必须在柏林，但是，他每年可以在巴黎度过4个月，为了能够保留与法国科学界的联系并且完成他的考察著作。

在1826年12月返回巴黎的途中，亚历山大利用此机会与老朋友见面。他希望，这些人能够让他重新熟悉已经感到陌生的国家。在弗莱贝格——他曾就读于这里的矿山学院——他又和他的老朋友卡尔·弗莱耶斯雷本一起，下了"赐予幸运号"矿井坑道，他们曾经在1797年7月4日来到这里。他们已经有30年没见面了。在魏玛，歌德和卡尔·奥古斯特公爵以最大的热情友好地接待了他。他告诉哥哥说："歌德很棒，充满活力，精力充沛，而且待人和蔼可亲。"⑤ 歌德后来对他的艾克曼说：

---

① 亚历山大·冯·洪堡：《我的人生》，慕尼黑，1989年，第二版，第115、116页。
② 阿希勒·瓦伦西耶纳（Achille Valenciennes,1794—1865），法国的鱼类学家。——译者注
③ 吉森（Gießen），德国黑森州的一座城市。——译者注
④ 卡尔·弗里德里希·高斯（Carl Friedrich Gauß,1777—1855），德国数学家和天文学家，1807年起任哥廷根天文台主任，哥廷根科学院教授与院士。——译者注
⑤ 亚历山大1826年12月13日致信威廉，参见亚历山大·冯·洪堡：《我的人生》，慕尼黑，1989年，第二版，第199页。

这是怎样的一个男人啊！我认识他已经这么长时间了，但是，我又重新为他而感到惊讶。我可以说，在知识和生动鲜活的见识方面，我跟他不是同一个类型的人。还有博学多才，就好像我同样从来没有感觉到，他如此博学多才一样！无论我们涉及什么专业方向，他都精通在行，他铺天盖地般地给予我们精神的宝藏。他就像一个有许多水管的泉眼一样，在这泉眼旁，人们在各个地方只需在下面用盛水容器接着即可，而且在这里，泉眼里流出的水总是给人神清气爽、沁人心脾和取之不尽的感觉。他会在这里停留几天，我现在就已经感觉到，对我而言，这几天将会像我生活了几年一样丰富多彩。①

紧接着，亚历山大又在耶拿度过了愉快的一天，他拜访了席勒的大姨姐卡洛琳娜·冯·沃尔措根，他通过早年他哥哥年轻时参加的"美德联盟"就结识了她。

[286]

离开19世纪的首都巴黎，不得不生活在依然还相当闭塞的柏林，在经济上要依赖普鲁士王室的慷慨，这让亚历山大·冯·洪堡感到非常为难。然而，回去的决定已经做出了。他想从中获取最好的结果。1827年2月16日，他又回到了巴黎，在巴黎给高斯写信说：

这是一个重大的决定，要放弃我的一部分自由和一种科学的局面，18年来，我在此局面中有某种美妙的、精神的享受。

---

① 歌德1826年12月11日与艾克曼的谈话，载约翰·彼得·艾克曼（Johann Peter Eckermann）：《在其人生的最后几年与歌德谈话录》（Gespräche mit Goethe in den letzten Jahren seines Lebens），慕尼黑，1984年，第二版，第161页。

可是，我对所做的事并不后悔。我上次在德国逗留期间，知识分子的生活非常合乎我的口味。而且，在您的附近生活，在那些和我一样积极地钦佩您伟大而博学多才的天赋的人们附近生活，这是我做出决定的一个重要动因。我并不缺乏成为有用之人的良好愿望，而且，我始终考虑接受您的宝贵建议，接受您这位（数学）艺术中"伟大的大师"的宝贵建议。①

1827年5月12日，亚历山大·冯·洪堡抵达柏林。他在宫廷房屋总管格拉茨（Glatz）家租的一套房子里居住，就在新帕克霍夫（Packhof）4号后面。他聘用了侍者约翰·赛菲尔特（Johann Seifert），这位侍者在亚历山大剩余的时光里一直在他身边，并且被他确定为继承人。他想马上就发挥作用。他充满渴望地致力于把柏林变成自然科学研究的场所。他宣布，促进科学发展为自己人生的主要任务。他想创造他离开巴黎时巴黎拥有的那样一种环境，他起草一份科学组织的规划，他目标明确地努力实现这个规划。"随着时间的推移，柏林应该有第一个天文台、第一个化学机构、第一个植物园、第一所研究超越数学的学校。这是我努力的目标和我的争取的唯一纽带。"②

刚到柏林，亚历山大·冯·洪堡就定期参加柏林科学院的会议，自从1805年2月，他成为柏林科学院的正式院士。在接下来的几年里，与他的哥哥一样，他做了许多学术报告，其结果是"由学

[287]

---

① 亚历山大1827年2月16日致信高斯，载《亚历山大·冯·洪堡与卡尔·弗里德里希·高斯之间的通信》（*Briefwechsel zwischen Alexander von Humboldt und Carl Friedrich Gauß*），柏林，1977年，第30页。

② 亚历山大1829年初致信萨姆艾尔·海因里希·施皮克（Samuel Heinrich Spiker），转引自亚历山大·冯·洪堡：《我的人生》，慕尼黑，1989年，第二版，第202页。

术的集体带来的令人喜悦的鼓舞"。①他于1827年7月3日在柏林科学院的公开会议上做了第一场学术报告《地球上温度差异的主要原因》（*Hauptursachen der Temperatur-Verschiedenheit auf dem Erdkörper*）。他以导言的方式阐明学术报告的目的和方法学。他说，他不想罗列单个的观察结果，堆积感性直观的个别现象，而是想增强观察统一的自然的整体、普遍性和本质的这种目光的敏锐度。他想要把典型特征整理出来。正如"比较的语言研究"对他哥哥而言处于核心地位一样，对于亚历山大·冯·洪堡而言，"用比较的方法研究自然"就处于其兴趣的中心。"许多年已经消逝了，自从我从安第斯山脉考察归来，我就试图在这个科学院的公开会议上展示一些自然景观，我可以期待，这些自然景观能够激发普遍的兴趣，通过研究对象的伟大，或许也通过仔细地说明，现象世界中的共性。"②

1828年，亚历山大·冯·洪堡没有做任何科学院的学术报告。他发现了更大范围的听众。公众普遍的兴趣超越了学术的集体范畴。整个柏林都想听亚历山大·冯·洪堡要讲的关于世界的内容。1827年至1828年冬季学期，他开始在柏林大学做学术报告，尽管他并不属于大学的师资。作为柏林科学院的院士，他要求有权利在大学"做学术报告"。关于物理的地球描述与世界描述他一共做了61场学术报告。听报告的人如此人满为患，并且在媒体中得到如此巨大的反响，以至于从1827年12月6日到1828年3月27日，他除了在柏林

---

① 参见库尔特-莱因哈特·比尔曼（Kurt-Reinhard Biermann）：《由学术的集体带来的令人喜悦的鼓舞：亚历山大·冯·洪堡作为柏林科学院的院士》（*Beglückende Ermunterung durch die akademische Gemeinschaft. Alexander von Humboldt als Mitglied der Berliner Akademie der Wissenschaften*），柏林，1992年。

② 亚历山大·冯·洪堡1827年7月3日在柏林科学院做的第一个学术报告，转引自库尔特-莱因哈特·比尔曼（Kurt-Reinhard Biermann）：《由学术的集体带来的令人喜悦的鼓舞：亚历山大·冯·洪堡作为柏林科学院的院士》，柏林，1992年，第49页。

大学做学术报告外，还在位于菩提树下大街的柏林歌唱学院的新建筑中为广大听众做了16场公开的学术报告。柏林最大的、能容纳800人的大厅供他使用，他在这里做关于宇宙的学术报告，这些学术报告成为科学普及史上的历史性时刻。听众的社会成分非常广泛，从泥瓦匠到艺术家和学者，再到国王弗里德里希·威廉三世及其满朝大员，引人注目的是，许多女性也属于他的听众。亚历山大·冯·洪堡的哥哥和嫂子，也在他们的女儿加布里尔的陪同下，在歌唱学院听了这些学术报告。这给卡洛琳娜留下非常深刻的印象，她曾经抱怨亚历山大法兰西式的肤浅。让她感到惊讶的是，亚历山大以怎样了不起的清晰明了，擅长描述整个宇宙，从宇宙难以测量的广袤空间到地球日地运行仪的结构，一直到植物、动物和人。一切都碰巧构成庞大的自然整体的统一。但是，她也感觉到，亚历山大被"至深的忧郁"控制着。他在谈论的那些对象以及他的精神（似乎一切都向他的精神展开）可能具有"向外和向内同样的无限性"，可是，"哎，却并不开心！"（Br.VII,325）

导致亚历山大忧郁的一个原因可能是，他在最后一场学术报告中提及的内容。在这次报告中，他不仅谈论自然和人类，而且还谈论了他自己。"倘若让我说明，最初是什么唤醒了我内心中对广阔的世界观的渴望，那么，它们是：格奥尔格·福斯特对南太平洋岛屿的描述、柏林当地植物园中参天大树的景象，还有霍奇斯（Hodges）的出色描写，我在前往英国的最早一次考察旅行中有机会看到他的描绘。"①此外，他还回忆了"德高望重的大师（歌德），他的作品渗透着对自然如

---

① 亚历山大·冯·洪堡：《论宇宙：1827和1828年在柏林歌唱学院做的关于宇宙的学术报告》（*Über das Universum. Die Kosmosvorträge 1827/1828 in der Berliner Singakademie.*），美因河畔法兰克福，莱比锡，1993年，第210、211页。

此深沉的情感。正如在《少年维特之烦恼》中一样，在他的（意大利）游记中，在植物形变论的论述中，到处都让人听到喜悦兴奋的情感，马上就像'从湛蓝的天空中吹过的一阵和风一样'抚摸着我们！"①

然而，所有这一切都已经一去不复返了！那些情形只是过去。他把自然的绘画展现在听众的眼前，这幅自然绘画并非他曾经在全部的丰盈中经历的和享受的自然。此刻，在一个巨大的大厅中，他站在几百人面前，他们几乎都不敢呼吸，为了能够听清他的讲话。起初他还非常拘束，以至于这种情况深深地触动了卡洛琳娜。后来，他的报告越来越好，也越来越自如。他的哥哥威廉毫无嫉妒心地评价说，他赢得了"许多掌声和真正的荣耀"。"可是，也不可能读得比这更好了，人们可以去看一下报告和物品。就我所能听到的来看，这是普遍的评价。"（Br.VII,326）

[289]

亚历山大仅仅在一个他经常感受为"做作"的地方"做了学术报告"。他不得不在回忆中召唤那些棕榈树林、火山和浩浩荡荡的河流，为了驱走柏林内和柏林周边的可怜的沙化自然。他内心中曾经促使他去考察旅行的渴望依然鲜活。一年之后，他再一次遇到了最后一次机会，去做他最喜欢做的事。一个古老的梦想变成了现实。

1793年，他作为普鲁士矿山业总督察在弗朗肯工作时，他就不仅有"到西印度洋"考察旅行的计划，而且还计划到亚洲进行一次大规模的考察旅行。他从美洲回来之后就想尽快再出发考察，他最想到喜马拉雅山系的最高山峰上考察，正如他1806年2月6日致信歌德时所写的那样。在巴黎逗留期间，他多次进行过到俄国西伯利亚考察旅行的准备。1812年，他差不多成功地获得沙皇对他考察旅行

---

① 亚历山大·冯·洪堡：《论宇宙：1827和1828年在柏林歌唱学院做的关于宇宙的学术报告》，美因河畔法兰克福，莱比锡，1993年，第182页。

的许可。俄国沙皇亚历山大一世关注到了亚历山大·冯·洪堡这位著名的普鲁士自然科学家。1812年1月7日,亚历山大·冯·洪堡给负责俄国事务的亚历山大·冯·莱讷恩卡姆普夫(Alexander Freiherr von Rennenkampf)男爵写了一封长信,在信中,他介绍了要穿越亚洲进行一次大型科学考察的计划。"我的亚洲之行的目标是,从印度河的源头延伸到恒河源头的巍峨的山脉。我很想去西藏,但是,这个地方并非我研究的主要目的。"① 他想看到一切:贝加尔湖和柬埔寨半岛上的火山、喀布尔和克什米尔、帕米尔高原和戈壁沙漠,最后,他还想看锡兰、爪哇岛和菲律宾岛。他期待,穿越俄罗斯的亚洲部分的考察线路会给他带来最有趣的自然体验。这次考察旅行应该持续7到8年,然而,这次考察旅行未能实现。拿破仑远征俄国,让亚历山大这次考察计划泡汤了。

两年之后,亚历山大·冯·洪堡再次尝试。这次他要借助英国的帮助,经印度去喜马拉雅山脉。"东印度公司"的抗议使这个考察旅行计划落空了。1818年,他又重新尝试。他想从普鲁士国王和国务总理哈登贝格那里获得科学考察的资金,他给后者寄去一份准确的资助计划,他在信中说:"到新大陆热带国家为期5年的考察旅行已经耗尽了我的财产,但并未耗尽我的体力。我果断决定,再次离开欧洲,进行一次考察旅行,我要穿越好望角附近的山脉,向印度半岛进发,然后到印度群岛,为期4到5年。"② 1818年10月6日,威廉给妻子写信说:"他已经下定决心,大约在一年以后完成他的写书任务时到东印度去。去西藏不太可能了,因为汉人在西藏进行统治,他们不允许任何人进入。"(Br.VI,334)然而,东印度公司的异议再一

---

① 亚历山大·冯·洪堡:《我的人生》,慕尼黑,1989年,第二版,第182页。
② 哈诺·贝克(Hanno Beck):《亚历山大·冯·洪堡》,第二卷,威斯巴登,1961年,第46页。

次比亚历山大·冯·洪堡的果决还强大，作为被俄国支持的普鲁士人，他被英国人视为可疑人员。

1827年夏天，当亚历山大·冯·洪堡再次回到他的家乡城市柏林时，才有一线新的希望。在俄国新沙皇尼古拉一世[①]及其政府的委托下，俄国财政大臣格奥尔格·冯·坎克林（Georg von Cancrin）伯爵请求他，提供一份鉴定报告，鉴定这种可能的实用性：采用用白金铸成的货币，这种白金材料可以在乌拉尔山区（Ural）以有限的规模被开采获得。亚历山大·冯·洪堡表示，愿意承担这个鉴定任务。他同时向俄方表达了这个愿望：他想考察乌拉尔山区和西伯利亚部分地区。他获得了允诺，经过两年多的准备之后，他盼望了36年的"亚洲考察旅行"终于实现了。

与他同行的有，他的侍者约翰·赛弗尔特，生物学家、医生和植物学家克里斯蒂安·高特弗里德·艾伦贝格（Christian Gottfried Ehrenberg）和化学家兼矿物学家古斯塔夫·罗泽（Gustav Rose）。他们于1829年4月12日动身出发，开始到俄国西伯利亚的科学考察。考察团首先到达沙皇在彼得堡的宫廷，然后，他们又从彼得堡前往莫斯科，再越过乌拉尔山，穿越西伯利亚单调的荒原，一直到积雪覆盖的中国与蒙古国交界处的阿尔泰山脉。中国向他关闭了大门。在回程中，他们一行人到了里海，从里海经莫斯科和圣彼得堡回到柏林，他们于12月28日抵达柏林。

[291]

他们的科学考察耗时8个半月。他们的行程为15 000公里。罗泽后来写了两卷本的书《关于到乌拉尔山、阿尔泰山和里海的矿物学和地质学的考察旅行》（*Mineralogisch-geognostische Reise nach dem*

[①] 沙皇尼古拉一世（Nicolaus I.,1796—1855），俄国沙皇，在位时间1825至1855年。——译者注

Ural, Altai und dem Kaspischen Meer）（柏林，1837—1842年出版）。亚历山大·冯·洪堡写了3本书《中亚，关于山脉和气候的比较研究》（巴黎，1843年出版）。亚历山大·冯·洪堡看到、测量并且经历了许多，他在西伯利亚辽阔的土地上积累的印象的丰富性满足了他。然而，他的"亚洲"考察旅行与"美洲的"考察旅行完全不同。一切都由第三方准备好，交通工具、住处和饮食都有保障。人们试图尽可能好地阻止危险的发生。这次考察缺乏冒险的刺激。亚历山大·冯·洪堡坐在一辆马车里，他经常身穿燕尾服旅行。他在乌拉尔山东坡下的叶卡捷琳堡（Jekaterinburg）（今天的斯维尔德洛夫斯克Swerdlowsk）给哥哥写信自嘲说："政府对我们考察旅行的关怀是难以言表的，无微不至，永远的问候，警察、行政人员和哥萨克哨兵骑马开道，在前面行驶！很遗憾，我几乎没有任何瞬间独处，没有一步行走不完全像一个病人一样被从腋下搀扶着走！"①

从1829年6月15日到6月18日，他们这些考察人员在叶卡捷琳堡逗留了一个月。他们到乌拉尔山北部地区进行更小的或更大规模的学术参观旅行。他们参观了金矿、铜矿、宝石开采和大理石开采场所、提取白金和黄金的冶炼厂。他们为矿物学的收藏寻找了物质材料，并且进行了无数次测量。当他们从一次较大规模的参观旅行回来时，亚历山大发现了四封他哥哥在此期间的来信。这些信让亚历山大非常开心，因为是威廉写的。7月14日，亚历山大给威廉回信时表示："我人生中任何时候都没有像现在这样，对这种幸福如此敏感。我们彼此如此接近。我完全了解到，你的心灵多么充满爱与善

---

① 《亚历山大·冯·洪堡致信他哥哥威廉》（*Briefe Alexander's von Humboldt an seinen Bruder Wilhelm.*），由在奥特玛豪（Ottmachau）的洪堡家族主编，斯图加特，1880年，1829年6月9日至21日这封发自卡特琳堡（Catharinburg）的信，第186页。

良,以至于我根本无法向你描述我的快乐,在这种精神的荒芜中,收到你的消息带给我极大的快乐,我珍贵的朋友。"稍晚,他再一次强调这一点:"在我的人生中,你的存在从来没有像现在这样对我如此必要。"

亚历山大在这里使用的是一种自相矛盾的措辞。因为他所说的"幸福"并非是令人高兴的愉悦。他所召唤的幸福感建立在"我们遭受的难以替代的损失"①的基础上。兄弟的生存是必要的,威廉的每个消息都使他感到"幸福",因为他们共同经历了一场巨大的不幸,在其中他们"彼此如此接近",达到了以往从未有过的亲近程度。这种接近应该为他们的人生剩余部分长存。亚历山大深深地感受到他哥哥的心理活动,他向哥哥保证:"在这个世界上,没有任何人像我这样温柔地爱你。我的生存将永远与你的生存联系在一起。我们永远都不再长久地分离。"②

亚历山大做出充满希望的承诺:在生存上又重新与他哥哥如此亲密,就像他们童年和青年时期那样,这是他们正值一场关键的损失体验期间做出的承诺。这种体验比他们儿时获悉父亲之死和感受为解脱的母亲去世时的体验更强烈。1829年3月26日,卡洛琳娜·冯·洪堡去世,就在亚历山大动身前往西伯利亚进行考察旅行前仅两周时。他多想留在哥哥的身边,以便和他一起分担所遭受的痛苦。当时,在威廉和卡洛琳娜举行婚礼之后,亚历山大给弗莱耶斯雷本写信说,他哥哥使他感觉陌生了,他不完全属于这个家。"威

---

① 亚历山大1829年7月2日至14日致信威廉,《亚历山大·冯·洪堡致信他哥哥威廉》,第188、189、190页。

② 转引自拉尔夫·莱纳·武特诺(Ralph Rainer Wuthenow):威廉与亚历山大·冯·洪堡,载《德国的兄弟:12幅双人肖像画》(*Deutsche Brüder. Zwölf Doppelportraits*),柏林,1999年,第160页。

[293] 廉自从结婚以来，肯定还像以前一样爱我，可是，一个结了婚的人，总是一个失去的人。人们只能用爱来拥抱一个人。"（Jbr.,280）现在，亚历山大失而复得，又把哥哥找回来了，而且完全为自己重新找回来。

卡洛琳娜的健康一直受到损害。她生了几个孩子，这对她而言总是危及生命的。在她人生的最后几年里，多种病痛汇集在一起。她经常感觉胸痛，还忍受着伤寒和头疼，痛风也侵袭了她的关节。特别是在寒冷而又潮湿的柏林，她经常生病，以至于"我以为接近了失去她的痛苦瞬间"，她丈夫1829年2月12日致信歌德时写下这样的话："与我妻子的共同生活的过去和现在始终是我人生的基础，因此，我感觉，在我的内心最深处受到了打击和摧毁。"①

他们夫妇俩并没有始终在一起生活。在威廉担任外交使节期间，他们有长期分居的阶段。那是一种自由的关系，他们之间经常有"第三者"插足，他们各自爱上了第三者。但是，这从未危害过他们之间独特的爱。1788年8月24日，在欧伊尔纳城堡，丽娜就已经在他们第一次见面之后向她的比尔承认："人们能够像我们这样相爱，这简直就是上天最好的礼物，值得我们流所有痛苦的泪水和遭受所有的疼痛。"（Br.I,7）当时，在41年前，威廉也展望了遥远的未来，而且已经预料到了痛苦，但这痛苦永远都不会破坏他们之间的爱。他带着"美德联盟会员"的青春时代的狂热为她写了一首诗：

爱的纽带从来都不会被撕碎，
　　被美德本身缠绕的纽带。

---

① 《歌德与威廉和亚历山大·冯·洪堡的通信》，柏林，1909年，第269页。

> 在群星的国度里，
>
> 当我们最终完全抗争地
>
> 度过这种朝圣者的人生，哭泣着
>
> 减缓每种痛苦，我们在那里牢固地结合，你没看见吗？（Br.I,6）

他们感觉自己超越了命运的打击。他们成功了：毕生鲜活生动地保存着希望，纵使经历时代的混乱与生存的迷惘。　　［294］

最后，他们经常谈论这种"群星的国度"，在这里，他们对"不朽的爱"的信任找到了象征性的表达。在去世前几年，卡洛琳娜又考虑到她的威廉在40年前为她写的诗里提及的这种想法。然而，他也知道，他们想象中的会永远在一起的那个彼岸的国度，仅仅是一种想象，在想象中，昏暗的死亡预感与充满希望的期待交织在一起。"哎，从那里大概没有任何看得见的归途是可能的。预感中的昏暗国度——它向我靠近，更靠近了。而且，人们对这个国度一无所知。"（Br.VII,260f.）人们不知道这个国度，但是，人们可以期待这个国度。死后的未来状况被包裹在看不透的面纱里。威廉在回信中给她描绘了一幅画面，他作为一个年轻人时眼前就已经浮现的画面："大地提供其安歇的怀抱；天空敞开其空间，供人们不受阻碍地追求。倘若谁这样感受死亡，那么，死亡就会成为人生突然出现的解脱，而人生却是需要解脱的。因为人生永远是束缚和谜团。"（Br.VII,274.）

1828年到1829年冬天，卡洛琳娜的身体越来越虚弱了。1829年3月，她的生命几乎没有任何希望了。亚历山大只要可能，就到特格尔来，为了分担哥哥和嫂子的痛苦，他的在场也许会减缓一下这种痛苦。他非常"可亲而且很关心"，（Br.VII,342.）卡洛琳娜告诉她的女婿奥古斯特·冯·黑德曼（August von Hedemann），他与她的女儿阿德尔海德结了婚。他们之间所有的分歧都被克服了。鉴于威胁她的死亡,在拿破仑危机时期在他们之间产生的矛盾,在友好的亲密中化解了。这是亚历山大在遥远的乌拉尔山区谈到的"幸福"。他们兄弟俩还从来没有感觉如此亲近过。

[295] 　　卡洛琳娜咽气时,亚历山大并不在身边。那是早晨8点半,在她床边的有她的丈夫和两个女儿:未婚的卡洛琳娜和已婚的阿德尔海德·冯·黑德曼。她的生命结束过程是和缓的、平静的,而且没有痛苦的,只是逐渐地停止呼吸。她是带着清醒的意识死去的。当威廉清晨走进她的房间时,"她对我说:'亲爱的朋友',并且把手递给我。我吻她的面颊。'把嘴给我',她说,然后紧紧地拥抱我。她的面庞有着最神圣的和睦。人们在死亡中从不会看上去比她更美,更清醒,更平静"。①

　　在妻子卡洛琳娜去世的当天,威廉向他们共同的朋友卡洛琳娜·冯·沃尔措根这样描述,也是在回忆他们共同度过的美好和幸福的青春时光。其他1788年结交的几位女友也收到了威廉的信。他给夏洛特·狄德写信,向她讲述,他在妻子的身边曾经是多么幸福。将来,他想带着这种回忆生活在离群索居中。他过去曾经一直喜欢的寂寞变成了决定他的余生的命运。"假如我失去了本来成为我自身思想最丰富的和最优美的那部分的原则,那么,对于我来说,总会开启人生的一个新时期。到那时为止,所经历的人生结束了,我可以把这段生活作为一个整体去纵观,在情志中,通过回忆来把

---

① 威廉·冯·洪堡1829年3月26日致信卡洛琳娜·冯·沃尔措根,转引自《威廉·冯·洪堡:他的人生与影响,用其时代的书信、日记和记录描述》,鲁道夫·弗雷泽选编,柏林,1955年,第908页。

它固定住，然而，我对未来再也不抱有什么愿望了。"① 他同时告诉当年在皮尔蒙特结交的年轻朋友，现在还失去了他的亲密朋友高特洛普·约翰·克里斯蒂安·坤特，他1777年就作为家庭教师进入洪堡家的家庭圈子里，威廉从10岁起就与他结下不解之缘，与他保持不中断的关系。卡洛琳娜死后，威廉还曾哭着拥抱坤特。特蕾泽·胡伯是福斯特的前妻，她的娘家姓是海纳，威廉·冯·洪堡当年曾觊觎她，对她产生过非分之想，把她作为"最完美的女性"。她也收到了坤特去世的噩耗。她无法安慰威廉。但是，她以对人类情感独到的清晰观点告诉他："我们还仅仅为了一点而哭泣：活下来是艰难的；悲伤是纯粹的利己主义；思念是拥有；彼此曾相互理解是无法分离的相守；死后可能是合二为一的相守。在活下去的理论中，我是一个老知情人。"② 几个星期之后，她也去世了。

[296]

卡洛琳娜死后，威廉想回避他人，他深居简出。他沉浸在回忆中。对寂寞的赞美控制着他的思维和情感。然而，他还没有放弃他与妻子分享的希望，这种美的思想，在其中，对更高状况的渴望被表达出来，这种渴望在尘世中无法达到。威廉很早就在柏拉图的哲学中遇到这种美的思想。当年20岁的威廉发表的第一篇论文就涉及这种美的思想：《苏格拉底和柏拉图论神，论天意和不朽》(*Sokrates und Platon über die Gottheit, über die Vorsehung und die Unsterblichkeit*)。对于卡洛琳娜来说，这种美的思想在罗马变得生动起来，当时，她经常去卡尤斯·切斯提亚金字塔附近，看望她两个

---

① 《威廉·冯·洪堡给一个女友的信件》，阿尔贝尔特·莱茨曼主编，第一卷，莱比锡，1910年，第26页。
② 特蕾泽·胡伯1829年4月2日在奥古斯堡致信威廉·冯·洪堡，转引自：《威廉·冯·洪堡：他的人生与影响，用其时代的书信、日记和记录描述》，鲁道夫·弗雷泽选编，柏林，1955年，第910页。

第十章
我对所做的事并不后悔

夭折的儿子威廉和古斯塔夫的墓。她看到，她的希望被雕塑成型为一个优美的女孩儿人物施佩兰扎（Speranza），洪堡夫妇在罗马与丹麦雕塑家贝尔泰尔·托尔瓦尔德森（Bertel Thorwaldsen）结交为朋友。这位雕塑家根据一个古希腊的范本，雕塑出墓碑上的形象。卡洛琳娜非常喜欢这个光亮的、优雅的而且静中有动的大理石塑像。对于她而言，这塑像是超越死亡的一种不可摧毁的、永恒的爱的希望。1818年，她就表达了这个愿望：拥有这个大理石塑像的临摹本。

威廉·冯·洪堡回忆起这件事，当他考虑，在他妻子被埋葬的地方竖立一块墓碑的时候：在特格尔公园里，在一棵长满树结的老橡树附近，站在那里，人们可以看到宫殿。但是，距离宫殿足够远，正如一座坟墓所要求的那样。他请卡尔·弗里德里希·申克尔设计这个墓地，这位建筑师还曾设计过这栋房子的改建工程。在一个又细又高的柱子上，放着托尔瓦尔德森雕塑的作品《希望》，这塑像仿佛飘浮在天与地之间。

[297] 威廉·冯·洪堡的朋友和熟人都担心，他退隐，完全远离世界，把自己封锁在特格尔中。所以，国王任命他为一个委员会的负责人，该委员会应该负责安排柏林谐趣园（Lustgarten）附近的新建博物馆事宜。该博物馆将存放普鲁士王室的艺术收藏品。威廉·冯·洪堡有些犹豫。他不愿意再参与任何事。然而，他最终屈从于大家普遍的催促，接受了这项委托。他每周必须离开特格尔两天，以便在柏林办理委员会的工作。"虽然幸运的是，这些工作不那么重要，却总占用我的时间，使我必须离开这里，使我与更多的人接触。"①

---

① 《威廉·冯·洪堡给一个女友的信件》，阿尔贝尔特·莱茨曼主编，第一卷，莱比锡，1910年，第30页。

威廉·冯·洪堡还要负责聘用一位有能力的博物馆馆长。威廉想到了正在俄国西伯利亚考察的亚历山大。他向弟弟提供了这个职位。就像1810年威廉想推荐他弟弟作为其后继者，担任文化与教育事务部门负责人时造成他弟弟彻夜不眠和痛哭流涕一样，现在，亚历山大又以最敏感的方式做出反应。他在叶卡捷琳堡非常生气地给威廉回信：

> 亏你想得出来，让我去担任博物馆馆长！你的话让我吓了一跳："我担心，你摆脱不掉这个职位！"我因此而几乎无法入睡。我应该放弃在巴黎的职位，我应该回到我的家乡，就为了当一个美术馆的馆长，为了接受一位叫作冯·福尔比安（von Forbian）先生的位置，为了忙于那些事务：它们与为我创造的世界声誉的一切都对角线般地完全对立！我要是接受了这份工作，那就太贬低我了，我会断然拒绝的，即便人们不问我的意见就任命我。你自己足够重视我们在欧洲享有的外在声望，这种外在声望是我们共同的、不可分割的财产，请不要因为我的这个决定而指责我。我宁愿离开这个国家，因为当我回来时，我没有想到会有这种危险。我不仅会拒绝这个博物馆馆长的职位，而且，我还会拒绝任何一种负责的委员会的领导职务或者长期的主席职位。①

1830年8月3日，弗里德里希·威廉三世寿辰这天，博物馆隆重开馆。国王借此机会，授予威廉·冯·洪堡普鲁士最高的嘉奖，他　[298]

---

① 《亚历山大·冯·洪堡致信他哥哥威廉》，由在奥特玛豪的洪堡家族主编，斯图加特，1880年，第189页。

获得了黑鹰勋章（Schwarzer Adlerorden）。他也为这个极大的荣誉感到非常高兴，主要"因为，这为所有的雄心壮志画上一个圆满的句号，因为，现在达到了我的圈子范围里的东西。然而，再发挥作用，想要再完成很多工作，我对此是陌生的。我愿意把这个工作让给别人去做。我对此从未评价太高，我仅仅利用了机会所给予我的东西"。① 同时，他又被聘任到枢密院中。1819年年末，他被调离枢密院。但是，他几乎没有再利用这个机会，尽管他1834年和1835年冬天定期参加枢密院的会议。

威廉·冯·洪堡在生命的最后几年退隐，离开世界的外在活动。在特格尔的宁静中，他把注意力集中在语言研究上，马来西亚-波利尼西亚语言进入其语言研究的核心。他特别研究了爪哇岛上的卡威语，他比较卡威语和梵文，试图阐明印度与爪哇之间的联系。1831年，他在柏林科学院做了几个相关的学术报告。他把绝大多数时间都倾注在有关卡威语的专著上。亚历山大经常来看望他。然后他们讨论国外的语言和文化，谈论在不同的语言中表达的不同的世界观，他们还探讨能够把语言结构的多样性归因于"类型"的可能性，这些类型被建立在人类的精神基因中，并且有助于人类的教育。

卡洛琳娜的去世不仅破坏了威廉最内在的存在，他的身体也对遭受的痛苦做出了反应。他在身体上感受到了，他实际还完全没有达到耄耋之年的那种老态龙钟。他65岁，一只眼睛已经什么都看不见了，另一只眼睛的视力也减退了许多。他经常很难站立，他的身体消瘦，变得越来越驼背，他的双手发抖，他只能很费力地把餐食

---

① 威廉·冯·洪堡1830年10月2日致信女儿加布里尔·冯·比洛（Gabriele von Bülow），转引自：《威廉·冯·洪堡：他的人生与影响，用其时代的书信、日记和记录描述》，鲁道夫·弗雷泽选编，柏林，1955年，第932页。

送到嘴里。他用这种想法来安慰自己：幸运的是，他"为了思考不需要双手，虽然我进行的思考是在痛苦中，但也使我快乐，在思考中，我生活得比以往任何时候都更充实"。① 他孜孜以求地集中精力从事语言研究。1835年3月，亨丽艾特·黑尔茨拜访老朋友威廉，之后他致信他们共同的熟人卡尔·古斯塔夫·冯·布林克曼："他没有生病，却变得越来越孱弱，他完全垮掉了。可是，他还在写东西，当然是用口述的方式，因为他既握不住羽毛笔，更无法用羽毛笔写字。"②

[299]

去看望了他妻子的墓地后，他就得了感冒，伴有发烧。1835年3月末，死亡越来越临近了，他淡定地认识到这一点。他的3个女儿卡洛琳娜、阿德尔海德和加布里尔，还有他的弟弟亚历山大在他的身边。不久又来了他最小的儿子赫尔曼和他的女婿冯·海德曼。威廉对弟弟说出了他的最后愿望，并且确定了他的墓地。他希望不久就到他妻子那里。4月2日，他好像在睡梦中一样，他对孩子们说："我并不认为，此生就过去了。假如我们找到彼此，那么，我肯定马上就找到她，并且代你们问候她。"但是，他也承认，他的弟弟在这方面有不同的想法，而且，对于人的不朽这种想法没有任何意识。"亚历山大现在认为，即便在死后，我们也不能了解任何永恒的世界秩序。但是，我认为，灵魂是至高之物，不会衰落的。"③ 4月3日晚上，威廉让弟弟为他朗读弗里德里希·席勒的诗《苔克拉（一个幽灵

---

① 威廉·冯·洪堡1830年10月2日致信女儿加布里尔·冯·比洛，转引自：《威廉·冯·洪堡：他的人生与影响，用其时代的书信、日记和记录描述》，鲁道夫·弗雷泽选编，柏林，1955年，第948页，1832年1月14日那封信。

② 亨丽艾特·黑尔茨1835年3月致信卡尔·古斯塔夫·冯·布林克曼，转引自：《威廉·冯·洪堡：他的人生与影响，用其时代的书信、日记和记录描述》，鲁道夫·弗雷泽选编，柏林，1955年，第964页。

③ 孩子们1835年4月2日在特格尔写的日记，同上，第964、965页。

的声音）》（*Thekla, eine Geisterstimme*）：

在那里，已经结合的，就不再离分，
……
在那里你也会跟我们重逢，
如果你的爱跟我们的爱一样。(Br.VII,373)①

亚历山大不抱有希望。②他经历了他哥哥的生命尽头，把这视为最后的告别。他对自己的感受程度也感到惊讶。"我并不相信，我的老眼睛会有这么多泪水。这种状况持续了8天。"③

[300]　1835年4月8日下午，威廉请人为他的妻子画了一幅肖像，他最后看了一眼这幅肖像画。然后，就出现了死亡临近的征兆。晚上6点，落日正把最后的光线洒进房间里，这时，威廉·冯·洪堡离开了人世，完全就像他以前曾经希望的那样。"我想，人在任何瞬间都不会比这死得更轻松。"（Br.VII,68）4月12日，他被葬在特格尔公园里，挨着卡洛琳娜，在那个取名《希望》的雕塑下面。

"我履行一个严肃的和悲伤的义务。"亚历山大·冯·洪堡出版哥哥的语言学遗著时撰写的前言是这样开始的，他于1836年3月在柏林撰写了这个前言。这部语言学遗著的题目是《论人类语言结构的差异及其对人类精神发展的影响》（*Über die Verschiedenheit des menschlichen Sprachbaues und ihren Einfluß auf die geistige Entwicklung*

---

① 苔克拉是席勒的戏剧《华伦斯坦》中华伦斯坦的女儿。该注释与上文诗歌翻译参考钱春绮的加注与翻译，但有改动。——译者注
② 即他对人死后在另一个世界与亲人重逢这种信念不抱有希望。——译者注
③ 亚历山大·冯·洪堡1835年4月5日致信卡尔·凡恩哈根·冯·恩泽，转引自：《威廉·冯·洪堡：他的人生与影响，用其时代的书信、日记和记录描述》，鲁道夫·弗雷泽选编，柏林，1955年，第966页。

des Menschengeschlechts）（由王室科学院印刷厂印刷）。虽然这"仅仅"是对一个内容广泛的研究《论爪哇岛上的卡威语》的导言，这部著作是威廉·冯·洪堡在妻子卡洛琳娜去世后在特格尔离群索居的生活中撰写的，该研究得到语言学家和普鲁士王室图书馆馆员约翰·卡尔·爱德华·布什曼（Johann Karl Eduard Buschmann）博士的支持。然而，在这部3卷本关于卡威语的著作中，威廉·冯·洪堡经常在与其他南太平洋岛国语言的对比中，详细描述这种语言的语法结构。在这个导言中，他明确解释了语言学的方法，他自从18世纪90年代初在与席勒、歌德和他弟弟的谈话中发展的语言的古典思想，就是以这种语言学为基础。

当年即1795年9月14日，在一封写给席勒的信中，威廉把语言学确定为研究欠缺、不足的学科："不仅仅因为语言本身是一个有机的整体，语言还与说这门语言的人的个性有如此确切的内在联系，以至于这种内在联系的整体不应该被忽视。"① 这种愿望就确定了其语言学主要著作的主题，他的弟弟很关注地伴随并支持了这部著作的创作产生。现在，在威廉去世后，亚历山大用这些话语赞美这部著作：[301]

> 我们为失去那个人而感到悲哀，假如他被赐予这种情况：通过他的智慧，通过他的不小的力量，通过使外在的状况变得有利，而且通过研究——经常地点更换的公职也没能中断这些研究——更深入地渗透到比大概自古以来由一位英才所把握的更大量的语言结构中，那么，我还可以补充说，我们就可以双倍地为此感到高兴：在这部专著的导言中发现，这些涉及整个语言

---

① 《弗里德里希·席勒与威廉·冯·洪堡之间的通信》，第一卷，齐格弗里德·赛德尔，柏林，1962年，第150页。

地区的研究之最高的结论,得到了发展。①

在40年前就被奠定基础的这些结构中,我们只想简单地勾勒4个观点,在语言学的历史中,与洪堡的名字联系最紧密。②

整体的思想。威廉·冯·洪堡研究梵文、中文、卡威语和无数其他语言。名词化说明,这些语言作为统一存在,在概念上可以被辨认。然而,我们或许仅仅与一种抽象作为"无存在的思想物"(G.S.VII,47)有关吗?在开始一种语言研究时,我们就遇到了这个问题:这种语言作为大量的零散表现出来。存在无数的词语、表达、单个的范式。但是,还有各种例外。从近处看,语言作为由声音、词典编撰的和语法的细节组成的使人迷惑的、涣散的混乱出现,这些细节是无法被纵观的。语言研究者没有陷入任何细微的尴尬中,如果他尝试着确定一种语言的结构,并且把这种结构与其他语言进行对比。然而,这种多样性不应该阻止威廉·冯·洪堡,把任何语言理解为整体的统一。他努力把语言材料所有这么多的分散细节部

---

① 亚历山大·冯·洪堡:"前言",载:威廉·冯·洪堡:《论人类语言结构的差异及其对人类精神发展的影响》(Über die Verschiedenheit des menschlichen Sprachbaues und ihren Einfluß auf die geistige Entwicklung des Menschengeschlechts),柏林,1836年,(在波恩、汉诺威和慕尼黑第二次重印),第VIII页。

② 关于威廉·冯·洪堡的语言观尤其参见布鲁诺·里布鲁克斯(Bruno Liebrucks):《语言与意识》(Sprache und Bewußtsein)第二卷,美因河畔法兰克福,1965年;提尔曼·博尔舍(Tilman Borsche):《语言观》(Sprachansichten),斯图加特,1981年;约尔根·特拉邦特(Jürgen Trabant):《直接吹自东方的风或者语言的意识》(Apeliotes oder Der Sinn der Sprache)(Apeliotes源自希腊语Άφηλιώτης,指直接从东方吹来的风,亚里士多德称Apeliotes为潮湿的风,从东方吹过来。约尔根·特拉邦特用这个标题比喻威廉·冯·洪堡对东方语言的研究。——译者注),慕尼黑,1986年;《威廉·冯·洪堡的语言思想》(Wilhelm von Humboldts Sprachdenken),汉斯-维尔纳·沙夫(Hans-Werner Scharf)主编,埃森,1989年;约尔根·特拉邦特(Jürgen Trabant):《洪堡的传统》(Traditionen Humboldts),美因河畔法兰克福,1990年;汉斯-恩斯特·席勒(Hans Ernst Schiller):《现实的自由之语言》(Die Sprache der realen Freiheit),维尔茨堡(Würzburg),1998年;莱因哈特·罗谢尔(Rainhard Roscher):《语言意识》(Sprachsinn),帕德博恩(Paderborn),2006年。

分一同纳入"一种有机整体的画面中"。(G.S.VII,45)威廉·冯·洪 [302]
堡在康德的《判断力批判》中了解到的康德范导式的先验原则,为
他提供了关于这个整体的认知理论的指导思想。被组织的和自我组
织的整体虽然不能被感知为这种整体;从来也不会成功地把一种语
言理解为整体的个性。然而,把语言思考成一个整体的统一性,这
为研究的范导性指明了道路,在这条道路上,能够产生越来越深刻
的洞见。这尤其涉及"语言的内在形式"的可认知性,威廉·冯·洪
堡尤其把注意力集中在语言的内在形式上。对它的研究和描述"永
远都不能完整,而是仅仅到达特定的、却足以纵览整体的程度。因
此,通过这个概念,就为语言学家预先指出了这个轨道,在该轨
道上,语言研究者探究语言的奥秘,而且必须试图揭示其本质"。
(G.S.VII,48f.)

　　<u>语言与思维的统一</u>。威廉·冯·洪堡看到整个语言,并非仅仅
在与语言单个因素的紧张关系中,而还在语言与人类思维能力和感
受能力的关系中。仅仅接受语言的结构,这是一种干枯的思想。与
之相反,威廉·冯·洪堡把语言的运行方法纳入最广泛的扩展中。
对于这种语言运行方法而言,人类的精神活动是至关重要的。在关
于语言整体的本性和状况那段文字中,这种观点得到了最言简意赅
的、最通俗的表达:"语言是思维的形成机构。心智活动是完全精神
的、完全内在的和在某种程度上毫无痕迹地处于暂时状态的。这种
心智活动通过讲话时的发声而变成外在的,而且各种感官是可以感
知的。因此,心智活动和语言合而为一,而且彼此不分离。但是,
心智活动因此被联系出这种必要性:探究一种与语言发声的联系;否
则,思维就不会达到明晰,想象不会变成概念。"(G.S.VII,53)随着
描述语言作为"形成的机构"这个特征,威廉·冯·洪堡再一次回忆

[303] 了康德著作,他主要在与席勒和歌德的谈话中论及康德著作。语言不是由单个元素组成的自动而必然运行的简单机制。语言是一个内部互相配合、构成有机整体的机构,在其中,形成的各种力量在活动。而这种形成是无法结束的过程,在这个过程中,人类的精神致力于,一方面,使发出声音的语言的声音形式越来越有能力表达思想;另一方面,为思维创造一个越来越清晰、越来越明确的形式,在这种形式中,思维可以形成。相反,这种观念就太简单了:语言仅仅服务于称谓事物和客观事实,或者仅仅服务于表达不依赖语言而被形成的思想。威廉·冯·洪堡使我们关注到,被说出的声音感性的物质性与思维的精神活动之间、人类的语言思维的外在与内在之间那无法消解的、充满活力的相互变换,统一存在于两人特征中。

　　生动的语言运用。威廉·冯·洪堡谈论整体的"语言形式",在其中,发声形式与思想一致,并且服从共同的形成过程。这时,他并不是指纯粹的结构主义:它不顾及思想地确定一个句子的句法和语法结构,而这种思想在语言形式中找到形态。威廉·冯·洪堡不愿意把语言粉碎成单个零星的形式要素及其语法的联结规则,在此过程中,人们仅仅能够构成"科学的肢解之一种死亡的拙劣制品"。(G.S.VII,46)他不想发掘一种语言已死的骷髅,而是想探究语言的形成力量,这些力量作为有机的整体贯穿语言。然而,只有当把生动的语言运用列入其语言研究的核心时,他才能成功地做到这一点。一种语言是什么,这仅仅表现在对语言的讲说中。每个字词和每个句子本身是死的。语言只有在运用中才是活的,并且呼吸着"生者的气息"。(G.S.VII,49)威廉·冯·洪堡在谈论"活动"、"工作"和"实践"。他援引亚里士多德对生动的情节和被创造的产物的区分,然后断言:

在真正的本质上被理解的语言有些许稳定性，而且在每 [304]
个瞬间都是暂时的。就连通过文字对语言的保存都常仅仅是
一种不完整的和木乃伊式的保存，而这种保存又重新需要人们
在此过程中试图把生动的朗诵变成含义。语言本身不是作品
（Ergon①），而是一种活动（Energia②）。因此，对语言的定义只能
是一种起源生成的定义。因此，语言是精神之永远在重复的工
作，即，使得被发出的声音有能力表达思想。直接地而且严格
地来看，这是对每次讲话的定义，可是，在真正的、根本的意
义上，人们也只能把这种讲话的整体看成语言。（G.S.VII,45f.）

合群性。许多人参与的属于讲话活动。没有人愿意自言自语地
说话。语言并非单个人的自由的产物。语言的活动只能用对话的形
式展开并且形成。因为，语言合乎目的地力求达到的是有意义的理
解。威廉·冯·洪堡本身就是一位谈话大师，他一再指出，人类的
沟通理解是语言运用的最高目的。生动的语言实践不可能是个人的
活动。不存在私人语言。语言至少属于两个个体。在科学院学术报
告《论双数》（*Ueber den Dualis*）中，威廉·冯·洪堡确定相互讲话的
两人特征为"所有语言的原始类型"，（G.S.VII,49）并且由于人类对合
群生存状态的倾向而建立。在关于卡威语的专著导言中，他从语言
理论的角度精确地论述这种合群的生存状态：

在现象世界中，语言仅仅在社会的意义上发展，而人只有

---

① 这是拉丁语。——译者注
② 这是拉丁语。——译者注

这样才会相互理解：人试图通过别人来检测自己话语的可被理解性。因为，如果自我形成的话语再从别人的嘴里发出声响来，那么，客观性被增强了。然而，主观性没有被剥夺任何东西，因为人总是感觉与人为一。是的，主观性也被加强了，因为被转换成语言的观念不再仅仅属于一个主体。通过过渡到他人，语言联结到对于整个人类的共同点，关于这个共性，每个单个人都拥有一种修正，这种修正蕴含着被他人完善的渴望。（G.S.Ⅶ,55f.）

亚历山大·冯·洪堡是一位名副其实的自然科学家，而且他太熟悉康德批评形而上的哲学，以至于他无法坚信人类灵魂的不朽。虽然他不想完全排除这种可能性，但是，他肯定，我们永远都无法知道，人类灵魂不朽的这种可能性是否能够实现。我们只能抱着希望相信这种可能性：以此赋予我们心中的灵魂性广泛的影响。在此，在科学上无法回答的是这个问题：为了这样的灵魂，是否在另外一个、彼岸的世界中存在一个地方。考虑到自己的死，亚历山大·冯·洪堡狡黠地断言："在科学的领域内部，人们在争论：灵魂是否可以与肉体分离，或者，灵魂是否在肉体衰败后还能够继续存在。如前所述，我并不认为这个问题在客观上是可以被决定的。然而，对于我来说，却到了该选择的时间了。"[①]

然而，撇开这个无法解决的、哲学的问题不谈，他赞同哥哥的看法，即，思想的伟大价值在于，即便思考、发展并用语言表达这些思想的人不在人世了，思想也仍然能发展力量。"思想是唯一永

[①] 亚历山大·冯·洪堡1852年2月27日与弗里德里希·阿尔特豪斯的第九次会晤，转引自《亚历山大·冯·洪堡的对话》，汉诺·贝克主编，柏林，1959年，第328页。

存的"，①即便人的尘世存在结束了，威廉·冯·洪堡曾经致信夏洛特·狄德这样说，夏洛特想向他了解，他为什么如此潜心研究思想。因为思想既不属于物质世界的可消逝的、外在的事物，也不属于与此相关的情感、欲望和激情。思想生存在独立的、精神的世界中，人们可以把这个世界与肉体和心理区分开来。

或许正是这种想法促使亚历山大出版他哥哥关于语言的思想。思想在文字中得到保存，虽然与那些"在生动的对话中被暗示但没有被写下来的"②思想相比不够完整，而且有木乃伊式的风格，因为它们缺乏口头表达的生动的呼吸。但是，思想通过著作的形式交给公众，从而获得了形象，它可以一再重新被唤醒。或许这种想法帮助他减缓了哥哥的死亡让他遭受的痛苦。

1835年6月，他给卡洛琳娜·冯·沃尔措根写信，谈到了他的巨大损失：

> 我回国主要是为了和他一起生活。现在，我只剩下那些束缚人的状况，我当时应允，是为了给我创造某种幸福。这个地方（国王在哈韦尔河③流域一个无聊的地区的一座私人庄园，在这个河段的干燥地区）会提醒您，想起这些状况，我正在这个地方给您写这封信。我无法消除这些状况，即便一种感激之情都会阻止我。我所能做的就是，时不时地再回到一个大世界，再回到巴黎几个月。……自从那场不幸以来，我感觉非常孤独

---

① 《威廉·冯·洪堡给一个女友的信件》(Wilhelm von Humboldt an eine Freundin)，阿尔贝尔特·莱茨曼(Albert Leitzmann)主编，第一卷，莱比锡，1910年，第276页。
② 亚历山大·冯·洪堡：前言，载：威廉·冯·洪堡：《论人类语言结构的差异及其对人类精神发展的影响》，柏林，1836年，（在波恩、汉诺威和慕尼黑第二次重印），第V页。
③ 哈韦尔河(Havel)，德国易北河流域最重要的支流。——译者注

寂寞,不是没有勇气,而是处于最忧郁的情绪中。再加上政治世界的某种外在局面,对于政治世界的状况,我总是怀有一种魔一般不安的关心。一切都是不快,我自从17岁就获得一些方向,并且在这些方向上发展,然而,工具的匮乏剥夺了我对繁荣发展的所有乐趣。①

他17岁那年是1786年。当时他通过阅读康德著作而接受了启蒙思想的准则,而他阅读康德著作的场所是:在马尔库斯和亨丽艾特·黑尔茨的家里,在柏林阅读协会上,在摩泽斯·门德尔松的家里。他把"你要有勇气,去运用你自己的理智!"(Habe Mut, dich deines eigenen Verstandes zu bedienen!)这句箴言当作自己人生与研究的准绳。作为自由的人,他想在全世界活动。由于政治事件和社会状况,他并没有成功地做到自己所期望的程度。用于建立自信并塑造人生的成年人的社会的"工具"太软弱了,在战胜拿破仑后,一些老牌国家结成的反对革命的神圣联盟具有复辟倾向,因为看到了自己受到革命的威胁,所以,这个联盟反对民主的、民族的和自由的运动,反对那些被1789年法国大革命及其思想唤醒的力量。亚历山大·冯·洪堡为此而感到不安和不幸。然而,他不想气馁。

在1835年之后的那些岁月里,他自己变成了"令人不安的良知",②这位有良知的人评价和批评法律、经济、政治和科学的发展,这些发展与那些自从他年轻时就获得的启蒙思想有关。他致力于推动从生理学到天文学等不同领域的科学进步。回到普鲁士之后,他在巴黎8次

---

① 亚历山大·冯·洪堡1835年6月12日致信卡洛琳娜·冯·沃尔措根,转引自亚历山大·冯·洪堡:《我的人生》,慕尼黑,1989年,第206页。
② 赫尔贝尔特·斯库拉(Herbert Scurla):《亚历山大·冯·洪堡》,柏林,1985年,第二版,第295—298页。

逗留较长时间，他在巴黎科学院和柏林做科学方面的学术报告，尤其是关于地球物理的主题。他组织了一个跨学科的和国家的科学家的网络，这些科学家可以交换信息，交流思想。此外还有他作为普鲁士王室侍从官的工作。普鲁士国王弗里德里希·威廉三世和自1840年以来的弗里德里希·威廉四世，(Friedrich Wilhelm IV.)①让他担任普鲁士的宫廷侍从官，同样从1840年，任命他为普鲁士枢密院成员，负责处理代表性的事务，这些事务是他无法逃避的。

对于普鲁士国王而言，一位享有世界声誉的学者可能是他们身边一个可以炫耀的珍品。而对他自己而言，"成为洪堡！"②是很难的。在普鲁士宫廷里，他看到自己周围只有对手，他们影射1789年后的法国三色旗，嘲讽他是"三色旗的老抹布""雅各宾派"以及"无神论者"。这一切并没有削弱他运用自己的理智的勇气。可是，他经常不得不采用讽刺的多义性或者礼貌的嘲笑来救急，这些方法使人们很难认出他的真正想法。他用这些话来安慰一个朋友："然而，您曾经怀疑过我的思想吗？自从1789年以来，我对方向有了把握，而且我想，人们可以在我所有的著述中都清楚地读出这一点。"③

在他亲爱的哥哥去世后，亚历山大·冯·洪堡开始撰写一生中最重要的、5卷本的著作。在这部著作中，他还写下了那些至今都丝毫没有失去魅力与价值的思想。"这是我一生的著作，它应该反映我在内心中勾勒的东西，为了现象世界已探究的和未被探究的内在联系的那些想象和幻象，通过自我体验或者事后研究那些用许多语

[308]

---

① 弗里德里希·威廉四世(Friedrich Wilhelm IV.,1795—1861)，弗里德里希·威廉三世的儿子，从1840—1861年为普鲁士国王。——译者注
② 参见赫尔贝尔特·斯库拉：《亚历山大·冯·洪堡》，柏林，1985年，第二版，第301—304页。
③ 亚历山大·冯·洪堡1849年12月23日与弗里德里希·阿特豪斯的第二次会晤，转引自《亚历山大·冯·洪堡的对话》，汉诺·贝克主编，柏林，1959年，第281页。

言写就的、我费力地阅读的内容。"① 他早在1833年就这样计划了，而且纲领性地把它构思为一种自然的世界描述的方案，在这个方案中，他想要描述、广泛地解释并且更深入地思考，他在柏林大学和在柏林歌唱学院所做的学术报告中勾勒出草图的一切。当年，他哥哥把自己封锁在特格尔，去撰写关于卡威语的鸿篇巨制；而他开始把注意力集中在毕生著作上，"它应该包含从雾气到苔藓的一切，一个宇宙（对自然世界的描述）"。② 他对书名没有什么把握，在他1834年3月29日写给卡洛琳娜·冯·沃尔措根的这封信中，这个书名仅仅作为主题的指明出现。然而不久以后，他有了"奇特的"突发想法，用《宇宙》这个古希腊的概念给他的整部著作命名。这个概念最初指某种奢华的和秩序排列好的事物，后来被毕达哥拉斯转换到世界秩序上，最后作为哲学的专业概念"被彻底改变"，用来"科学地指称世界秩序井然的状态，即填满太空即宇宙本身的整体"。（K,I,62）亚历山大·冯·洪堡最初担心，这个书名听起来会太高贵或者太傲气，甚至有些矫揉造作。但他最后放弃了顾虑，关键是因为哥哥威廉觉得《宇宙》这个书名好，威廉还解释性地补充说：一种描述自然世界的方案。

当亚历山大开始撰写专著《宇宙》时，哥哥还在世。他的朋友们起初以为，他只写唯一的一卷。他自己考虑写两卷，并且希望，在1833年初冬就能够出版第一卷。与经常出现的情况一样，尤其在他

[309]

① 亚历山大·冯·洪堡1833年7月14日致信百瑟尔（Bessel），见《亚历山大·冯·洪堡与弗里德里希·亨利希·百瑟尔之间的通信》，柏林，1994年，第82页。
② 亚历山大·冯·洪堡1834年3月29日致信卡洛琳娜·冯·沃尔措根，转引自亚历山大·冯·洪堡：《我的人生》，第204页。亚历山大·冯·洪堡的《宇宙》被重新编辑并且附上由奥特玛尔·艾特和奥利弗·鲁布里希撰写的后记，美因河畔法兰克福，2004年。关于亚历山大寻找书名和《宇宙》的创作产生历史，参见佩特拉·维尔纳（Petra Werner）：《天与地》（Himmel und Erde），柏林，2004年。

撰写美洲考察专著时，他低估了专著的规模与所需要的时间。对威廉之死的吊唁、较长的考察和无数科学政策方面的活动拖延了这部专著。在他看来，波茨坦的整个国王宫廷就是一个狂欢节式的、舞动着的死人之城。在宫廷里，他很难把注意力集中在这部鸿篇巨制上，他要在该著作中描述自然的整体，依然还受到康德关于自然整体的目的论思想的启发，还受到歌德一种自然的普遍和谐这种整体论观念的启发。他将用生命的剩余时间撰写这部著作，最后，他未能完成这部著作的第五卷即最后一卷。

第一卷1845年才出版。1844年11月，他在波茨坦写下前言，在市宫殿的中间楼层的一套采暖很好的居室房里，他撰写关于自然的专著，直至深夜。这个前言规定了主题，该主题被广泛地阐释和多方面地变换。"在一个经历许多动荡的人生的一个夜晚"，(K,I,V)他把一部著作呈递给德国读者，这部著作的形象自从青春年少时就已经在他的眼前浮现。他对最不同的学科（尤其是天文学、地球物理学、矿物学、化学和植物学）中各种各样的知识的渴求是无法抗拒的，而且，他内心的永恒的欲望让他到遥远的地方考察。"向我保证主要驱动力的是，理解自然事物在普遍的内在联系中的现象的追求，把自然理解为一个通过内在的力量被带动的和被赋予生命的整体。"(K,I,VI)他在较早的著作中表达过这种本能欲望。亚历山大·冯·洪堡回忆起他的《关于植物地理学的思想》（1805年），他的《自然的景观》（1808年）及其在柏林做的《对自然世界的描述》（1827年至1828年）学术报告。他在专著《宇宙》前做了这些学术报告的开篇报告《关于自然享受的多样性与世界法则的科学研究的导言性的思考》(*Einleitende Betrachtungen über die Verschiedenartigkeit des Naturgenusses und eine wissenschaftliche Ergründung der Weltgesetze*)。

(K,I,3-40)

[310] 这个书名已经暗示了亚历山大·冯·洪堡的双重意图，他努力在双轨上追寻这种意图。他把自己理解为经验科学家（Erfahrungs-Wissenschaftler），这位经验科学家想要发现隐藏在多种多样的现象表层下面的自然法则。他通过清晰的自然观反驳"教条主义的想象的自负"，(K,I,24)并且反驳浪漫主义的自然神话的假设，对于这种自然观而言，仔细的观察、精确的测量和受控制的实验是独特的。亚历山大·冯·洪堡想要根据"尺度与数字的状况"(K,I,36)认识自然法则，在此过程中，细心地发现数量关系为他准备的自然整体和世界法则的更高的知识。然而，他同时想要表达对自然的享受，人们可以在自由的、了不起的风景的自然中经历自然享受。他任由自己去回忆，用这种方式提及那种星光，在热带夜晚的温和中、在海洋轻柔摇曳的波浪中反射的那种星光。他提到科迪勒拉山系长满柱状的棕榈树干的森林峡谷，提到特内里费岛的山峰，站在这个火山顶的边缘可以远眺加那利群岛。这是"无法测量的事物"，(K,I,8)它可以变成享受的源泉，为了这种享受，即便自然的可怕之处也会是充满魅力的。

对于亚历山大·冯·洪堡而言，对自然的认识和对自然的享受都源自思想。但不是指普遍的、仅仅被理性建构的基本原则。他对"自然的理性科学"(K,I,31)不提任何要求，这种理性科学与经验分离。与理性科学相比，他更偏爱进行思维的观察以及对经验给予的现象世界的感官享受，这些现象世界被自然整体的思想引导并且阐明了理由。对于这种思想而言，宇宙代表最高的和包含万象的图景："在《宇宙》的学说中，个体仅仅在与整体的关系中，作为世界现象的一部分被观察；而在这里被指称的立场越崇高，这种学说就越有能力进行独

特的处理,并且越有能力进行充满生气的解释。"(K,I,40)

他用报告讲述和他用书面撰写的世界描述应该是生动的。亚历山大·冯·洪堡在其导言性的观察中没有提到哥哥的名字。然而,他引用了他哥哥的语言观点,他想遵循这些语言观点,作为表述形式的指导思想。结尾的说明读起来就好像是对哥哥和嫂子指责他法兰西化的事后弥补一样,在此说明中,他可以听到威廉的声音:

[311]

> 然而,思想与语言彼此处于真挚的和古老的相互交往中。如果语言赋予表述优雅和清晰,如果语言通过其原初的可塑性及其有机的结构,有利于强烈地限制自然直观的整体行动,那么,语言就同时而且是不引人注意地把带来的活力气息,倾斜到思想丰富性本身上。因此,言语就有比符号和形式更多的意义,言语神秘的影响就彰显得最强大,这种影响源自自由的民族意识和土壤。我们高兴地把目光转向家乡的优势上,为祖国而感到自豪,祖国智慧的统一是任何力量表达的牢固的支撑。(K,I,40)

亚历山大·冯·洪堡把下一个10年献给了他1844年导言性地表达的纲领的实施。他开始了整体的自然绘画,他想用这幅自然绘画对应"宇宙这个了不起的词的尊严,宇宙作为宇宙整体,作为世界秩序,作为被安排后秩序的事物的装饰,"(K,I,80)带着来自遥远的外部的眼光。这种目光来自宇宙的深处和最遥远的云雾缭绕的地区,接近我们的太阳系,然后,这种目光沉降到地下,为了最后把他的注意力献给"动植物王国的显微镜下的、小的有机体"。(K,I,80)在这些"有机的构成"的生命圈子里,他才认识到真正的家乡,并且在此回到作为自然科学家的自己的开端。为了直观地描述有机体的生动性，他回忆起生命力的作用，并已于1793年在《弗莱贝格植物的生成》中描述过这些生命力，他还描述了生命力的植物生理学的开端。

[312] 处于《宇宙》核心的却是具有精神创造力的"人类"，(K,I,378)而精神的创造力主要在语言中拥有其媒介及其形态。亚历山大·冯·洪堡指明，"在德意志的祖国，在还不到半个世纪的时光里；哲学的语言研究取得了光辉灿烂的进步"。(K,I,383)他还提及他哥哥的伟大著作《论爪哇岛上的卡威语》，他特别强调威廉热爱自由的意图。因为，语言作为人类精神的"自然基因"，让我们认识人类的统一，这样的统一对抗任何关于更高的和更低的人类种族的"这种令人不愉快的假设"，这样的统一还对抗"令人感到最不愉快的"假设，它想在自由人和奴隶之间做出符合自然的区别。"存在可塑性更强的、教养更高的、由精神的文化变得高贵的种族，但是，不存在更高贵的种族。所有的种族都同样被注定享有自由，在更恶劣的状况中，自由应该归个人所有，在国家生活中，在享受作为整体的政治机构时。"(K,I,385)

在1847年出版的《宇宙》第二卷中，亚历山大·冯·洪堡把注意力集中在"自然整体的认识历史"(K,II,135)上，他从这段历史在地中海沿岸的古代文化的开端讲述，并且让这段历史以牛顿和莱布尼茨结束。在这段历史中，文学和绘画对自然研究的启发手段也发挥重要的作用。1850年出版的第三卷献给宇宙现象方面的科学认识与假设的现实状况，在描述时，亚历山大·冯·洪堡指出，没有任何知识能够是最终的和绝对可靠的。自然的著作永远保留未完成的状态。每种被探究的事物都仅仅是向万物进程中更高阶段迈进以及在知识进步中的一个阶段。我们只能接近真实，但是无法拥有真实。

8年后，《宇宙》的第四卷出版，在这一卷中，他描述了宇宙"地球与月球围绕太阳运转"的部分：地球的外部和内部，在此，亚历山大·冯·洪堡最详细地研究火山，他亲身经历了火山的破坏力和庄严雄伟。

1858年夏天，快90岁的亚历山大·冯·洪堡承诺，不久将完成他的著作的最后一卷。在描述了一些地质学的主题之后——这些主题一直延伸到他1829年考察的西伯利亚山脉中的厚层泥岩和花岗岩——他想专门研究地球上的有机生命及其形成的力量，作为收尾。然而，他再也没能描述这一部分。他的生命力已经消耗殆尽了。正如面对哥哥关于卡威语的著作一样，现在这又成了爱德华·布什曼（Eduard Buschmann）的任务：出版未完成的著作《宇宙》，写一些结束性的说明和补充，他在这些说明和补充中简单描述了亚历山大·冯·洪堡当时想如何结束他描述一种自然世界的方案。

[313]

亚历山大·冯·洪堡以极其充沛的精力撰写《宇宙》，他尝试使这部专著与他毕生探究的世界整体的崇高伟大相符。他把精神的力量全部集中在这部毕生著作上，他在经济上濒临毁灭的深渊，背负着1 300塔勒的贷款，这笔贷款是在与亚历山大交好的门德尔松家的银行办理的。他在经济上完全依赖普鲁士宫廷。人们在讲述亚历山大一个好奇的餐桌邻座顾客的故事，据说他问耄耋之年的亚历山大·冯·洪堡，"人们说，他每天24小时中只有5个小时用于睡觉，这是否是真的，他接着回答说，那是在他25岁时的事，一段时间以来，他睡4小时就够了。那位邻座惊叹道：'阁下，这怎么可能！'他微笑着回答说：'我的时间不多了！'"①

1858年10月，亚历山大·冯·洪堡得了一场重感冒，又得以康

---

① 费尔迪南德·施密特（Ferdinand Schmidt）在50年代的报道，参见《亚历山大·冯·洪堡的对话》，汉诺·贝克主编，柏林，1959年，第299页。

第十章
我对所做的事并不后悔

复。他又起床了，写信，接待来访者，看书，撰写他的著作《宇宙》的最后一卷。他身体虚弱地开始了人生的最后一年。他的侄女加布里尔·冯·比洛（娘家姓洪堡）经常到他1842年搬进来的奥拉尼堡大街67号柏林的住所来看望他。从1859年4月21日起，他没能离开床。

[314] 王储和王子威廉即后来的皇帝威廉二世也来看望他。"他没有忍受痛苦，很少说话，但总是说话很清楚、深思熟虑而且亲切。"① 5月6日下午两点半，他的生命尽头非常和缓地开始。只有他的侄女加布里尔和他的侄女阿德尔海德的丈夫奥古斯特·冯·海德曼在他身边。加布里尔给他合上双眼。

"洪堡最后说的话据说是在他去世前不久，那时，直到最后都用他清澈的眼睛看着投进他死亡房间的太阳光：

这些光线多么壮美啊！

它们似乎要把大地召唤到天堂！"②

1859年5月11日，亚历山大·冯·洪堡被葬在特格尔公园，他孩提时就在那里享受"以如此丰富的程度展现的迷人而美丽的自然"。(Jbr.,192)他躺在哥哥威廉和嫂子卡洛琳娜的身旁，在那根"希望"的柱碑下面。

---

① 《加布里尔·冯·比洛，威廉·冯·洪堡的女儿（1893年）》(Gabriele von Buelow, Tochter Wilhelm von Humboldts, 1893)，安娜·冯·叙多(Anna von Sydow)主编，柏林，1918年，第18版，第531页。

② W.赫尔内(Hornay)：《亚历山大·冯·洪堡：他的人生以及对民族和科学的愿望》(Alexander von Humboldt. Sein Leben und Wollen für Volk und Wissenschaft)，汉堡，1860年，第156页。

译者后记

曼弗雷德·盖耶尔撰写的《洪堡兄弟：时代的双星》是传记文学的一部力作。全书以德国乃至欧洲18世纪和19世纪精神史、文化史、文学史和科学史以及重大历史事件为背景，勾勒出作为洪堡兄弟成长背景的启蒙思想的主要内容，强调康德和歌德对他们形成整体论思想的重要影响，重视万物内在联系的整体论影响了洪堡兄弟毕生学术著作的宏观架构，尽管他们的研究对象大多迥然不同。

洪堡兄弟在科学研究方面表现出的勇于探索、孜孜以求的精神令人赞叹和折服。尤其当我们想到如下这些不利因素时，我们就更对他们为人类做出的重大贡献和发现油然而生敬意：在他们所生活的时代，"德意志"还仅仅是个文化概念，没有形成统一的中央集权国家，政治鄙陋，封建割据，拿破仑麾下的法军占领他们的祖国普鲁士，给他们带来屈辱感，等等。恩格斯早在《德国状况》中就精辟地指出："这个民族连清除已经死亡的制度的腐烂尸骸的力量都没有。""这个时代在政治和社会方面是可耻的，但是在德国文学方面却是伟大的"[①]，他提到歌德和席勒，当然，恩格斯也突出了德国古典哲学家的伟大，

---

① 《马克思恩格斯全集》第二卷，第633页。

提及康德、费希特和黑格尔，精辟地总结了18世纪德国鄙陋的政治现实与文学和哲学高峰形成强烈的反差。洪堡兄弟也属于这个时期德国的知识精英和德国学者中的凤毛麟角，以至于普鲁士国王视之为国中瑰宝和骄傲，国王为哥哥威廉颁发了象征普鲁士最高荣誉的"黑鹰勋章"，以重金吸引弟弟亚历山大留在普鲁士。

洪堡兄弟堪称德意志精神史上的佼佼者，兄弟俩最后都成为柏林科学院的院士。他们熠熠生辉的名字成为德国人甚至全世界的共同记忆，至今仍伴随着德国人乃至世界各地科学精英的现实生活。1810年创建的德国柏林洪堡大学是哥哥威廉·冯·洪堡的杰作。德国最著名的洪堡基金会则以弟弟亚历山大·冯·洪堡的名字命名，世界上许多诺贝尔奖得主是洪堡学者，这成为洪堡基金会引以为傲的闪光点。

1794年，洪堡兄弟与魏玛古典文学巨擘歌德和席勒在耶拿的聚会即书中所说的"94社"成为德国文化史上的"幸福事件"。杰出人才彼此间的聚合效应不仅为洪堡兄弟未来的人生发展尤其学术研究指明了方向，兄弟二人的思想也对歌德和席勒有所启发。洪堡兄弟尤其哥哥威廉无疑为丰富德国古典文学时期的思想和德国理想主义做出了贡献。书中细致入微的描述使我们不禁感叹，当时的知识精英在启蒙思想指引下对科学的探索态度，这种探索往往是跨学科的：侧重人文学科的哥哥为了研究男女性别差异，非常认真地上了解剖课；侧重自然科学的弟弟亚历山大也研究康德哲学和美学以及歌德和席勒的文学作品，为席勒创办的《时序女神》撰写文学作品，表现出较高的人文造诣。我们由此不难看出，洪堡兄弟努力平衡自己的知识结构。

作者盖耶尔竭力表现洪堡兄弟在共性前提下的差异：哥哥强调

德意志人的性格特征和本质，反对弟弟的"法国化"，因为亚历山大不愿意回到普鲁士，而宁愿留在法国巴黎，完成了其关于美洲考察的、用法语撰写的34卷专著。哥哥是内向型的，善于反思，走向内心；而弟弟明显是外向型的，不仅性格外露，看重外在形式，而且自幼就憧憬着到遥远的世界探险。作者还淋漓尽致地描写洪堡兄弟在性取向方面的差异。哥哥是异性恋者，在青春躁动时期曾对圈子里几位熟悉的少妇想入非非，甚至为满足自己的性欲背着恋人找过妓女，他还和当时的名人根茨一起寻花问柳，令人啼笑皆非。弟弟则表现出明显的同性恋倾向，结交过多个男友，终身未婚。但作者在这方面的描述都点到为止，没有过多渲染，而是以此强调兄弟二人的差异。

　　本书涉及哲学、语言学、植物学、动物学、矿物学等诸多学科，颇有难度和深度，但是，本书清晰的总体布局和不断设问的铺陈方式以及幽默诙谐的叙述风格总吸引读者进一步了解下文内容，充分展示了该书的知识性和趣味性。因此本书翻译起来虽然具有挑战性，但更具重要的人类学意义和文史价值，让喜欢翻译的我乐此不疲。作为该译著的第一读者，我觉得本书非常具有可读性，值得推荐。比如歌德对亚历山大的高度评价极富感染力，体现歌德对亚历山大才气和学识的赏识与钦佩，唯因这种赏识才使歌德在洪堡兄弟面临暂时的经济窘境时乐意解囊相助，使我认识到，歌德对青年才俊不仅仅会表现冷漠态度，他也有热情厚道的一面。亚历山大在南美洲考察时跋山涉水，历尽千辛万苦，他率领的考察团队有惊无险的经历带入感很强，这段文字描述使读者有身临其境之感。

　　我在此不过有感而发，采撷此刻我想到的几个重要方面，而全书的丰富内容远不止于此。开卷有益，只有读者捧卷细读，才能真正享受阅读的快乐，了解洪堡兄弟丰富的内心世界和精彩的人生，完成这次非常值得的精神之旅。

　　由于机缘巧合，我有幸翻译了两对德国杰出兄弟的传记，我翻译的《格林兄弟传》2013年由人民出版社出版。这次我又有幸翻译了《洪堡兄弟：时代的双星》。这两次翻译经历无疑丰富了我翻译人物传记的经验，更使我深刻领悟到，洪堡兄弟和格林兄弟一样，都是德意志精神史上高山仰止的人物。翻译他们的传记使我自己的精神也得到一次洗礼，增强了我对他们的敬佩之心，加深了我对那段特殊的德国精神史和文化史的了解，虽然我多年的教学和科研重点就围绕着18世纪和19世纪德国文学和文化，谙熟那段历史。

　　本书中除德语和英语外，还出现了法语、西班牙语、拉丁语、意大利语、希腊语、俄语的字词或者与之相关的常识，这给我的翻译带来一定的困难。有鉴于此，我请教了国内外学者朋友，请他们帮助我克服上述语言困难。他们都有求必应，以最快速度回复我的问题，并且详细解释和分析，令我非常感动。我在遇到拉丁语和希腊语问题时主要请教了德国斯图加特大学的桑德拉·里希特教授（Sandra Richter）、德国柏林的赫尔墨斯·施皮格尔（Hermes Spiegel）教授（他曾多年担任中国人民大学外国语学院德语系外教）；我在遇到西班牙语、法语、俄语和意大利语方面的问题时，分别请教了中国人民大学外国语学院西班牙语专业的李彦博士[①]、法语专业的刘海清副教授（博士）、俄语专业的陈方副教授（博士）以及中共中央对外联络部西欧局的孙丽慧女士（我的高中同学，我在北京外国语大学读本科时的校友，她的专业是意大利语语言文学）。在此，我要衷心感

[①] 中国人民大学外国语学院多年来有英、德、日、俄、法五个语种的专业，2016年起招收西班牙语专业本科学生，曾在西班牙留学的李彦博士成为该院西班牙语专业的首批教师。

谢上述中德学界朋友、同事和同学对我的热忱帮助！是他们帮助我克服语言障碍，使该译著得以扫清语言障碍甚至锦上添花。

最后，我想向黑龙江教育出版社北京中心主任、本书编审宋舒白女士表达我的由衷谢意！感谢宋老师在多年合作过程中对我的信任和认可！与宋老师的默契合作总给我带来莫大的快乐。感谢宋老师对这本译著的认真校对和把关！

翻译工作责任重大，译者首先要对自己的声誉负责，更要对出版社和广大读者负责，因此，每次翻译时我都如履薄冰，不敢有丝毫怠慢。虽然译者主观上想竭力交出一份完美的答卷，以飨读者，但翻译过程中难免挂一漏万，恳请广大读者提出中肯的批评和指正。

赵蕾莲
（中国人民大学外国语学院德语系教授，
北京大学文学博士，博士生导师，德国洪堡学者）
2015年1月30日于北京都市芳园

附 录

简写书名

Br.,:《威廉·冯·洪堡与卡洛琳娜·冯·洪堡在其通信中,1787—1835年》(*Wilhelm und Caroline von Humboldt in ihren Briefen*,1787—1835),安娜·冯·叙多(Anna von Sydow)主编,七卷本,柏林,1906—1916年。

G.S.,:威廉·冯·洪堡:《洪堡全集》(*Wilhelm von Humboldt: Gesammelte Schriften*),阿尔贝尔特·莱茨曼(Albert Leitzmann)主编,受普鲁士王室科学院委托,七卷本,柏林,1903—1936年。

Jbr.:《亚历山大·冯·洪堡青年时期的书信,1787—1799年》(*Die Jugendbriefe Alexander von Humboldts, 1787—1799*),伊尔丝·延恩(Ilse Jahn)与弗里茨·G.朗厄(Fritz G.Lange)主编,柏林,1973年。

K加罗马数字:亚历山大·冯·洪堡:《宇宙,一种对世界的自然描述的方案》(*Kosmos.Entwurf einer physischen Weltbeschreibung*),美因河畔法兰克福,2004年。

人名索引（后边页码为原版书页码）

A

雅各布·弗里德里希·阿贝尔（Abel, Jakob Friedrich）113,114,118
埃斯库罗斯（Aischylos）258
让·巴普蒂斯特·勒·龙德·达朗伯（又译达兰贝尔）（d'Alembert, Jean Baptiste le Rond）35
俄国沙皇亚历山大一世（Alexander I,Zar von Russland）254,289
霍恩索伦的封侯夫人阿玛丽·蔡弗伊里纳（Amalie Zephyrine, Fürstin von Hohenzollern）9
阿弗洛狄特（Aphrodite）57
阿尔尼姆伯爵（Arnim,Graf）43
因卡斯国王阿塔胡阿尔帕（Atahualpa, König der Inkas）193

B

恩斯特·戈特弗里德·巴尔丁尔（Baldinger, Ernst Gottfried）88,97
约瑟夫·邦克斯爵士（Banks,Sir Joseph）124
托马斯-尼考拉斯·鲍丹（Baudin,Thomas-Nicolas）209,221,230
枢密官鲍尔（Bauer, Hofrat）39,43,54,56
汉诺·贝克（Beck,Hanno）60
宫廷剧院经理冯·贝尔蒙特（Belmont, Kammerdirektor von）119

宫廷法庭顾问本德尔（Bender, Hofgerichtsrat）111,112

艾米丽·冯·贝尔莱普什（Berlepsch, Emilie von）75,76

弗里德里希·路德维希·冯·贝尔莱普什男爵（Berlepsch, Friedrich Ludwig Freiherr von）75

卡洛琳娜·冯·鲍伊尔维茨，参见后面的卡洛琳娜·冯·沃尔措根（Beulwitz, Caroline von, s.Wolzogen）

卡尔·弗里德里希·冯·拜姆（Beyme, Karl Friedrich von）267

库尔特-莱因哈特·比尔曼（Biermann, Kurt-Reinhard）60

约翰·艾里希·比斯特（Biester, Johann Erich）40,111,149

威廉·布莱（Bligh, William）124

约翰·弗里德里希·布鲁门巴赫（Blumenbach, Johann Friedrich）81,82,83,84,96,164

艾枚·顾柔·博恩普朗（Bonpland, Aimé Goujaud）209,210,211,212,215,217,218,222,223,224,226,227,228,229,230,233,234,249

卡洛琳娜·威廉米娜·冯·布里斯特（Briest, Karoline Wilhelmine von）20

卡尔·古斯塔夫·冯·布林克曼男爵（Brinkmann, Karl Gustav Freiherr von）142,143,151,152,282,299

弗里德里克·古斯特尤斯·赫尔魏·布瑞斯托尔伯爵（Bristol, Frederick Augustus Hervey Earl of）208

莱奥波德·冯·布赫（Buch, Leopold von）207

弗里德里希·奥古斯特·路德维希·冯·布尔格斯多尔夫（Burgsdorf, Friedrich August Ludwig von II）11

弗里德里希·威廉·冯·布尔格斯多尔夫（Burgsdorff, Friedrich Wilhelm von）205,206,207,238

约翰·格奥尔格·布伊施（Büsch, Johann Georg）154

约翰·卡尔·爱德华·布什曼（Buschmann, Johann Karl Eduard）300, 313

C

卡尤斯·尤琉斯·恺撒（Caecar, Gajus Julius）27

尤阿希姆·海因里希·卡姆普（Campe, Joachim Heinrich）22, 23, 24, 50, 97, 101, 102, 104, 105, 106, 107, 108, 109, 110, 113, 123, 266

格奥尔格·冯·坎克林伯爵（Cancrin, Georg Graf von）290

卡斯托耳（Castor）11

卡尤斯·切斯提亚（Cestius, Caius）236, 257, 296

让-弗朗索瓦·香波利昂（Champollion, Jean-François）283

福莱特谢尔·克里斯蒂安（Christian, Fletcher）124

马尔库斯·图琉斯·西塞罗（Cicero, Marcus Tullius）27

马蒂亚斯·克劳迪乌斯（Claudius, Matthias）202

约翰·克吕森纳（Clüsener, Johann）24

亨利·考洛姆普（Colomb, Henri）18

让·考洛姆普（Colomb, Jean）18

玛丽·伊丽莎白·考洛姆普（Colomb, Marie Elisabeth）参见玛丽·伊丽莎白·冯·洪堡（Humboldt, Marie Elisabeth von）

詹姆斯·库克（Cook, James）70, 98, 121, 129, 133, 134

亚历山大·克瑞驰同（Crichton, Alexander）86, 87, 88

D

卡尔·弗里德里希·冯·达赫略敦（Dachröden, Carl Friedrich

von) 73,74,138,140,236,261

卡洛琳娜·冯·达赫略敦（Dachröden, Caroline von）参见卡洛琳娜·冯·洪堡（Humboldt, Caroline von）

恩斯特·冯·达赫略敦（Dachröden, Ernst von）259

卡尔·特奥多尔·冯·达尔贝格男爵（Dalberg, Karl Theodor Freiherr von）149

让·巴普蒂斯特·约瑟夫·德朗布尔（Delambre, Jean Baptiste Joseph）233

狄摩西尼（Demosthenes）258

戴尼斯·狄德罗（Diderot, Denis）35

夏洛特·狄德，娘家姓希尔德布兰德（Diede, Charlotte, geb. Hildebrand）14,26,71,72,73,75,92,108,278,280,295,305

约翰·萨姆艾尔·迪特里希（Diterich, Johann Samuel）27

克里斯蒂安·威廉·冯·多姆（Dohm, Christian Wilhelm von）38,39,43,44,54,66,91,92,109,123

弗里德里希·费尔迪南德·亚历山大·多纳-施洛比滕伯爵（Dohna-Schlobitten, Friedrich Ferdinand Alexander Graf zu）261

威廉·杜尔汉姆（Durham, Wihelm）19

E

约翰·彼得·艾克曼（Eckermann, Johann Peter）285

克里斯蒂安·戈特弗里德·艾伦贝格（Ehrenberg, Christian Gottfried）290

不伦瑞克-沃尔芬比特尔公国的公主伊丽莎白（Elisabeth, Prinzessin von Braunschweig-Wolfenbüttel）17

约翰·雅各布·恩格尔（Engel Johann Jakob）37,38,39,43,44,45.46,47,48,49,50,54,66,67,68,93,115,116,264,267

艾皮马尔库斯（Epimarchus）185,186,187

英国王子恩斯特·奥古斯特，1837年起任汉诺威国王（Ernst August, Prinz von England）76

弗里德里希·卡尔·约瑟夫·冯·埃尔塔尔（Erthal, Friedrich Karl Joseph von）86

F

约翰·格奥尔格·海因里希·菲德尔（Feder, Johann Georg Heinrich）46,66,67,93

约翰·戈特里布·费希特（Fichte, Johann Gottlieb）174,267

路易·尼考拉斯·孔德·德·福尔宾（Forbin, Louis Nicolas Comte de）297

格奥尔格·福斯特（Forster, Georg）70,71,84,86,88,89,90,91,92,95,98,99,101,106,110,111,113,114,115,118,120,121,122,123,124,125,126,127,128,129,131,132,133,134,135,146,154,168,188,189,193,205,210,225,250,264,274,288

特蕾泽·福斯特，娘家姓海纳，改嫁给胡伯（Forster, Therese, geb. Heyne, wiederverh.Huber）69,70,71,75,77,78,81,86,88,89,110,119,120,245,295

约翰·卡尔·弗莱耶斯雷本（Freiesleben, Johann Carl）15,16,61,156,161,164,200,203,207,211,231,285,292

瓦尔戴克王侯弗里德里（Friedrich, Fürst von Waldeck）87

普鲁士国王弗里德里希二世（Friedrich II.,König von Preußen）

10,17,22,37,87,267

黑森-卡塞尔侯爵弗里德里希二世（Friedrich II, Landgraf von Hessen-Kassel）88

普鲁士国王弗里德里希·威廉一世（Friedrich Wilhelm I.,König von Preußen）18

普鲁士国王弗里德里希·威廉二世（Friedrich Wilhelm II.,König von Preußen）17,18,23,87,140,161

普鲁士国王弗里德里希·威廉三世（Friedrich Wilhelm III.,König von Preußen）207,233,241,248,253,256,267,269,283,288,297,307

普鲁士国王弗里德里希·威廉四世（Friedrich Wilhelm IV.,König von Preußen）307

G

鲁伊吉·伽伐尼（Galvani, Luigi）81,162,163

卡尔·弗里德里希·高斯（Gauß, Carl Friedrich）285,286

布鲁诺·盖普哈德（Gebhardt,Bruno）272

弗里德里希·冯·根茨（Gentz, Friedrich von）142,143,144,148,200

梅克伦堡-施特雷里茨王储格奥尔格（Georg, Erbprinz von Mecklenburg-Strelitz）258

让·马利·热兰多（Gerando,Jean Marie）249

施苔凡·扬·凡·高伊温斯（Geuns, Steven Jan van）82,96,97,98,100,101,122,123,127,225

宫廷房屋总管格拉茨（Glatz）286

约翰·沃尔夫冈·冯·歌德（Goethe, Johann Wolfgang von）9,10,11,12,13,24,55,135,153,164,166,167,169,170,172,173,174,175,176,177,178,

179,180,181,183,187,190,191,192,193,194,195,196,199,203,206,217,221,244,245,250,251,252,253,255,259,263,264,268,285,288,289,293,300,302,309

H

克里斯蒂安娜·冯·海弗滕，娘家姓冯·克拉蒙，与冯·瓦尔登菲尔斯离异（Haeften, Christiane von, geb.von Cramon, gesch.von Waldenfels）205,206,207,239

赖因哈德·冯·海弗滕（Haeften, Reinhard von）61,169,200,205,206,207,238,246

阿尔布莱希特·冯·哈勒（Haller, Albrecht von）159,163

卡尔·奥古斯特·冯·哈登贝格男爵（Hardenberg, Karl August Freiherr von）260,270,272,273,290

奥古斯特·冯·黑德曼（Hedemann, August von）294,299,314

恩斯特·路德维希·海姆（Heim, Ernst Ludwig）64

沃尔夫冈-哈根·海因（Hein, Wolfgang-Hagen）60

弗里德里希·安东·冯·海恩尼茨（Heinitz, Friedrich Anton Freiherr von）160,161

普鲁士国王子海因里希（Heinrich, Prinz von Preußen）307

约翰·戈特弗里德·赫尔德（Herder, Johann Gottfried）50,135,168,174,179,180

约翰·提莫陶伊斯·赫尔墨斯（Hermes, Johann Timotheus）118

希罗多德（Herodot）102

亨利艾特·黑尔茨，娘家姓德·莱莫斯（Herz, Henriette, geb.de Lemos）26,29,34,38,39,44,45,52,54m55,56,57,58,59,63,69,71,77,86,112,252,299,306

马尔库斯·黑尔茨(Herz, Marcus) 34,35,36,37,38,44,53,54,56,66,67,164,183,306

克里斯蒂安·戈特洛普·海纳(Heyne, Christian Gottlob) 66,67,69,78,79,84,98,102,131,132,254,281

玛丽安娜·海纳(Heyne, Marinanne) 75

特蕾泽·海纳(Heyne, Therese) 参见特蕾泽·福斯特(Forster, Therese)

夏洛特·希尔德布兰德(Hildebrand,Charlotte),参见夏洛特·狄德(Diede, Charlotte)

威廉·霍蔡斯(Hodges, William) 288

费尔迪南德·冯·霍尔维德(Holwede, Ferdinand von) 204

弗里德里希·恩斯特·冯·霍尔维德男爵(Holwede, Friedrich Ernst Baron von) 19

玛丽·伊丽莎白·冯·霍尔维德(Holwede, Marie Elisabeth von) 参见玛丽·伊丽莎白·冯·洪堡(Humboldt, Marie Elisabeth von)

荷马(Homer) 69,79,245

贺拉斯(Horaz),即奎因图斯·霍拉提尤斯·弗拉库斯(Quintus Horatius Flaccus) 27

路德维希·费尔迪南德·胡伯(Huber, Ludwig Ferdinand) 110

汉斯·保尔·冯·洪堡(1684—1740)(Humboldt, Hans Paul von) 17

亚历山大·格奥尔格·冯·洪堡(1720—1779)(Humboldt, Alexander Georg von) 16,17,18,19,24,26

玛丽·伊丽莎白·冯·洪堡(Humboldt, Marie Elisabeth von)(1741—1796),娘家姓考洛姆普(Colomb),嫁给冯·霍尔维德(Holwede) 17,18,19,20,21,22,27,33,138,139,199,202

弗里德里希·威廉·海因里希·亚历山大·冯·洪堡（Humboldt, Friedrich Wilhelm Heinrich Alexander von）（1769—1859）

卡洛琳娜·冯·洪堡（Humboldt, Caroline von）（1766—1829），娘家姓冯·达赫略敦（geb.von Dachröden）13,14,16,21,22,25,28,29,31, 45,46,55,72,73,74,76,77,112,,119,120,122,128,130,135,136,137,138,139, 140,143,144,145,146,147,149,170,171,182,184,202,205,206,234,235,236, 237,239,240,241,242,243,246,247,248,259,262,271,275,276,288,289,292, 293,294,295,296,298,300,314

弗里德里希·威廉·克里斯蒂安·卡尔·费尔迪南德·冯·洪堡（Humboldt, Friedrich Wilhelm Christian Karl Ferdinand von）（1767—1835）

以下是卡洛琳娜·冯·洪堡与威廉·冯·洪堡的八个孩子，按照出生顺序排列：

卡洛琳娜·冯·洪堡（Humboldt,Caroline von）（1792—1837）147,199,235,236,237,246,295,299

威廉·冯·洪堡（Humboldt,Wilhelm von）（1794—1803）199,235,236,246,247,248,257,296

特奥多尔·冯·洪堡（Humboldt,Theodor von）（1797—1871）203,209,235,236,237,259

阿德尔海德·冯·洪堡（Humboldt,Adelheid von）（1800—1856），嫁给冯·黑德曼（von Hedemann）235,246,284,294,295,299,314

加布里尔·冯·洪堡（Humboldt,Gabriel von）（1802—1887），嫁给冯·比洛（von Bülow）235,246,288,299,313,314

露易丝·冯·洪堡（Humboldt,Louise von）（1804）247,248

古斯塔夫·冯·洪堡（Humboldt,Gustav von）（1806—1807）257,296

赫尔曼·冯·洪堡（Humboldt,Hermann von）(1809—1870) 299

J

夏洛特·雅各比（Jacobi,Charlotte）92

弗里德里希·海因里希·雅各比（Jacobi, Friedrich Heinrich）68,69, 92,93,94,95,96,100,109,114,115,116,118,121,123,125,135,146,172,174,178,202, 245,263

海伦娜·雅各比（Jacobi,Helene）92

约翰·格奥尔格·阿尔诺尔德·雅各比（Jacobi, Johann Georg Arnold）96

马克西米利安·雅各比（Jacobi,Maximilian）178,194

托马斯·杰弗逊（Jefferson, Thomas）230

K

齐格弗里德·凯勒（Kaehler, Siegfried）272

伊曼努尔·康德（Kant,Immanuel）28,35,36,37,40,41,42,48,49,67,68, 69,74,77,80,95,113,142,147,166,167,168,169,171,173,174,180,182,187,195, 198,199,214,215,221,244,263,264,268,301,302,305,306,309

西班牙国王卡尔四世（Karl IV.,König von Spanien）210

萨克森-魏玛公爵卡尔·奥古斯特（Karl August, Herzog von Sachsen-Weimar）10,11,170,285

恩斯特·费尔迪南德·克莱因（Klein Ernst Ferdinand）38,39,43,44,45,54,140,141

弗里德里希·戈特里普·克洛卜施托克（Klopstock, Friedrich Gottlieb）202

约翰·海因里希·希吉斯蒙德·考普朗克（Koblanck, Johann Heinrich Sigismund）23

枢密顾问夫人科尔劳什（Kohlrausch, Geheimrätin）9

海因里希·柯尼希（König, Heinrich）134

克里斯蒂安·戈特弗里德·科尔纳（Köner, Christian Gottfried）177

戈特洛普·约翰·克里斯蒂安·坤特（Kunth, Gottlob Johann Christian）23, 24, 25, 26, 27, 29, 33, 34, 38, 43, 44, 48, 53, 55, 56, 62, 77, 138, 139, 160, 203, 232, 233, 234, 238, 249, 251, 261, 295

L

查尔斯·玛丽·德·拉·孔达米纳（La Condamine, Charles Marie de）229

鲁丘斯·塞西里尤斯·菲尔米尼亚努斯·拉克坦修斯（Lactantius, Lucius Caecilius Firminianus）50

卡尔·拉洛什（Laroche, Karl）55, 56, 73, 77, 119

索菲·拉洛什（Laroche, Sophie）55

约翰·卡斯帕尔·拉瓦特尔（Lavater, Johann Kaspar）114, 115, 116, 117, 118, 263

戈特弗里德·威廉·莱布尼茨（Leibniz, Gottfried Wilhelm）312

阿尔贝尔特·莱茨曼（Leitzmann, Albert）117

卡洛琳娜·冯·棱厄菲尔德（Lengefeld, Caroline von），参见卡洛琳娜·冯·沃尔措根（Wolzogen, Caroline von）

夏洛特·冯·棱厄菲尔德（Lengefeld, Charlotte von），参见夏洛特·冯·席勒（Schiller, Charlotte von）

戈特霍尔德·艾夫莱姆·莱辛（Lessing, Gotthold Ephraim）

41,188

乌尔里克·冯·莱维佐夫（Levezow, Ulrike von）9

拉黑尔·莱文（Levin, Rahel），嫁给凡恩哈根·冯·恩泽（Varnhagen von Ense）56,58,205,252

弗里德里希·奥古斯特·里希滕贝格（Lichtenberg, Friedrich August）88,98

格奥尔格·克里斯多夫·里希滕贝格（Lichtenberg, Georg Christoph）67,79,81,84,88,98,103,169

尤斯图斯·里比希（Justus Liebig）285

卡尔·冯·里内（Linné, Carl von）64

尤斯图斯·克里斯蒂安·洛德（Loder, Justus Christian）172,178,179,183,204

尤里尤斯·略文贝格（Löwenberg, Julius）10

让-安德烈·德·鲁克（Luc, Jean-André de）97

普鲁士王侯露易丝（Luise, Königin von Preußen）228

M

阿尔希巴尔德·迈克里恩（Maclean, Archibald）154,156,160

约翰·卡希米尔·迈狄库斯（Medicus, Johann Kasimir）159

多洛苔阿·门德尔松（Mendelssohn, Dorothea），嫁给布伦德尔·魏特（Veit, Brendel）52,55,56,57,58,71,73

摩泽斯·门德尔松（Mendelssohn, Moses）40,41,42,44,50,52,53,94,264,306

纳坦·门德尔松（Mendelssohn, Nathan）252

弗里德里希·路德维希·威廉·迈耶尔（Meyer, Friedrich Ludwig

Wilhelm）70,110

约翰·海因里希·迈耶（Meyer,Johann Heinrich）170,183

阿道尔夫·迈耶-阿比希（Meyer-Abich, Adolf）191

夏洛特·威廉米娜·米歇尔里斯（Michaelis, Charlotte Wilhelmine）60

夏尔·德·塞孔达·德·孟德斯鸠男爵（Montesqieu, Charles de Secondat Baron de）35

卡洛斯·蒙图法尔·伊·拉雷阿（Montúfar y Larrea, Carlos）226,227,228,229,230

玛德莱娜·德·莫尔（Moor, Madeleine de）18

卡尔·菲利普·洛里茨（Moritz, Karl Philipp）38

米勒夫人（Müller, Madam）143

堂·约赛·塞莱斯蒂诺·缪提斯（Mútis, Don José Celestino）224

N

拿破仑·波拿巴（Napoleon Bonaparte）206,208,246,248,253,254,256,272,290,307

伊塞克·牛顿（Newton,Isaac）312

弗里德里希·尼考莱（Nicolai, Friedrich）11,12

格奥尔格·海因里希·路德维希·尼考洛乌尤斯（Nicolovius, Georg Heinrich Ludwig）263

弗里德里希·尼采（Nietzsche, Friedrich）35

俄国沙皇尼古拉斯一世（Nikolas I., Zar von Russland）290

O

俄耳甫斯（Orpheus）126

奥维德，即普伯里尤斯·奥维德尤斯·纳索（Ovid, d.i. Publius Ovidius Naso）245

P

约翰·海因里希·佩斯塔洛奇（Pestalozzi, Johann Heinrich）263

约翰·弗里德里希·普法弗（Pfaff, Johann Friedrich）250

教皇普尤斯七世（Pius VII, Papst）235

柏拉图（Platon）46, 48, 50, 115, 116, 296

普林纽斯（Plinius）102

鲍鲁克斯（Pollux）11

波玛特（Pommard）240

约翰·施苔凡·皮特（Pütter, Johann Stephan）67

毕达哥拉斯（Pythagoras）308

R

弗里德里希·巴西琉斯·冯·拉姆多尔（Ramdohr, Friedrich Basilius von）76

克里斯蒂安·丹尼尔·劳赫（Rauch, Christian Daniel）279

赫尔曼·萨姆艾尔·莱玛鲁斯（Reimarus, Hermann Samuel）46

雅各布·亚历山大·冯·莱讷恩卡姆普夫男爵（Rennenkampff, Jakob Alexander Freiherr von）289

古斯塔夫·洛泽（Rose, Gustav）291

彼得·保尔·鲁本斯（Rubens, Peter Paul）126, 188, 189

S

萨鲁斯特（Sallust），即盖尤斯·萨鲁斯提尤斯·克里斯普斯（Gaius Sallustius Crispus）27

弗里德里希·威廉·约瑟夫·冯·谢林（Schelling, Friedrich Wilhelm Joseph von）251

夏洛特·冯·席勒，娘家姓冯·棱厄菲尔德（Schiller, Charlotte von, geb.von Lengefeld）77,146,170,171,173

弗里德里希·冯·席勒（Schiller, Friedrich von）77,89,90,91,113,125,135,146,149,166,167,169,170,171,172,173,174,175,176,177,178,179,181,183,184,187,188,190,191,195,199,200,201,202,236,243,244,245,250,255,259,268,285,299,300.302

卡尔·弗里德里希·申克尔（Schinkel, Karl Friedrich）14,279,296

古斯塔夫·冯·施拉布伦伯爵（Schlabrendorff, Gustav Graf von）237,257

弗里德里希·施莱尔马赫（Schleiermach, Friedrich）267

奥古斯特·路德维希·冯·施洛伊策尔（Schlözer, August Ludwig von）67

约翰·格奥尔格·施劳瑟尔（Schlosser, Johann Georg）202

约翰·海因里希·施迈丁（Schmedding, Johann Heinrich）263

老鸨舒维茨（Schuwitz, Frau）143

约翰·戈特弗里德·施魏格豪伊泽（Schweighäuser）258

约翰·赛福尔特（Seifert, Johann）286,290

德·塞尔瓦·阿雷格雷侯爵（Selva Alegre, Marqués de）226

苏格拉底（Sokrates）46,48,296

萨姆艾尔·托马斯·绍伊莫尔灵（Sömmering, Samuel Thomas）89,99,100,164,165,183,285

巴鲁赫·德·斯宾诺莎（Spinoza, Baruch de）50,94

爱德华·施普朗尔（Spranger, Eduard）35

海因里希·弗里德里希·卡尔·施泰因男爵（Stein, Heinrich Friedrich Karl Freiherr vom und zum）260,261,270,272,273

约翰·施提格里茨（Stieglitz, Johann）86

弗里德里希·莱奥波德·施托尔贝格伯爵（Stolberg, Friedrich Leopold Graf zu）90,91

斯特拉伯（Strabo）102

约翰·威廉·叙伊沃恩（Süvern, Johann Wilhelm）263

T

威廉·亚伯拉罕·泰勒（Teller, Wilhelm Abraham）38,39

泰伦提乌斯，即普伯里尤斯·泰伦提乌斯·阿弗尔（Terenz, d.i, Publius Terentius Afer）50

来自埃雷索斯的泰奥弗拉斯托斯（Theophrast von Eresos）102

贝尔泰尔·托尔瓦尔德森（Thorwaldsen, Bertel）296

克里斯蒂安·弗里德里希·蒂克（Tieck, Christian Friedrich）206,207

U

约翰·丹尼尔·威廉·奥托·乌登（Uhden, Johann Dianiel Wilhelm Otto）263

约翰·弗里德里希·戈特里普·温格尔（Unger, Johann Friedrich

Gottlieb) 141

堂·马里亚诺·露易丝·德·乌尔奇奥（Urquio, Don Mariano Luis de) 210

V

阿希勒·瓦伦西耶纳（Valenciennes, Achille) 285

拉黑尔·凡恩哈根，参见拉黑尔·莱文（Varnhagen, Rahel, s.Levin, Rahel）

布伦德尔·魏特，参见多洛苔阿·门德尔松（Veit, Brendel, s.Mendelssohn, Dorothea）

维吉尔（Vergil) 79

伏尔泰，即弗朗索瓦·玛丽·阿罗艾·伏尔泰（Voltaire, d.i.François Marie Arouret) 35

约翰·海因里希·福斯（Voβ, Johann Heinrich) 202, 245

W

戈特海尔夫·菲舍尔·冯·瓦尔德海姆（Waldheim, Gotthelf Fischer von) 158

莫里茨·冯·维德尔（Wedel, Moritz von) 10

威廉·加布里尔·魏盖纳（Wegener, Wilhelm Gabriel) 49, 59, 61, 62, 63, 64, 65, 66, 67, 78, 95, 127, 133, 134

亚伯拉罕·戈特洛普·维尔纳（Werner, Abraham Gottlob) 97, 155, 156, 201, 207

普鲁士王子威廉（Wilhelm, Prinz von Preuβen) 256, 284

卡尔·路德维希·维尔戴瑙（Willdenow, Carl Ludwig) 61, 64, 65, 127,

155,164,225,250,252

弗里德里希·奥古斯特·沃尔夫（Wolf, Friedrich August）209,245, 267

约翰·克里斯多夫·冯·沃伊尔纳（Wöllner, Johann Christoph von）87,92,104

卡洛琳娜·冯·沃尔措根，娘家姓冯·棱厄菲尔德，与冯·鲍伊尔维茨离异（Wolzogen, Caroline von, geb.von Lengefeld, geschied. von Beulwitz）77,109,116,146,170,173,191,285,295,306,308

X

色诺芬（Xenophon）58

Z

卡尔·亚伯拉罕·冯·蔡德里茨男爵（Zedlitz, Karl Abraham Freiherr von）37,87

约翰·弗里德里希·策伊尔纳（Zöllner, Johann Friedrich）38,39,40,41,48,54,66,141

参考文献

LITERATURHINWEISE

Auswahl der wichtigsten Quellen und Monographien, die in dieser Biographie verarbeitet worden sind

Siglen

Br., mit römischer Bandangabe = Wilhelm und Caroline von Humboldt in ihren Briefen. 1787–1835. Hg. von Anna von Sydow. Sieben Bände. Berlin 1906–1916

G. S., mit römischer Bandangabe = Wilhelm von Humboldt: Gesammelte Schriften. Im Auftrag der Königlich Preußischen Akademie der Wissenschaften hg. von Albert Leitzmann u. a. Siebzehn Bände. Berlin 1903– 1936

Jbr. = Die Jugendbriefe Alexander von Humboldts. 1787–1799. Hg. von Ilse Jahn und Fritz G. Lange. Berlin 1973 K, mit römischer Bandangabe = Alexander von Humboldt: Kosmos. Entwurf einer physischen Weltbeschreibung. Frankfurt am Main 2004

Alexander von Humboldt
1. Werke (chronologisch der Lebensgeschichte folgend)

Vgl. Fiedler, Horst und Ulrike Leitner: Alexander von Humboldts Schriften. Bibliographie der selbständig erschienenen Werke. Berlin 2000

Mineralogische Beobachtungen über einige Basalte am Rhein. Braunschweig 1790 (Nachdruck Darmstadt 1980)

Florae Fribergensis specimen, plantas cryptogamicas praesertim subterraneas exhibens. Berlin 1793

Aphorismen aus der chemischen Physiologie der Pfl anzen. Leipzig 1794

Versuche über die gereizte Muskel- und Nervenfaser nebst Vermuthungen über den chemischen Process des Lebens in der Thier- und Pfl anzenwelt. Zwei Bände. Posen und Berlin 1797/1798

Versuche über die chemische Zerlegung des Luftkreises. Braunschweig 1799 (Nachdruck Hildesheim 1976)

Voyage au régions équinoxiales du Nouveau Continent. Rédigé par Alexandre de Humboldt. 34 Vol., Paris 1805–1834

Reise in die Äquinoktial-Gegenden des Neuen Kontinents. Zwei Bände. Hg. von Ottmar Ette. Frankfurt am Main und Leipzig 1991

Reise durch Venezuela. Auswahl aus den amerikanischen Reisetagebüchern. Hg. von Margot Faak. Berlin 2000

Reise auf dem Rio Magdalena, durch die Anden und Mexiko. Zwei Teile. Hg. von Margot Faak. Berlin 2003, 2., durchgeseh. und verbess. Aufl

Ansichten der Kordilleren und Monumente der eingeborenen Völker Amerikas. Hg. von Oliver Lubrich und Ottmar Ette. Frankfurt am Main 2004

Über einen Versuch den Gipfel des Chimborazo zu ersteigen. Hg.

von Oliver Lubrich und Ottmar Ette. Frankfurt am Main 2006

Von Mexiko-Stadt nach Veracruz. Tagebuch. Hg. von Ulrike Leitner. Berlin 2005

Lateinamerika am Vorabend der Unabhängigkeitsrevolution. Hg. von Margot Faak. Berlin 2003, 2., durchges. und verbess. Aufl

Ideen zu einer Geographie der Pfl anzen. Tübingen 1807 (Nachdruck Leipzig 1960)

Ansichten der Natur, mit wissenschaftlichen Erläuterungen und sechs Farbtafeln, nach Skizzen des Autors. Frankfurt am Main 2004

Versuch über den politischen Zustand des Königreichs Neu-Spanien. Fünf Bände. Tübingen 1809–1814

Über das Universum. Die Kosmosvorträge 1827/28. Hg. von Jürgen Hamel und Klaus-Harro Tiemann. Frankfurt am Main und Leipzig 1993

Central-Asien. Untersuchungen über die Gebirgsketten und die vergleichende Klimatologie. Zwei Bände. Berlin 1844

Kosmos. Entwurf einer physischen Weltbeschreibung. Fünf Bände. Stuttgart und Tübingen 1845–1862. (Ediert und mit einem Nachwort versehen von Ottmar Ette und Oliver Lubrich. Frankfurt am Main 2004)

Studienausgabe. Sieben Bände. Hg. und kommentiert von Hanno Beck. Darmstadt 1987–1997. Zweite durchgeseh. Aufl . Darmstadt 2008

Aus meinem Leben. Autobiographische Bekenntnisse. Zusammengestellt und erläutert von Kurt-Reinhard Biermann. München 1989, 2. Aufl

2. Briefe

Das Gute und Große wollen. Alexander von Humboldts

Amerikanische Briefe. Hg. von Ulrike Moheit. Berlin 1999

Althaus, Friedrich: Briefwechsel und Gespräche mit einem jungen Freunde. Aus den Jahren 1848–1856. Berlin 1861

Berghaus, Heinrich (Hg.): Briefwechsel Alexander von Humboldt's mit Heinrich Berghaus aus den Jahren 1825–1858. Drei Bände. Leipzig 1863

Briefwechsel zwischen Alexander von Humboldt und Friedrich Wilhelm Bessel. Hg. von Hans-Joachim Felber. Berlin 1994

Briefwechsel zwischen Alexander von Humboldt und Emil du Bois-Reymond. Hg. von Ingo Schwarz und Klaus Wenig. Berlin 1997

Briefe von Alexander von Humboldt an Christian Carl Josias Freiherr von Bunsen. Leipzig 1869

Briefwechsel zwischen Alexander von Humboldt und Carl Friedrich Gauß. Hg. von Kurt-Reinhard Biermann. Berlin 1977

Alexander von Humboldt an das Preußische Königshaus. Briefe aus den Jahren 1835–1857. Hg. von C. Müller. Leipzig 1928

Alexander von Humboldt. Briefe an das preußische Kultusministerium 1818–1859. Hg. von Kurt-Reinhard Biermann. Berlin 1985

Briefwechsel zwischen Alexander von Humboldt und Heinrich Christian Schumacher. Hg. von Kurt-Reinhard Biermann. Berlin 1979

Alexander von Humboldt. Briefwechsel mit Samuel Heinrich Spiker. Hg. von Ingo Schwarz. Berlin 2007

Briefe von Alexander von Humboldt an Varnhagen von Ense aus den Jahren 1827 bis 1858. Hg. von Ludmilla Assing. Leipzig 1860

Alexander von Humboldt und die Vereinigten Staaten von Amerika.

Briefwechsel. Hg. von Ingo Schwarz. Berlin 2004

Briefe Alexander's von Humboldt an seinen Bruder Wilhelm (1799–1829). Hg. von der Familie von Humboldt in Ottmachau. Stuttgart 1880

3. Zu Leben und Werk

Chronologische Übersicht über wichtige Daten seines Lebens. Bearbeitet von Kurt-Reinhard Biermann, Ilse Jahn und Fritz G. Lange. Berlin 1968. Im Netz: www.bbaw.de/forschung/avh/avhchron/index.html

Beck, Hanno: Alexander von Humboldt. Zwei Bände. Wiesbaden 1959/1961

Beck, Hanno (Hg.): Gespräche Alexander von Humboldts. Berlin 1959

Biermann, Kurt-Reinhard: Alexander von Humboldt. Leipzig 1983, 3. Aufl

Biermann, Kurt-Reinhard: Miscellanea Humboldtiana. Berlin 1990

Biermann, Kurt-Reinhard: Beglückende Ermunterung durch die akademische Gemeinschaft. Alexander von Humboldt als Mitglied der Berliner Akademie der Wissenschaften. Berlin 1992

Biermann, Werner: «Der Traum meines ganzen Lebens.» Humboldts amerikanische Reise. Berlin 2008

Borch, Rudolf (Hg.): Alexander von Humboldt. Berlin 1948

Botting, Douglas: Alexander von Humboldt. München 2001

Bruhns, Karl (Hg.): Alexander von Humboldt. Eine wissenschaftliche Biographie. Drei Bände. Leipzig 1872

Ertel, Hans (Hg.): Alexander von Humboldt. Gedenkschrift zur 100.

Wiederkehr seines Todestages. Berlin 1959

Ette, Ottmar, Ute Hermanns, Bernd M. Scherer und Christian Suckow (Hg.): Alexander von Humboldt. Aufbruch in die Moderne. Berlin 2001

Ette, Ottmar und Walter L. Bernecker (Hg.): Ansichten Amerikas. Neuere Studien zu Alexander von Humboldt. Frankfurt am Main 2001

Ette, Ottmar: Weltbewusstsein. Alexander von Humboldt und das unvollendete Projekt einer anderen Moderne. Weilerswist 2002

Hamel, Jürgen, Eberhard Knobloch und Herbert Pieper (Hg.): Alexander von Humboldt in Berlin. Augsburg 2003

Hein, Wolfgang-Hagen (Hg.): Alexander von Humboldt. Frankfurt am Main 1985

Jahn, Ilse: Dem Leben auf der Spur. Die biologischen Forschungen Alexander von Humboldts. Leipzig, Jena und Berlin 1969

Jahn, Ilse und Andreas Kleinert (Hg.): Das Allgemeine und das Einzelne. Johann Wolfgang von Goethe und Alexander von Humboldt im Gespräch. Halle an der Saale 2003

Krätz, Otto: Alexander von Humboldt. München 1997

Lindgren, Uta (Hg.): Alexander von Humboldt. Köln 1990

Meyer-Abich, Adolf: Alexander von Humboldt in Selbstzeugnissen und Bilddokumenten. Reinbek 1967

Meyer-Abich, Adolf: Die Vollendung der Morphologie Goethes durch Alexander von Humboldt. Göttingen 1970

Pfeiffer, Heinrich (Hg.): Alexander von Humboldt. München 1969

Rupke, Nicolaas A.: Alexander von Humboldt. A Metabiography.

Frankfurt am Main 2005

Schleucher, Kurt: Alexander von Humboldt. Darmstadt 1985

Schultze, Joachim H. (Hg.): Alexander von Humboldt. Berlin 1959

Scurla, Herbert: Alexander von Humboldt. Berlin 1955

Terra, Helmut de: Alexander von Humboldt und seine Zeit. Wiesbaden 1956

Wilhelm von Humboldt

1. Werke

Gesammelte Werke. Hg. von Carl Brandes. Sieben Bände. Berlin 1841–1852

Gesammelte Schriften. Siebzehn Bände. Berlin 1903–1936

Werke in fünf Bänden. Hg. von Andreas Flitner und Klaus Giel. Stuttgart 1960–1981

Seit März 2004 hat unter Leitung von Kurt Mueller-Vollmer eine Arbeitsstelle an der Berlin-Brandenburgischen Akademie der Wissenschaften die Herausgabe der Schriften zur Sprachwissenschaft in Angriff genommen. In sieben Abteilungen soll die Gesamtheit der Humboldt'schen Sprachforschungen dokumentiert werden. Informationen: www.bbaw.de/bbaw/Forschung/Forschungsprojekte/wvhumboldt/de

2. Briefe

Mattson, Philip: Verzeichnis des Briefwechsels Wilhelm von Humboldts. Zwei Bände. Heidelberg 1980

Wilhelm von Humboldts Briefe an Karl Gustav von Brinkmann. Hg. von Albert Leitzmann. Leipzig 1939

Wilhelm von Humboldts Briefe an eine Freundin. Zwei Bände. Hg. von Albert Leitzmann. Leipzig 1909

Briefe von Wilhelm von Humboldt an Friedrich Heinrich Jacobi. Hg. von Albert Leitzmann. Halle an der Saale 1892

Wilhelm von Humboldts Briefe an Christian Gottfried Körner. Hg. von Albert Leitzmann. Berlin 1940

Briefe an Johanna Motherby von Wilhelm von Humboldt und Ernst Moritz Arndt. Hg. von Heinrich Meisner. Leipzig 1893

Der Briefwechsel zwischen Friedrich Schiller und Wilhelm von Humboldt. Zwei Bände. Hg. von Siegfried Seidel. Berlin 1962

3. Zu Leben und Werk

Benner, Dietrich: Wilhelm von Humboldts Bildungstheorie. Weinheim u. a. 1990

Berglar, Peter: Wilhelm von Humboldt mit Selbstzeugnissen und Bilddokumenten. Reinbek 1970

Binswanger, Paul: Wilhelm von Humboldt. Frauenfeld und Leipzig 1937

Borsche, Tilman: Sprachansichten. Der Begriff der menschlichen Rede in der Sprachphilosophie Wilhelm von Humboldts. Stuttgart 1981

Borsche, Tilman: Wilhelm von Humboldt. München 1990

Freese, Rudolf: Wilhelm von Humboldt. Sein Leben und Wirken, dargestellt in Briefen, Tagebüchern und Dokumenten seiner Zeit. Berlin 1955. 2., völlig durchges. und neu gestaltete Aufl., Darmstadt 1986

Gebhardt, Bruno: Wilhelm von Humboldt als Staatsmann. Zwei Bände. Stuttgart 1896/1899

Haym, Rudolph: Wilhelm von Humboldt. Berlin 1856 (Nachdruck Osnabrück 1965)

Kaehler, Siegfried August: Wilhelm von Humboldt und der Staat. München und Berlin 1927. 2. Aufl . Göttingen 1963

Kessel, Eberhard: Wilhelm von Humboldt. Idee und Wirklichkeit. Stuttgart 1967

Knoll, Joachim H. und Horst Siebert: Wilhelm von Humboldt. Politik und Bildung. Heidelberg 1969

Leitzmann, Albert: Wilhelm von Humboldt. Charakteristik und Lebensbild. Halle an der Saale 1919

Leitzmann, Albert: Wilhelm von Humboldt und sein Erzieher (G. J. C. Kunth). Mit ungedruckten Briefen Humboldts. Berlin 1940

Menze, Clemens: Wilhelm von Humboldts Lehre und Bild vom Menschen. Ratingen 1965

Menze, Clemens: Die Bildungsreform Wilhelm von Humboldts. Hannover 1975

Rantzau, Johann-Albrecht von: Wilhelm von Humboldt. Der Weg seiner geistigen Entwicklung. München 1939

Sauter, Christina M.: Wilhelm von Humboldt und die deutsche Aufklärung. Berlin 1989

Schaffstein, Friedrich: Wilhelm von Humboldt. Ein Lebensbild. Frankfurt am Main 1952

Scharf, Hans-Werner (Hg.): Wilhelm von Humboldts Sprachdenken. Essen 1989

Schiller, Hans-Ernst: Die Sprache der realen Freiheit. Sprache und

Sozialphilosophie bei Wilhelm von Humboldt. Würzburg 1998

Schlerath, Bernfried (Hg.): Wilhelm von Humboldt. Vortragszyklus zum 150. Geburtstag. Würzburg u. a. 1986

Schlesier, Gustav: Erinnerungen an Wilhelm von Humboldt. Zwei Theile. Stuttgart 1843/1845

Schwinges, Rainer Christoph (Hg.): Humboldt international. Der Export des deutschen Universitätsmodells im 19. und 20. Jahrhundert. Basel 2001

Scurla, Herbert: Wilhelm von Humboldt. Werden und Wirken. Berlin 1970. 3., veränd. Aufl . 1985

Spranger, Eduard: Wilhelm von Humboldt und die Humanitätsidee. Berlin 1909

Spranger, Eduard: Wilhelm von Humboldt und die Reform des Bildungswesens. Berlin 1910

Sweet, Paul R.: Wilhelm von Humboldt oder Die Idee des Menschen. Eine Biographie. Paderborn 2008

Sydow, Anna von (Hg.): Gabriele von Bülow. Tochter Wilhelm von Humboldts. Ein Lebensbild, aus den Familienpapieren Wilhelm von Humboldts und seiner Kinder 1791–1887. Berlin 1892

Trabant, Jürgen: Apeliotes oder Der Sinn der Sprache. München 1986

Trabant, Jürgen: Traditionen Humboldts. Frankfurt am Main 1990

Alexander und Wilhelm von Humboldt

Biermann, Kurt-Reinhard: Die Gebrüder Humboldt an der Universität

Frankfurt (Oder). In: Kurt-Reinhard Biermann (Hg.): Miscellanea Humboldtiana. Berlin 1990, S. 43-49

Brittnacher, Hans R. und Hans Feger (Hg.): Die Realität der Idealisten. Schiller und die Gebrüder Humboldt. Köln, Weimar und Wien 2008

Dove, Alfred: Die Forsters und die Humboldts. Zwei Paar bunter Lebensläufe. Leipzig 1881

Dove, Alfred: Die Gebrüder von Humboldt. In: Alfred Dove: Ausgewählte Aufsätze und Briefe. Band 1. Hg. von Friedrich Meinecke und Oswald Dammann. München 1925, S. 104-124

Fröhlich, Stefan und Andreas Reuß: Die Humboldts. Lebenslinien einer gelehrten Familie. Berlin 1999

Geiger, Ludwig (Hg.): Goethes Briefwechsel mit Wilhelm und Alexander von Humboldt. Berlin 1909 Gregorovius, Ferdinand: Die Brüder von Humboldt. In: Briefe Alexander's von Humboldt an seinen Bruder Wilhelm. Stuttgart 1880, S. XI-LXXXVIII

Haarbeck, Lina (Hg.): Die Familie Humboldt. Nach den Familienpapieren von Wilhelm und Karoline von Humboldt und ihrer Tochter Gabriele. Reutlingen 1932

Haberland, Detlef, Wolfgang Hinrichs und Clemens Menze (Hg.): Die Dioskuren II. Annäherungen an Leben und Werk der Brüder Humboldt. Mannheim 2000

Hammacher, Klaus (Hg.): Universalismus und Wissenschaft im Werk und Wirken der Brüder Humboldt. Frankfurt am Main 1976

Kaehler, Siegfried: Wilhelm und Alexander von Humboldt in den Jahren der Napoleonischen Krise. In: Historische Zeitschrift. Dritte Folge,

20. Band (1916), S. 231–270

Kessler, Herbert (Hg.): Die Dioskuren. Probleme im Leben und Werk der Brüder Humboldt. Mannheim 1986

Kessler, Herbert und Walter Thoms (Hg.): Die Brüder Humboldt heute. Mannheim 1968

Leitzmann, Albert: Georg und Therese Forster und die Brüder Humboldt. Urkunden und Umrisse. Bonn 1936

Massenbach, Heinrich Freiherr von: Ahnentafel der Brüder Wilhelm und Alexander von Humboldt. In: Ahnentafeln berühmter Deutscher. Band 5. Leipzig 1939–1943, S. 169–192

Wachsmuth, Andreas: Goethe und die Gebrüder von Humboldt. Die Jenaer Jahre 1794–1797. In: Helmut Holtzhauer und Bernhard Zeller (Hg.): Studien zur Goethezeit. Weimar 1968, S. 446–464

Wuthenow, Ralph Rainer: Wilhelm und Alexander von Humboldt. In: Deutsche Brüder. Zwölf Doppelporträts. Berlin 1994, S. 129–163